錢穆先生全集

錢穆先生全集

〔新校本〕

朱子新學案

第三冊

九州出版社

目次

朱子新學案　第一册

壹之二

朱子新學案　第二册

貳之一

貳之五

朱子新學案　第三册

叁之一

叁之二

叁之三

叁之四

肆

朱子新學案　第四册

伍之一

伍之二

朱子新學案　第五冊

陸之一

陸之二

朱子新學案　第三冊

朱子從遊延平始末

語類有云：

某年十五六時，亦嘗留心於禪。一日，在病翁所會一僧，與之語。其僧只相應和了說，也不說是不是。卻與劉說，某也理會得箇昭昭靈靈底禪。劉後說與某，某遂疑此僧更有要妙處在，遂去扣問他，見他說得也煞好。及去赴試時，便用他意思去胡說，是時文字不似而今細密，由人麤說，試官為某說動了，遂得舉。時年十九。後赴同安任，時年二十四五矣。始見李先生，與他說，李先生只說不是。某卻倒疑李先生理會此未得，再三質問。李先生為人簡重，卻不甚會說，只教看聖賢言語。某遂將那禪來權倚閣起，意中道：禪亦自在，且將聖人書來讀。讀來讀去，一日復一日，覺得聖賢言語漸漸有味。卻回頭看釋氏之說，漸漸破綻罅漏百出。（一〇四）

年譜：紹興二十三年癸酉，朱子年二十四歲，將赴同安，始往見李延平。是年秋七月至同安。至二十七年丁丑罷歸。上引語類，謂赴同安任時年二十四五。夏炘述朱質疑云：此非朱子記憶不清，實以此兩年間，乃學問轉關大節目也。

趙師夏跋延平答問云：

文公幼孤，從屏山劉公學問。及壯，以父執事延平而已。至於論學，蓋未之契，而文公每誦其所聞，延平亦莫之許也。文公領簿同安，反復延平之言，若有所得，於是盡棄所學而師事焉。則此編所錄，蓋同安既歸之後也。文公先生嘗謂師夏曰：「余之始學，亦務為儱侗宏闊之言，好同而惡異，喜大而恥於小。於延平之言，則以為何為多事若是，心疑而不服。同安官餘，反復思之，始知其不我欺矣。」蓋延平之言曰：「吾儒之學，所以異於異端者，理一分殊也。理不患其不一，所難者分殊耳。」此其要也。

朱子初見李延平而至同安，為其早年學術一轉變，其時趨嚮途轍猶未定，蓋自同安罷歸再見延平，而後規模始立。文集卷三十七與范直閣書，謂：

熹頃至延平，見李愿中丈，問以一貫忠恕之説，與卑意不約而合。

又曰：

李丈名侗，師事羅仲素先生，李丈獨深得其閫奥，經學純明，涵養精粹，延平士人甚尊事之，鬱然君子人也。先子與之遊，數十年，道誼之契甚深。

文集與范直閣書凡四，末書云：「去歲在同安，獨居幾閱歲」，乃指紹興丁丑朱子年二十八在同安候代時，則與范書應在翌年戊寅，朱子年二十九。白田年譜：是年春正月，朱子見李先生於延平，是自同安歸後往再見也。其與范書稱「李丈」，又僅言「先子與之遊，道誼之契甚深」，知趙師夏所謂「以父執事延平」，至是尚未正式定師弟子之禮也。

黄勉齋朱子行狀亦謂：

延平於韋齋為同門友，先生歸自同安，不遠數百里，徒步往從之。延平稱之曰：「樂善好義，鮮與倫比。」又曰：「穎悟絶人，力行可畏。其所論難，體認切至。」自是從遊累年，精思實體，而學之所造者益深矣。

此亦指戊寅同安歸後往再見。

文集卷二再題西林可師達觀軒一絕，前有小序，云：（6號）

紹興庚辰冬，予來謁隴西先生，退而寓於西林院，以朝夕往來受教焉。閲數月而後去。壬午春，復拜先生於建安，而從以來，又舍於此者幾月。

白田年譜定紹興庚辰朱子三十一歲時為始受學於延平之年，觀其稱「先生」，又稱「朝夕受教」可證。夏炘述朱質疑辨之云：「朱子祭延平文：『某也小生，丱角趨拜』，謂十四歲以前，韋齋尚在時也。又云『從遊十年，誘掖諄至』，謂自癸酉至壬午凡十年也。輓延平詩亦云：『一言資善誘，十載笑徒勞。』又延平行狀云：『諸孤以某承事之久。』又云：『某蒙被教育，不為不久。』若如師夏跋，則師事僅五年，如白田所考，則師事僅三年，可謂之久乎？」今按：師夏朱子孫壻，此跋作於嘉定甲戌，去朱子卒十四年，所言應有來歷。白田年譜文證明白，亦無可疑。與朱子言從遊十年，事不相背，言各有當，夏氏辨拘執。

文集卷九十七延平先生李公行狀云：（7號）

熹先君子亦從羅公問學，與先生為同門友，雅敬重焉。嘗與沙縣鄧迪天啟語及先生，鄧曰：「愿中如冰壺秋月，瑩徹無瑕。」先君子深以為知言。亟稱道之。其後熹獲從先生遊，每一去而復來，則所聞必益超絶。蓋其上達不已，日新如此。嗚呼！若先生之道德純備，學術通明，求之當世，殆絶倫比。不幸天喪斯文，諸孤謂熹承學之久，宜知先生之蘊，使具其事以請銘於作者。

自紹興癸酉始見，戊寅再往，庚辰師事，壬午重謁，至於隆興癸未而延平作古，先後實閱十一年。在朱子自言，固不必有始見、再見、師事、從學之別。而後人細加區分，亦以見朱子之師事延平，其事鄭重，其意義深長不苟，更值後人之追溯，可益增低徊景慕之情於不自已矣。

朱子文集前十卷為詩集，其第一卷題謝少卿藥園二首題下小注：「自此詩至卷終，先生手編，謂之牧齋淨稿。」此稿起辛未，迄乙亥，自朱子二十二歲迄二十六歲，前後共五年。朱子二十二歲時授同安縣主簿，二十四歲夏始見李延平。是年秋乃至同安。此一卷詩之所詠，正值朱子初見延平之前後。文集卷三十八答江元適有云：

熹天資魯鈍，以先君子之餘誨，頗知有意於為己之學而未得其處。蓋出入於釋老者十餘年。近歲以來，獲親有道，始知所向之大方。

夏炘云：書中有「日者誤蒙收召，造朝之際，輒以所聞於師友者一二陳之」，是癸未入對垂拱殿後書也。白田以為甲申，非。是年十月延平卒，此書當在其前。

又同卷答薛士龍亦云：

熹自少愚鈍，顧嘗側聞先生君子之餘教，粗知有志於學，而求之不得其術，馳心空妙之域者二十餘年。

夏炘曰，此書陳淸瀾列之庚寅，王白田列之壬辰，書中云「孤露餘生」，則是己丑丁母憂以後。薛季宣卒於辛卯，壬辰不得有書。「二十餘年」「二」字衍文。「先生君子」「生」字衍文。此書與答江書正相表裏，所謂「出入釋老」、「馳心空妙之域」者，在此牧齋淨稿之第一卷詩中，正可獲得其消息。此下略加摘錄，並錄第二卷詩，下迄紹興壬午，各附以簡單之詮釋，庶以備見朱子此十年間四謁延平進學之梗概，與其所謂「盡棄所學而師事」之經過。

宿武夷觀妙堂二首

陰靄除已盡，山深夜還冷，獨臥一齋空，不眠思耿耿。閑來生道心，妄遣慕眞境。稽首仰高靈，塵緣誓當屏。

清晨叩高殿，緩步逸虛廊。齋心啟眞祕，焚香散十方。出門戀仙境，仰首雲峯蒼。躊躇野水際，須將塵慮忘。

此兩詩在壬申，朱子年二十三。詩中所詠「道心」、「眞境」、「眞祕」、「仙境」云云皆道家言。又曰「塵緣誓當屏」，「須將塵慮忘」，皆是脫塵逃世之想。通觀此下所詠，知朱子當時自抱此種意境，非偶宿道觀而漫賦云云也。

久雨齋居誦經

端居獨無事，聊披釋氏書。暫釋塵累牽，超然與道俱。門掩竹林幽，禽鳴山雨餘。了此無為法，身心同晏如。

此亦壬申作。道釋同參，莫非方外之意。

雨中

齋居無還往，鎮日空掩門。欲將冲靜趣，與子俱忘言。

杜門

杜門守貞操，養素安冲漠。寂寂閟林園，心空境無作。

晨登雲際閣

暫釋川塗念，憩此煙雲巢。聊欲托僧宇，歲晏結蓬茅。

曰「冲靜」、「養素」，曰「心空境無作」，「托僧宇」，「結蓬茅」，皆道俗兩分，以避世逃俗為高。

宿篔簹舖

盤礴解煩鬱，超搖生道心。

是日見壁上題詩，有「煌煌靈芝，一年三秀，予獨何為，有志不就」之語，朱子謂「適與予意會」。此後遂注意讀參同契。越四十餘年，終為之作注。詳見文集卷八十四題袁機仲所校參同契後。此詩所謂「超搖生道心」，乃朱子當時之眞實心情。

倒水坑作

窮幽鮮外慕，殖志在丘園。

此内外之辨，即道俗之辨也。志在丘園，是欲效荷蓧、漢陰輩之藏身避世。

夏日二首

抱疴守窮廬，釋志趣幽禪。即此窮日夕，寧為外務牽。

望山懷釋侶，盥手閲仙經。誰懷出塵意，來此俱無營。

此皆有意二氏，抱出塵避俗之想。

齋居聞磬

幽林滴露稀，華月流空爽。獨士守寒栖，高齋絕羣想。此時隣磬發，聲合前山響。起對玉書文，誰知道機長。

「玉書」、「道機」，皆道家言。

讀道書作六首

巖居秉貞操，所慕在玄虛。清夜眠齋宇，終朝觀道書。於道雖未庶，已超名迹拘。
失志墮塵網，浩思屬滄洲。靈芝不可得，歲月逐江流。
東華綠髮翁，授我不死方。願言勤脩學，接景三玄鄉。
不學飛仙術，日日成醜老。空瞻王子喬，吹笙碧天杪。

此六詩，皆言讀道書，脩長生。

秋雨

歸當息華念，超遙悟無生。

「長生」道家言，「無生」則佛家言。

月夜述懷

抗志絶塵氛，何不棲空山。

脩長生，悟無生，皆以山棲為歸。

即事偶賦

且詠招隱作，無為名迹侵。

招隱無為名迹所侵，此朱子當年之意。

作室為焚修之所擬步虛辭

讀此詩題，不煩復舉其辭矣。

寄題咸清精舍清暉堂

欲將身世遺，況論玄虛門。境空乘化往，理妙觸目存。珍重忘言子，高唱絕塵紛。

右壬申詩凡三十三題，摘錄其十五題。其詩如此，其心之所嚮往可知。此下錄癸酉詩。

遺身世，絕塵紛，此蓋諸詩所詠之共同意嚮。

誦經

坐厭塵累積，脫躧味幽玄。靜披笈中素，流味東華篇。朝昏一俯仰，歲月如奔川。世紛未云遣，仗此息諸緣。

題畫

青鸞凌風翔，飛仙窈窕姿。高挹謝塵境，妙顏粲瓊蕤。眞凡路一分，冥運千年期。

過武夷作

眷言羽衣子，俛仰日婆娑。不學飛仙術，纍纍丘冢多。

以上諸詩，皆朱子赴同安任前作。其生活與志趣皆可想。

語類有云：

初師屏山、籍溪。籍溪學於文定，又好佛老，以文定之學為論治道則可，而道未至。然於佛老亦未有見。屏山少年能為舉業，官莆田，接塔下一僧，能入定數日。後乃見了老，歸家讀儒書，以為與佛合，故作聖傳論。其後屏山先亡，籍溪在，某自見於此道未有所得，乃見延平。（一〇四）

又云：

昔日病翁見妙喜，於其面前要逞自家話，渠於妙喜升座，卻云：「彥冲修行，卻不會禪。寶學會禪，卻不修行。」（一二六）

又曰：

屏山以韓愈原道為孤聖道，絕後學，只要說釋子道流皆得其傳。如十論之作，他本是釋學，但只是翻騰出來說許多話。（九六）

又文集卷八十四書先吏部與淨悟書後有云：

先君子少日喜與物外高人往還。

此見朱子在未見延平前，其家庭師友間之素所漸染者如此。語類又說：

某少時未有知，亦曾學禪，只李先生極言其不是。後來考究，卻是這邊味長。才這邊長得一寸，那邊便縮了一寸。到今銷鑠無餘矣。畢竟佛學無是處。（一〇四）

此等皆朱子事後追述。驟看若平淡，無許多困難曲折，一蹙即轉。今幸詩集尚存，朱子當時之生活及其心理，可資尋索。將此諸詩按年月先後排比讀之，庶於朱子此番追述，可獲更眞切深入之瞭解也。

同安官舍夜作二首

窗戶納涼氣，吏休散朱墨。無事一倏然，形神罷拘役。暫愒豈非閑，無論心與迹。

此詩朱子初到同安，以簿書吏事為拘役形神也。年譜：同安廨有燕坐之室，更名曰高士軒，文集卷七十七有高士軒記，其文曰：

予以為君子當無入而不自得，因更以為高士軒。客或難予曰：「今子僕僕焉在塵埃之中，左右朱墨，蒙犯箠楚，以主縣簿於此，而以高士名其居，不亦戾乎。」予曰：「夫士誠非有意於自高，然其所以超然獨立乎萬物之表者，亦豈有待於外而後高耶。知此則知主縣簿者雖甚卑，果不足以害其高。而此軒雖陋，高士者亦或有時而來也。」

此文仍以出塵絕俗者為高，不得已，乃謂簿書朱墨亦不足以害其高而已。心迹兩分，實非儒家無入而不自得之旨。

寄山中舊知七首

超世慕肥遯，鍊形學飛僊。未諧物外期，已絕區中緣。

晨興香火罷，入室披仙經。玄默豈非尚，素餐空自驚。起與塵事俱，是非忽我營。此道難坐進，要須悟無生。

物外之期未諧，而區中之緣已絕，雖尚玄默，驚為素餐，乃不得不與塵事相俱。欲進斯道，誠為不易。以此較之高士軒記駕空乘虛之談，可謂能道出箇中苦況。

述懷

夙尚本林壑，灌園無寸資。始懷經濟策，復愧軒裳姿。效官刀筆間，朱墨手所持。謂言殫蹇劣，詎敢論居卑。任小才亦短，抱念一無施。幸蒙大夫賢，加惠寬箠笞。撫己實已優，於道豈所期。終當反初服，高揖與世辭。

此述違夙尚而出仕之不得已，仍感吏事與道相違，故有終當高揖辭世之嘆。

釋奠齋居

理事未踰月，簿書終日親。簡編不及顧，儿閣積埃塵。今辰屬齋居，煩跼一舒伸。瞻眺庭宇肅，仰首但秋旻。茂樹禽囀幽，忽如西澗濱。聊參物外趣，豈與俗子羣。

此猶前詠所謂「暫憩豈非閑」，眞如禽鹿之思長林而志豐草，重物外之趣，而鄙與俗子為羣。此乃釋奠之日，而所詠如此，此其懷抱可想。

試院雜詩五首

長廊一遊步，愛此方塘淨。急雨散遙空，圓文滿幽鏡。階空綠苔長，院僻寒飆勁。長歎不逢人，超搖得眞性。

藝苑門禁肅，長廊似僧居。偶來一散步，暫與塵綱疎。文字謝時輩，銓衡賴羣儒。伊予獨何者，傴仄心煩紆。

文集卷七十四有同安縣諭學者、又諭諸生兩文，白田年譜繫之癸酉朱子初到同安時，疑此兩文應在後一年甲戌。諭諸生文中有「僕以吏事得與諸君遊，今期年矣」，可證。此五詩，與諭學者、諭諸生之文絕不相類，不得同在一年。

文集卷七十七有一經堂記，謂「紹興二十三年秋七月，予來同安。明年乃得柯君名翰字國材與之游。屬予治學事，因得引君以自助。」此亦朱子注意學校事在甲戌之證。舉柯翰狀亦當在甲戌。

曉步

初日麗高閣，廣步愛脩廊。重門掩秋氣，高柳蔭方塘。故園屬佳辰，登覽遍陵岡。別來時已久，懷思寧暫忘。宦遊何所娛，要使心懷傷。

此試院中長廊方塘之間，朱子時往散步，而其心懷抑鬱，時思故園，常欲脫塵累，賦歸歟，亦即詩可見。此下八月十七夜月詩云：「寒塘空自綠，不似小園東。」憶齋中詩二首之一云：「誰料今為客，寥落一窗間。」又一云：「何因不歸去，坐使百憂侵。」督役城樓詩云：「仕身諒無補，課督慚饑羸。還憶故園日，策杖田中歸。」晚望詩云：「不堪從吏役，憔悴欲歸休。」皆於吏事心不安貼，欲擺脫歸去還從初好之辭。

又有步虛詞二首茲不錄。

將理西齋

欲理西齋居，厭玆塵境擾。發地得幽芳，斸石依寒篠。閑暇一題詩，懷冲獨觀眇。偶此愜高情，公門何日了。

公門之與高情，終自相妨，此皆朱子癸酉一年初見李延平來同安後心情不寧帖之大概。

下錄甲戌詩。

秋夜歎

秋風淅瀝鳴清商，秋草未死啼寒蛩。幽人幽人起晤歎，仰視河漢天中央。河漢西流去不息，人生辛苦何終極。蒼山萬疊雲氣深，去鍊形魂生羽翼。

此為朱子來同安之第二年，仍自抱其鍊形羽化學作飛僊之想。惟此年及下年乙亥詩並不多。在此兩年間，正是朱子自謂「且將聖人書來讀，覺得聖賢言語漸漸有味」，逐漸歸嚮儒學，故詩吟特少。

文集卷七十七泉州同安縣官書後記，謂：

紹興二十有五年春正月，熹以檄書白事大都督府，言於連帥方公，願得撫府所有書以歸，俾學者得肄業，公即日屬工官撫以予縣，凡九百八十五卷。

其文成於夏四月。又文集卷七十五泉州同安縣學故書自序，謂：

同安學故有官書一匱，紹興二十五年乙亥，為之料簡其可讀者，得凡六種，一百九十一卷，又募民間得故所藏弃者復二種三十六卷。

甲戌朱子已注意縣學事，據同安縣諭學者又諭諸生兩文可見。乙亥又留心儲庋經史書籍，年譜記是年春建經史閣，文集卷八十六有經史閣上梁告先聖文。年譜又記是年定釋奠禮，申請嚴婚禮，文集有申嚴婚禮狀。又記立故丞相蘇公祠於學宮，文集有蘇丞相祠記，又有奉安蘇丞相祠告先聖文、奉安蘇丞相祠文、奉安蘇丞相畫像文，又有屏弟子員告先聖文，均在同年。故知乙亥一年，乃是朱子一意歸嚮儒學更為確定之年。

此下進入詩集第二卷，乃與第一卷中詩大異。此下學問境詣，更有猛進，而甲戌、乙亥兩年，實為其主要之轉捩點。此則通觀其詩、文兩集而可知。

之德化宿劇頭鋪夜聞杜宇

王事賢勞秖自嗤，一官今是五年期。如何獨宿荒山夜，更擁寒衾聽子規。

年譜：丙子秋七月秩滿，冬奉檄走旁郡。惟文集卷七十七畏壘菴記有云：

紹興二十六年之秋，予吏同安，適三年矣。吏部所使代予者不至，會予奉檄走旁郡。

是奉檄走旁郡，在秋不在冬。又文集同卷有漳州教授廳壁記，謂「予嘗以事至漳」云云，下書紹興二十六年七月甲子，則旁郡即漳州。語類云：

舊為同安簿時，下鄉宿僧寺中，衾薄不能寐。是時正思量「子夏之門人小子」章，聞子規聲甚切。（四九）

此即指宿德化劇頭鋪事。德化宋代屬泉州，清代屬永春。清一統志有大劇、小劇二嶺，高十里，朱子夜宿於此，有詩。蓋是赴漳路過。山高衾薄，故詩中有獨擁寒衾之語。語類又一條云：

看文字卻是索居獨處方精專，看得透徹。某往年在同安日，因差出體究公事處，夜寒不能寐，因看得子夏論學一段分明。後官滿在郡中等批書云云。（一〇四）

在郡中等批書在是年冬，而宿劇頭鋪則在初秋。云夜寒，實是衾薄，證之以詩，所謂「更擁寒衾」也。又一條云：

某舊年思量義理未透，直是不能睡。初看子夏「先傳後倦」一章，凡三四夜，窮究到明，徹夜聞杜鵑聲。（一〇四）

是朱子在劇頭鋪，不止一宿。其時屢夜所思量，別詳程朱論語異解篇。是為朱子此時從延平教，且將聖人書來讀之證。

此詩後有送祝澤之表兄還鄉五律一首云：「首夏何來此，淸秋卻復歸。」此詩應是自漳州返同安作，則朱子此行以秋出以秋歸可知。

又按第二卷詩，在此夜聞杜鵑詩前僅有送王季山赴龍溪一絕，則朱子此半年來亦絕少作詩。此下有：

教思堂作示諸同志

吏局了無事，橫舍終日閑。庭樹秋風至，涼氣滿窗閒。高閣富文史，諸生時往還。縱談忽忘倦，時觀非云慳。詠歸同與點，坐忘庶希顏。塵累日以銷，何必棲空山。

此詩亦應在丙子秋。所謂「高閣富文史」，即指乙亥所建之經史閣，至是已越一年有半。而朱子之學，乃截然一趨於正。吏局則猶是吏局也，橫舍則猶是橫舍也，而曰「了無事」、「終日閑」。詩中始見有諸生，無俗子。與點希顏，一志於儒。乃曰「塵累日以銷，何必棲空山」。與壬申月夜述懷詩所詠，「抗志絕塵氛，何不棲空山」者，正相反對。則朱子當時，學問境界上之一大轉變，豈不朗然在目乎？

示諸同志

> 端居亦何為，日夕掩柴荊。靜有絃誦樂，而無塵慮并。良朋肯顧予，尚有夙心傾。深慚未聞道，折衷非所寧。眷焉撫流光，中夜歎以驚。高山徒仰止，遠道何由征。

此詩亦應在丙子秋。「高山仰止」，即一意歸嚮儒學也。「折衷非所寧」，則於老釋異端，無意再作調停。趙師夏跋延平答問記朱子自謂「好同而惡異」，即是不認道釋為異端。又謂「喜大而恥小」，此則所以常不安於吏事簿書朱墨之間，而必以脫塵累，棲空山，超然獨立於萬物之表為快也。師夏跋又記朱子自謂反復延平之言而若有所得云云，此即指癸甲乙丙四年言。其謂「盡棄所學」，則前引壬申諸詩之所詠，皆其所棄矣。

前引語類「看文字卻是索居獨處好用工夫」一條，緊接又云：

> 後官滿在郡中等批書，已遣行李，無文字看，於館人處借得孟子一冊，熟讀，方曉得「養氣」一章語脈。當時亦不暇寫出，只逐段以紙簽簽之，云：此是如此說。簽了便看得更分明。其後

雖有修改，不過是轉換處，大意不出當時所見。（一〇四）

朱子於孟子「養氣」章，獨具創解，詳孟子程朱異解篇。據此條，知朱子於奉檄走旁郡之後，又曾因等批書，至郡中，即泉州也。

語類又一條云：

讀書貪多最是大病，下梢都理會不得。若到閑時，無書讀時，得一件書看，更子細。某向為同安簿，滿，到泉州候批書。在客邸借文字，只借得一冊孟子，將來子細讀，方尋得本意見。看他初間如此問，又如此答。待再問，又恁地答。其文雖若不同，自有意脈，都相貫通。句句語意，都有下落。（一〇四）

此皆朱子在此一年中一意鑽研語孟之證。又是年有一經堂記，始提及大學格物致知義。又有芸齋記，引發孟子「人病舍其田而芸人之田」義，皆粹然儒家言。惟前引畏壘菴記有云：

紹興二十六年之秋，予吏同安適三年矣，吏部所使代予者不至，而廨署日以隳敝不可居，方以因葺之宜為請於縣，會予奉檄走旁郡，因得并載其老幼，身送之東歸，涉春而反，則門廡列舍，已摧壓而不可入矣，於是假縣人陳氏之館居焉。

記中只及奉檄走旁郡，更無至郡候批事。蓋葺修之請，在丙子秋奉檄走旁郡之前，而假居陳氏館，則在丁丑春，再返同安以後。為文勢之便，略去到泉州一節，而尚幸有詩集、語類可據。王氏年譜僅云「二十六年丙子秋七月秩滿，冬奉檄走旁郡，二十七年丁丑春還同安，候代不至，罷歸」，漏去到泉州候批事，又誤奉檄走旁郡為冬間事，蓋因襲舊譜，未能訂正。

還家即事

獻歲事行役，徂春始還歸。

知朱子身送老幼東歸，已在丁丑獻歲以後。崇安建陽遠在西北，云東歸者，自同安去泉州，則可稱東行也。

小盈道中

今朝行役是登臨，極目郊原快賞心。卻笑從前嫌俗事，一春牢落閉門深。

此詩在丁丑春，辭家重返同安。以前往往一春閉門，即指壬癸乙丙諸年在同安時言。先嫌俗累，後則一意專攻經籍，至是而心境開放，乃謂行役即是登臨，郊原甚堪快賞焉。

題囊山寺

不學塔中仙，名塗定何事。

此詩見舊時意境仍有流露。

再至同安假民舍以居示諸生

端居託窮巷，廩食守微官。事少心慮怡，吏休庭宇寬。晨興吟誦餘，體物隨所安。杜門不復出，悠然得眞歡。良朋夙所敦，精義時一殫。壺餐雖牢落，此亦非所難。

此詩仍在丁丑春，民舍即陳氏館，朱子題之為畏壘菴者也。詩中所詠，較之壬申諸詩心懷之異，比讀自見，不煩詮釋。

梵天觀雨

持身乏古節，寸祿久棲遲。暫寄靈山寺，空吟招隱詩。讀書清磬外，看雨暮鐘時。漸喜涼秋近，滄洲去有期。

秋懷二首

幸聞衞生要，招隱夙所臧。終期謝世慮，矯翮兹山岡。

中元雨中呈子晉

刀筆隨事屏，塵囂與心休。端居諷道言，焚香味眞詖。子亦玩文史，及此同優遊。

此三詩仍在丁丑，罷歸在邇，而自春徂秋，代者不至，作秋懷詩時，又值臥病，固不得據詩中所云，謂其猶是舊學作祟。然往年心習，終不免時有流露於不自覺者，亦即此可見。

戊寅正月重往見李延平，行狀謂歸自同安，不遠數百里徒步往從之遊也。朱子之赴同安任所，乃奉母而往，當以車行。及是以生事之艱，故徒步。延平亦不克借館，故乃寄宿於僧寺。

語類云：

初見李先生，說得無限道理。李先生云：「汝恁地懸空理會得許多，面前事卻理會不得。道亦無玄妙，只在日用間著實做工夫處理會，便自見得。」後來方曉得他說。

又曰：

李先生令去聖經中求義，某後刻意經學，推見實理，始信前日諸人之誤。

觀本篇上引，可見朱子此數年來，得力於延平此兩番教訓者實甚大，故自同安歸後，即不遠數百里徒步往謁也。

文集卷三十七有與范直閣書，在今年四月，謂：

熹奉親屏處，幸粗遣免。山間深僻，亦可觀書。又得胡丈來歸，朝夕有就正之所。窮約之中，此亦足樂矣。

胡丈即胡籍溪。文集卷七十七有存齋記，在今年九月，謂：

人之所以位天地之中，而為萬物之靈者，心而已矣。然心之為體，不可以聞見得，不可以思慮求。謂之有物，則不得於言。謂之無物，則日用之間，無適而非是也。君子於此，亦將何所用其力哉。「必有事焉而勿正，心勿忘，勿助長」，則存之之道也。如是而存，存而久，久而熟，心之為體，必將瞭然有見乎參倚之間，而無一息之不存矣。

此文乃朱子當時論學要旨。主要實即心學也。厥後有觀心說則曰：

若「參前倚衡」之云者，則為忠信篤敬而發也。蓋曰忠信篤敬不忘乎心，則無所適而不見其在是云爾，亦非有以見夫心之謂也。且身在此而心參於前，身在輿而心倚於衡，是果何理也？

此不啻朱子之自駁前說。蓋所謂「心之為體，必將有見乎參倚之間而無一息之不存」者，此即往後諸詩，「等閑識得東風面，萬紫千紅總是春」，又曰「卷簾一目遙山碧，底是高人達觀心」之所詠也。朱子當時已悟此心之無不在，而不曾更向裏深入一層，當求此心忠信篤敬之無不在。此則有體無用，仍是往時禪學舊染未淨。延平之教，則欲其於古聖經籍反復玩索，又欲其於日用間潛體密會，即觀存齋記所云，朱子固已用力於此。迨後觀心說所見，則顯更有大進步，非復往昔矣。此見大賢用心，日進日密，學者所當深玩。

又按陳建學蔀通辨以此記為朱子初年之學，是也。惟謂其「只說一箇心，專說求心見心，全與禪陸合」，則殊不然。朱子之捨棄禪學，其詳已著於本篇，其與陸學之異，則詳於朱陸異同篇。朱子論學，實莫不以心為主，惟其立說之遞有所變，變而益精，則當通觀朱子前後諸說，乃可得其要旨。陳氏所見淺薄，實未窺於朱子心學之深微處。

翌年己卯春，校定上蔡語錄，至是而朱子之一歸正學、嚴辨儒釋大可見。

又明年，庚辰，有送寄胡籍溪詩共四首。

送籍溪胡丈赴館供職二首

祖餞衣冠滿道周，此行誰與話端由。心知不作功名計，祇為蒼生未敢休。

執我仇仇詎我知，漫將行止驗天機。猿悲鶴怨因何事，只恐先生袖手歸。

寄籍溪胡丈及劉恭父二首

先生去上芸香閣。閣老新峨豸角冠。留取幽人臥空谷，一川風月要人看。

甕牖前頭翠作屏，晚來相對靜儀型。浮雲一任閑舒卷，萬古青山只麼青。

文集卷八十一有跋胡五峯詩云：

紹興庚辰，熹臥病山間，親友仕於朝者以書見招，熹戲以兩詩代書報之。或傳以語胡子，子謂其弟子張欽夫曰：「吾未識此人，然觀此詩，知其庶幾能有進矣。特其言有體而無用，故吾為詩以箴警之，庶其聞之而有發也。」其詩曰：「幽人偏愛青山好，為是青山青不老。山中出雲雨太虛，一洗塵埃山更好。」明年胡子卒，又四年熹始見欽夫而後獲聞之。

白田年譜考異卷一云：

是時籍溪家居，召為大理司直。未行，改祕書省正字。籍溪年已七十餘矣，耳又重聽，見文集與籍溪先生書。門人子弟皆疑其行，朱子四詩，皆有諷焉。籍溪行狀敘此頗詳，五峯詩為籍溪解嘲。

是則朱子當時所詠「留取幽人臥空谷」，乃別有因由，決非往年「何不棲空山」之意境矣。

是年冬，朱子見李延平，始受學，辨詳前。洪氏年譜是年載李延平與其友羅博文書有云：

元晦進學甚力，樂善畏義，吾黨鮮有。

又云：

此人極穎悟，力行可畏，講學極造其微處。渠所論難處，皆是操戈入室，從源頭處認來，所以好說話。某昔於羅先生得入處，後無朋友，幾放倒了。得渠如此，極有益。渠初從謙開善處下工夫來，故皆就裏面體認。今既論難，見儒者路脈，極能指其差誤之處。自見羅先生來，未見有如此者。

又云：

此人別無他事，一味潛心於此。初講學時，頗為道理所縛。今漸能融釋，於日用處一意下工夫。若於此漸熟，則體用合矣。此道理全在日用處熟，若靜處有而動處無，即非矣。

觀此諸書，可見朱子當時之學養。謙開善，即朱子在劉病翁處會見者。今既論難，乃指癸酉戊寅朱子兩度見延平所講論。及是三度晉謁，正式受學，則已確然見得儒者路脈，而又漸能融釋，不為道理所縛。延平所深賞於朱子者，則為其初學禪，因能就裏面體認，從源頭處認來，能講學而造其微。蓋朱子從禪學入，故於心地工夫特有體會。而朱子於延平默坐澄心，觀喜怒哀樂未發前氣象之教，則轉不深契。此非朱子忽視心地工夫，乃是朱子於此工夫上別自有見，亦即延平之所謂「漸能融釋」也。惟與道南一脈龜山、豫章、延平之所傳，則自有出入，此乃研討朱子心學一絕大應注意之點，而朱子論心學所為與禪陸異者，亦當由此參入。此非深究朱子此下學詣，難於驟窺其底裏。語詳本書朱子論心與理以下各篇，學者當熟玩。

文集卷七十七有牧齋記，文不著歲月，惟編次在紹興二十八年戊寅九月存齋記之後，在紹興三十年庚辰十二月歸樂堂記之前。文中有云：「余為是齋而居之三年矣。」朱子以丁丑冬十月自同安歸，翌年戊寅春正月再見李延平，儻自其歸後即為是齋，則居之三年，應為紹興三十年庚辰。是年冬又見李延平而受學，則牧齋記之作，應在其前。文中又云：

> 志之篤，事之勤，而志益昏，業益墮。古之君子，其所以用心者，或異於予矣。

又曰：

予方務此以自達於聖人也。

是朱子之三見延平而決意師事，此記所云，正可窺見其當時心情之一斑。其手編牧齋淨稿，疑亦同在此時。蓋悔其往年之舊業，而姑存此一卷詩以自警也。觀下引多言害道絕不作詩一首，殆亦與其手編淨稿同時。

頃以多言害道，絕不作詩，兩日讀大學誠意章有感，至日之朝，起書此以自箴，蓋不得已而有言云

神心洞玄鑒，好惡審薰蕕。云何反自誑，閔默還包羞。今辰仲冬節，竊歎得隱憂。心知一寸
光，昱後重泉幽。朋來自茲始，羣陰邈難留。行迷亦已遠，及此旋吾輈。

此詩在庚辰仲冬。此年詩惟前引送胡籍溪及寄兩題四首，又挽范直閣一題兩首而已。則所謂頃以多言絕不作詩者，乃指此以前言。此詩疑在延平所作。其再題達觀軒詩序云：「紹興庚辰冬，予來謁隴西先生，閱數月而後去。」既歷數月之久，故知此詩作在延平也。延平稱朱子，謂其能從源頭體認，又說能「就裏面體認」，又說能「日用處一意下工夫」，觀此詩可見。

困學二首

舊喜安心苦覓心，捐書絶學費追尋。困衡此日安無地，始覺從前枉寸陰。
困學工夫豈易成，斯名獨恐是虛稱。傍人莫笑標題誤，庸行庸言實未能。

為求安心苦覓心，乃達摩與慧可故事。於庸言庸行而困學，乃運用中庸語。前一首捨棄禪學，後一首轉歸正途，在日用處下工夫。文集七十五有困學恐聞編序，謂「予嘗以困學名予燕居之室」，疑此事在辛巳春。朱子於去冬謁延平歸而題此室名，又成此詩，至於困學恐聞之成編，則在甲申延平卒後。

復齋偶題

出入無時是此心，豈知雞犬易追尋。請看屏上初爻旨，便識名齋用意深。

曾點

春服初成麗景遲，步隨流水玩晴漪。微吟緩節歸來晚，一任輕風拂面吹。

春日

勝日尋芳泗水濱，無邊光景一時新。等閑識得東風面，萬紫千紅總是春。

春日偶作

聞道西園春色深，急穿芒屩去登臨。千葩萬蕊爭紅紫，誰識乾坤造化心。

觀書有感

半畝方塘一鑑開，天光雲影共徘徊。問渠那得清如許，為有源頭活水來。

昨夜江邊春水生，蒙衝巨艦一毛輕。向來枉費推移力，此日中流自在行。

此數詩大體均在辛巳春。自上年仲冬多言害道绝不作詩一首以下，除上引諸詩，尚有仁術，聞善決江河，仰思二首，示四弟，克己，伐木等六題共七首。可知所謂絕不作詩乃指以前，不指以後。而誦此兩年冬春間諸詩，朱子學問體會，顯然又進入一新境界，較前迥然不同。朱子此下學術基礎，亦全在此戊寅、庚辰兩度晉謁延平之數年間奠定。即諷吟此數年詩，亦約略可見。文集卷九十七延平行狀云：「熹獲從先生遊，每一去而復來，則所聞必益超絕，蓋其上達而日新不已有如是。」則朱子之每一見而學益進，所體會領悟者又益深，亦可從此想見。

題西林院壁二首

觸目風光不易裁，此間何似舞雩臺。病軀若得長無事，春服成時歲一來。

巾屨翛然一鉢囊，何妨且住贊公房。卻嫌宴坐觀心處，不奈簷花抵死香。簷前有柚花

年譜：壬午春，迎謁李先生於建安，遂與俱歸延平。此兩詩即在其時。「簷花」詩下自註乃「柚花」，卷一甲戌有柚花詩，「春融百卉茂，素榮敷綠枝」，則南方此花開在春時。此乃朱子第二次至西林也。

題西林可師達觀軒

窈窕雲房深復深，層軒俄此快登臨。卷簾一目遙山碧，底是高人達觀心。

再題

古寺重來感慨深，小軒仍是舊窺臨。向來妙處今遺恨，萬古長空一片心。

題下有朱子自識語云：

紹興庚辰冬，予來謁隴西先生，退而寓於西林院惟可師之舍，以朝夕往來受教焉。閱數月而後去。可師始嘗為一室於其居之左，軒其東南，以徙倚瞻眺，而名之曰達觀軒。予嘗戲為之詩，以示可師。既去而遂忘之。壬午春，復拜先生於建安而從以來，又舍於此者幾月，師不予厭也。且欲予書其本末置壁間，因取舊詩讀之，則歲月逝矣，而予心之所至者，未尺寸進焉，為之三歎自廢。顧師請之勤勤，不得辭，於是手書授之。予之往來師門，蓋未恝也。異時復至，又將假館於此。仰視屋壁，因舊題以尋歲月，而惕然乎其終未有聞也。然則是詩之不沒，亦予所以自勵者。三月九日熹書。

讀此，知前詩應在庚辰之冬，當時未加錄存，至是重來，乃見而并存之也。謂「戲為之詩」者，蓋朱子自庚辰冬見延平以來，於心學工夫上既已大有邁進，至是乃於心之為心，有其一番新認識。「卷簾一目遙山碧」，眺瞻所及，莫非吾心。心無內外，捨卻當前，又於何處求之，以得此心之達觀。若必宴坐觀心，則無乃其猶有所未達者在。朱子此詩，蓋有所譏，故曰「戲為之」也。越一年辛巳春，朱子有困學詩，所謂「舊喜安心苦覓心」，此乃以前之舊學。至於「等閒識得東風面」，「為有源頭活水來」諸詩，乃為此日之新知。至是而活潑潑地，眞箇無入而不自得焉。又越年壬午，復謁李延平，再來西林院，此時見解，則仍與庚辰來時無大異。故其詩曰：「卻嫌宴坐觀心處，不奈簷花抵死香」，此即觸目風光之不易裁也。朱子當時，既悟將心覓心之非，亦不喜宴坐觀心之說。鳶飛魚躍，心無不在。簷花自香，何礙吾心。觸目風光，皆此心也。如是則高人達觀，當即在此遙山一碧間。故曰讀舊詩，歲月逝矣，而予心之所至，未尺寸進。故其再題又曰：「小軒仍是舊窺臨」，此乃自謂其見解識趣之先後無變也。故又曰「向來妙處今遺恨」，此乃朱子故作狡詭之謙辭。「卷簾一目遙山碧，底是高人達觀心」，在當時如此想，自謂妙處。至是三年，依然一番舊見解，更無寸進。是向來妙處，今成遺恨也。「萬古長空一片心」，此乃朱子之自信語。遙山一碧，歷時三載。今日捲簾所窺臨者，仍是此心。歲月逝矣，心則常然。朱子自戊寅再見李延平以後，有存齋記之作，其於心學工夫，固已深有契會。而庚辛壬諸詩所詠，其於此心之活潑呈露，無往不在，體悟所到，尤堪玩味。越後朱子論心諸說，與此時所見又有不同，已非所謂「舊窺臨」矣，要之大體則從此途研入。朱子早年學禪，及其再見延平，折而歸於儒學之正途。其時本領，則端在此心源工夫上，與其先所耽玩之禪說，洵所謂差毫釐而別千里。即其於延平默坐澄心之教，亦不相契。故曰「觸目風光不易裁」，又曰「不奈簷花抵死香」也。越後又謂延平默坐澄心即易近禪。此當詳於朱子論靜、敬諸篇。要之朱子此下有關心學方面之逐步進展，皆從此處發源。故欲窮究此下朱子心學之閫奧，則莫若即沿此蹊徑，先求之於戊寅、庚辰、壬午與李延平三次相見時之諸詩。庶乎如水有源，如木有本，易於循以窮委而竟末。宋元明三朝理學諸儒，亦有專致力於心地工夫，得如朱子此五年之所悟者。而遽自珍祕，即認以為學問最高之止境。朱子獨不然，既已悟此心源，乃能順流而下，千派萬歧。培此心本，千枝萬葉，生機暢遂。朱子此下學問境界，乃日躋於博大宏通。其規模塗轍，已絕非延平之所能範圍。然朱子生平，則尊推延平不置。蓋朱子之所獲於延平者有三綱：一曰須於日用人生上融會；一曰須看古聖經義；又一曰理一分殊，所難不在理一處，乃在分殊處。朱子循此三番教言，自加尋究，而不自限於默坐澄心之一項工夫上，則誠可謂妙得師門之傳矣。

示西林可師二首

身世年來欲兩忘，一春隨意住僧房。行逢舊隱低回久，綠樹鶯啼淸晝長。

幽居四畔只空林，啼鳥落花春意深。獨宿塵龕無夢寐，五更山月照寒衾。

此兩詩，極為恬靜自在，是亦君子之無入而不自得也。取以較之初到同安時所詠，其意境之廣狹，心情之深淺，誠已大不相侔。儒學教人修德立心，必至於斯，而後可以有從容上達之幾。然若即住此為窠窟，自劃而止，則將不僅如胡五峯所譏之有體無用，即就體言，亦必有毫釐千里之辨矣。

是年為紹興三十二年壬午，朱子年三十三歲。六月，高宗內禪，孝宗即位。八月，朱子應詔上封事。翌年，孝宗隆興元年癸未，朱子年三十四歲。十月，至行在。是年論語要義成書。文集卷七十五有論語要義目錄序云：

熹年十三四時，受二程先生論語說於先君，未通大義，而先君棄諸孤。中間歷訪師友，以為未足。於是徧求古今諸儒之說，合而編之。誦習既久，益以迷眩。晚親有道，竊有所聞。然後知其穿鑿支離者固無足取。至於其餘，或引據精密，或解析通明，非無一辭一句之可觀。顧其於聖人之微意，則非程氏之儔矣。隆興改元，屏居無事，與同志一二人從事於此。慨然發憤，盡刪餘說，獨取二先生（此五字據白田年譜增）及其朋友數家之說，補緝訂正，以為一書，目之曰論語要義。

此書之成，可謂為朱子此下學術塗轍之不斷有進奠其基石。「晚親有道」，即指李延平。而序中更不提及學禪一語。若非於朱子文集、語類博觀旁搜，單讀此序，亦不易深知朱子早年學問與其中年所詣之曲折細微處也。

是年十月十五，李延平卒。朱子以十一月歸，明年甲申正月往哭之。越三年，乾道三年丁亥，朱子始訪張南軒於衡山。至是而朱子心學方面又得一新開展，詳見於朱子論未發已發篇。而在此以後，朱子於心學上又不斷有進展，讀者當通觀本書論已發未發後凡屬朱子論心學之各篇，乃可窺其大概。惟其最先發軔，則如此篇之所述也。

附朱子自述早年語

余既依據朱子早年詩篇，備述其從遊延平前後之經過。茲再就語類，摘錄朱子自述早年語，並參以文集、行狀、年譜，以見朱子自幼學問之大概，以附斯篇。與上文合看，知朱子從遊延平前，雖好釋道雜學，於儒學亦早有根柢，其於同安赴任之前特往見延平，決非出之偶然也。

年譜：

高宗建炎四年庚戌秋九月甲寅，先生生。

先生幼穎悟莊重。甫能言，父韋齋指天示之，曰：「天也。」問：「天之上何物？」韋齋異之。

行狀同，時朱子四歲。韋齋與內弟程復亨書，云：

息婦生男名五二，今五歲，上學矣。（年譜）

語類曰：

某自五、六歲時，心便煩惱箇天體是如何，外面是何物。（四五）

此條陳淳、黃義剛同有錄。此後格物之學，遠從此時已露天倪。

八歲就傅，授以孝經，一閱通之，題其上曰：「不若是，非人也。」嘗從羣兒戲沙上，獨端坐，以指畫沙，視之，八卦也。（行狀、年譜同）

朱子成學後謂孝經多可疑，易則為奠定朱子學術重要礎石之一。

孔子曰：「仁遠乎哉？我欲仁，斯仁至矣。」這箇全要人自去做。孟子所謂奕秋，只是爭這些子。一箇進前要做，一箇不把當事。某八、九歲時，讀孟子到此，未嘗不慨然奮發，以為為學須如此做工夫。當初便有這箇意思如此，只是未知得如何做工夫。自後更不肯休，一向要去做工夫。（一二一）

此條不知何人所錄。

又曰：

某十數歲時，讀孟子言「聖人與我同類者」，喜不可言，以為聖人亦易做，今方覺得難。（一〇四）

此條包揚錄。

又曰：

某自丱角讀論孟。自後欲一本文字高似論孟者竟無之。（一〇四）

此條郭友仁錄戊午所聞。

文續集卷八跋韋齋書昆陽賦云：

紹興庚申，熹年十一歲。先君罷官行朝，來寓建陽。登高丘氏之居，暇日手書此賦以授熹。為說古今成敗興亡大致，慨然久之。

朱子之好文學，好治史，亦自此時啟之。

問「絜矩」。曰：「荀子、莊子注云：『絜，圍束也。』是將一物圍束以為之則也。某年十二、三歲時，范丈所言如此。」（一六）

此條楊道夫錄。朱子好治先秦諸子，好訓詁，皆已自此時啟之。

熹年十三、四時，受二程先生論語說於先君。（文集七五論語要義目錄序）

朱子理學，淵源二程，已自此時啟之。

文集卷三十八與陳君舉有云：

先人自少豪爽，出語驚人。踰冠中第，更折節讀書，慕為賈誼、陸贄之學。久之，又從龜山楊氏門人問道授業，踐修愈篤。紹興初，以館職郎曹，與脩神宗正史，哲、徽兩朝實錄，而於哲錄用力為多。其辨明誣謗，刊正乖謬之功，具見褒詔。後以上疏詆講和之失，忤秦相去國。補郡不起，奉祠以終。

知朱子通達時務，好賈、陸之學，又精熟北宋一朝史事，皆有庭訓作背景也。

又同卷答李季章有云：

諸公爭和議時，先人與胡德輝、范伯達諸公同入文字，皆史院同寮也。

此見朱子生平力排和議，亦有家風薰陶。

又文續集卷五與王尚書有云：

某之族祖奉使直閣諱弁，早從中州士大夫遊，文學甚高。建炎初，銜命虜營，見留十七年，全節而歸。又以忤時宰不及用而死，藁殯西湖之智果院，三十年矣。

此亦見朱氏一門風節。故附錄焉。

十四歲丁父韋齋先生憂，受學於劉屏山、劉草堂、胡籍溪三家之門。（年譜）

朱子從此三人遊，亦受父遺命。

語類又曰：

溫公省試作民受天地之中以生論，以生為活。集中自有一段如此說，也說得好。卻說他人以生為生育之生者不然，拗論如此。某舊時這般文字，及了齋集之類，盡用子細看過。少年被病翁監看。他不許人看，要人讀。其有議論好處，被他監讀，煞喫工夫。（一三〇）

此條沈僩錄。

這道理易晦而難明。某少年過莆田，見林謙之、方次榮說一種道理，說得精神，極好聽，為之踴躍鼓動。退而思之，忘寢與食者數時。好之，念念而不忘。及至後來再過，則二公已死，更無一人能繼其學者，也無一箇會說了。（一三二）

此條亦沈僩錄。其初見林、方兩人，不知在何年。然必在赴同安前可知。

某年十四、五歲時，便覺得這物事是好底物事，心便愛了。（一〇四）

此條包揚錄。

某年十五、六時，讀中庸「人一己百，人十己千」一章，因見呂與叔解得此段痛快，未嘗不悚然警厲奮發。（四）

此條沈僩錄。此時已開此下要義集義之門徑。

周禮一書，周公立下許多條貫，皆是廣大心中流出。某自十五、六時，聞人說這道理，知道如此好。但今日方識得。如前日見人說鹽鹹，今日食之，方知是鹹。說糖甜，今日食之，方知是甜。（三三）

此條萬人傑錄。朱子至晚年，終不辨周禮一書之僞，弱冠前已受影響。其聞人說這道理，不知是何人。

某年十五、六時，亦嘗留心於禪。一日在病翁所會一僧，與之語云云。（一〇四）

此條輔廣錄，為朱子留心禪學之始。

某自十六、七時，下工夫讀書，彼時四畔皆無津涯，只自恁地硬着力去做。至今日，雖不足道，但當時也是喫了多少辛苦讀了書。今人卒乍便要讀到某田地也是難，要須積累着力方可。某今老而將死，所望者，但願朋友勉力學問而已。（一〇四）

此條包揚錄。

某年十七、八時，讀中庸、大學，每早起，須誦十遍。（一六）

此條葉賀孫錄。

又曰：

某自十四歲而孤，十六而免喪，是時祭祀只依家中舊禮。禮文雖未備，卻甚齊整。先妣執祭事甚虔。及某年十七、八，方考。（九〇）

此後朱子修訂家禮，其事亦始弱冠前。

又曰：

某少時讀四書，甚辛苦。（一〇四）

此條游敬仲錄。朱子以最敏最高之天姿，而讀書則用最低最鈍之工夫，自其弱冠前已然。其時朱子已知禪學，而又辛苦讀四書。其生平為學，能兼容幷包，廣納羣流，匯為大趨，弱冠前亦已見此傾向。

十八歲秋舉鄉貢。考官蔡茲謂人曰：「吾取中一後生，三篇策皆欲為朝廷措置大事，他日必非常人。」（年譜）

鄉貢三策，欲為朝廷措置大事，證朱子之家學淵源。

十九歲登進士第。（年譜）

語類曰：

某少年時只做得十五、六篇舉業，後來只是如此發舉及第。今人卻要求為必得，豈有此理。

又曰：

某年十九去赴試時，用在病翁所所會一僧意思去胡說，是時文字不似而今細密，由人麤說，試官為某說動了，遂得舉。（一〇四）

此條曾祖道錄。

又曰：

學者難得，都不肯自去着力讀書。某登科後要讀書，被人橫截直截，某只是不管，一面自讀。

此條輔廣錄。其時乃用禪家語入應試文，殆是學彌進而同時好禪亦愈甚也。

（一〇四）

此條陳文蔚錄。登科後着意要讀書，則是雖好禪，亦同時不忘向來學業。

又曰：

某從十七、八歲讀孟子，至二十歲，只逐句去理會，更不通透。二十歲已後，方知不可恁地讀。元來許多長段，都自首尾相照管，脈絡相貫串。只恁地熟讀，自見得意思。從此看孟子，覺得意思極通快。（一〇五）

此條葉賀孫錄。

又曰：

某自二十時看道理，便要看那裏面。嘗看上蔡論語，其初將紅筆抹出，後又用青筆抹出，又用黃筆抹出，三四番後，又用墨筆抹出。是要尋那精底。看道理須是漸漸向裏尋到那精英處方是。如射箭，其初方上垜，後來又要中帖。少間又要中第一暈，又要中第二暈。後又要到紅心。（一二〇）

此條黃義剛錄。讀書工夫，至是已大體成熟，此下則不過益精益深而已。

又曰：

某向時讀書，方其讀上句，則不知有下句。讀上章，則不知有下章。讀中庸，則祇讀中庸，讀論語則祇讀論語。一日祇看一二章，將諸家說看合與不合。凡讀書到冷淡無味處，尤當着力推考。（一〇四）

此條楊道夫錄。

又曰：

某舊日讀書，方其讀論語時，不知有孟子。方讀學而第一，不知有為政第二。今日看此一段，明日且更看此一段。看來看去，直待無可看，方換一段看。如此看久，自然洞貫，方為浹洽。時下雖是鈍滯，便一件了得一件，將來卻有盡理會得時。若撩東劄西，徒然看多，事事不了。日暮途遠，將來荒忙，不濟事。舊見李先生，說「理會文字，須令一件融釋了後方更理會一件」，「融釋」二字下得極好。此亦伊川所謂今日格一件，明日又格一件，格得多後，自脫然

有貫通處。（一〇四）

此條余大雅録。上引兩條，不知究在何時，然與上引葉録、黄録兩條同看，便知在弱冠時即能子細讀書不苟。其能用此最低鈍之工夫，已遠有積漸，蓋自十七、八時而已然。

又曰：

鄭漁仲詩辨，某自幼便知其説之是。（二三）

此條滕璘録，不知何時。因自幼字姑附於此。

又曰：

某自十五、六時至二十歲，史書都不要看。但覺得閑是閑非，沒要緊，不難理會。大率才看得此等文字有味，畢竟麤心了。（一〇四）

此條潘履孫録。知朱子讀書，自幼即知重義理，能細心，肯用思想，逐字逐句研玩，故不喜讀史書，如看説部，記故事，可以大段略過也。

又曰：

某今且勸諸公屏去外務，趲工夫，專一去看這道理。某年二十餘，已做這工夫，將謂下梢理會得多少道理。今忽然有許多年紀，不知老之至此，也只理會得這些子。歲月易得，蹉跎可畏如此。（一〇四）

此條葉賀孫錄。朱子讀書，注意看道理，故亦愛禪，當在見李延平前。

又曰：

不必太急，不要忘了，亦非教人於無着摸處用工。某舊日理會道理，亦有此病。後來李先生說，令去聖經中求義。某後刻意經學，推見實理，始信前日諸人之誤。（一〇四）

此條余大雅錄，亦在見李延平前。有太急時，亦有於無着摸處用工之病，即指學禪言。二十四歲始見李先生於延平，以下各年詳從遊延平始末記。

朱子對濂溪橫渠明道伊川四人之稱述

語類：

新書院告成，祀先聖先師，濂溪周先生、明道程先生、伊川程先生、康節邵先生、司馬溫國文正公、橫渠張先生、延平李先生從祀。（九〇）

此條葉賀孫記辛亥以後所聞。乃指紹熙五年甲寅，朱子年六十五，在潭州任，修復嶽麓書院時事。李、洪兩年譜皆言改建，王譜改稱修復。語類此條云：「廳事未備，就講堂行禮。」朱子以五月到潭州，九月杪即去，先後僅四閱月，倉促未遑，似當依王譜。延平朱子啟發所自，生平稱道不置。文集卷八十五有六先生畫像贊，六先生者：濂溪、明道、伊川、橫渠、康節、涑水，蓋朱子稱述北宋諸儒，常舉此六人。其稱述康節、涑水者，當別詳。茲篇專集其稱述周、張、二程四人，以見朱子生平學術傳統之所自。

一　濂溪

二程早年嘗從遊於濂溪，顧此後不甚推說。於安定胡瑗翼之，必稱「胡先生」。於濂溪，則字之曰茂叔。生平絕未道及太極圖。其門人游酢，至有「茂叔窮禪客」之語。此五字，又見於程氏遺書卷六，則游酢所云宜有來歷。呂希哲謂：「二程初從濂溪遊，後青出於藍。」呂本中亦謂：「二程始從茂叔，後更自光大。」二呂之言，殆亦當時程門相傳共認。尊推濂溪，謂二程之學所導源者，其說實始於朱子。

黃庭堅有云：「周茂叔胸中灑落，如光風霽月。」語類云：

延平先生每誦此言，以為善形容有道者氣象。

則朱子之於濂溪，亦自從遊延平時，影響有自矣。詩集卷二挽延平李先生有云：

灑落濂溪句，從容洛社篇。平生行樂地，今日但新阡。

知延平當時每與朱子談及濂溪，故朱子在其卒後猶往來胸中而增所追思也。延平答問有「論太極動而生陽」一條，語類卷九十四有「舉李先生說通書通徹無不通」一條，此皆延平與朱子常稱引討論及於濂溪之證。

文集卷三十答汪尚書有云：

受學之語，見於呂與叔所記二先生語中，云「昔受學於周茂叔」。故據以為說。

此書不審在何年。惟此書及下一書皆論蘇學，又下一書云：「去春賜教語及蘇學」云云在己丑，則前二書當在戊子。朱子以丁亥八月訪張南軒於衡州，南軒亦重濂溪，臨別送詩云：「超然會太極，眼底無全牛。」又為石子重作傳心閣銘亦曰：「惟子周子，崛起千載，惟二程子，實嗣其徽。」則南軒亦主二程之學傳自濂溪，與朱子為同調。而南軒之推尊濂溪，則淵源於胡五峯。謂「周子啟程氏兄弟以不傳之妙，一回萬古之光明，如日麗天，將為百世之利澤，如水行地，其功蓋在孔孟之間。」全祖望宋元學案序錄有曰：「晦翁、南軒，始確然以濂溪為二程子所自出」。又引二呂言，謂二程未嘗傳濂溪之學。然謂「青出於藍」，謂「更自光大」，豈即不傳其學之謂乎。此眞所謂無知妄說也。

同年又與汪尚書一書云：

濂溪河南授受之際，非末學所敢議。然以其跡論之，則來教為得其實矣。敢不承命而改焉。但通書、太極圖之屬，更望暇日試一研味，然後有以知二先生之於夫子，非若孔子之於老聃、郯子、萇弘也。

翌年己丑又一書云：

蒙喻及二程之於濂溪，亦若橫渠之於范文正。先覺相傳之祕，非後學所能窺測。誦其詩，讀其書，則周、范之造詣固殊，而程、張之契悟亦異。如曰仲尼顏子所樂，吟風弄月以歸，皆是當時口傳心受的當親切處。後來二先生舉似後學，亦不將作第二義看。然則行狀所謂「反求之六經然後得之」者，特語夫功用之大全耳。至其入處則自濂溪，不可誣也。大抵近世諸公知濂溪甚淺。如呂氏童蒙訓，記其嘗著通書，而曰「用意高遠」。夫通書、太極之說，所以明天理之根源，究萬物之終始，豈用意而為之，又何高下遠近之可道哉！近林黃中自九江寄其所撰祠堂記文，尤可駭嘆。而通書之後次序不倫，載蒲宗孟碣銘全文，為害又甚。見謀於此別為敍次而刊之，卻恐不難辨也。

自程學盛行，學者間並未因此而重濂溪之人與其書，即據上引三書可見。後世言宋代理學，必曰濂洛關閩，又謂二程得統於濂溪，此皆自朱子之主張始。

文集卷三十一答張敬夫有云：

太極圖立象盡意，剖析幽微，周子蓋不得已而作也。觀其手授之意，蓋以為惟程子為能受之。程子之祕而不示，疑亦未有能受之者爾。夫既未能默識於言意之表，則道聽塗說，其弊必有甚焉。近年已覺頗有此弊矣。觀其答張閎中書云：「書雖未出，學未嘗不傳，第患無受之者。」及東見錄中論橫渠清虛一大之說使人向別處走，不若且只道敬，則其微意亦可見矣。

此朱子推說二程所以受濂溪太極圖而祕不示人之意。實則二程於周、張均有微辭，朱子必求綰此四人而一之，此固是朱子在當時理學界一大貢獻，若論其眞相，則恐未必如朱子之云也。此書在壬辰，是年成西銘解義，翌年癸巳成太極圖說解、通書解。

文集卷七十五有周子太極通書後序，其文曰：

先生之學，其妙具於太極一圖。通書之言，皆發此圖之蘊。而程先生兄弟語及性命之際，亦未嘗不因其說。觀通書之誠、動靜、理性命等章，及程氏書之李仲通銘，程邵公誌，顏子好學論等篇，則可見矣。先生既手以授二程，本圖附書後。祁寬居之云。傳者見其如此，遂誤以圖為書之卒章，不復釐正。使先生立象盡意之微旨，暗而不明，而驟讀通書者，亦復不知有所總攝，此則諸本皆失之。今特據潘誌，置圖篇端，以為先生之精意，則可以通乎書之說矣。熹又嘗讀朱內翰震進易說表，謂此圖之傳，自陳摶、种放、穆脩而來；而五峯胡公仁仲作通書序，又謂先生非止為种、穆之學者，此特其學之一師耳，非其至者也。夫以先生之學之妙，不出此圖，以為得之於人，則決非种、穆所及；以為非其至者，則先生之學又何以加於此圖哉。

此文成於己丑。朱子對濂溪通書所加之整理與發明，舉其要者：一、據潘興嗣誌置太極圖於通書之前，使讀者知通書即所以發圖之蘊。二、列舉二程書中有顯然承用通書之說者，以為周、程先後授受之證。白田年譜考異云：「年譜：壬辰，西銘解成。癸巳，太極圖解、通書解成。此據兩後記歲月言之，而通書則附見焉。考之呂、張兩集，則太極圖解成於戊子，西銘解成於庚寅、辛卯。東萊書，壬辰有『改定太極圖說解』之云，則必不至癸巳而後成矣。」又曰：「兩書後跋，各以其跋之歲月言，非成書之歲月也。又戊申跋，『未敢出以示人』，乃為學者言之，張、呂二公則未嘗不共商榷。象山云『考訂注釋』，似亦見圖解矣。」此據南軒、東萊集，知朱子為太極圖解在戊子，而翌年己丑為此後序也。

序文先曰：

周子書，今春陵、零陵、九江皆有本，而互有同異。長沙本最後出，乃熹所編定。視他本最詳密，然猶有所未盡。

又曰：

長沙通書，因胡氏所傳篇章非復本次，又削去分章之目，而別以「周子曰」者加之，非先生之舊。

文內又引五峯所作通書序，曰：

人見其書之約，而不知其道之大。見其文之質，而不知其義之精。見其言之淡，而不知其味之長。人有眞能立伊尹之志，脩顏子學，則知此書之言包括至大，而聖門之事業無窮矣。

朱子稱之為不可易之至論。今按：朱子於三年丁亥八月訪張南軒於潭州，偕登衡山，南軒集有詩送元晦尊兄云：

不遠關山阻，為我再月留。遺經得紬繹，心事兩綢繆。超然會太極，眼底無全牛。

朱子答詩云：

昔我抱冰炭，從君識乾坤。始知太極蘊，要眇難名論。謂有寧有跡，謂無復何存。惟應酬酢處，特達見本根。

是朱子、南軒衡山之會，必曾討論及於濂溪之太極圖說。語類一〇四亦云：「舊在湖南理會乾坤」，蓋亦指其事。南軒師事五峯，五峯家傳有濂溪書，又特為作序，盛加稱道，朱子必在衡山得此書，歸未兩年，重為編定，然則朱子之鄭重於濂溪之太極圖說與通書，亦必於湖湘之遊有所啟益矣。

及淳熙二年乙未，朱子與呂東萊同選近思錄，惟及濂溪、橫渠、二程四家，而太極圖褎然冠卷首。因曰：

四子，六經之階梯。近思錄，四子之階梯。（一〇五）

後人治宋代理學，無不首讀近思錄，而後濂溪在有宋一代理學家中之地位，遂以確定。

越二年，淳熙四年丁酉，朱子為江州重建濂溪先生書堂記，見文集卷七十八，其文曰：

道之在天下者未嘗亡，惟其託於人者或絕或續，故其行於世者有明有晦。是皆天命之所為，非人智力之所能及也。夫天高地下，而二氣五行紛綸錯糅，升降往來於其間。其造化發育，品物散殊，莫不各有固然之理。而最其大者，則仁義禮智之性，君臣父子昆弟夫婦朋友之倫是已。是其周流充塞，無所虧間，夫豈以古今治亂為存亡者哉。然氣之運也，則有醇漓判合之不齊。人之稟也，則有清濁昏明之或異。是以道之所以託於人而行於世者，惟天所畀，乃得與焉，決非巧智果敢之私所能億度而強探也。若濂溪先生者，其天之所畀而得乎斯道之傳者與。不然，何其絕之久而續之易，晦之甚而明之亟也。先生不繇師傳，默契道體，建圖屬書，根極領要。當時見而知之有程氏者，遂擴大而推明之，使夫天理之微，人倫之著，事物之眾，鬼神之幽，莫不洞然畢貫於一，而周公、孔子、孟子之傳，煥然復明於當世。嗚乎盛哉。非天所畀，其孰能與於此。

推挹濂溪，謂是天畀，可謂甚至。越一年，淳熙五年，朱子又有袁州州學三先生祠記，見文集同卷，其文曰：

宜春太守廣漢張侯，既新其郡之學，因立濂溪河南三先生之祠，以書屬熹記之。蓋自鄒孟氏沒，而聖人之道不傳。世俗所謂儒者之學，內則局於章句文詞之習，外則雜於老子釋氏之言。而其所以脩己治人者，遂一出於私智人為之鑿。淺陋乖離，莫適主統。使其君之德不得比於三代之隆，民之俗不得躋於三代之盛。若是者，蓋已千有餘年於今矣。濂溪周公先生，奮乎百世之下，乃始深探聖賢之奧，疏觀造化之原，而獨心得之。立象著書，闡發幽祕，詞義雖約，而天人性命之微，脩己治人之要，莫不畢舉。河南兩程先生，既親見之而得其傳，於是其學遂行於世。士之講於其說者，始得以脫於俗學之陋、異端之惑，而其所以脩己治人之意，亦往往有能卓然不惑於世俗利害之私，而慨然有志於堯舜其君民者。蓋三先生者，其有功於當世，於是為不小矣。然論者既未嘗考於其學，又拘於今昔顯晦之不同，是以莫知其本末源流之若此，而或輕議之。其有略聞之者，則又舍近求遠，處下窺高，而不知即事窮理，以求其切於脩己治人之實也。張侯所以作為此祠而屬其筆於熹者，其意豈不有在於斯與。

此文朱子為南軒弟張杓作。南軒固與朱子為同調，尊濂溪為二程學之所自出。蓋至是而所謂三先生祠，乃漸普及。然同時論議尚有未一，所謂「莫知其本末源流之若此」也。

又越年，淳熙六年己亥，朱子主南康軍，乃立濂溪先生祠於學宮，以二程配。文集卷八十六有奉安濂溪先生祠文，曰：

惟先生，道學淵懿，得傳於天。上繼孔顏，下啟程氏。使當世學者，得見聖賢千載之上，如聞其聲，如睹其容。授受服行，措諸事業，傳諸永久而不失其正。其功烈之盛，蓋自孟氏以來，未始有也。

同年復有隆興府學濂溪先生祠記，亦見文集卷七十八。其文曰：

蓋嘗竊謂先生之言，其高極乎無極太極之妙，而其實不離乎日用之間。其幽探乎陰陽五行造化之賾，而其實不離乎仁義禮智、剛柔善惡之際。其體用之一源，顯微之無間，秦漢以下，誠未有臻斯理者，而其實則不外乎六經、論語、中庸、大學、七篇之所傳也。蓋其所謂太極云者，合天地萬物之理而一名之耳。以其無器與形，而天地萬物之理無不在是，故曰「無極而太極」。以其具天地萬物之理而無器與形，故曰「太極本無極」也。是豈離乎生民日用之常而自為一物哉。其為陰陽五行造化之賾者，固此理也。其為仁義禮智剛柔善惡者，亦此理也。性此理而安焉者，聖也；復此理而執焉者，賢也。自堯舜以來，至於孔孟，其所以相傳之說，豈有一言以易此哉。顧孟氏既沒，而諸儒之智不足以及此。是以世之學者，茫然莫知所適，高則放於虛無寂滅之外，卑則溺於雜博華靡之中，自以為道固如是，而莫或知其非也。及先生出，始發明之以傳於程氏，而其流遂及於天下。天下之學者，於是始知聖賢之所以相傳之實乃出於此，而有以用其力焉。此先生之教，所以繼往聖，開來學，而大有功於斯世也。

此文為隆興府學教授黃灝作，亦祠濂溪而以二程配。同年又有再定太極通書後序，見文集卷七十六。朱子既編定太極通書為建安版，至是集次更定益詳密，而刊於南康軍之學宮。其序文有曰：

先生之書，近歲以來，其傳既益廣矣，然皆不能無謬誤。惟長沙建安版本為庶幾焉，而猶頗有所未盡也。蓋先生之學之奧，其可以象告者，莫備於太極之一圖。若通書之言，蓋皆所以發明其蘊。故清逸潘公誌先生之墓，而敍其所著之書，特以作太極圖為首稱，而後乃以易說、易通繫之，其知此矣。然諸本皆附於通書之後，而讀者遂誤以為書之卒章，使先生立象之微旨，暗而不明，驟而語夫通書者，亦不知其綱領之在是也。長沙本既未及有所是正，而通書乃因胡氏所定，章次先後，輒頗有所移易。又刊去章目，而別以「周子曰」者加之，皆非先生之舊。若理性命章之類，則一去其目，而遂不可曉。其所附見銘碣詩文，視他本則詳矣，然亦或不能有以發明於先生之道，而徒為重複。故建安本特據潘誌，置圖篇端，而書之序次名章，亦復其舊。又即潘誌及蒲左丞、孔司封、黃太史所記先生行事之實，刪去重複，參互考訂，合為事狀一端。以為先生之書之言之行，於此亦略可見矣。然後得臨汀楊方本以校，而知其舛陋猶有未盡正者。嘗欲別加是正，以補其缺，而病未能也。兹乃被命假守南康，遂獲嗣守先生之餘教於百有餘年之後，瞻仰高山，深切寤歎，因取舊袠，復加更定。

以此序文與前引序文相較，朱子整理濂溪通書又有一端重要者，厥為復其章次之舊，與其名章之目。此一端，較之前引序中所舉之兩端言，意義較次，故前序未及，而此序始言之。又此序中兼附小注，論及濂溪太極圖之傳受，亦為前序所未備。其注曰：

漢上朱震子發，言陳摶以太極圖傳种放，放傳穆修，修傳先生。按張忠定公曾從希夷學，而其論公事之有陰陽，頗與圖說意合。竊疑是說之傳，固有端緒。至於先生，然後得之於心，而天地萬物之理，鉅細幽明，高下精粗，無所不貫。於是始為此圖以發其祕爾。

張忠定名詠，其論公事有陰陽，語類屢及之。亦引見於陰陽篇。至是，朱子蓋不復疑太極圖說與希夷有淵源，惟謂至濂溪而始為此圖，與後人謂濂溪得此圖而別為之說者有異。要之朱子於此圖說之傳自希夷、种穆，則並不堅決否認。

文集卷四十五答廖子晦有云：

「繼善」「成性」，分屬陰陽，乃通書首章之意，但熟讀之自可見矣。蓋天地變化，不為無陰，然物之未形，則屬乎陽。物正其性，不為無陽，然形器已定，則屬乎陰。嘗讀張忠定公語云：「公事未著字以前屬陽，著字以後屬陰。」似亦窺見此意。

語類則云：

張乖崖云：「陽是人有罪而未書案，尚變得。陰是已書案，更變不得。」此人曾見希夷來，言亦似太極圖。（一二九）

此條甘節錄，癸丑朱子六十四以後所聞，則朱子之晚年也。

注中又辨當時所傳濂溪易說之僞，此雖前序已及，而此注較詳。有云：

先生易說，久已不傳於世，向見兩本皆非是。其一卦說，乃陳忠肅公所著。其一繫詞說，又皆佛老陳腐之談。決非先生所為可知。易通疑即通書，蓋易說既依經以解義，此則通論其大旨而不繫於經者也。特不知其去易而為今名，始於何時爾。

注中又辨濂溪命名之本意。同年又有書徽州婺源縣周子通書板本後，見文集卷八十一，亦辨正濂溪二字之來歷。又為濂溪先生事實記，見文集卷九十八。又有書濂溪先生愛蓮說後及拙賦後兩篇，亦見文集卷八十一。蓋朱子於濂溪，既已直探其圖書之蘊奧，而謂可以直接孔孟聖學之宗傳矣。而於其生平細故小節，亦一一為之稽考。其圖之傳受，其書之眞僞，與其他行事傳說，皆不忽置。此乃朱子平日格物致知精神之所貫注，誠不於其本末精粗之間而有所歧視也。

朱子於濂溪家庭親屬源流，亦多細考。

問：「周子之學，是自得於心，還有所傳授否？」曰：「也須有所傳授。渠是陸詵婿。溫公涑水記聞載陸詵事，是箇篤實長厚底人。」（九四）

此於濂溪親屬亦所考及。文集卷四十答何叔京有云：

潘君所誦說環溪之書，雖未之見，然以其言考之，豈其父嘗見環溪，而環溪者，即濂溪之子元翁兄弟也歟。元翁與蘇黃遊，學佛談禪，蓋失其家學之傳已久，其言固不足據。且潘君者，又豈非清逸家子弟耶。清逸之子亦參禪，雖或及識濂溪，然其學則異矣。今且據此書論之，只文字語言，便與太極、通書等絕不相類。蓋通書文雖高簡，而體實淵愨，其所論不出乎陰陽變化、脩己治人之事，未嘗劇談無物之先、文字之外也。而此書乃謂中為有物，而必求其所在於未生之前，則是禪家「本來面目」之緒餘耳。殊不知「中」者，特無偏倚過不及之名，以狀性之體段；而所謂「性」者，三才五行萬物之理而已矣。非有一物，先立乎未生之前，而獨存乎既沒之後也。其曰執，曰用，曰建，亦體此理以脩己治人而已矣，非有一物可以握持運用而建立之也。通書論「中」但云：「中者和也，中節也。」又曰：「中焉止矣。」周子之意尤為明白。

此於濂溪後嗣，亦所考及。朱子考訂濂溪著作行事，頗取潘興嗣。然謂興嗣子亦參禪，其學異於濂溪。濂溪二子壽與燾，與東坡、山谷交游，朱子亦謂其失家學之傳。此與叔京書不定在何年，所論潘君與環溪書皆不可深考。然其所辨析濂溪之學之異於禪學者，則甚為扼要。朱子於濂溪學說發明之功，即此書亦可概見。

再越年，淳熙八年辛丑，朱子去南康，四月，過江州，拜濂溪先生書堂遺像，文集卷八十四有書濂溪光風霽月亭，謂：

> 先生承天畀，系道統，建端垂緒，啟佑於後之人。

八月，又為婺州婺源縣學三先生祠記，見文集卷七十九。其文曰：

> 濂溪夫子之學，性諸天，誠諸己，而合乎前聖授受之統。又得河南二程先生以傳之，而其流遂及於天下。諸君獨不觀諸濂溪之圖與其書乎？雖其簡古淵深，未易究測，然其大指，則不過語諸學者：講學致思，以窮天地萬物之理，而勝其私以復焉。其施則善始於家，而達之天下。其具則復古禮，變今樂，政以養民而刑以肅之也。是乃所謂伊尹之志，顏子之學，而程氏傳之以覺斯人者，而亦豈有以外乎諸君日用之間哉？

婺源之於濂溪，非鄉，非寓，亦非其所嘗遊宦，非有朝廷之祀典，蓋至是而所在學官爭為祠堂以崇祀焉，而又必以二程子為配，是皆朱子之提倡有以興之。

又兩年，淳熙十年癸卯，有韶州州學濂溪先生祠記，見文集卷七十九。其文曰：

> 秦漢以來，道不明於天下，而士不知所以為學。言天者，遺人而無用。語人者，不及天而無本。專下學者，不知上達，而滯於形器。必上達者，不務下學，而溺於空虛。優於治己者，或

不足以及人。而隨世以就功名者，又未必自其本而推之也。夫如是，是以天理不明而人欲熾，道學不傳而異端起。人挾其私智以馳騖於一世者，不至於老死則不止，而終亦莫悟其非也。宋興，九疑之下，舂陵之墟，有濂溪先生者作，然後天理明而道學之傳復續。蓋有以闡夫太極陰陽五行之奧，而天下之為中正仁義者，得以知其所自來。言聖學之有要，而下學者知勝私復禮之可以馴致於上達。明天下之有本，而言治者知誠心端身之可以舉而措之於天下。其所以上接洙泗千歲之統，下啟河洛百世之傳者，脈絡分明，而規摹宏遠矣。是以，人欲自是有所制而不得肆，異端自是有所避而不得騁。蓋自孟氏既沒，而歷選諸儒受授之次，以論其興復開創，汎掃平一之功，信未有高焉者也。

此文為韶州州學教授廖德明作。其前十三年，韶州知州周舜元已先在州學作祠堂，以二程配，是為乾道之庚寅。蓋濂溪嘗治韶，祠焉而配以二程以為引重，亦猶隆慶府學之祠濂溪而以二程配也。至於發明道學統緒，必以二程之學得自濂溪，則其說待朱子而後定。

又四年，淳熙十四年丁未，朱子又有周子通書後記，見文集卷八十一。其文曰：

通書者，濂溪夫子之所作也。夫子自少即以學行有聞於世，而莫或知其師傳之所自。獨以河南兩程夫子嘗受學焉，而得孔孟不傳之正統，則其淵源因可概見。然其所以指夫仲尼顏子之樂，而發其吟風弄月之趣者，亦不可得而悉聞矣。所著之書，又多放失，獨此一篇，本號易通，與太極圖說並出程氏以傳於世，而其為説實相表裏。大抵推一理二氣五行之分合，以紀綱道體之精微，決道義文辭祿利之取舍，以振起俗學之卑陋。至論所以入德之方，經世之具，又皆親切簡要，不為空言。顧其宏綱大用，既非秦漢以來諸儒所及；而其條理之密，意味之深，又非今世學者所能驟而窺也。是以程氏既沒，而傳者鮮焉。其知之者，不過以為「用意高遠」而已。熹自蚤歲，即幸得其遺編而伏讀之，初蓋茫然不知其所謂，而甚或不能以句。壯歲，獲遊延平先生之門，然後始得聞其説之一二。比年以來，潛玩既久，乃若粗有得焉。雖其宏綱大用，所不敢知。然於其章句文字之間，則有以實見其條理之愈密，意味之愈深，而不我欺也。顧自始讀以至於今，歲月幾何，倏焉三紀，慨前哲之益遠，懼妙旨之無傳。竊不自量，輒為注釋。雖知凡近，不足以發夫子之精蘊。然創通大義，以俟後之君子，則萬一其庶幾焉。

朱子今年五十八，云始讀至今倏焉三紀，則始讀通書時，應在二十一二歲，尚未謁延平。及見延平，而始得聞其説之一二。延平初不多讀書，然於濂溪太極圖與通書，則每嘗與朱子討論及之。故朱子言及濂溪，常亦連帶述及延平，此乃其壯歲啟迪所自也。曰「莫知其師傳所自」者，太極圖雖有傳自希夷、种穆之説，固不得謂濂溪之學即得自二人，此與己亥再定太極通書後序所云，辭有出入，意無變易。王白田年譜考異，謂「通書後記作於丁未，此如己酉序大學中庸章句之比，章句非至己酉始成，通書解亦非丁未始成。年譜敍於癸巳，疑亦因太極圖解附及之。竊意亦當成於壬辰以前，丁未始作後記以授學者。」今按：自癸巳下迄丁未，則亦十五載矣，細籀文中所云：「比年以來，潛玩既久，粗有所得」；又曰：「竊不自量，輒為注釋」，則非僅為十五年前舊注增一後記而已也。朱子著書，往往久歷年所，隨時更定，則安見通書解之定稿決不在今年乎。王氏之辨，殊不足信。

語類又曰：

直卿云：「通書便可上接語孟。」曰：「比語孟較分曉精深，結構得密。語孟說得較闊。」（九四）

此條李方子錄戊申朱子年五十九以後所聞，不知的在何年。要之又在通書後記之後。黃直卿乃朱子門下最大弟子，以通書上擬語孟，而朱子猶謂較語孟分曉精深，結構得密，因通書竟體首尾，成一組織，有系統，與論孟只是隨時記錄成書者不同。謂論孟說得較闊者，論孟語多旁及，通書一貫直下，例自不同。當時堪與通書相比者，惟橫渠正蒙，亦是結構密。二程遺書，上承禪宗語錄，卻是論語記言之體，宜不如通書之細密精深也。

語類又一條云：

通書覺細密分明，論孟又闊。（九四）

此條舒高錄甲寅所聞，朱子年六十五。與上條同意。或是一時所聞。當時理學家能欣賞濂溪通書、橫渠正蒙結體之密者，惟朱子一人。稍前如胡五峯，亦略有此意。同時南軒、東萊、象山，似皆不然。惜朱子意存融會，未能獨出己意，自著一書，其文集、語類之繁多，與其四書集注章句之句句而解字字而釋，後人精力短淺，驟不易窺其結構之密，與其分曉精深之處，此亦無可奈何也。

語類又有朱子論通書與明道語相異處，其言曰：

「繼之者善也」，周子是說生生之善。程子說作天性之善，用處各自不同。若以此觀彼，必有窒礙。（九四）

此條萬人傑錄庚子朱子年五十一以後所聞。亦不知的在何年。又云：

先生謂：「『誠之通』是造化流行，未有成立之初，所謂『繼之者善』。『誠之復』是萬物已得此理而皆有所歸藏之時，所謂『成之者性』。在人則『感而遂通』者誠之通，『寂然不動』者誠之復。」因問：「明道謂：『今人說性，只是說「繼之者善」。』是如何？」曰：「明道此言，卻只是就人上說耳。」（九四）

此條潘時舉錄癸丑朱子年六十四以後所聞。所舉濂溪、明道此一區別，甚極重要。明道多就人上說，即伊川亦然，朱子始綰合濂溪、橫渠，融會天人，成一大體系。惜乎朱門後學，鮮能繼續宏揚此一軌轍。直至晚明船山崛起，始重尋墜緒，然仍惜後起無人。

為通書後記之又翌年戊申答陸子靜書，論「無極」，見文集卷三十六。其言曰：

以熹觀之，伏羲作易，自一畫以下，文王演易，自乾元以下，皆未嘗言太極也，而孔子言之。孔子贊易，自太極以下，未嘗言無極也，而周子言之。夫先聖後聖，豈不同條而共貫哉？若於此有以灼然實見太極之眞體，則知不言者不為少，而言之者不為多矣。

又曰：

若論無極二字，乃是周子灼見道體迥出常情，不顧旁人是非，不計自己得失，勇往直前，說出人不敢說底道理，令後之學者曉然見得太極之妙，不屬有無，不落方體。若於此看得破，方見得此老眞得千聖以來不傳之祕。非但架屋下之屋，疊牀上之牀而已也。

此於濂溪，可謂推崇已極。其他詳朱陸異同篇。

是年始出太極、西銘解以授學者。文集卷八十二有題太極西銘解後，其文曰：

> 始予作太極、西銘二解，未嘗敢出以示人也。近見儒者多議兩書之失，或乃未嘗通其文義而妄肆詆訶，予竊悼焉。因出此解以示學徒，使廣其傳。庶幾讀者由辭以得意，而知其未可以輕議也。

此文上距壬辰癸巳為兩書作解已十五六年。在此十五六年中，乃云不敢出以示人，豈不以當時儒者多議兩書，妄肆詆訶，此輩亦多是理學門中人也。知有二程，不知有周張。二程所說則是，周張之說則非。朱子之表彰周張，實為朱子學術在程門傳統下一大轉手，此當於記朱子與二陸辨西銘太極說篇中再發其義。所謂「儒者多議」，亦不專指二陸。下引熊西所為蔡淵太極圖解序詳之。

同年獲見國史濂溪傳，文集卷七十一有記濂溪傳辨「自無極而為太極」一語之不當。又五年紹熙癸丑有邵州州學濂溪先生祠記，見文集卷八十。其文曰：

> 甚矣，道之難明而易晦也。自堯舜以至於孔孟，上下二千餘年之間，蓋亦屢明而屢晦。自孟氏以至於周程，則其晦者千五百年，而其明者不能以百歲也。程氏既沒，誦說滿門，而傳之不能

無失。其不流而為老子釋氏者幾希矣。世亦莫之悟也。先生之精，立圖以示；先生之蘊，因圖以發。而其所謂「無極而太極」云者，又一圖之綱領，所以明夫道之未始有物，而實為萬物之根柢也。夫豈以太極之上復有所謂無極者哉！近世讀者，不足以識此，而或妄議之。既以為先生病。史氏之傳先生者，乃增其語曰「自無極而太極」，則又無所依據，而重以病夫先生。

以上兩文，均在與陸子靜辨無極太極之後，均如是云云也。

翌年甲寅，在潭州修復嶽麓書院，疑所為六先生畫像贊，或在此時。其濂溪象贊曰：

道喪千載，聖遠言湮。不有先覺，孰開我人。書不盡言，圖不盡意。風月無邊，庭草交翠。

濂溪功在開有宋一代理學之先河。其所著書，辭簡而義無不純。而其人品之高潔無瑕疵，則「風月無邊，庭草交翠」八字，庶可髣髴。「風月無邊」，乃自黃氏「光風霽月」悟來，此則朱子壯歲從遊延平時所受影響，至老而益深也。

總上所引，其有關太極圖、通書之編纂考覈註釋，遠始乾道戊子，朱子年未四十，此後隨時用力，至於淳熙丁未，垂二十年，可謂畢生潛心矣。其有關祀記諸文，發明濂溪之學，上接洙泗千歲之統，下啟河洛百世之傳，微言大義之所在，在朱子文集中，皆可謂是用力撰寫之大文章。上起淳熙丁西，下迄紹熙癸丑，前後十七年，遞有發揮，更非偶然。尤其於二程之學導源濂溪，此為二程所不道，程門所不言，朱子力持其說，而一時疑難蠭起，然朱子守其說不稍變。雖曰二程之學決非一一受諸濂溪，然而如大河之導源積石，長江之發脈金沙，則要不可誣。而況濂溪之學之自所造詣，固猶不止於導啟二程而已。後世卒羣奉濂溪為有宋一代理學不祧之始祖者，則皆朱子表彰闡述之功也。理氣二分之說，為朱子學說中之主幹，實亦承濂溪太極圖而來，則無怪朱子於濂溪，其尊奉有如是矣。文集中涉及濂溪者，較二程、横渠三人為特多；語類中則較三人為少。惟朱子於二程、横渠三人，猶多貶駁之辭，獨於濂溪無之。其言曰：

濂溪精密，不知其他書如何，但今所說這些子，無一字差錯。（九三）

或問太極、西銘。曰：「自孟子已後，方見有此兩篇文章。」（九四）

又曰：

「今人多疑濂溪出於希夷，又云為禪學，其諸子皆學佛。」可學云：「濂溪書具存，如太極圖，希夷如何有此說。或是本學老佛而自變了，亦未可知。」曰「嘗讀張忠定公語錄，公問李畋云：『汝還知公事有陰陽否』云云，此說全與濂溪同。忠定見希夷，蓋亦有些來歷。但當時諸公知濂溪者未嘗言其有道。」可學曰：「此無足怪。程太中獨知之。」曰：「然。」又問：「明道之學，後來固別，但其本自濂溪發之，只是此理推廣之耳，但不如後來程門授業之多。」曰：「當時既未有人知，無人往復，只得如此。」（九三）

又曰：

汪端明嘗言，二程之學非全資於周先生者。蓋通書人多忽略，不曾考究。今觀通書，皆是發明太極。書雖不多，而統紀已盡。二程蓋得其傳，但二程之業廣耳。（九三）

此謂二程業廣，亦猶謂論孟又闊也。

問：「先生謂程子不以太極圖授門人，蓋以未有能受之者。然而孔門亦未嘗以此語顏曾，是如何？」曰：「焉知其不曾說？」曰：「觀顏曾做工夫處，只是切己做將去。」曰：「此亦何嘗不切己？皆非在外，乃我所固有也。」（九四）

此條答語，可謂大膽已極。朱子重視濂溪太極圖，而信之至篤，亦可見矣。孔子不言性與天道，朱子乃謂焉知其不言。又若言之，則亦將無以異於濂溪太極圖說所云云。其答象山書，謂「伏羲、文王未嘗言太極，而孔子言之，孔子未嘗言無極，而周子言之。先聖後聖，豈不同條而共貫」，乃言之益暢豁。朱子理氣二分之說，即本之濂溪太極圖。人生只在此理氣中，故不得謂濂溪太極圖說之不切己。又謂「程子不以太極圖授門人，蓋以未有能受之者」，此說在太極圖解義中已發之。

文集卷四十一答程允夫問：

解義曰：「程氏之言性與天道，多出此圖，然卒未嘗明以此圖示人者，疑當時未有能受之者也。」是則然矣。然今乃遽為之說以傳之，是豈先生之意耶？

答書曰：

當時此書未行，故可隱。今日流布已廣，若不說破，卻令學者枉生疑惑，故不得已而為之說爾。

語類又有一條云：

時紫芝亦曾見尹和靖來。嘗註太極圖，不知何故，渠當時所傳圖本，第一箇圈子內誤有一點，紫芝於是從此起意，謂太極之妙，皆在此一點。亦有通書解，無數凡百說話。（九四）

觀此，朱子當時為濂溪太極圖、通書勤勤懇懇編校解說，刊布流通，使此兩書傳之後代，有一定本定義可據，其功績之大，亦可想見。

王白田年譜考異庚申三月辛酉改大學誠意章下云：

洪本大書三月己未說太極圖，庚申說西銘，李本無。今從李本削去。洪本說太極西銘注云：「己未之夜，為諸生說太極圖，庚申之夜，復說西銘，甚詳。二書蓋先生奉以終身，而至是尤諄諄為學者言之，其示人以原始及終之意，甚深切著明矣。」李本無此條，而注於改誠意章下云：「先是，己未夜，為諸生說太極圖，庚申夜，復說西銘甚詳。」按蔡仲默夢奠記：「丁巳看書集傳數十條，戊午改集傳兩章，是夜說書數十條，己未夜說書至太極圖，庚申夜說西銘，又說為學之要云云，辛酉改大學誠意章，寫畢又改數字，又修楚辭一段。午後大瀉，還至樓下，自此不復出矣。」是朱子辛酉之前，每夜為諸生論說，其縱言及於太極、西銘，蓋亦論說之常。今洪本乃大書己未說太極圖、庚申說西銘，似朱子前知其將終，而以此書為末後傳付之祕者。勉齋行狀，止載改大學誠意章為朱子絕筆，而於太極、西銘等語皆不之及，足訂年譜之誤，而皆未之辨也。

王氏此條辨洪譜，若以此兩書為朱子臨末前傳付之祕，其言似矣。然已未夜說太極圖，庚申夜說西銘，其事先記於李譜。而李果齋所載，又本之蔡沈仲默之夢奠記。蔡、李皆朱子及門，其語豈當輕易削去。若謂勉齋行狀不之及，則行狀當載畢生，夢奠記只限臨卒前數日事，文體詳略固應不同。豈得謂行狀未及，即當一概削去乎？其謂朱子當時「每夜為諸生論說，其縱言及於太極、西銘，蓋亦論說之常」，此亦恐未盡然。時朱子已病，精舍諸生羣集，觀陳淳所記，朱子當時似非絕無身後傳人之念。朱子嘗以濂溪通書與語孟相比，尚謂語孟說得較闊。惟此與西銘二書，辭簡義豐，結體精嚴，天人一貫，本末兼舉。故朱子特為此二書作解義。朱子生平教人，從不拈單辭，舉孤義。其論格物窮理，最後境界之所到，在朱子意想中，殆即是太極圖、西銘二書之所蘊備也。然則朱子在易簀前五夕四夕之夜，為精舍諸生講此兩書，誠亦所謂「奉以終身」，而諄諄之意，固不當以尋常視之。故蔡沈夢奠記於記改誠意章之下又附註此兩夕之話題，李方子據以入年譜，洪譜過為張皇，固滋誤會，王譜遂爾削去，亦嫌輕率。

陳北溪答李公晦有云：

流俗舉子，且得開示以邪正大分，而明白其入德之門。然後徐徐進以聖賢精密之功。西銘等文字，非可驟與之語而強聒之也。

又答林司戶，曰：

通書簡奧，未可驟讀。

此等語，卻深有得於朱子自謂近思錄首卷難看，不如且從第二第三卷看起之意。學者又不可不知。

黃東發日鈔有曰：

諸子之書，與凡文集之行於世者，或累千百言，而僅一二合於理。或一意而敷繹至千百言。獨周子，文約理精，言有盡而理無窮。蓋易、詩、書、語、孟之流，孔孟以來，一人而已。若其闡性命之根源，多聖賢所未發，尤有功於孔孟。較之聖帝明王之事業，所謂揭中天之日月者哉。

又曰：

自孔孟歿後，異端紛擾者千四百年，中間惟董仲舒「正誼」「明道」二語與韓文公原道一篇，為得議論之正。逮二程得周子之傳，然後有以窮極性命之根柢，發揮義理之精微。議者謂比漢唐諸儒，說得向上一層。愚謂豈特視漢唐為然。風氣日開，議論日精，濂洛之言，雖孔孟亦所未發。特推其要旨，要不越於孔孟云爾。

東發為朱子後崛起一大儒，其闡說濂溪學術地位，謂其發聖賢所未發，導洛學之先河，所言允愜，洵可謂能得朱子之薪傳者。故引其言以與北溪之說同附於此篇。

蔡元定長子節齋淵著有太極圖解，其弟子熊西為之序，有曰：

道學之失傳久矣。如太極圖之說，世之疑者何其多乎。或以繼善成性，不當分陰陽。或以太極陰陽，不當分道器。或以仁義中正，不當分體用。有謂一物不可言各具一太極。有謂體用一原，不可言體立而後用行。有謂仁為體統，不可偏指為陽動。有謂仁義中正之分，不當反其類。諸說紛紛不一，殊不知皆取於易之大意。至文公朱先生屢為之辨明，尚見劾於林栗之章，而陳賈僞學禁之請，亦由是而階。孔子謂「易有太極」，於變易之中而有不易之妙。周子云「無極而太極」，於體用之間而有至中之理。太極之精本無極，無極之眞即太極。世之言一物各具一太極，固非所以盡其本。而謂太極之上別為無極者，是有二本也。學者不觀太極，無以知氣之所由始。不觀無極，無由知理之所由先。非先生窮深探微，得其旨趣之大，則朱、周之言，何由取信於人哉。

觀此文，知當時學術界對濂溪太極圖說之種種爭議，而朱子之貢獻亦可因此而見，故亦附錄焉。

又元劉靜修記太極圖說後有曰：

太極圖，朱子發謂周子得於穆伯長，而胡仁仲因之，遂亦謂穆特周子學之一師。陸子靜因之遂亦以朱錄為有考，而潘誌不足據。蓋胡氏兄弟於希夷不能無少譏議，是以謂周子非止為种穆之學者。陸氏兄弟以希夷為老氏之學，而欲其當謬加無極之責。其實穆死於明道元年，而周子時年十四矣。是朱氏、胡氏、陸氏，不惟不考乎潘誌，而又不考乎此也。然始也，朱子見潘誌，知圖為周子所自作，而非有受於人。於乾道己丑，已敍於通書之後矣。後八年，記書堂，則亦曰「不由師傳，默契道體，實天之所畀」。又十年，因見張詠事有陰陽之語，與圖說意頗合，以詠學於希夷，故謂「是說之傳，固有端緒」。至於先生，然後得之於心，無所不貫，於是始為此圖，以發其祕」。又八年而為圖書注釋，則復云「莫或知其師傳之所自」。蓋前之為說者，乃復疑而未定矣。豈亦不考乎此，故其為說之不決於一也。

明道元年，濂溪年十六，靜修誤作十四。謂濂溪得圖於穆伯長，事非不可有。朱子因張詠事，謂「是說之傳固有端緒」，並不否認太極圖與陳摶之關係。至謂「莫或知其師傳之所自」，乃指濂溪之學言，非指太極一圖言。劉氏所辨未的。至黃晦木詳考太極圖創自河上公，乃方士修鍊之術，其說益詳，然亦見濂溪此圖雖傳自方外，而其成學立說，則決非亦自方外。故知朱子之所發明，實為確不可易也。惟劉氏指出朱子立說先後轉變之跡甚為明白，故幷附錄。

又吳澄草廬解說無極太極名義，極為明白，茲亦附錄如下：

太極者道也，假借之辭也。以其天地萬物之所共由，名曰道。以其條派縷脈之微密，名曰理。眞實无妄曰誠。全體自然曰天。主宰造化曰帝。妙用不測曰神。付與萬物曰命。物受以生曰性。得此性曰德。具於心曰仁。天地萬物之統會曰太極。道也，理也，誠也，天也，帝也，神也，命也，性也，德也，仁也，太極也，名雖不同，其實一也。極，屋棟之名，而凡物之統會處，因假借而名為極。辰極皇極之類是也。道者，天地萬物之統會，故亦假借屋棟之名而稱曰極也。太之為言，大之至甚也。北辰為天體之極，人君一身為天下人之極。道者天地萬物之極，雖假借極之一字，而曾何足以擬議其髣髴，故又盡其辭而曰太極，乃極之至大者也。然則何以謂之無極，曰：道為天地萬物之體而無體。易曰：「神无方，易无體。」詩曰：「上天之載，無聲無臭。」其斯之謂歟。然則無極而太極，何也？凡物之號為極者，皆有可得而指名。

道，無形無象，無可執着，雖稱曰極，而無所謂極也。雖無所謂極，而實為天地萬物之極，故曰「無極而太極」。

此文解釋有關宋代理學家所講諸重要名字之義界，大率本諸朱子，而扼要薈萃，誠便學者之潛心。

又明儒李谷平有復湛甘泉書謂：

南軒與晦翁書，謂：「程先生與門人講論，未嘗一言及太極圖。」晦翁謂「此書詳於性命之原，而略於進為之目，有不可驟而語者」。然門人固有不可驟而語；若伊川易傳之言，以教萬世，胡安定有言則引之，箍桶者有言則引之，何於周之圖，素來嘗一語及之乎？此深可疑也。晦翁與象山論無極太極，往復爭辨，其書有曰：「周子灼見道體。」又曰：「此老眞得千聖以來不傳之祕。」至序大學，以二程接孟子之傳，序中庸又曰：「程夫子兄弟者出，得有所考，以續夫千載不傳之緒，得有所據，以斥夫二家似是之非。微程夫子，則亦莫能因其語而得其心也。」信斯言也，則二程之學，似無與於周子矣。深可疑也。夫宇宙間只有一箇理，在易曰太極，在大學曰明德，在中庸曰中，一也。論太極，既以周子眞得千聖以來不傳之祕，而序大學、中庸，又以二程續千載不傳之緒，此深可疑也。

谷平從學於楊玉齋，玉齋語之曰：「吾學本之明道，明道其醇者也。」明道伊川兄弟實未稱道及於濂溪之太極圖，故谷平之於朱子稱道太極，乃不能不深疑。然朱子為學之博大深微，所以為集理學之大成者，亦正可於如谷平此等疑處悟入也。

附朱子評述康節之先天圖

朱子於濂溪太極圖，康節先天圖，同所尊信。朱子對於康節皇極經世一書之評述，已詳論數篇。茲附記其評述康節先天圖者於此，便學者之兼考焉。

文集卷三十七答林黃中有云：

> 又見易圖，深詆邵氏先天之說。舊亦嘗見其書，然未曉其所以為說者。高明既斥其短，必已洞見其底蘊矣。因來，幷乞數語掊擊其繆，又大幸也。

此書不定在何年。謂舊亦嘗見其書而未曉其所以為說，此朱子特緩言之，欲知林氏之所以斥之者，以為往復討論之地也。

又一書云：

邵氏先天之說，以鄙見窺之，如井蛙之議滄海，而高明直以不知而作斥之，則小大之不同量，有不可同年而語者。此熹之前書，所以未敢輕效其愚，而姑少見其所疑也。示喻，邵氏本以發明易道，而於易無所發明。熹則以為易之與道非有異也。易道既明，則易之為書，卦爻象數皆在其中，不待論說而自然可覩。若曰道明而書不白，則所謂道者恐未得為道之眞也。熹請以邵氏之淺近疎略者言之。蓋一圖之內，太極兩儀四象八卦，生出次第，位置行列，不待安排而粲然有序，以至於第四分而為十六，第五分而為三十二，第六分而為六十四，則其因而重之，亦不待用意推移，而與前之三分焉者，未嘗不脗合也。比之幷累三陽以為乾，連疊三陰以為坤，然後以意交錯而成六子，又先畫八卦於內，復畫八卦於外，以旋相加而後得為六十四卦者，其出於天理之自然與人為之造作，蓋不同矣。況其高深閎闊，精密微妙，又有非熹之所能言者。今遽以不知而作詆之，竊恐後之議今，猶今之議昔，是以竊為門下惜之。

朱子實極為尊信康節之先天圖，自謂特恐所窺未深，故欲聞林氏之為說。然朱子乃不信文王重八卦為六十四卦之舊傳，而特信康節十六、三十二、六十四之新疊法，此則朱子之別有會心也。

又文集卷三十七答郭冲晦有云：

「易有太極，是生兩儀，兩儀生四象，四象生八卦。」熹竊謂此一節，乃孔子發明伏羲畫卦自然之形體次第，最為切要。古今說者，惟康節、明道二先生為能知之。故康節之言曰，一分為二，二分為四，四分為八，八分為十六，十六分為三十二，三十二分為六十四，猶根之有幹，幹之有枝，愈大則愈小，愈細則愈繁。而明道先生以為「加一倍法」。其發明孔子之言，又可謂最切要矣。

此書所闡說，明明自伏羲畫卦孔子贊易中抹去了文王重卦一節。此見朱子論學，不拘成說，自標新解。實與其字字而求句句而說之另一作風，適相對立。必兼明於此二者，乃可以窺朱子為學之精卓所在。

又同卷答程可久有云：

方其為兩儀，則未有四象也。方其為四象，則未有八卦也。安得先有乾坤之名，初二之辨哉。妄意兩儀只可謂之陰陽，四象乃可各加以太少之別，而其序亦當以太陽⚌、少陰⚍、少陽⚎、太陰⚏為次。蓋所謂遞升而倍之者，不得越⚍與⚎而先為⚏也。此序既定，又遞升而倍之，適得乾一、兌二、離三、震四、巽五、坎六、艮七、坤八之序也。與邵氏先天圖合，此乃伏羲始畫八卦自然次序，非人私智所能安排，學易者不可不知也。

此書又不取乾坤兩卦為太陽太陰，六子之卦為少陽少陰之舊說，必分四象與八卦為二，必謂方有四象則未有八卦，此又朱子特取康節先天圖之一端。朱子與郭沖晦書，又謂：

八卦之上，又各生一陰一陽，則為四畫者十有六。四畫之上，又各有一陰一陽，則為五畫者三十有二。經雖無文，而康節所謂八分為十六，十六分為三十二者此也。

是康節之說經無明文，朱子亦知之，而朱子特於康節加尊信，誠可謂是大膽，亦可謂其是別有會心也。

文集卷三十八有答袁機仲共十一書，皆辨易圖，爭駁甚苦，而朱子守其說不變。其第三書之末云：

鄙意傾倒，無復餘蘊矣。然此非熹之說，乃康節之說。非康節之說，乃希夷之說。非希夷之說，乃孔子之說。但當日諸儒既失其傳，而方外之流陰相付受，以為丹竈之術。至於希夷、康節，乃反之於易，而後其說始得復明於世。然與見今周易次第行列多不同者。故聞此創見，多不能曉而不之信。只據目今見行周易緣文生義，穿鑿破碎，有不勝其杜撰者。此啟蒙之書所為作也。若其習聞易曉，人人皆能領略，則又何必更著此書以為屋下之屋，牀上之牀哉？更願高明毋以為熹之說而忽之。玩之久熟，浹洽於心，則天地變化之神，陰陽消長之妙，自將瞭於心目之間，而其可驚可喜可笑可樂，必有不自知其所以然而然者矣。言之不盡，偶得小詩以寄鄙懷。曰：「忽然半夜一聲雷，萬户千門次第開。若識無心涵有象，許君親見伏羲來。」

朱子為學，極謹嚴，亦極放達。極篤舊，亦極創新。既是確守傳統，亦復別闢壇宇。不得其大全，則不足以論朱子之為人與其學。如上引一書，亦可見其論學意氣之縱恣而無拘矣。

宋元學案黃百家論此云：

先天卦圖傳自方壺，謂創自伏皇，此即雲笈七籤中云：某經創自玉皇，某符傳自九天玄女，固道家術士假托以高其說之常也。康節得之，而不改其名，亦無足異。顧但可自成一說，聽其或存或歿於天地之間。乃朱子過於篤信，謂程演周經，邵傳犧畫，掇入本義中。竟壓置於文彖、周爻、孔翼之首，則未免奉螟蛉為高曾矣。

此之所辨，朱子固已先自言之。朱子明謂方外之流陰相付受，以為丹竈之術，希夷、康節乃反之於易。故謂康節之說即希夷之說，但不謂其即是方外丹竈之說，如是而已。古人所未言，後人非不可言。只求其理可相通，道屬一貫，則後人所言，亦猶是前人之言。故又謂「非希夷之說，乃孔子之說」也。此處實乃跨了一大步。即如濂溪之太極圖，傳自希夷，朱子亦不諱言。而曰孔子只言太極，濂溪則曰「無極而太極」，雖為孔子所未言，亦不妨即視如孔子之言。當時如濂溪、橫渠、二程，其言為孔子所未言者多矣。然既理可相通，道屬一貫，則即謂周張二程之言亦即如孔子之言，亦非不可。即孔子所言，亦何嘗一一是文王周公所言。然謂孔子之言即是文王周公之言，亦無不可。故曰：「若識無心涵有象，許君親見伏羲來。」伏羲畫卦時，何嘗有文王、周公、孔子之言，但不得謂文王、周公、孔子都已違反了伏羲。朱子教人格物窮理，貴能豁然貫通。讀書博古，乃格物窮理中一事。讀書博古而至豁然貫通，則古人所未言，何妨於豁然貫通之後而自有所言。此乃就義理言，不就文字語句言。何況治易者，於文字外尚有象數。象數推演，別有一套。此等處，朱子論易，可謂古今隻眼，獨具創見，固非拘拘於文字考據者所能範圍。自黃百家之後，有如胡朏明之易圖明辨，皆與朱子所論各走一路，不得必以黃胡所考為是，以朱子所論為非。循此推之，凡孔子所未言，後人皆不得別有所言，治經如是，治易亦無以自外，則除校勘訓詁考據，其極至於說明經文原義，古人已言之外，即不復許人別有發揮創闢。清儒考據之學所為與宋儒理學家言如水火之不能相容者，其主要處在此。如黃百家之所辨，雖若仍在理學範圍中，而實已開出了後來考據家門路。而朱子胸襟之恢宏，氣量之豁達，則在宋明理學家中實亦無其匹偶。至於先天、太極兩圖之於易，其為是為非，此猶為次一級之問題。縱謂此兩圖於易無當，而朱子此一番議論，則仍値有志於格物窮理之學者所深切存懷也。此處所論，別詳於朱子易學篇，及論數篇，讀者可參究。

語類又曰：

先天圖直是精微，不起於康節。希夷以前元有。只是秘而不傳，次第是方士輩所相傳授底。參同契中亦有些意思相似。（六五）

魏伯陽參同契恐希夷之學有些自其源流。（六五）

先天圖傳自希夷，希夷又自有所傳，蓋方士技術用以修煉，參同契所言是也。（一〇〇）

此圖自陳希夷傳來，如穆、李想只收得，未必能曉。康節自思量出來。（六五）

宋元學案黃百家引邵伯溫經世辨惑論之云：

「希夷易學，不煩文字解說，止有圖以寓陰陽消長之數，與卦之生變。圖亦非創意以作，孔子繫辭述之明矣。」則以此圖明明直云出自希夷也。惜朱子不之考，震川亦不之疑耳。

此處所辨，又益荒疏。朱子屢云先天圖傳自希夷，百家縱不看語類，亦不應於文集如朱子答袁機仲書不復寓目。抑且邵伯溫亦不以先天圖出自希夷為諱。後人自以出諸希夷者便不足道，此其識量之淺狹，又何足以議朱子。

又文集卷四十五答虞士朋有云：

「易有太極，是生兩儀，兩儀生四象，四象生八卦」，是皆自然流出，不假安排。聖人又已分明說破，亦不待更着言語，別立議論，而後明也。此乃易學綱領，開卷第一義。然古今未見有識之者。至康節先生始傳先天之學而得其說，且以為伏羲氏之說也。說卦「天地定位」一章，先天圖乾一、兌二、離三、震四、巽五、坎六、艮七、坤八之序，皆本於此。

又卷四十六答黃直卿有云：

前書所論先天、太極二圖，久無好況，不暇奉報。先天乃伏羲本圖，非康節所自作。雖無言語，而所該甚廣。凡今易中一字一義，無不自其中流出者。太極卻是濂溪自作，發明易中大概綱領意思而已。故論其格局，則太極不如先天之大而詳。論其義理，則先天不如太極之精而約。蓋合下規模不同，而太極終在先天範圍之內，又不若彼之自然，不假思慮安排也。

又一書云：

所論「太極散為萬物，而萬物各具一太極，見得道不可須臾離之意，而與一貫之指，川上之歎，萬物皆備之說相合，學者當體此意，造次顛沛，不可間斷」，此說大概得之。但周子之意若只如此，則當時只說此一句足矣，何用更說許多陰陽五行、中正仁義，及通書一部種種諸說邪？蓋既曰各具太極，則此處便又有陰陽五行許多道理，須要隨處一一盡得。如先天之說，亦是太極散為六十四卦三百八十四爻，而一卦一爻，莫不具一太極。其各具一太極處，又便有許多道理，須要隨處盡得，皆不但為塊然自守之計而已也。然此亦只是大概法象。若論日用功夫，則所守須先有箇自家親切要約處。又能由此推考證驗，則其胸中萬理洞然，通透活絡，而其立處自不費力，而愈堅牢開闊矣。

此兩書，皆以太極、先天兩圖相提並論，又謂太極圖格局，不如先天圖之大而詳，太極終在先天範圍之內。故朱子謂熟玩得先天圖，「則天地變化之神，陰陽消長之妙，自將瞭於心目之間」也。又曰：「既曰各具太極，則此處便又有陰陽五行許多道理，須要隨處一一盡得」，此乃朱子格物窮理精神。其着意所在，不限於人文界，又擴之於自然界，內外精略，必求一以貫之。後人頗疑朱子以理學大儒而好言陰陽五行，落入漢儒圈套。其實朱子獨具宏抱，其為學之路徑意向，固當與伊洛之傳微有區別。

所以於濂溪、康節、橫渠同所推重，而亦未嘗率意輕視漢儒。甚至方外雜學，亦所關心。固不僅是好奇，亦不得以支離目之也。

語類有云：

某嘗問季通：「康節之數，伏羲也曾理會否？」曰：「伏羲須理會過。」某以為不然。伏羲只是據他見得一箇道理恁地，便畫出幾畫。他也那裏知得疊出來恁地巧？此伏羲所以為聖。若他也恁地逐一推排，便不是伏羲天然意思。史記曰：「伏羲至淳厚，作易八卦。」那裏恁地巧推排。（六五）

此條葉賀孫錄。朱子雖認康節先天圖即是伏羲畫卦原圖，卻又不信伏羲早已推出如康節之數學。此尤朱子明通之見。當與上引答袁機仲第三書末節所云合參。又曰：

某嘗說伏羲初只是畫出八卦，蔡季通以為不然，卻說某與太史公一般。某問云：「太史公如何說？」他云：太史公云「伏羲至淳厚，畫八卦」，便是某這說。看來也是聖人淳厚，只據見定底畫出。如伊川說：「若不因時，則一箇聖人出來，許多事便都做了。」（六五）

此條劉砥錄，朱子年六十一。應在上引葉賀孫一條之後。古人粗略，後人精巧。古人淳厚，得天然意思，然不害後人之逐步展進。朱子論學論道，頗亦采莊老之言，而與莊老一意主張歸眞返璞者不同，此處亦其一例。

問：「伏羲始畫八卦，其六十四者，是文王後來重之耶？抑伏羲已自畫了耶？看先天圖，則有八卦便有六十四，疑伏羲已有彷佛之畫矣。如何？」曰：「周禮言三易，經卦皆八，其別皆六十有四，便見不是文王漸畫。」又問：「然則六十四卦名，是伏羲原有，抑文王所立？」曰：「此不可考。」子善問：「據十三卦所言，恐伏羲時已有？」曰：「十三卦所謂『蓋取諸離』、『蓋取諸益』者，言結繩而為網罟，有離之象，非觀離而始有此也。」（六五）

此條董銖錄丙辰朱子年六十七以後所聞。朱子亦曾言文王重卦，惟此條意見又不同。文集卷五十九答林正卿，正卿問「論六十四卦重於伏羲，果否？」朱子答曰：

此不可考。或耒耜市井，已取重卦之象，則疑伏羲已重卦。或者又謂此十三卦皆云「蓋取」，則亦疑辭，未必因見此卦而制此物也。今無所考。只說得到此，以上當且闕之。但既有八卦，則六十四卦已在其中，此則不可不知耳。

此書前一書言「蔡季通謫居」，後一書謂季通云云，則此書應在丁巳、戊午之間，朱子年六十八、九時。疑林正卿所問，「論六十四卦重於伏羲果否」，即指上引朱子答董銖一條，此乃朱子創論，他人未有也。答董銖引周禮言三易為證，不如此書引繫辭十三卦耒耜市井之取象，更為直捷明白。然朱子又自疑之，謂未必因見此卦而制此物，此即上引一條答潘子善之意。文集卷六十有答潘子善書，子善問：

啟蒙述旨篇云：「仰觀俯察，始畫奇偶。教之卜筮，以斷可否。」不知伏羲之後，文王周公之前，未有卦及辭，何以定吉凶，敢乞批示。

朱子答云：

此無可考。但周禮三易，經卦皆八，別皆六十有四，則疑已有辭矣。

此書有云：「辭職告老，皆未報可，日深悚惕之懷」，則書在乙卯，朱子年六十六，尚在董銖問一條之前。其時已謂文王以前六十四卦皆有辭，及答董銖問，乃謂六十四卦是否有卦名已不可考。至後答林正卿問，又撇去周禮三易之說不提，只舉繫辭十三卦為說，而猶謂無所考，且當闕之。是朱子在五年間，關於重卦一節，已三變其說，愈變則愈謹慎，愈不敢有定論。大賢晚年進學之精奮，此又其一例。惟朱子既信先天圖，則必抹去文王重卦一節，今既云無所考，故又曰「既有八卦，則六十四卦已在其中」，此則又回到六十一歲時所告蔡季通與劉砥之意見。蓋此時意見已臻確定。義理事物，皆是愈演愈進，然在後者實皆包涵在前有之中，故前所未有，後皆可有，惟求其理相通道一貫之處，則後亦猶前，此則朱子之意也。

問：「邵先生說『無極之前』，無極如何說前？」曰：「邵子就圖上說，循環之意。自姤至坤是陰含陽；自復至乾是陽分陰。復、坤之間乃無極。自坤反姤，是無極之前。」（六五）

康節先天圖亦言無極，則知無極一名亦遠有來歷。無極之前，不害於仍有前，此乃朱子極豁達之見解，參讀朱子論數篇。

語類又曰：

「老子窺見天下之事，卻討便宜，置身於安閑之地。邵康節亦有些小似他。」問：「淵源錄中何故有康節傳？」曰：「書坊自增耳。」（六〇）

此則明謂康節之學自成一家，有些小似老子處，而非伊洛源流所可收約，然非意存貶抑也。又文集卷四十答何叔京有云：「淵源錄亦欲早得；邵氏且留不妨。」此書上言濂溪通書及橫渠書，朱子當時蓋欲早得淵源錄，故謂邵氏書且留不妨，蓋非欲急得。並非邵氏且留淵源錄中不妨之意，後人於此有誤解，故附辨於此。

又文集卷三十答汪尚書有云：

程、邵之學固不同，然二先生所以推尊康節者至矣，蓋以其信道不惑，不雜異端，班於溫公、橫渠之間，則亦未可以其道不同而遽貶之也。和靖之言，恐如孟子言伯夷、伊尹之於孔子為不同道之比。抑康節之學，抉摘窈微，與佛老之言豈無一二相似，而卓然自信，無所污染，此其所見必有端的處。比之溫公欲護名教而不言者，又有間矣。

是書亦明認康節與二程道不同，而不減其尊推之意。並復班之於溫公之前，其不列入伊洛淵源錄之意，顯可知矣。後人自以伊洛謂可盡道統之大全，是無窺於朱子之微旨也。陳了翁與楊龜山書，謂司馬文正公最與康節善，然未嘗及先天學，蓋其學同而不同。康節不同於二程，然無損於康節。則其不同於溫公，又何害其為康節乎？朱子於此四家，並所推尊，其識趣又豈後人所知。

問：「『柳下惠不恭』，是待人不恭否？」曰：「是他玩世，不把人做人看。如『袒裼裸裎於我側』是已。邵堯夫正是這意思。如皇極經世書成，題云：『文字上呈堯夫。』」（五三）

朱子論學，有時寬於孟子。其論人，則有時嚴於孟子。如此條可見。朱子盛推康節，然亦非於康節無貶辭。黃東發日鈔謂六先生贊於康節，贊其窮陰陽造化之妙，而微不滿於忘物，是也。

東發日鈔頗不取朱子之尊信先天圖，並引答王子合書為說。答子合書在文集卷四十九，子合問八卦之位，朱子答之云：

康節說伏羲八卦，乾位本在南，坤位本在北，文王重易時更定其位。其說甚長，大概近於附會穿鑿，故不曾深留意。

今按：朱子此書，當在早年。其推論乾一、兌二、艮七、坤八之序，詳答程可久書，亦不專據說卦傳「天地定位」一章。惟東發極尊朱子，而亦不盡依朱子為說，此則可謂得朱子治學之眞傳也。

二　橫渠

朱子盛推橫渠，如云：

「心統性情」，二程卻無一句似此切。（九八）

神化二字，雖程子說得亦不甚分明，惟是橫渠推出來。（九八）

伊川先生說神化等，卻不似橫渠較說得分明。（九八）

橫渠說：「『人能弘道』，是心能盡性。『非道弘人』，是性不知檢心。」此等語，秦漢以下人道不到。（六〇）

橫渠謂「天體物而不遺，猶仁體事而無不在」。此數句是從赤心片片說出，荀揚豈能到。（九八）

程子、橫渠所說，多有孔孟所未說底。（六二）

橫渠說做工夫處，更精切似二程。二程資稟高，潔淨，不大段用工夫。橫渠資稟有偏駁夾雜處，他大段用工夫來。（一一三）

此其於橫渠，可謂稱崇備至。

朱子又許橫渠能為精義之學，謂：

入神是入至於微妙處。橫渠可謂精義入神。（九八）

橫渠語曰：「以博物洽聞之學，以稽天窮地之思。」須是恁地方得。（九八）

橫渠：「一故神，兩在故不測。兩故化，推行於一。」此語極精。見李先生說云：「舊理會此說不得，終夜倚上坐思量，以身去裏面體，方見得平穩。」（九八）

然延平似不甚喜橫渠。語類云：

李先生云：「看聖賢言語，但一踔看過便見道理者，卻是眞意思。纔着心去看，便蹉過了多。」（一〇三）

李先生云：「橫渠說不須看。非是不是，只是恐先入了費力。」（一〇三）

正蒙、知言之類，學者更須被他汩沒。李先生極不要人傳寫文字及看此等。舊嘗看正蒙，李甚不許。然李終是短於辨論邪正，蓋皆不可無也。無之，即是少博學詳說工夫也。（一〇三）

朱子頗不遵守延平此意。語類云：

讀書理會道理，只是將勤苦捱將去，不解得不成。將精義諸家說相比並求其是，便自有合辦處。（一一）

諸先生立言有差處，如橫渠、知言，當知其所以差處，不宜一切委之。所以自廣其志，自進其知也。（一一）

向呂伯恭初讀知言，以為只有二段是。其後卻云：「極妙，過於正蒙。」（六二）

五峯「中者性之道」，言未發；「誠者命之道」，言實理；「仁者心之道」，言發動之端。伯恭云知言勝正蒙，似此等處誠然。但不能純如此處爾。（一〇一）

五峯知言，亦所謂精義之書也。朱子初甚喜之，後乃有知言疑義之作。而於橫渠正蒙，所稱述如前引，蓋遠在其視知言上。朱子於師友間左右采摘，有善必取，而其卓然自成一家言者，則並不為師友所限，即此可見。

文集卷四十一答程允夫，允夫問：「濂溪作太極圖發明道化之原，橫渠作西銘，揭示進為之方。然二先生之學，不知所造為孰深？」朱子答曰：

此未易窺測。然亦非學者所當輕議也。

允夫又問：近思錄載橫渠論氣二章，其說與太極圖動靜陰陽之說相出入。然橫渠立論不一而足，似不若周子之言有本末次第也。」朱子答曰：

橫渠論氣，與西銘、太極各是發明一事，不可以此而廢彼，其優劣亦不當輕議也。

是朱子並重濂溪、橫渠，初無軒輊。然至晚年語類中意見又不同，其比論正蒙與太極圖說，顯主圖說以糾正蒙。嘗曰：

正蒙說道體處，如太和、太虛、虛空云者，止是說氣；說聚散處，其流乃是箇大輪迴。若語道理，惟是周子說「無極而太極」最好。（九九）

橫渠闢釋氏輪迴之說，然其說聚散屈伸處，其弊卻是大輪迴。蓋釋氏是箇箇各自輪迴，橫渠是一發和了，依舊一大輪迴。呂與叔集中亦多有此意思。（九九）

蓋若抹去理，專言氣，則必陷入輪迴之說也。故言太和太虛，不如言無極太極。

又曰：

如以太虛、太和為道體，卻只是說得形而下者，皆是「發而中節謂之和」處。（九九）

橫渠以太和狀道體，與發而中節之和何異。（九九）

問：「橫渠太虛之說，本是說無極。」曰：「無極是該貫虛實清濁而言。無極字落在中間，太虛字落在一邊了。明道說：『氣外無神，神外無氣。謂清者為神，則濁者非神乎？』後來亦有人與橫渠說。橫渠卻云：『清者可以該濁，虛者可以該實。』卻不知形而上者還他是理，形而下者還他是器。既說是虛，便是與實對了。既說是清，便是與濁對了。無極太極本是一物，被他恁地說，卻似兩物。」（九九）

橫渠說道，止於形器中揀箇好底說耳。謂清為道，則濁之中果非道乎？「客感客形」與「無感無形」，未免有兩截之病。（九九）

問：「橫渠云：『太虛即氣。』太虛何所指？」曰：「他亦指理，但說得不分曉。」問：「太和如何？」曰：「亦指氣。」「他又云：『由昧者指虛空為性而不本天道。』如何？」曰：「既曰道，則不是無。釋氏便直指空了。大要渠當初說出此道理多誤。」（九九）

問：「橫渠有『清虛一大』之說，又要兼清濁虛實。」曰：「渠初云『清虛一大』，為伊川詰難，乃云清兼濁，虛兼實，一兼二，大兼小。渠本要說形而上，反成形而下。最是於此處不分

明。」又問：「橫渠云：『太虛即氣』，乃是指理為虛，似非形而下。」曰：「縱指理為虛，亦如何夾氣作一處。」（九九）

或問「清虛一大」之說。曰：「他是揀那大底說話來該攝那小底，卻不知道纔是恁說，便偏了。便是形而下者，不是形而上者。須是兼清濁、虛實、一二、小大來看，方見得形而上者行乎其間。」（九九）

有此理，則清濁虛實皆在其中。（九九）

問：「『清虛一大』恐入空去否？」曰：「也不是入空，他都向一邊了。這道理本平正，清也有是理，濁也有是理，虛也有是理，實也有是理，皆此理之所為也。他說成這一邊有，那一邊無，要將這一邊去管那一邊。」（九九）

清濁虛實，有對立則必屬形下，形下不足以為宇宙之本體，道化之大原。此乃朱子本二程意見評正蒙。然二程於宇宙本體道化大原，頗亦未有精卓確切之發揮。在此方面，惟濂溪言太極，既不落一邊，更說無極，又不屬有無，不落方體。故曰正蒙說宇宙道體不如太極圖說也。

文集卷五十八答楊志仁有云：

所論理氣先後，有此理後方有此氣。既有此氣，然後此理有安頓處。大而天地，細而螻蟻，其生皆是如此。要之理之一字，不可以有無論。未有天地之時，便已如此了也。張子說得費力。惟是太極、通書數章說得極分明，熹解得又極分明，可更子細看，便自見得也。

此亦分別濂溪、横渠兩家長短。

或問：「正蒙中說得有病處，還是他命辭不出有差，還是他見得差？」曰：「他是見得差。」（九九）

正蒙所論道體，覺得源頭有未是處。故伊川云：「過處乃在正蒙。」答書之中云：「非明睿所照，而考索至此。」蓋横渠卻只是一向苦思求將向前去，卻欠涵泳，以待其義理自形見處。（九九）

朱子極重名辭義界。命辭有差，即是見解有差。見解不由苦思而得；須是涵泳，以待義理之自形見，此乃格物致知而一旦豁然貫通也。若如延平所云默坐澄心之類，則亦偏落一邊，非朱子之所謂涵泳。此處當深辨。

朱子極重横渠西銘，取以與濂溪太極圖同作義解，已詳濂溪篇。朱子又常將兩書會合串通說之。語類：

先生謂夔孫云：「公既久在此，可將一件文字與眾人共理會。立箇程限，使敏者不得而先，鈍者不得而後。且如這一件事，或是甲思量不得，乙或思量得，這便是朋友切磋之義。」夔孫請所看底文字，曰：「且將西銘看。」（一一六）

此條林夔孫錄丁巳朱子年六十八以後所聞，不知的在何年，要之是朱子晚年教人語也。首舉西銘，又欲夔孫與眾人共理會相切磋，鄭重其事可想。語類此條又續記朱子告夔孫以太極圖說與西銘相通之義。其文云：

「無極而太極」，而今人都想像有箇光明閃爍底物事在那裏，卻不知本是說無這物事，只是有箇理，解如此動靜而已。及至一動一靜，便是陰陽。一動一靜，循環無端。「太極動而生陽」，亦只是從動處說起。其實動之前又有靜，靜之前又有動。推而上之，其始無端，推而下之，以至未來之際，其卒無終。自有天地，便只是這物事在這裏流轉。一日便有一日之運，一月便有一月之運，一歲便有一歲之運，都只是這箇物事，滾滾將去。如水車相似：一箇起，一箇倒；一箇上，一箇下。其動也，便是仁是中；其靜也，便是正是義。不動則靜，不靜則動，如人不語則默，不默則語，中間更無空處。又如善惡，不是善，便是惡；不是惡，便是善。「聖人定之以中正仁義」，便是主張這箇物事。蓋聖人之動便是元亨，其靜便是利貞，都不是閑底動靜。

所謂「繼天地之志，述天地之事」，便是如此。如知得恁地便生，知得恁地便死，知得恁地便消，知得恁地便長，此皆是「繼天地之志」。隨他恁地進退，消息盈虛，與時偕行。小而言之，飢食渴飲，出作入息；大而言之，君臣便有義，父子便有仁。此都是「述天地之事」。只是這箇道理。所以君子修之便吉，小人悖之便凶。這物事機關一下撥轉，便攔他不住。如水車相似，才踏發這機，更住不得。所以聖賢兢兢業業，一日二日萬幾。戰戰兢兢，至死而後知免。大化恁地流行，只得隨他恁地。故曰「存心養性，所以事天也；夭壽不貳，修身以俟之，所以立命也」。這與西銘都相貫穿，只是一箇物事。如云：「五行一陰陽也，陰陽一太極也，太極本無極也。五行之生也，各一其性，無極之眞，二五之精，妙合而凝。乾道成男，坤道成女，二氣交感，化生萬物。萬物生生而變化無窮焉。」便只是「天地之塞吾其體，天地之帥吾其性」。只是說得有詳略緩急耳。而今萬物到秋冬時，各自斂藏，便恁枯瘁。忽然一下春來，各自發生條暢。這只是一氣，一箇消，一箇息。那箇滿山青黃碧綠，無非天地之化，流行發見。而今自家喫他着他，受用他，起居食息，都在這裏，離他不得。所以仁者見之便謂之仁，智者見之便謂之智，無非是此箇物事。「繼之者善」，便似日日裝添模樣。「成之者性」，便恰似造化都無可做了，與造化都不相關相似。到得「成之者性」，就那上流行出來，又依前是「繼之者善」。譬如穀，既有箇穀子，裏面便有米，米又會生出來。如果子皮裏便有核，核裏便有仁，那仁又會發出來。人物莫不如此。如人，方其在胞胎中，受那父母之氣，則是「繼之者善」。及其生出來，便自成一箇性了，便自會長去。這後又是「繼之者善」。只管如此。仁者謂之仁，便是見那發生處。智者謂之智，便是見那收歛處。「百姓日用而不知」，便是不知所謂發生，亦不知所謂收歛，醉生夢死而已。周先生太極、通書，便只是滾這幾句。易之為義，也只是如此。只是陰陽交錯，千變萬化，皆從此出，故曰「易有太極」。這一箇便生兩箇，兩箇便生四箇，四箇便生八箇，八箇便生十六箇，十六箇便生三十二箇，三十二箇便生六十四箇。故「八卦定吉凶，吉凶生大業」。聖人所以說出時，只是使人不迷於利害之途耳。（一一六）

此條將太極圖說與西銘合說，明其只是一理，而語中又兼及康節之先天圖。可知朱子於此三家，實已是融會合一而說了。語類又曰：

又舉邵子「性者道之形體」處，曰：「道雖無所不在，然如何地去尋討他。只是回頭來看，都在自家性分之內。自家有這仁義禮智，便知得他也有仁義禮智。千人萬人，一切萬物，無不是這道理。推而廣之，亦無不是這道理。他說道之形體，便是說得好。」（一一六）

此亦是將濂溪、橫渠、康節三家合說。語類卷九十四又有黃義剛記一條，與此條所記同，而較略，知是一時語。語類又曰：

「太極是箇大底物事，四方上下曰宇，古往今來曰宙，無一箇物似宇樣大，四方去無極，上下去無極，是多少大？無一箇物似宙樣長遠，亘古亘今，往來不窮。自家心下，須常認得這意思。」問：「此是誰語？」曰：「此是古人語。象山常要說此語，但他說便只是這箇，又不用裏面許多節拍，卻只守得箇空蕩蕩底。公更看橫渠西銘，初看有許多節拍，卻似狹。充其量，是甚麼樣大。合下便有箇乾健坤順意思。自家身己便如此，形體便是這箇物事，性便是這箇物事。『同胞』是如此，『吾與』是如此。主腦便是如此。『尊高年所以長其長，慈孤弱所以幼其幼』，又是做工夫處。後面節節如此。『于時保之，子之翼也；樂且不憂，純乎孝者也』，其品節次序又如此。橫渠這般說話，體用兼備，豈似他人只說得一邊。」（九四）

此條葉賀孫記，亦是朱子晚年語。

朱子推尊橫渠西銘，具如前引。惟時人亦有於西銘持異議者。文集卷七十一記林黃中辨易西銘，附注引黃中西銘說，謂「近世士人尊橫渠西銘過於六經，予讀而疑之」云云。蓋自程門以大學西銘開示學者，其書顯行，故有激而滋非難也。象山兄梭山，亦曾與朱子辨西銘，詳朱陸辨太極篇。

文集卷三十答汪尚書有云：

東、西銘雖同出於一時之作，然其詞義之所指，氣象之所及，淺深廣狹，迥然不同。是以程門專以西銘開示學者，而於東銘則未之嘗言。蓋學者誠於西銘之言反復玩味，而有以自得之，則心廣理明，意味自別。若東銘則雖分別長傲遂非之失於毫釐之間，所以開警後學，亦不為不切。然意味有窮，而於下學功夫蓋猶有未盡者。又安得與西銘徹上徹下一以貫之之旨同日而語哉。至於「體用一原，顯微無間」之語，其曰「至微者理也，至著者象也」。自理而言，則即體而用在其中，所謂一原也。自象而言，則即顯而微不能外，所謂無間也。若於此看得分明，則即西銘之書而所謂一原無間之實已瞭然心目之間矣，何俟於東銘而後足耶？

此必汪應辰以橫渠東、西銘平等視之，故朱子力辨其不然。至引伊川易傳「體用一原，顯微無間」之語，而謂看得西銘分明，即可瞭然此兩語之實，此其推尊西銘者至矣。

又文集卷三十七與郭冲晦書有云：

叢書云：「理出乎三才，分出於人道，西銘專為理言，不為分設。」熹竊謂西銘之書，橫渠先生所以示人，至為深切。而伊川先生又以「理一而分殊」者贊之。言雖至約，而理則無餘矣。蓋乾之為父，坤之為母，所謂理一者也。然乾坤者，天下之父母也。父母者，一身之父母也。則其分不得而不殊矣。故以民為同胞，物為吾與者，自其天下之父母者言之，所謂理一者也。

然謂之民，則非眞以為吾之同胞。謂之物，則非眞以為我之同類矣。此自其一身之父母者言之，所謂分殊者也。又況其曰同胞，曰吾與，曰宗子，曰家相，曰老，曰幼，曰聖，曰賢，曰顚連而無告，則於其中間，又有如是差等之殊哉！但其所謂理一者，貫乎分殊之中而未始相離耳。此天地自然古今不易之理，而二夫子始發明之，非一時救弊之言，姑以彊此而弱彼也。

此書不僅可以釋沖晦之疑，兼亦可以釋梭山之疑矣。同書又曰：

又云：「西銘止以假塗，非終身之學也。」熹竊謂西銘之言，指吾體性之所自來，以明父乾母坤之實。極樂天踐形窮神知化之妙，以至於無一行之不慊而沒身焉。故伊川先生以為充得盡時便是聖人，恐非專為始學者一時所見而發也。

此皆朱子推尊西銘以解同時學者之惑也。又文集卷七十一記林黃中辨易西銘有云：

予還自臨安，客有問此曲折者，事之既往，本無足言，而恐學者疑於邵張之學也，因命兒輩錄此以示之。客因有問者曰：「太極之論則聞之矣。宗子之云，殆即莊生所謂『知天子與我皆天之所子』者。子不引之以為助，何也？」予應之曰：「莊生知天子與我皆天之所子，而不知其適庶少長之別。知擎跽曲拳為人臣之禮，而不知天理之所自來。故常以其不可行於世者為內直而與天為徒。常以其不得已而強為者為外曲而與人為徒。若如其言，則是臣之視其君，陰固以為無異於吾之等夷，而陽為是不情者以虛尊之也。孟子所謂『楊氏為我，是無君也』，正謂此爾。其與張子之言理一而分殊者，豈可同年而語哉？」

此辨莊子與橫渠西銘之相異，即是辨儒道之相異也。陳義精卓，學者所當細玩。道家尊天以抑人，天之下，人與萬物皆平等，是知有理一，不知有分殊也。仗其理一而自謂內直，乃以分殊者為不得已而外曲焉，故其心常欲如鵬鯤之逍遙遊於世外也。今曰「天即理也」，理一之中有分殊，則本於人而識天，與道家之尊天而抑人者，其意大異。故能樂天而踐形，窮神而知化也。朱子於西銘，發揮至此，故必以與太極圖說並舉。蓋天人之際，惟此兩篇可以盡之，故必兼舉此兩篇，而後其義蘊始顯也。二程並舉大學、西銘，則終嫌於上面一層微有欠缺。朱子以太極圖說、西銘並舉，而以大學之格物窮理教人向此天人兩面參究而得其會通，而後學者之能事，到此方盡也。

行狀：

除兵部郎官，以足疾丐祠未供職，本部侍郎林栗，前數日與先生論易、西銘不合，至是遣部吏抱印，迫以供職，先生以疾告，遂疏先生欺慢。

事在淳熙十五年戊申，朱子年五十九。上引文中「還自臨安，客有問此曲折者」，即指林栗之疏劾言。朱子與象山辨無極太極同在此年，亦提及此事。

又上引答汪尚書又曰：

太極圖、西銘，近因朋友商榷，嘗竊私記其說。然頃以示伯恭，渠至今未能無疑。蓋學者含糊覆冒之久，一旦遽欲分剖曉析而告語之，宜其不能入也。

朱子太極圖說、西銘兩解，不僅東萊未能無疑，即南軒亦頗持異說。蓋朱子之學，既重綜合會通，亦重條理分析。如鳥兩翼，如車雙軌。在朱子學中，兩者並重，不可偏忽其一。朱子之尊信二程無待言，然又同時尊信濂溪、康節、橫渠。此三人中，惟橫渠西銘為二程所推，正蒙則頗致不滿。濂溪太極圖，康節先天圖，二程生平絕不言及。凡朱子所兼采以補二程之未備者，皆二程之所不滿也。即如明道所云「西銘備言此體，學者以此意存之，更有何事」，所謂此體究是何體，二程不復深言。朱子乃主濂溪太極，旁闡康節先天、橫渠正蒙詳加發揮。此等分析，或亦將為二程所不滿。而二程所言，朱子心中或亦謂其將以開學者含糊覆冒之漸，未可知也。朱子綜合北宋諸儒以會通成一大體系，後人視之，事若固然，不知此乃朱子一人獨見，一時創說。苟非細加分剖辨析之功，亦將難達綜合會通之境。同時友好如南軒、東萊，肩隨並起如梭山、象山兄弟，乃及此三篇中所舉，下至林黃中之徒，不能無疑於朱子之說者何限。下及後代，袒陸斥朱者可勿論，即尊朱述朱如羅整菴，亦於朱子分說理氣大端，欲加修正。不知朱子思想體系之圓密，牽一髮，動全身。生氣彌布，痛癢相關。分則枝葉扶疎，合則一本同榦。分則派流歧出，合則匯歸一源。能加之條理而發揮之者，乃曠世而難覯，此亦至可唏唧之事也。

三　明道　伊川

朱子論學，極尊二程，後世乃以程朱並稱，此不待言。惟有兩端不可不注意者：一為在二程外並尊濂溪、橫渠，已詳述在前。又一則並多稱道在二程前北宋諸賢。不如程門諸儒，獨尊二程，周、張既不得與二程平列，而以前諸賢，更若不足掛齒頰間也。

文集卷七十四策問有曰：

孟子曰：「頌其詩，讀其書，不知其人可乎？」近世以學名家，如海陵胡先生，歐陽文忠公，王文公，司馬文正公，蘇編禮父子，程御史兄弟，其立言具在，其於先賢聖人之遺旨，孰為得其宗，願與聞之。

此在朱子三十前為同安主簿時。固是謂二程獨得孔門宗傳，要之不蔑棄以前諸賢於不論不議之列。同卷又有白鹿書堂策問，則在朱子主南康軍時。其文有曰：

本朝儒學最盛，自歐陽氏、王氏、蘇氏，皆以其學行於朝廷，而胡氏、程氏亦以其學傳之學者。然王、蘇本出於歐陽氏，而其末有大不同者。胡氏、孫氏亦不相容於當時，而程氏尤不合於王與蘇也。是其於孔子之道，孰得孰失，豈亦無有可論者耶？

此亦列舉諸賢，使學者於其學術思想之異同得失，自加探討，引而不發，氣度宏大，途轍寬廣，惟稱儒學之盛，不標道學之尊。較之當時理學諸儒，閉門戶，守壁壘，迥然不倫。語類卷百二十九「論國初至熙寧人物」，其間極富宏通博達之見，尤較上引兩策問之言為明顯。如云：

國初人便已崇禮義，尊經術，欲復二帝三代，已自勝如唐人，但說未透在。直至二程出，此理始說得透。

本朝道學之盛，亦有其漸。自范文正以來，已有好議論。如山東有孫明復，徂徠有石守道，湖州有胡安定，到後來遂有周子、程子、張子出。故程子平生，不敢忘此數公，依舊尊他。論安定規模雖少疏，然卻廣大著實。如孫明復春秋雖過當，然占得氣象好。如陳古靈文字尤好。此亦是時世漸好，故此等人出，有「魯一變」氣象，其後遂有二先生。

程子未出時，如胡安定、石守道、孫明復諸人，說話雖麄疏，未盡精妙，卻儘平正。更如古靈先生，文字都好。

安定胡先生，只據他所知，說得義理平正明白，無一些玄妙。近有一輩人，別說一般惹邪底禪說話，禪亦不是如此。

因論李泰伯，曰：「當時國家治，時節好，所論皆勁正如此。」

懲創當前，懷嚮已往，所言更具深意。蓋洛學之興，亦自有淵源，有開必先，豈眞所謂直得二千年孔孟不傳之祕乎？尊洛學者，徒抱遺書，摒棄先賢，於當世諸前輩文章、經術、政事、德行皆拒塞不顧。高論性理，盛道聖學，若捨此即無人物義理、事業世界。此種學風之流弊，實有甚於佛門之禪也。

厥後黃梨洲、全謝山編次宋元學案，託始於安定、泰山，而以高平、廬陵繼之，其意實本於朱子。故言理學，則必曰周張二程，不專限於伊洛。言儒統，則濂洛以前，必溯之安定、泰山，不直接於孟子。此兩大端，皆由朱子啟之。

朱子父韋齋，師事羅豫章，與李延平為同門，相與獲聞楊龜山所傳伊洛之學。文集卷七十五論語要義目錄序謂：

熹年十三四時，受二程先生論語說於先君，未通大義，而先君棄諸孤。中間歷訪師友，以為未足，於是徧求古今諸儒之說，誦習既久，益以迷眩。晚親有道，竊有所聞。乃慨然發憤，獨取二先生（此五字原本無之，王白田年譜加入）及其門人朋友數家之說，以為論語要義。

是朱子早年幼學，即由庭訓上承二程傳統也。要義序又曰：

此書成於孝宗隆興元年癸未，朱子年三十四歲。「晚親有道」，指李延平。惟此乃論道統，論學統則並不然。此意備詳本書各篇，學者其自為詳玩。

文集同卷有論語纂訓序，謂：

凡古今論語訓義，見錄者十四家，而大抵宗程氏，蓋熹外兄丘子野所述。

此文在紹興三十二年十月，在其自序要義前一年。文集卷四十五有答丘子野一書論易「觀、玩」之說，則當時朱子外家正亦有同為此業者。朱子之序又曰：

士生乎聖人既沒數千百歲之下，而欲明聖人之心於數千百歲之上，推其立言垂訓之旨，約其辭義於眾說殽亂之中，以為一家之書，而又欲其是非取舍不繆於聖人，亦難矣。

此序正所以自抒其集為要義之抱負。自二程上溯孔孟，本為當時學風之大趨嚮，其父師之所傳授，戚屬之所薰染，舉亦無外於此。

文集卷七十五又有程氏遺書後序，其文曰：

右程氏遺書二十五篇，二先生門人記其所見聞答問之書也。始諸公各自為書，先生沒而其傳寖廣。然散出並行，無所統一。傳者頗以己意私竊竄易。歷時既久，殆無全編。熹家有先人舊藏數篇，皆著當時記錄主名，語意相承，首尾通貫，蓋未更後人之手。故其書最為精善。後益以類訪求，得凡二十五篇，因稍以所聞歲月先後第為此書。篇目皆因其舊，而又別為之錄如此，以見分別次序之所以然者。然嘗竊聞之，伊川先生無恙時，門人尹焞得朱光庭所抄先生語，奉而質諸先生，先生曰：「某在，何必讀此書。若不得某之心，所記者徒彼意耳。」尹公自是不敢復讀。夫以二先生唱明道學於孔孟既沒千載不傳之後，可謂盛矣。而當時從遊之士，蓋亦莫非天下之英材。其於先生之嘉言善行，又皆耳聞目見而手記之。宜其親切不差，可以行遠。而先生之戒，猶且丁寧若是。豈不以學者未知心傳之要，而滯於言語之間，或者失之毫釐，則其謬將有不可勝言者乎。又況後此且數十年，區區掇拾於殘編墜簡之餘。傳誦道說，玉石不分。而謂眞足以盡得其精微嚴密之旨，其亦誤矣。雖然，先生之學，其大要則可知已。讀是書者，誠能主敬以立其本，窮理以進其知，使本立而知益明，知精而本益固。則日用之間，且將有以得乎先生之心，而於疑信之傳可坐判矣。此外諸家所鈔尚衆，率皆割裂補綴，非復本篇。異時得其所自來，當復出之以附今錄。無則亦將去其重複，別為外書，以待後之君子云爾。

程氏遺書之編集，在乾道四年戊子，朱子三十九歲。二程之學，既為當時學者羣所尊仰，而其遺書之彙集編校，序次有倫，去取精審，使學者有定從，則為朱子對當時理學界一大功績所在。

又有遺書附錄後序一篇，其文曰：

右附錄一卷，明道先生行狀之屬凡八篇，伊川先生祭文一篇，奏狀一篇，皆其本文，無可議者。獨伊川行事本末，當時無所論著。熹嘗竊取實錄所書，文集內外書所載，與凡他書之可證者，次其後先以為年譜。於每事之下，各系其所從得者，今亦輒取以著於篇。合為一卷，以附於二十五篇之後。學者察言以求其心，考迹以觀其用，而有以自得之，斯道之傳也，其庶幾乎。

明道沒，伊川為作行狀與墓表，發揮明道之道學德行，可謂至矣。及伊川之卒，僅有張繹等祭文一篇。厥時稍後，有胡安國奏狀一篇而已。伊川嘗告張繹曰：「我昔狀明道先生之行，我之道蓋與明道同，異時欲知我者，求之於此文可也。」其言如是，終不免為當時學術界一憾事。朱子始創為伊川年譜，使伊川生平行事節概，言論風旨，有所考見，此亦有關宋代理學一大事。伊川卒於宋徽宗大觀元年丁亥，游酢後十六年卒，楊時後二十八年卒，尹焞後三十五年卒，此皆程門大弟子。至朱子為伊川年譜，則已上距其卒六十有一年。

又文集卷七十五有程氏外書後序一篇，其文曰：

右程氏外書十二篇，熹所序次，可繕寫。始熹序次程氏遺書二十五篇，皆諸門人當時記錄之全書，足以正俗本紛更之繆。而於二先生之語，則不能無所遺也。於是取諸集錄，參伍相除，得此十有二篇以為外書。夫先生之言，非有精粗之異，而兩書皆非一手所記，其淺深工拙，又未可以一概論。其曰外書云者，特以取之之雜，或不能審其所自來，其視前書，學者尤當精擇而審取之耳。

外書編於乾道九年癸巳，朱子年四十四歲，距遺書成編又五年。二程遺言，至是網羅大備。又與劉共父、張敬甫兩人辨程集胡本錯誤，當詳朱子校勘學篇。蓋亦因此而使程集有可信可誦之本，此亦出於朱子之業績。若使當時學術界，一如程門所傳，於古經籍既少著意研尋之功，於古人文史大業，尤不以厝懷。雖其本師之說，亦復散亂不加編次，而競拈單辭孤文，各騁高談，以為義理精微在此，學問之道盡此而止，則一二傳後，誠將不識其頹波之所屆爾。

然朱子於二程，固深傳述之功，亦竭矯挽之力。其開示門人，時時及此。嘗曰：

只看論語一書，何嘗有懸空說底話。只為漢儒一向尋求訓詁，更不看聖人意思，所以二程先生不得不發明道理，開示學者，使激昂向上，求聖人用心處，故放得稍高。不期今日學者，乃捨近求遠，處下窺高，一向懸空說了，扛得兩腳都不著地。其為害反甚於向者之未知尋求道理，依舊只在大路上行。今之學者卻求捷徑，遂至鑽山入水。吾友要知，須是與他古本相似者，方是本分道理。若不與古本相似，盡是亂道。（一一三）

此條余大雅錄戊戌所聞，朱子年四十九。時尚未赴南康任，可謂仍屬朱子之中年。然謂二程發明道理，開示學者，放得稍高。此一意見，研治程朱學者，皆當深切注意，而加以潛密之體玩也。又曰：

看講解，不可專徇他說，不求是非，便道前賢言語皆的當。如遺書中語，豈無過當失實處，亦有說不及處。初看時便先斷以己意，前聖之說皆不可入，此正當今學者之病，不可不知。（一二）

此條徐寓錄庚戌朱子年六十一以後所聞，不定在何年。要之已在其晚年時。然朱子謂二程語有過有不及，不必一一可徇，此一意見，實非至晚年而始然。又曰：

語錄是雜載，只如閑說一件話，偶然引上經史上，便把來編了。明日人又隨上面去看。直是有學力，方能分曉。（九七）

此條廖謙錄甲寅所聞，朱子年六十五。謂遺書中話偶然引上經史，非自有學力，將不見分曉。此語大有涵蓄，可參讀程朱解經相異篇。

問：「遺書中有十餘段說佛處，似皆云形上、直內與聖人同。卻有一兩處云要之其直內者亦自不是，此語見得甚分明，不知其它所載，莫是傳錄之差？」曰：「固是。纔經李端伯、呂與叔、劉質夫記便真，至游定夫便錯。可惜端伯、與叔、質夫早喪。使此三人者在，於程門之道必有發明。」（九七）

此條鄭可學錄辛亥所聞，朱子年六十二。程門李、呂、劉三人，朱子皆重視，而惜其早死。遺書傳錄多差，於程門之道少發明，故欲於程門窺二程，此中亦有不易。又曰：

記錄言語難，故程子謂「若不得某之心，則是記得他底意思」。今遺書，某所以各存所記人之姓名者，蓋欲人辨識得耳。今觀上蔡所記，則十分中自有三分以上是上蔡意思了，故其所記，多有激揚發越之意。游氏所說，則有溫純不決之意。李端伯所記則平正。質夫所記雖簡約，然甚明切。看得來劉質夫那人煞高，惜乎不壽。（九七）

此條輔廣錄甲寅以後所聞。又曰：

伊川語各隨學者意所錄。不應一人之說其不同如此。游錄語慢，上蔡語險，劉質夫語簡，永嘉

諸公語絮。（九七）

此條吳振錄，不知何年。又曰：

李端伯語錄宏肆，劉質夫語記其髓。（九七）

此條楊方記庚寅所聞，朱子年四十一。

坐客有問侯先生語錄異同者，曰：「侯氏之説多未通。延平先生與相會，言其人輕躁不定，但云其游程門之久，甚能言程門之事。然於道理未有所見。故其説前後相反，沒理會。」（九七）

此條葉賀孫錄辛亥以後所聞。又曰：

張思叔語錄多作文，故有失其本意處。（九七）

此條李方子錄戊申以後所聞。蓋朱子遠自編纂程氏遺書時，即已見其傳錄有差，故必備存所記人之姓名，使讀者自辨之。而於後序中尚未明白直說。稍後告學者，乃始逐一指出。僅李端伯、呂與叔、劉質夫三人，為朱子所賞，然皆早喪。後來所稱謝楊游尹四大弟子，朱子皆有不滿。苟非朱子生平於二程言語思想盡力發揚闡述，則僅有遺書之編集，恐亦不能於程學有甚大之貢獻。

語類又曰：

某嘗謂明道之言初見便好，轉看轉好。伊川之言，初看似未甚好，久看方好。某作六先生贊，伯恭云：「伊川贊尤好。」蓋某是當初見得箇意思恁地。所謂「布帛之文，菽粟之味，知德者希，孰識其貴」也。被伯恭看得好。（三一）

此條黃義剛錄癸丑朱子年六十四以後所聞。茲全錄兩贊如下。明道之贊曰：

揚休山立，玉色金聲。元氣之會，渾然天成。瑞日祥雲，和風甘雨。龍德正中，厥施斯普。

伊川之贊曰：

規員矩方，繩直準平。允矣君子，展也大成。布帛之文，菽粟之味，知德者希，孰識其貴。

於二程性格學詣之相異處，可謂剖析甚至。黄東發日鈔謂於明道，贊其會道之全，於伊川，贊其守道之正，是也。

問：「明道、濂溪俱高，不如伊川精切。」曰：「明道説話超邁，不如伊川説得的確。」（九三）

説話超邁，渾然天成，人盡知好。規矩準繩，説得的確，人或不知其可貴也。故又曰：

明道説話渾淪，煞高，學者難看。（九三）

此條陳淳録，或在庚戌初見時。又曰：

明道説底話，恁地動彈流轉。（九三）

此條李方子録，戊申以後所聞。又曰：

明道說話最難看。須是輕輕地挨傍他，描模他意思方得。若將來解，解不得。須是看得道理大段熟，方可看。（九七）

此條甘節錄癸丑以後所聞。又曰：

明道語宏大，伊川語親切。（九三）

此條楊方錄。又曰：

明道所見甚俊偉，故說得較快。初看時便好，子細看亦好。伊川說，初看時較拙，子細看亦拙。（九三）

此條包揚錄。又曰：

明道言語儘寬平。伊川言語初難看，細讀有滋味。某說大處自與伊川合，小處卻持有意見不同。（九三）

此條徐寓錄庚戌以後所聞。所謂大處與伊川合，乃指小處有不同意見言。

語類又云：

明道當初，想明得煞容易，便無那渣滓。只一再見濂溪，當時又不似而今有許多言語出來。不是他天資高，見得易，如何便明得。（九三）

此條廖德明錄癸巳以後所聞，未定在何年。又曰：

明道十四五便學聖人。二十及第，出去做官，一向長進。定性書是二十二三時作，是時遊山許多詩，甚好。（九三）

此條黃義剛錄。

黃義剛曰：「前輩也多是在背後處做幾年工夫。」曰：「也有不恁地底。如明道自二十歲及第，一向出來做官，自恁地便好了。」（一二）

此條亦黃義剛錄癸丑以後所聞，乃朱子晚年語。

問定性書。曰：「此書在鄠時作，年甚少。」（九五）

此條陳淳錄。當在庚戌，朱子年六十一。又曰：

明道定性書自胸中瀉出，如有物在後面逼逐他相似，皆寫不辦。一篇之中，都不見一箇下手處。（九五）

此條楊道夫錄己酉所聞，朱子年六十。

問：「定性書是正心誠意工夫否？」曰：「正心誠意以後事。」（九五）

此條徐寓錄庚戌以後所聞。又曰：

明道言語甚圓轉。初讀未曉得，都沒理會。子細看，卻成段相應。（九五）

明道言語渾淪，子細看，節節有條理。（九五）

此兩條皆陳淳錄。又曰：

伊川文字段數分明，明道多只恁成片說將去，初看似無統，子細理會，中間自有路脈貫串將去。（九五）

此條葉賀孫錄辛亥以後所聞。

問：「學於明道，恐易開發，學於伊川，恐易成就。」曰：「在人用力。若不用力，恐於伊川無向傍處。明道卻有悟人處。」（九三）

此條楊方錄庚寅所聞，朱子年四十一。

問：「此如何非子貢所能及？」曰：「程先生語錄中解此數段，終是未剖判。惟伊川經解之言，

是晚年仁熟，方看得如此分曉，說出得如此分明。」（二八）

此條張洽所錄，不知是丁未抑癸丑所聞。蓋明道之言，渾然天成，不由工夫階級而得，乃亦無工夫階級可尋。故其言特為超邁可喜，而亦有過高難看處。伊川之言，乃由年歲積累而來，故所言若拙，而的確親切，其言皆如規矩準繩，布帛粟菽也。朱子自言最居人後，到六十一歲始透徹無疑，故自謂所說大處與伊川相合。然非謂伊川與自己所說道理與明道不合，此尤不可不知。

文集亦有分別明道、伊川兩人不同處。卷三十一答張敬夫有云：

明道之言，發明極致，通透灑落，善開發人。伊川之言，即事明理，質慤精深，尤耐咀嚼。然明道之言，一見便好，久看愈好，所以賢愚皆獲其益。伊川之言，乍見未好，久看方好，故非久於玩索者，不能識其味。此其自任，所以有成人材、尊師道之不同。明道渾然天成，不犯人力。伊川功夫造極，可奪天巧。

朱子之學，則是承伊川而益進焉者也。又文集卷五十四答孫季和有云：

明道、伊川論性疏密固不同。按其氣象，亦各有極至處。明道直是渾然天成，伊川直是精細平實。正似文王治岐、周公制禮之不同，又似馬援論漢二祖也。

此自兩人之言思，深入及於其氣象之不同，行事之有辨。又文集卷三十五答劉子澄有云：

明道德性寬大，規模廣闊，伊川氣質剛方，文理密察。其道雖同，而造德各異。故明道嘗為條例司官，不以為浼。而伊川所作行狀，乃獨不載其事。明道猶謂青苗可且放過，而伊川乃於西監一狀較計如此，此可謂不同矣。然明道之放過，乃孔子之獵較為兆，而伊川之一一理會，乃孟子之不見諸侯也。此亦何害其為同耶？但明道所處，是大賢以上事，學者未至而輕議之，恐失所守。伊川所處雖高，然實中人皆可跂及，學者只當以此為法，則庶乎寡過矣。然又當觀用之淺深，事之大小，裁酌其宜，難執一意，此君子所以貴窮理也。問：「明道到處響應，伊川入朝成許多事，此亦可見二人用處。」曰：「明道從容，伊川都挨不行。」問：「伊川做時似孟子否？」曰：「孟子較活絡。」（九三）

此條陳淳錄。

問：「明道可比顏子，伊川可比孟子否？」曰：「明道可比顏子。孟子才高，恐伊川未到孟子

處。然伊川收束檢制處，孟子卻不能到。」（九三）

此條李煇錄，不知其年。又曰：

伊川謹嚴，雖大故以天下自任，其實不似孟子放腳放手。孟子不及顏子，顏子常自以為不足。（九三）

此條廖德明錄，亦不知其年。司馬光、呂公著薦伊川，曰：

程頤之為人，言必忠信，動遵禮義，眞儒者之高蹈，聖世之逸民。

與上引語類諸條，大意相似。

又曰：

聞伯夷、柳下惠之風者，頑廉薄敦，皆有興起：此孟子之善想像者也。「孔子，元氣也。顏子，和風慶雲也。孟子，泰山巖巖之氣象也。」此程夫子之善想像者也。今之想像大程夫子者，當識其明快中和處。小程夫子者，當識其初年之嚴毅，晚年又濟以寬平處。豈徒想像而已哉，必還以驗之吾身者如何也。若言論風旨，則誦其詩，讀其書，字字而訂之，句句而議之，非惟求以得其所言之深旨，將并與其風範氣象得之矣。（九三）

此條余大雅錄戊戌所聞，朱子年四十九。然則朱子之所分別於明道與伊川兩人者，亦在乎誦其詩，讀其書，而想見其為人也。

惟論及二人解經之言，則又當分別而觀。一是其所解之正誤得失，此在求經文本旨者不可不辨。一是其解經之所言，則仍有其立言本身之意義與價值，不當因其解經有失誤，而并其所言之本身而一概忽視。蓋所貴在即其所言而可以得其言之深旨，而并與其人之風範與氣象而皆得之。

明道、伊川二人解經，其本身即自有不同。文集卷三十五答呂伯恭別紙有云：

大抵諸先生解經，不同處多。雖明道、伊川，亦自有不同處。蓋或有先後得失之殊，或是一時意各有指，不可彊牽合為一說也。

為求經文之本旨，則於此更不可不字字而訂，句句而議。凡二程所言，為朱子所承襲采納入朱子自己思想系統之內而組成為朱子思想之主要骨幹部分者，本書已分別詳敘於各篇之內。亦有二程所言，門人弟子傳錄有差，及引申發揮有誤，朱子多隨處加以辨正。亦有僅為辨明經文本旨者，亦有朱子於二程所言本身有不滿者，然此等處並不多，此即朱子所謂小處有意見不同也。

問：「程子語有何疑處？」曰：「此等恐錄得差。或恐是一時有箇意思說出，或是未定之論。今最怕把人未定之論便喚做是。言語最是難得一一恰好。惟聖人說出句句字字都恰好。這只是這箇心，只是聖人之心平一。」（九七）

此條葉賀孫錄。又曰：

明道說話亦有說過處，如說「舜有天下不與」。又其說闊，人有難曉處。如說「鳶飛魚躍」，謂「心勿忘勿助長」處。伊川較子細，說較無過，然亦有不可理會處。（九三）

此條包揚錄。所謂過，即所謂放得稍高也。此條所言，詳於程朱孟子異解篇。又曰：

程子此等事易說得近禪去。（九三）

此條輔廣錄，與上條同論「鳶飛魚躍」與「勿忘勿助」，皆因上蔡誤說而力辨之也。

又曰：

程子說初看未曉，似悶人。看熟了，眞顚撲不破。（二〇）

此條陳淳錄，乃指論語「孝弟為仁之本」一章言。上蔡誤會伊川意，乃謂孝弟非仁，朱子辨之，語詳論語程朱異解篇。

然二程解經本身多失誤，與經文原義不合。為明經旨，則亦不容不辨。茲再摘述如次。語類云：

明道說經處較遠，不甚協注。（九三）

此條包揚錄。又曰：

明道說話，自有不論文義處。（九七）

此條鄭可學錄辛亥所聞，朱子年六十二。文集卷六十一答歐陽希遜有云：

明道先生之言，高遠宏闊，不拘本文正意。若執其方而論，則所不可通者，不但此而已。

又同卷答嚴時亨有云：

明道先生如此處多，若以本文論之，則皆不可曉矣。要當忘言會意，別作一格看可也。

然亦有明道得之而伊川失之者。

問：「明道以『以直養而無害』為句，伊川云：『先兄無此說。』何也？」曰：「看那一段意思，明道說得似乎有理，眞箇見得孟子本意。伊川為人執，便道是『先兄無此言』也。」（五二）

此條枅錄，不知是何人，亦不知在何年。所論孟子「養氣」一章，詳程朱孟子異解篇。語類辨二程解經失誤，一一備引，可得二三百條。然辨伊川者多，辨明道者少，此因明道無著書，而伊川解經為多。又伊川乃確切為解經而作，明道則只在自申己意，偶爾牽引經文。故朱子所辨，亦以伊川為特多。

此下略引數條為例。如曰：

「允恭克讓」，程先生說得義理亦好，只恐書意不如此。程先生說多如此，詩尤甚。然卻得許多義理在其中。（七八）

此條吳振錄，不得其年。乃評伊川之書解也。又曰：

如程子之說，說得道理儘好，儘開闊，只是不如此，未有許多道理在。（七一）

此條沈僴錄戊午朱子年六十九以後所聞，指伊川易傳。朱子於伊川易傳抨擊最多，曰：

伊川見得箇大道理，卻將經來合他這道理，不是解易。（六七）

此條汪德輔錄壬子所聞，朱子年六十三。又曰：

他見得許多道理了，不肯自做他說，須要寄搭放在經上。（七三　七六）

此條夔淵錄癸丑所聞。又曰：

伊川易傳求之太深。（六六）

此條黃義剛、陳淳同有錄。又曰：

聖人說得甚淺，伊川說得太深。聖人所說短，伊川解得長。（七二）

此條沈僩錄。又曰：

伊川解詩，亦說得義理多了。詩本只是恁地說話。一章言了，次章又從而歎詠之。雖別無義，而意味深長，不可於名物上尋義理。後人往往見其言只如此平淡，只管添上義理，卻窒塞了他。如一源清水，只管將物事堆積在上，便壅隘了。（一一七）

此條黄䇾錄戊申所聞。又曰：

伊川說詩有甚廣大處，子細看本指，卻不如此。（八〇）

此條葉賀孫錄。又曰：

伊川詩說多未是。（八一）

此條滕璘錄辛亥所聞，朱子年六十二。又曰：

伊川解經，是據他一時所見道理恁地說，未必便是聖經本旨。要之他那箇說，卻亦是好說。（一〇五）

此條楊道夫錄己酉以後所聞，未定何年。二程解經，多失本旨，僅亦自發一套義理而已。伊川有著書，故朱子屢及之。明道不著書，然說經處亦多有之。

問：「集注『顏子喟然而歎』章，不用程子，而用張子之說。」曰：「此章經文自有次第，若不如張子說，須移『如有所立卓爾』向前始得。」（三六）

此條吳必大錄戊申、己酉所聞，朱子年五十九、六十時。論孟集注不采二程說處甚多，此皆朱子認為其未得論孟本旨也。

問明道言「博學於文而不約之以禮，必至於汗漫。所謂約之以禮者，能守禮而由於規矩也；未及知之也」。曰：「某亦不愛如此說。」（三三）

此條徐寓錄庚戌以後所聞。又曰：

博學是致知，約禮則非徒知而已，乃是踐履之實。明道謂此一章云云，恐此處偶見得未是。（三三）

此條潘時舉錄癸丑以後所聞。

問：「伊川言：『「博學於文，約之以禮」，此言善人君子多識前言往行，而能不犯非禮者爾，非顏子所以學於孔子之謂也。』」曰：「某曉他說不得，恐記錄者之誤。」（三三）

此條陳文蔚錄戊申以後所聞。二程皆以為論語兩處「博文約禮」不同，故分別說之。朱子云恐是記錄者之誤，乃是不直斥其非而緩言之也。

問「必有事焉而勿正」卻似「鳶飛魚躍」之言。曰：「孟子之說，只是就養氣上說。程子說得又高。須是看孟子了，又看程先生說。」（五二）

此條金去僞錄乙未所聞，朱子年四十六。明道所說，本非孟子之意，故須分別而觀。朱子辨二程語多出晚年，然五十以前亦已有之，如此條是也。

問：「明道說『反身而誠』，與橫渠所解如何通貫得為一意？」曰：「橫渠之說亦好。『反身而誠』，實也。謂實有此理更無不慊處，則仰不愧，俯不怍，樂莫大焉。『強恕而行』，即是推此理以及人也。我誠有此理，在人亦各有此理，能使人有此理亦如我焉，則近於仁矣。如明道這

般說話極好，只是說得太廣，學者難入。」（六〇）

此條金去僞錄乙未所聞。明道說在識仁篇，朱子近思錄未采。以之說孟子「萬物皆備於我」，則橫渠解較為得實。凡朱子之斟酌取捨於二程之說經，舉此數例可見。

說經而失其本旨，此不單為差在義理上，有時則差在文義與考據上。語類又曰：

伊川說道理決不錯，只恐於文義名物也有未盡。（六七）

此條邵浩錄丙午所聞，朱子年五十七。只要於文義解說與名物考證未盡，則所說義理自亦隨之差失也。又曰：

易傳說文義處，猶有些小未盡處。（六七）

此條李公謹錄，不知其年。又曰：

程易發明道理，大義極精，只於易文義多有強說不通處。（六八）

此條董銖錄丙辰朱子年六十七以後所聞。既於文義強說不通，則其發明道理雖精，實非易中本有之道理。故曰：

> 易傳義理精，只是於本義不相合。（六七）

此條黃罃錄。又曰：

> 程易不說易文義，只說道理極處好看。（六七）

此條董銖錄。又曰：

> 程易推說得無窮，然非易本義也。先通得易本指後，道理儘無窮，推說不妨。若便以所推說者去解易，則失易之本指矣。（六八）

此條董銖錄。正因道理無窮，故雖文王、周公、孔子所未言，後人不妨言之，如濂溪之言無極是也。

凡自立說，可以擴先聖之所未言，如謂「伊川『性即理也』，孔孟後無人見得到此，亦是從古無人敢如此道。」此與說經而失其本指者有辨，不當合一為說也。

因云：「程易中有甚疑處，可更商量看。」或舉：「坤六二爻傳云：『由直方而大』。竊意大是坤之本體，安得由直方而後大耶？」曰：「直、方、大是坤有此三德。若就人事上說，則是敬義立而德不孤，豈非由直方而後大耶？」（六七）

此條潘時舉錄癸丑以後所聞。直方而後大，伊川所言，亦有此理，但在易則謂坤之本體有此三德，伊川分別說之，終是有欠。故曰：

看書不可將自己見硬參入去。須是除了自己所見，看他冊子上古人意思如何。如程先生解「直方大」乃引孟子，雖是程先生言，畢竟迫切。（一一）

此條甘節錄癸丑以後所聞，與上條潘時舉錄乃一時語。伊川易傳此條，謂：「『直方大』，孟子所謂『至大至剛以直』也。在坤體，故以方易剛。言氣則先大。大，氣之體也。於坤則先直方，由直方而大也。」引孟子養氣章「至大至剛以直」說易坤卦之「直方大」，實為牽強。朱子謂其畢竟迫切，亦已緩言之矣。朱子又自以「敬義立而德不孤」為伊川直方而後大作闡説，此皆朱子備具苦心之處。既非有意擿舉前賢之失，亦非強辭迴護前賢。有意學朱子之為學者，於此等處更當細心玩索。

又曰：

已前解易，多只説象數。自程門以後人，方都作道理説了。（六七）

此條劉礪錄己未所聞，時朱子年七十。又曰：

伊川晚年所見甚實，更無一句懸空説底話，今觀易傳可見，何嘗有一句不着實。（六七）

此條余大雅錄戊戌所聞，朱子年四十九。又曰：

伊川以天下許多道理散入六十四卦中。若作易看，即無意味。惟將來作事看，即句句字字有用處。（六七）

此條楊道夫錄己酉朱子年六十以後所聞，未定在何年。會合上引三條觀之，朱子自四十九歲後踰二十年，其於易傳之意見，可謂未有所大變。語類又一條云：

蔡仲默問：「『性相近也』，是兼氣質而言否？」曰：「是。若孟子便直說曰：『非天之降才爾殊也，其所以陷溺其心者然也。』」說至此，高聲云：「只是這箇道理。堯、舜、三王治天下，只是理會這箇。千百年來，無人曉得後都黑了。到程先生後說得方分明。」（六一）

朱子說論孟大義，一本二程，據此可見。然二程之說論孟，為朱子所不取者甚多，姑拈數條如次：

問：「『溫故而知新，可以為師矣』，伊川謂：『此一言可師，此一事可師。』竊有未喻。」曰：「伊川見得亦差了。這一句，正對『記問之學不足為人師』一句。若溫習舊聞，則義理日通，無有窮已。若記問之學，雖是記得多，讀得多，聞得多，雖是千卷萬卷，只是千卷萬卷，未有不窮。然而這一句說師，亦只說平常恁地師，卻不說是孔子這般師。只為世上有不溫故知新而便欲為人師，故發此一句。卻不是說如此便可以為師。言如此方可以為師，以證人不如此而遽欲為師者。伊川卻只認這意，一向要去分解。以此知讀書儘着子細，伊川恁地工夫，也自有這般處。」（二四）

此條葉賀孫錄辛亥以後所聞。此章「可以為師矣」五字，朱子解作「方可以為師」，伊川解作「便可以為師」，此不同。又曰：

程先生說「可以為師」，作只此一句可師，不如便把做為師之師看。（二四）

此條黃榦錄。「可以為師」，朱子解作「為人之師」，伊川只解為「可師」，此又不同。

問：「『先行其言而後從之』，莫須將先行作一句否？」曰：「程子如此，卻未敢以為然。恐『其言而後從之』不成一句。若云『而後其言從之』方得。不若以『先行其言』作一句，『而後從之』作一句。大意只說先行其所言，而後言其所行。孔子為子貢多言，蓋為子貢發也。」（二四）

此條林夔孫記丁巳以後所聞。此在句法上有爭辨。若以「先行」作一句，則「其言而後從之」六字不成句，故知程說不可從。又曰：

夫子只云「欲訥於言而敏於行」，「敏於事而謹於言」，未嘗說無事於言。（二四）

聖人只說「敏於事而謹於言」，「敏於行而訥於言」，「言顧行，行顧言」，何嘗教人不言。（二四）

若以先行為句，則言必在所後。此又推說之而見其未當也。朱子注論孟，不采二程之說，在語類中多見其辨說。

因論「舜禹有天下而不與」之義，曰：「此等處且玩味本文，看他語意所重落向何處。明道說得義理甚闊闊，集注卻說得小。然觀經文語意落處，卻恐集注得之。」（三五）

此條吳必大錄戊申、己酉所聞，朱子年五十九、六十。又曰：

程傳所以好者，其言平正，直是精密，無少過處。不比他處有抑揚，讀者易發越。如上蔡論語，義理雖未盡，然人多喜看。正以其說有過處，啟發得人，看者易入。若程傳則不見其抑揚，略不驚人，非深於義理者未易看也。（一一七）

此條萬人傑錄。易傳雖失易本指，而說理平正，然讀者亦因此不易看。如上蔡說論語，說有過處，然能啟發人，人多喜看。朱子意則寧取前者。上引集注，寧依論語本文原義，而不取明道闊闊之說。然讀者見明道說則喜，有啟發，看集注或忽略過，不易深入體會。此處朱子分別明道、伊川，可謂曲盡其意。

語類又曰：

程子說贊化育處，謂「天人所為各自有分」，說得好。（六四）

此條陳淳錄。又曰：

「天人所為各自有分。」人做得底，卻有天做不得底。「裁成輔相」，須是人做，非贊助而何？程先生言：「參贊之義非謂贊助。」此說非是。（六四）

此條李閎祖錄戊申朱子年五十九以後所聞。即據程子反駁程子而義增圓密，此亦所謂「舊學商量加邃密，新知涵養轉深沉」也。

至於二程說經，其考據無當處，更屬屢見。語類云：

伊川說易，亦有不分曉處甚多。（七二）

此條燮淵錄癸丑所聞，所謂不分曉，指考據疏失言。又曰：

伊川賁卦傳大有牽強處。「束帛」解作「剪裁」，恐無此理。且如今將束帛之說教人解，人決不思量從剪裁上去。（七一）

此條黃義剛錄。又曰：

朱紱赤紱，若如伊川說，使書傳中說臣下皆是赤紱則可，詩中卻有「朱芾斯皇」一句是說方叔，於理又似不通。某之精力，只推得到這裏。（七三）

此條燮淵錄癸丑所聞。古代名物制度，難於一一盡考，然有雖不得正面確解，而可從反面確知其不能如此解者，如此例是也。又曰：

程先生說禘，恐不然，故論語集解中止取趙伯循之說。（二五）

此條輔廣所錄。又曰：

「禘自既灌而往者」，與易「觀，盥而不薦，有孚顒若」不同。「灌」是以秬鬯之酒灌地以降神，「盥」只是洗手。凡祭祀數數盥手。一拜則掌拊地，便又着洗。伊川云：「當莊嚴如始盥之初，勿使誠意少散如既薦之後」，某看觀卦意思不是如此。（二五）

此條葉賀孫錄。

問：「『市廛而不征，法而不廛』，伊川之說如何？」曰：「伊川之說不可曉。橫渠作二法，其說卻似分明。」（五三）

此條周謨錄己亥朱子年五十以後所聞。又曰：

伊川考禮文，卻不似橫渠考得較子細。（九〇）

此條童伯羽、劉砥同錄，在庚戌，朱子年六十一。

問：「溫公薨背，程子以郊禮成賀而不弔，如何？」曰：「這也可疑。東坡謂『「子於是日哭則不歌」，即不聞歌則不哭。』蓋由哀而樂則難，由樂而哀則甚易。且如早作樂而暮聞親屬緦麻之戚，不成道既歌則不哭。以某觀之，也是伊川有些過處。」（九七）

此條楊道夫錄己酉朱子年六十以後所聞。朱子平日論學，其尊洛貶蜀之意甚顯。於此則是蘇非程，大賢用心，妥帖平允，眞所謂無所不用其極也。

朱子論解經，亦有駁伊川而是東坡者，如云：

常觀解易底，惟是東坡會做文字了，都湊着他語脈。如「渙其羣元吉」，諸家皆云渙散了卻成羣，都不成語句。惟東坡說道：渙散他小小羣，聚合成一大羣，如那天下混一之際，破散他小羣，成一大羣。如此方成文理。（六九）

此條叜淵錄癸丑所聞，以伊川與諸家同斥，而獨是東坡。又曰：

如「渙其羣」，伊川解卻成渙而羣，卻是東坡說得好：羣謂小隊，渙去小隊，使合於大隊。（六六）

此條鄭可學錄辛亥所聞，下距癸丑兩年，是朱子於此一條乃屢言之。又曰：

老蘇云：「渙之九四曰：『渙其羣元吉。』夫羣者，聖人之所欲渙，以混一天下者也。」此說雖程傳有所不及。如程傳之說，則是羣其渙，非渙其羣也。蓋當人心渙散之時，各相朋黨，不能混一，惟九四能渙小人之私羣，成天下之公道，此所以元吉也。老蘇天資高，又善為文章，故此等說話皆達其意。（七三）

此條楊道夫錄己酉以後所聞。又曰：

「渙其羣」乃取老蘇之說，東坡所謂「合小以為大，合大以為一」。（七三）

此條亦楊道夫錄。又曰：

東坡說這一文最好，緣他會做文字，理會得文勢，故說得合。（七三）

此條亦夔淵錄。若論傳孔孟之道，則東坡烏得與伊川相比。然論解古人之經，東坡亦有勝過伊川處。此見朱子之平心論衡。

因言歐陽永叔本義，而曰：「理義大本復明於世，固自周、程，然先此諸儒，亦多有助。舊來儒者，不越注疏而已。至永叔、原父、孫明復諸公，始自出議論。如李泰伯文字亦自好。此是運數將開，理義漸欲復明於世故也。」（八〇）

此條黃𦼝錄戊申所聞。朱子上溯北宋諸儒，自歐陽永叔、劉原父之儔，凡能越出注疏範圍，出己意說經者，皆謂於周程道學之理義復明有助。若專就解經工作言，如東坡之於書，子由之於詩，成績皆遠超伊川之上。此尤見朱子之胸襟擴大，心懷持平。後人有言，「語錄之學行而經術荒」，論義理，二程所得，固非北宋諸賢可比。論經術，則二程之於北宋諸賢，未見為特出，抑且轉有遜焉者。至於程門謝、楊、游、尹諸人，則誠不免有經術荒之誚矣。若非朱子力綰經學、理學而歸之一條，則儒學終為偏枯，理學終非無病，不得惟此以為道統之所在。道學與儒林之畸輕畸重，終亦無以服人心也。

又文集卷七十六有呂氏家塾讀詩記後序一篇，其文有曰：

詩自齊、魯、韓氏之說不得傳，而天下之學者盡宗毛氏。毛氏之學，傳者亦衆，而王述之類今皆不存。則推衍說者，又獨鄭氏之箋而已。唐初諸儒為作疏義，因訛踵陋，百千萬言，而不能有以出乎二氏之區域。至於本朝，劉侍讀、歐陽公、王丞相、蘇黃門、河南程氏、橫渠張氏，始用己意有所發明，雖其淺深得失有不能同，然自是之後，三百五篇之微詞奧義，乃可得而尋繹。蓋不待講於齊、魯、韓氏之傳，而學者已知詩之不專於毛鄭矣。及其既久，求者益衆，說者愈多，同異紛紜，爭立門户，無復推讓祖述之意，則學者無所適從，而或反以為病。今觀呂氏家塾之書，兼總衆說，巨細不遺，挈領提綱，首尾該貫，既足以息夫同異之爭；而其述作之體，則雖融會通徹，渾然若出於一家之言，而一字之訓，一事之義，亦未嘗不謹其說之所自。及其斷以己意，雖或超然出於前人意慮之表，而謙讓退託，未嘗敢有輕議前人之心也。嗚呼！如伯恭父者，其可謂有意乎溫柔敦厚之教矣。

此文成於淳熙壬寅，朱子年五十三。文中不僅以程、張與劉、歐陽並舉，並以與王、蘇並舉。以言傳經之功，則雖各有得失，要之同為有貢獻也。此文尚在前引黃𠫤一條前六年，可見朱子論學心胸之寬平闊大，不待晚年而始然。

又同卷有三先生論事録序一篇①，其文曰：

昔顧子敦嘗為人言，欲就山間與程正叔讀通典十年。世之以是病先生之學者，蓋不獨今日也。夫法度不正，則人極不立。人極不立，則仁義無所措。仁義無所措，則聖人之用息矣。先生之學，固非求子敦之知者。而為先生之徒者，吾懼子敦之言，遂得行於其間。因取先生兄弟與横渠相與講明法度者録之篇首，而集其平居議論附之，目曰三先生論事録。夫豈以為有補於先生之學，顧其所自警者不得不然耳。

此文不知作在何年。朱子論解經，常稱歐蘇會文章，故能妙得經旨。又因顧子敦言，深戒治程學者不當不屑心於法度之學，其旨深微矣。經、史、文章三業，本為儒學中所有。若謂當擺棄此三業而直探義理於精微，則周張二程無此指示，而學弊所趨，則尤為朱子所力求矯挽也。

熊去非勿軒，從學於輔廣漢卿之門。輔氏為朱子高第弟子，勿軒亦朱子門下再傳三傳之弟子也。勿軒文集有三山泮宫五賢祠記，其文曰：

① 編者案：此篇困學紀聞卷十七云：「陳同甫作，編於朱文公集，誤。」

僕於雲谷之陽，鰲峯之下，創小精舍，中為夫子燕居，配以顏曾思孟，次以周程張朱濂溪明道伊川橫渠晦菴五先生，隆道統也。或有議者曰：「文公竹林精舍以六君子從祀，今乃邵馬二賢不與焉，無乃非文公之初意耶？」曰：「配食先聖，非其道德功言足以得夫聖統之正傳者不足以與此。文公贊六君子，乃其一時景行先哲之盛心。而竹林之祠，增延平先生為七賢。又以致其平生尊師傳之意，是固各有攸當，非可以此為疑也。」有以程張坐次為疑者，蓋橫渠於二程為表叔，端平從祀之典，張先於程。竹林七賢之祠，與六君子之贊，則程先於張。僕曰：「橫渠之學得於二程。皋比之撤，與夫平居議論，歷歷可考。聞道在先，固有所受，但當以竹林之祠為正。」

又有祀典議，詳論邵馬張呂不得與五先生並列之意。後世尊濂洛關閩，奉濂溪、明道、伊川、橫渠與朱子為得聖統之正傳，此議當以勿軒熊氏為首發，故以附錄於斯篇。

附述近思錄

淳熙二年乙未，朱子年四十六歲，近思錄成。文集有書近思錄後一篇，見文集卷八十一。其文云：

東萊呂伯恭來自東陽，過余寒泉精舍，留止旬日。相與讀周子、程子、張子之書，歎其廣大閎博，若無津涯，而懼夫初學者不知所入也，因共掇取其關於大體而切於日用者以為此編。凡學者所以求端用力處己治人之要，與夫辨異端觀聖賢之大略，皆粗見其梗概。以為窮鄉晚進，有志於學，而無明師良友以先後之者，誠得此而玩心焉，亦足以得其門而入矣。如此，然後求諸四君子之全書，沉潛反復，優柔厭飫，以致其博而反諸約焉，則其宗廟之美，百官之富，庶乎其有以盡得之。若憚煩勞，安簡便，以為取足於此而可，則非今日所以纂集此書之意也。

此見近思錄編纂之意，僅為初學入門，非是致博而反約。抑且僅為治周張二程四家言作入門，非所以包古今，盡學問之大體也。

又周張二程同稱四子，同列為北宋理學大宗，蓋自近思錄成編，而始漸臻為定論。程門如呂與叔，謂橫渠「棄所學以從」，程子以與叔為「幾於無忌憚」。而楊龜山猶謂橫渠無一事不求教於程子。弟子各尊其師，關學之傳不如洛學，南渡以後，人知尊二程，不知尊橫渠。至於濂溪，在其及身，既無講學聚會，門徒傳授。逮其身後，二程亦未加以稱揚。凡所著作，亦經朱子再三考訂而始獲編定。後世之同尊四子，其事胥自朱子發之。與朱子同此志業，相與佐助鼓吹以獲有成者，有二人焉，曰張南軒，曰呂東萊。南軒之學，承自湖湘胡氏。胡氏傳統，實在家門之內，非二程之及門。呂氏乃北宋以來之故家大族，東萊之文學術業習於家庭，遠稽中原文獻之所傳，博通四方師友之所講，融洽而無所偏滯。又嘗與朱子同出籍溪之門。與朱子書，勸令學者兼看經史，朱子極以為然。又嘗推尊五峯知言，謂其勝似正蒙，則東萊實知重橫渠正蒙，而又能欣賞湖湘之學者。湖湘之學同時亦講究濂溪太極圖。橫渠集由東萊刊行，語見朱子文集答東萊書。則東萊實為與朱子同編近思錄一理想人物也。語類有曰：

> 近思錄好看。四子，六經之階梯。近思錄，四子之階梯。（一〇五）

此條陳淳錄，應在庚戌初見朱子時，朱子年六十一。謂「近思錄，四子階梯」者，亦謂其乃求端用力處耳。又曰：

> 修身大法，小學備矣。義理精微，近思錄詳之。（一〇五）

此條李閎祖錄戊申朱子年五十九以後所聞。所謂義理精微，乃以比並之小學而言，非比並之四子六經而言。此條當與上引陳淳一條同看。又曰：

近思錄一書無不切人身、救人病者。（一〇五）

此條吳壽昌錄丙午所聞，朱子年五十七。又曰：

近思錄首卷難看，某所以與伯恭商量，教他做數語以載於後，正為此也。若只讀此，則道理孤單，如頓兵堅城之下，卻不如語孟，只是平鋪說去，可以游心。（一〇五）

此條楊道夫錄己酉朱子年六十以後所聞，有關朱子論學宗旨者甚大。朱子於近思錄，初意嫌其太高，刪去數段，後從東萊意，謂「今看得不可無」，語見文集答東萊書。遂囑東萊為一跋附之。東萊之跋有曰：

或疑首卷陰陽變化性命之說，大抵非始學者之事。祖謙竊嘗與聞次輯之意：後出晚進，於義理之本原，雖未容驟語，苟茫然不識其梗概，則亦何所底止。列之篇端，特使之知其名義，有所嚮望而已。若乃厭卑近而騖高遠，躐等陵節，流於空虛，迄無所依據，則豈所謂「近思」者耶？賢者其詳之。

近思錄首卷，最先便是濂溪太極圖說，其次二程語，其末便是橫渠正蒙。講性理不能不討究到道體，此即所謂義理之本然。而討究道體，則濂溪太極圖說、橫渠正蒙必首當注意。而程門弟子遊楊謝尹之意實不如此。朱子雖出程門嫡傳，而意境已別。所交游如南軒、東萊，皆非程門嫡傳中來。一時疑者，應是疑周張之書之褒然列卷首也。故知近思錄實已自伊洛一轉手。而朱子之意則猶不盡於此。厥後朱子於陰陽變化性命義理本原，較之東萊，特有深邃之發揮。而迨其晚年，仍以當時夙見告其門人，謂只讀此則道理孤單，此中實寓深意。後之治理學者，多陷道理孤單之病，正緣只在此中鑽磨，恰如頓兵堅城之下，無法攻入，流於空虛，使人以理學與禪、道並譏，在朱子固早已言之。

或問近思錄。曰：「且熟看大學了，即讀語孟。近思錄又難看。」（一〇五）

此條葉賀孫錄辛亥朱子年六十二以後所聞。以此條較之近思錄書後謂為學者「求端用力」處，與其告陳淳，謂近思錄為四子階梯者，又大不同。並朱子意，似不僅謂首卷難看，其他亦復不易。是朱子於此書意見，先後顯有不同。

或言：「近思錄中語，甚有切身處。」曰：「聖賢說得語言平。如中庸、大學、論語、孟子皆平

易。近思錄是近來人說話，便較切。」（一〇五）

此條亦葉賀孫錄，與上引吳壽昌錄一條，語相似而實又不同。聖賢說皆平易，可以游心。近來人說話便較切，然若專從此等處看，雖可得求端用力處，若即此自限，則束身矩步，可為一自好之人而少上達之機。後之治理學者，不流空虛，則易陷此境，學者尤不可不知。

語類又曰：

看近思錄，若於第一卷未曉得，且從第二、第三卷看起，久久後看第一卷，則漸曉得。（一〇五）

此條王過錄甲寅朱子年六十五以後所聞。當注意其下「久久」字、「漸」字，惟能久久漸入，則第一卷中始可曉也。

問：「近思錄看得如何？」曰：「所疑甚多。」曰：「今猝乍看這文字也是難。有時前面恁地說，後面又不是恁地。這裏說得如此，那裏又卻不如此。子細看來看去，卻自中間有箇路陌。推尋通得四五十條後，又卻只是一箇道理。伊川云：窮理豈是一日窮得盡。窮得多後，道理自

通徹。」（一〇五）

此條楊驤錄己酉、甲寅所聞，恐當在甲寅，正可與王過一條合參。近思錄本會合濂溪、橫渠、二程四家言，又多分門類。分開逐條看，切身救病之語為多。若欲明得義理本原，則非猝乍一看便得。須子細推尋，有箇路陌，看得一箇道理之後，又有一箇道理。這許多道理，待窮得多了，纔通徹。故讀近思錄與讀論孟四子書不同。四子書說得平易，然乃義理本原，於此游心，較易通徹。近思錄中語，雖切身救病，然非通得四五十條，不易見它後面一箇道理。故朱子乃教人先讀語孟，而又謂近思錄難看也。

語類又曰：

近思錄逐篇綱目：一道體，二為學大要，三格物窮理，四存養，五改過遷善，克己復禮，六齊家之道，七出處進退辭受之義，八治國平天下之道，九制度，十君子處事之方，十一教學之道，十二改過及人心疵病，十三異端之學，十四聖賢氣象。（一〇五）

此條吳振錄，不知在何年。只舉近思錄逐篇綱目，卻不再下一語，其義何在，大可疑。或是記者忽略了朱子當時所說，僅把逐篇綱目錄下，乃成全無意義。

語類又曰：

近思錄大率所錄雜，逐卷不可以一事名，如第十卷亦不可以事君目之，以其有「人教小童」在一段。（一〇五）

此條包揚錄，在朱子五十四至五十六三年間，可與上條合參。近思錄中門類既廣且雜，故反不易看也。

因論近思錄，曰：「不當編易傳所載。」問：「如何？」曰：「公須自見。」意謂易傳已自成書。（一〇五）

此條陳文蔚錄戊申朱子年五十九以後所聞。近思錄乃朱呂兩人合編，而兩人意見亦有不同。東萊素極重視伊川易傳，朱子則謂易傳自成一書，可不收載。今近思錄中亦有收入，此乃東萊意見。若謂自成一書即不載，則太極圖說、正蒙何以又載入而列之首卷？此本朱子所不欲載，亦依東萊意載入也。

或人拜辭，先生贈以近思錄，曰：「公事母，可檢『幹母之蠱』看，便自見得那道理。」因言：「易傳自是成書，伯恭都摭來作閫範，今亦載在近思錄。某本不喜他如此，然細點檢來，段段皆是日用切近功夫而不可闕者，於學者甚有益。」（一一九）

此條郭友仁錄戊午所聞，乃朱子六十九歲時語。朱子教人讀書，必當會通玩其大義，不喜偶檢一二條讀之。讀伊川易傳如此，讀近思錄亦如此，即讀周張二程語錄亦如此。初不欲將易傳中語摘入近思錄。然遇日用切近功夫所在，亦可偶檢一二條玩索，此乃朱子教人本末兼賅，六通四闢，所以為隨所宜而無礙。其意見之每進而益趨於平易，亦於此可見。

問「且省外事，但明乎善，惟進誠心，其文章雖不中不遠矣」。曰：「外事所可省者即省之，所不可省者，亦強省不得。善只是那每事之至理，文章是威儀制度。『所守不約，汎濫無功。』說得極切。這般處，只管將來玩味，則道理自然都見。」又曰：「這般次第，是呂與叔自關中來初見二程時說話。蓋橫渠多教人禮文制度之事，他學者只管用心，不近裏，故以此說教之。然只可施之與叔諸人。若與龜山言，便不着地頭了。公今看了近思錄，看別經書，須將遺書兼看。蓋他一人是一箇病痛，故程先生說得各各自有精采。」（九五）

此條楊道夫錄己酉以後所聞。看了近思錄，看別經書，須將程氏遺書兼看。如上舉一條，謂只管將來玩味，則道理自然都見，此乃泛言之。其實此一條乃程氏以告呂與叔，若以告楊龜山，便不着地頭，此則切言之。可見近思錄所收各條，有當會通觀，有可分別觀。有當放寬看，只看其理所在。有當切近看，針對自己病痛用功。所以其事若易而實難。

朱子為學途徑，本亦自程門上窺二程，又自二程上通語孟。此與當時一般理學家大體無異。逮其進而益深，乃軌轍大變。蓋自語孟下觀二程，又自二程下觀程門，而後其間之得失違合，乃一一昭揭無可隱遁。若論義理大原，自在語孟。經二程之宣發，固是易明易曉。然二程所言，亦有自義理言則得之，自訓釋言則失之者。抑且大端雖合，而節目處未必一一無失。程門諸子，又更失師門之宗旨。如此條所舉，「且省外事」，而外事亦強省不得。此則程氏所言亦未全當。惟以告呂與叔，則為切身救病之言。因與叔從學橫渠，多在禮文上求，用心不近裏，故以此說教之。若如楊龜山，其病正在太省事。再教以省外事，則如以水救水，以火救火，病且益深。今只曰「不着地頭」，只是朱子之緩言。又如伊川易傳，朱子常稱其自有一套義理，而非易書之本義。則是得於義理而失於訓釋。若使讀者即認伊川易傳為易之本義，則不免將入歧途。故朱子不主將易傳收載近思錄中，而僅曰「易傳自是成書」，此亦緩言之耳。若學者只將易傳看作日用切近工夫，此固無病。朱子自語孟下觀二程，乃見二程所言，亦有為語孟所未言，而確有當於義理之眞者，如伊川言「性即理也」之類是也。惟如濂溪太極圖、橫渠正蒙，則所言多為語孟所未及，而實有見於義理之大且眞。蓋語孟多就人事言，周、張轉從陰陽造化天道性命言。朱子謂其「廣大閎博，若無津涯」，故「掇取其關於大體而切於日用者」，又教人於第一卷未曉得，且從第二三卷看起。是則近思錄難看，又可分作兩面說。一則如二程遺書，言多切至，一則如周、張所言，廣大閎博，各有其不易看處。故朱子晚年教人，先看大學，即治語孟，又言近思錄難看，轉而放在後面。又自朱子四書集注章句成書，多為人講太極、正蒙，尤其在易簀前數日，屢為精舍諸生言之。此其精意密旨，誠有不易驟窺者。乃後人徒守朱子「近思錄為四子階梯」之一語，以為即讀近思錄便可得理學精要，豈不大背朱子晚年之所指示。至於僅繙黃全學案，隨意采錄諸家片言單辭，既未有所條貫，又復輕加闡說，乃謂有宋一代理學在是，則所失將更遠爾。

因說近思續錄，曰：「如今書已儘多了，更有，卻看不辦。」（一〇五）

此條黃𠏉錄戊申所聞，朱子年五十九。朱子教人讀書，貴能沉潛反復，優柔厭飫，致其博而反諸約。其纂集近思錄之用意，本為便於學者之得門而入。窮鄉晚進，無良師益友，得此書，可以知有周張二程者，乃進而求此四家之全書，此已大費心力了。況又進而窺於六經四子，又況進而格物窮理，大有事在。或人之意，殆認近思錄為入門要典，乃欲益加續錄，不知入門書卻已是難看書。朱子晚年，屢次指出近思錄難看。朱子意，看了大學，即看語孟，此即已是入門書，同時亦即是究竟歸宿之書。但四子書又豈易看。讀書不當如買菜求益，更不當使其每下愈況。此條大堪玩味。

朱子評程氏門人

余讀語類評程氏門人，較之文集，蓋迥異焉。文集多出在前，語類所記多在後，比而論之，亦可見朱子學術之演進，並其見解先後之相異。而朱子之所為有甚大貢獻於伊洛之傳者，由是亦可窺見其一斑。

文集卷七十五，謝上蔡語錄後序有云：

先生於從遊諸公間，所見最為超越。胡文定公家寫本語錄上篇五十五章，記文定公問答，提綱挈領，指示學者用力處，卓然非他書所及。下篇四十七章與版本、吳氏本略同。獨版本增多百餘章，或失本指，其甚者至詆程氏以助佛學，意近世學佛者私竊為之，使先生為得罪於程夫子，必是書之為也。竊不自知其固陋，輒放而絕之，雖或被之以僭妄之罪，不敢辭也。

此文成於紹興二十九年三月，朱子年三十，此乃其最早之編述。於上蔡甚推挹。朱子初從學於胡籍

溪，文定寫本，殆即得之籍溪家也。文集卷八十德安府應城縣上蔡謝先生祠記有云：上蔡主應城縣，

南陽胡文定公以典學使者行部過之，不敢問以職事，顧因紹介請以弟子禮見。入門，見吏卒植立庭中，如土木偶人，肅然起敬，遂稟學焉。

文定嘗曰：「吾於游、楊、謝三公皆義兼師友」，似非弟子之比。要之文定當時甚重上蔡，其後五峯亦然。上蔡與湖湘之學有其精神血脈之相通。朱子早歲從遊於胡籍溪，自李延平卒，又遠遊衡山，納交於五峯門人張南軒，皆與湖湘之學有關。而在李延平未卒之前，朱子即已從事上蔡語錄之編校，故其祠記有曰：

熹自少時妄意為學，即賴先生之言以發其趣。

則朱子早年深受上蔡影響可知。

又按文集卷八十七祭延平先生有曰：

道喪千載，兩程勃興。有的其緒，龜山是承。龜山之南，道則與俱。有覺其徒，望門以趨。惟

時豫章，傳得其宗。猗歟先生，早自得師。迨其季年，德威道尊。熹也小生，丱角趨拜。恭惟先君，實共源派。從遊十年，誘掖諄至。

此文在隆興二年。其序道南學脈，自龜山而豫章而延平。朱子父韋齋，亦從學豫章，與延平為同門，而朱子之從遊於延平，則先後達十年之久。後人序朱子學術淵源，所以必溯之龜山道南一脈也。

又文集卷七十五程氏遺書後序謂：

遺書，二先生門人記其所見聞答問之書也。竊嘗聞之，伊川先生無恙時，尹焞得朱光庭所抄先生語奉質，先生曰：「某在，何必讀此書。」夫以二先生唱明道學於孔孟既沒千載不傳之後，而當時從遊之士，亦莫非天下之英材，其於先生之嘉言善行，又皆耳聞目見而手記之，宜其親切不差，可以行遠。而先生之戒，叮嚀若是，豈不以學者未知心傳之要，而滯於言語之間，或者失之毫釐，則其謬將有不可勝言者也。

此文在乾道四年，朱子年三十九，於程門諸子無少貶損，即此可見。

同年有謝上蔡語錄後記，見文集卷七十七。因得江民表辨道錄，而知前編削去五十餘章皆江氏語。因書示讀者，使毋疑舊傳云。

文集卷七十五有尹和靜言行錄序，謂：

程夫子有言：「涵養必以敬，進學則在致知。」二言者，夫子所以教人造道入德之大端，而不可以偏廢焉者也。若和靜尹公先生者，其學於夫子而有得於敬之云者乎？何其說之約而居之安也。熹嘗得而伏讀之，所以收放心而伐邪氣者，幾微之際，所助深矣。顧其記錄之間，尚多牴牾，其於精微之意，豈得無可疑者，惜乎其不得親見先生而面質之也。書之篇首，以告同志，其亦熟玩而審取之哉。

此文成於乾道癸巳，朱子年四十四。玩其文辭，已不如前引兩序之篤信於程門。然言之婉約，固於程門諸子不見有評斥也。

同年有程氏外書後序，亦見文集七十五，有云：

其曰外書云者，特以取之之雜，或不能審其所自來，其視前書，學者尤當精擇而審取之耳。

措辭與序尹氏語錄略同。

又文集卷八十一有書和靜先生遺墨後，曰：

前賢進修不倦，死而後已，其心炯炯猶若可識。

時為淳熙丙申，朱子年四十七。

又文集卷八十二書楊龜山帖後，曰：

楊、陳二公論易，有不同者，而楊公之詞平緩如此，亦其德盛仁熟而自無鄙倍耳。楊公於先天之學有所未講，則闕而不論，其不自欺如此，尤後學所宜取法也。

此文在淳熙戊申，朱子年五十九。凡朱子稱及程門，語見文集者率具此。

惟文集卷五十九答吳斗南有云：

裒集程門諸公行事，頃年亦嘗為之而未就，今邵武印本所謂淵源錄者是也。當時編集未成，而為後生傳出，致此流布，心甚恨之。不知曾見之否。然此等工夫亦未須作。比來深考程先生之言，其門人恐未有承當得此衣鉢者。此事儘須商量，未易以朝耕而暮穫也。

此書開首即云：「某承攝於此，忽已踰年」，乃指在漳州任。踰年則是紹熙二年辛亥，朱子年六十二歲。至是始謂程門未有能承當得衣缽者，明見之於文字，距其四十四歲編伊洛淵源錄，則已前後相隔十八年矣。

語類所記，最早起於朱子四十一歲，其中大部在六十以後，其於程門評騭，乃與見之文集者大不同。如曰：

程門一傳，皆失其眞。（九三）

當時門人弟子布在海內，炳如日星。自今觀之，皆不滿人意。（九三）

公恨伊川著書不以示人，某獨恨當時提撕他不緊。（九三）

程子之說多是，門人之說多非。（一一九）

其門人之說，與先生蓋有大不同者。（一一九）

程先生自謹嚴，諸門人自不謹嚴。（一一四）

程門諸公都愛說玄妙。諸公親得程子而師之，都差了。（六三）

程門諸公向上道理知得明，皆說得去，只是就身分上切實工夫太欠了。（二二）

程門高弟，看他說那做工夫處，往往不精切。（一三六）

看程門諸公力量見識，比之康節、橫渠皆趕不上。（一〇一）

此皆貶抑程門之至顯見者。又如曰：

> 程門高弟如謝上蔡、游定夫、楊龜山輩，下梢皆入禪學去。必是程先生當初說得高了，他們只瞕見上一截，少下面著實工夫，故流弊至此。（一〇一）

此條黃義剛記朱子年六十四以後語，明斥程門下梢入禪。又曰：

> 游、楊、謝三君子初皆學禪，後來餘習猶在，故學之者多流於禪。游先生大是禪學。（一〇一）

此條廖德明記，在朱子年四十四以後。謂程門後學皆流於禪，而於楊、謝只說其餘習猶在，此見朱子評程門前寬後嚴之證。

又曰：

> 本朝許多人如李文靖、王文正、謝上蔡、楊龜山、游先生諸人無不陷於佛。（二四）

此條葉賀孫錄辛亥朱子年六十二以後語，下語與廖錄異，與黃錄同。

問：「程門諸公親見二先生，往往多差互。如游定夫之說，多入於釋氏。龜山亦有分數。」曰：「定夫極不濟事。以某觀之，二先生衣缽似無傳之者。」（一〇一）

此條鄭可學記辛亥所聞。乃謂程門無傳二先生衣缽者。與上引答吳斗南書在同時。又曰：

程門諸高弟，覺得不快於師說，只為他自說得去。（一〇一）

此條陳文蔚記，朱子年五十九以後，乃謂程門諸高弟不快於師說。又曰：

古之聖賢，未嘗說無形影話，近世方有此等議論。蓋見異端好說玄說妙，思有以勝之，故亦去玄妙上尋。不知此正是他病處。如孟子說「反身而誠」，本是平實，伊川亦說得分明，到後來人說時，便如空中打箇筋斗。然方其記錄伊川語，元不錯，及自說出來，便如此，必是聞伊川

說時實不得其意耳。（一〇一）

此條吳必大記，在朱子五十九、六十時。謂程門諸高弟記其師說尚不錯，而自說出來則多病，必是先時聞師說而實不得其意。

又曰：

游、楊、謝諸公當時已與其師不相似，卻似別立一家。謝氏發明得較精彩，然多不穩帖。和靖語卻實，然意短，不似謝氏發越。龜山語錄與自作文又不相似。其文大故照管不到，前面說如此，後面又都反了。緣他只依傍語句去，皆是不透。游定夫學無人傳，無語錄。他晚年嗜佛，在江湖居，多有尼出入其門。他眼前分曉信得及底儘踐履得。到其變化出入處，看不出，便從釋去，亦是不透。和靖在虎丘，每旦起，頂禮佛。他因趙相入侍講筵，那時都說不出，都奈何不得。人責他事業，答曰：「每日只講兩行書，如何做得致君澤民事業。」高宗問：「程某道孟子如何？」答曰：「程某不敢疑孟子。」如此則是孟子亦有可疑處，只不敢疑爾。此處更當下兩語，卻住了。他也因患難後心神耗了。龜山那時亦不應出。（一〇一）

此條陳淳記，應在朱子六十一或七十時。可謂於程門批斥盡致。

或云：「不知伊川門人如此其衆，何故後來更無一人見得親切？」又或云：「游、楊亦不久親炙。」曰：「也是諸人無頭無尾，不曾盡心存上面也。各家去奔走仕宦，所以不能理會得透。」（一〇一）

大率諸公雖親見伊川，皆不得其師之說。（一〇一）

以上所錄，大抵在朱子年四十四以後，對程門游、楊、謝、尹四人頗無好評。其前四十三歲成論孟精義，尚謂「取夫學之有同於先生與其有得於先生者，若橫渠張公、范氏、二呂氏、謝氏、游氏、楊氏、侯氏、尹氏九家之說」，此尚未加分別。而朱子後來告其門人則謂：

程子與門人之說，某初讀之，皆不敢疑。後來編出細看，見得程子諸說雖不同，意未嘗不貫。其門人之說，與先生蓋有大不同者矣。（一九）

此條楊驤記，朱子年六十或六十五。

又云：

精義中惟程先生說得確當，至其門人，非惟不盡得夫子之意，雖程子之意亦多失之。（一九）

此條廖德明記朱子四十四以後。雖不能定其年，要之當與上引廖錄一條相前後。此下再分引朱子分評各人之說。

一　謝上蔡

某二十年前，得上蔡語錄觀之，初用銀朱劃出合處。及再觀則不同矣，乃用粉筆。三觀則又用墨筆。數過之後，則全與元看時不同矣。（一〇四）

此條余大雅記，朱子年四十九。距其三十歲時校定上蔡語錄，前後正隔二十年。用朱粉墨筆讀過三道，所見乃與二十年前初看時大不同。此見朱子年益進而學益精，辨之益細。即此一例，可證其餘。

又曰：

上蔡之學，初見其無礙，甚喜之。後細觀之，終不離禪底見解。如灑掃應對處，此只是小子之始學。程先生因發明雖始學然其終之大者亦不離此。上蔡於此類處，便說得大了。道理自是有小有大，有初有終。若如此說時，便是不安於其小者初者，必知其中有所謂大者方安為之。上蔡大率張皇不妥貼。（一〇一）

又曰：

謝氏謂去得矜字，後來矜依舊在，說道理愛揚揚地。（一〇一）

或問：「謝氏論學每有不屑卑近之意，其聖門狂簡之徒歟？」曰：「上蔡有此等病，不是小，分明是釋老意思。向見其雜文一編，皆不帖帖地。如觀復堂記與謝人啟事數篇皆然。」（二九）

今學問流而為禪，上蔡為之首。（五）

上蔡說：「孝弟非仁也。」上蔡之意蓋謂別有一物是仁，則是性外有物也。孔門只說「為仁」，上蔡卻說「知仁」，只要見得此心，便以為仁。上蔡一轉而為張子韶。子韶一轉而為陸子靜。上蔡所不敢衝突者，子韶出來盡衝突了。近年陸子靜又衝突出張子韶之上。（二〇）

「頃年張子韶之論，以為當事親便當體認取那事親者是何物，方識所謂仁。當事兄，便當體認取那事兄者是何物，方識所謂義。某說若如此，則前面方推這心去事親，隨手又便去背後尋摸取這箇仁。前面方推此心去事兄，隨手又便去尋摸取這箇義。是二心矣。禪家便是如此。其為說曰：『立地便要你究得，坐地便要你究得。』他所以撑眉努眼，使棒使喝，都是立地便拶教你承當識認取，所以謂之禪機。若必欲使民知之，少間便有這般病。」或問：「上蔡愛說箇覺字，便是有此病了。」曰：「然。張子韶初間便是上蔡之說，只是後來又展上蔡之說，說得來放肆無收殺耳。」（三五）

問：「張子韶有一片論乞醯不是不直，上蔡之說亦然。」曰：「此無他，此乃要使人回互委曲以為直爾。此鄉愿之漸，不可不謹。」（二九）

又曰：

上蔡說仁說知覺，分明是說禪。（二〇）

但以覺為仁，只將針來刺股上，才覺得痛，亦可謂之仁矣。（二〇）

醫者以頑痺為不仁，以其不覺。不覺固是不仁，然便謂覺是仁，則不可。（一〇一）

須是分作三截看。那不聞痛癢底是不仁。只覺得痛癢，不覺得理底，也不便是仁。須是覺這理方是。（一〇一）

聖人只說做仁，上蔡卻說知仁、識仁，煞有病。（四一）

上蔡說覺，纔見此心耳。（三三）

上蔡云「自此心中流出」，與佛亦不大段異。（三三）

上蔡有觀復齋記，觀他說復，又卻與伊川異。似以靜處為復。湖州刻伊川易傳，後有謝跋云：「非全書。」伊川嘗約門人相聚共改，未及而沒。使當初若經他改，豈不錯了。（一〇一）

上蔡觀復齋記中說道理，皆是禪學底意思。（一〇一）

如今人說道，愛從高妙處說，便說入禪去，自謝顯道來已然。（一〇一）

如上蔡觀復堂記，文定答曾吉甫書，某皆曾把做孔孟言語一般看。久之，方見其未是。（一〇四）

朱子自謂早年為學，從上蔡之言發其趣。及其晚年，所見如此，誠可見朱子為學自身先後之轉變。

問：「上蔡云：義而得富得貴，猶如浮雲，況不義乎？」曰：「這是上蔡說得過當。此只說不義之富貴視之如浮雲，不以彼之輕易吾之重。若義而得富貴，如何掉脫得。如舜禹有天下，固說道『不與』，亦只恁地安處之。又如『所以長守貴也』，『所以長守富也』，義當得之，亦自當恁地保守。堯命舜云：『天之曆數在爾躬，允執厥中。四海困窮，天祿永終！』豈是不要保守？」（三四）

上蔡自標新說，卓犖異人。朱子謹守舊義，平實無奇。然其間異同得失，則固有辨矣。

宋元學案上蔡學案黄宗羲案語謂：

上蔡在程門中，英果明决，其論仁以覺，以生意，論誠以實理，論敬以常惺惺，論窮理以求是，皆其所獨得，以發明師説者也。朱子言其雜禪，見解大端有三：謂「灑掃應對只是小子之始學，上蔡不合説得大了，將有不安於其小者」。夫必知其中有所謂大者，方安爲之。程子云：「道無精粗，言無高下。」此與上蔡之言何殊？必曰道理有小有大，是道有精粗，言有高下也。謂「知覺得應事接物底如何唤做仁？須是知覺那理方是」。夫覺者，澄然無物，而爲萬理之所從出。若應事接物而不當於理，則不可謂之覺矣。覺外求仁，是覺者一物，理又一物，朱子所以終身認理氣爲二也。謂「上蔡説先有知識，以敬涵養，似先立一物了」。夫上蔡此言，亦猶識仁篇所云「識得此理，以誠敬存之而已」。蓋爲始學者言。久之則敬即本體，豈先有一物哉。其言語小有出入則或有之，至謂不得其師之説，不敢信也。

上蔡爲程門高第弟子，其學自程門轉來，厥後自胡文定而至胡五峯，湖湘之學受上蔡影響甚大。象山較後起，亦頗近上蔡一路。陽明上接象山，梨洲之學出於劉蕺山，不免於朱陸有左右袒。其爲上蔡辯釋，亦宜。朱子對上蔡有非議，對五峯知言有疑義，對象山講學有詰難，即於二程，亦非墨守，蓋亦多有所取捨矯挽。後人惟知有朱陸異見，更不知程朱亦有異見。明道有識仁篇，朱子亦未全是可，則何可謂明道已論之，更無可再論乎？

上蔡以覺言仁，文集卷三十二與南軒往復論仁諸書已辨之。又文集卷四十二答胡廣仲，卷四十五答游誠之，皆於此有辨。大意謂知覺屬智，仁包四德。謂仁者心有知覺則可，謂不仁者無所知覺亦可，然不得謂心有知覺便是仁。今錄答胡廣仲書之一節云：

上蔡之言知覺，謂識痛痒，能酬酢者，乃心之用而智之端也。今以言仁，所以多矛盾而少契合。「憤驕險薄」，豈敢輒指上蔡而言。但謂學者不識仁之名義，又不知所以存養，而張眉努眼，說知說覺者，必至此耳。如上蔡詞氣之間，亦微覺少些小溫粹，恐亦未必不坐此也。

此處朱子指出兩要項，一是有關德目方面每一字之名義界分。二是心性存養之方。然其對上蔡之批評，亦可謂雖婉實嚴矣。上蔡語錄載呂大忠聽上蔡說仁字，因悟曰：「公說仁字，正與尊宿們說禪一般。」則上蔡之近禪，又何待後人始知，更又何待梨洲為之解脫。

又文集卷三十五答呂伯恭別紙有云：

上蔡「堯舜事業橫在胸中」之說，若謂堯舜自將已做了底事業橫在胸中，則世間無此等小器量底堯舜。若說學者，則凡聖賢一言一行，皆當潛心玩索，要識得他底蘊，自家分上一一要用，豈可不存留在胸次耶？明道「玩物喪志」之說，蓋是箴上蔡記誦博識而不理會道理之病，渠得此語，遂一向掃蕩，直要得胸中曠然，無一毫所能，則可謂矯枉過其正矣。觀其論曾點事，遂及列子御風，以為易做，則可見也。大抵明道所謂與學者語如扶醉人，眞是如此。

又文集卷七十記謝上蔡論語疑義云：

仁至難言。故聖賢之言，或指其方，或語其用，未嘗直指其體而名言之也。上蔡云：「古人語仁多矣，然終非仁也。」又曰：「孝弟可以論仁，而孝弟非仁也。」正欲發明伊川之意。然不覺乘快一向說開了，至於其間界分脈絡，自有相管攝聯屬處，卻不曾分明為人指出。故讀之者只見曠蕩無可撈摸，便更向別處走，此其立言之病也。此章之義，恐只當從伊川說。

朱子豈不知上蔡立言皆本二程，特謂其不能無走失。梨洲則謂上蔡與二程言語小出入有之，不當謂不得其師之說。其輕重出入之間亦有辨矣。學者於此等處，不宜忽過。

二　楊龜山

語類云：

龜山才質困弱，好說一般不振底話。（七〇）

龜山，人只道恁地寬，看來不是寬，只是不解理會得。（一〇一）

龜山說話，常有些畏罪福底意思在。（二二）

龜山解文字，著述，無綱要。（一〇一）

龜山文字議論，如手捉一物正緊，忽墜地。此由其氣弱。（一〇一）

龜山解經，常有箇纒底病。於本旨無所發明，卻外去生議論。（三四）

龜山為人粘泥。（三八）

「喪與其易也寧戚」，龜山說得文意顛倒。龜山說話多如此，不知如何。（二五）

李先生說：「陳幾叟輩皆以楊氏中庸不如呂氏。」先生曰：「呂氏飽滿充實。」（六二）

龜山門人自言，龜山中庸枯燥，不如與叔浹洽。（六二）

文集卷五十一答萬正淳有曰：

近得龜山列子說一編，讀之令人皇恐，不知何故直到如此背馳也。程門諸子在當時，親見二程。至於釋氏，卻多看不破。觀中庸說中可見。如龜山云：「吾儒與釋氏其差只在杪忽之間。」某謂何止杪忽，直是從源頭便不同。（一〇一）

問：「龜山言：『道非禮則蕩而無止，禮非道則梏於器數儀章之末。』則道乃是一虛無恍惚無所準則之物，何故如此說道字？」曰：「不可曉，此類甚多。」因問：「如此說則似禪矣。」曰：「固是。其徒如蕭子莊、李西山、陳默堂皆說禪。龜山沒，西山嘗有佛經疏追薦之。惟羅先生卻是著實子細去理會。」（一〇一）

問：「龜山當時何意出來？」曰：「龜山做人也苟且，是時未免祿仕，故胡亂就之，苟可以少行其道，龜山之志也。然來得已不是，及至又無可為者，只是說得那沒緊要底事。當此之時，苟有大力量，咄嗟間眞能轉移天下之事，來得也不枉。既不能然，又只是隨眾鶻突。」（一〇一）

龜山張皇佛氏之勢，說橫渠不能屈之為城下之盟，亦如李鄴張皇金虜也。（一〇一）

既謂龜山說似禪，又謂其張皇佛氏，皆不見有迴互處。

又曰：

胡文定說性，得之龜山，龜山得之東林常摠。摠龜山鄉人，與之往來。後住廬山東林，龜山赴省，又往見之。摠極聰明，深通佛書，有道行。龜山問：「孟子道性善，說得是否？」摠曰：「是。」又問：「性豈可以善惡言？」摠曰：「本然之性不與惡對。」此語流傳自他。（一〇一）龜山往來太學，過廬山，見常摠，摠亦南劍人，與龜山論性，謂「本然之善不與惡對」，後胡文定得其說於龜山。（一〇一）

上兩條，黃卓、陳文蔚所記。尚有鄭可學、余大雅記各一條，大致相同。

或問龜山言「飢食渴飲，手持足行，便是道」。曰：「不然。桀紂亦會手持足履，目視耳聽，如何便喚做道。若便以為道，是認欲為理也。」（六二）

伊川快說禪病，後來湖南、龜山之弊，皆先曾說過。（九三）

宋元學案上蔡學案黃宗羲案語謂：

程門高第弟子，竊以上蔡為第一。語錄嘗累手錄之。語者謂道南一派三傳而出朱子，集諸儒之大成，當等龜山於上蔡之上。不知一堂功力，豈因後人為軒輊。且朱子之言曰：「某少時妄志於學，頗藉謝先生之言以發其趣。」則上蔡固朱子之先河也。

今按：語類一〇一「程子門人」卷，先總論，後分述，首呂與叔，朱子極加稱重而惜其不壽。次謝顯道，次楊中立，並不列楊在謝之上。其品騭語亦顯然楊不如謝。謂上蔡英特，過於楊、游。則朱子晚年亦並不自居為得道南一脈之傳。梨洲謂不當以朱子而於謝、楊兩人偏有軒輊，是也。然朱子之學，啟迪於延平，朱子終身稱述不稍衰，不得謂上蔡乃朱子先河。

又文集卷三十五答呂伯恭問龜山中庸別紙謂：

明道但云：「克己最難，故曰『中庸不可能』。」此言貫徹上下，不若龜山之奇險。龜山之說，乃是佛老緒餘，決非孔子子思本意。兼「人之為道而遠人，不可以為道」兩句，若如龜山之意，則文理自不通。但人悅其新奇，不覺其礙耳。枉費說詞，無益學者，而反有害於義理之正，不可從也。向見李先生，亦自不守此說。又言羅先生、陳幾叟諸人嘗以為龜山中庸語意枯燥，不若呂與叔之浹洽，此又可見公論之不可揜矣。呂與叔說「道不遠人」處記得儘好，可更檢省。

觀此紙，所謂道南一脈之傳自龜山而豫章而延平而至朱子，其遞相師承則有之，然羅豫章已是不滿其師之中庸解，朱子則屢稱李先生，少及羅先生，而於龜山多貶語。若即以師傳為門戶，而求先儒理學之道統，其為無當，不辨可見。

其他朱子辨龜山語尚多，茲再雜引幾節以見一斑。語類云：

龜山說「伊尹樂堯舜之道」云：「日用飲食，出作入息，便是樂堯舜之道。」卻不思他下面說：「豈若吾身親見之哉。」這箇是眞堯舜之道。如論「文武之道未墜於地」，而或者便說日用間皆是文武之道，殊不知聖賢之言自實。後來莊子便說：「在坑滿坑，在谷滿谷。」及佛家出來，又不當說底都說了。（五八）

問：「如何是伊尹樂堯舜之道？」或對以「飢食渴飲，鑿井耕田，自有可樂」。曰：「龜山答胡文定書是如此說，要之不然。須是有所謂堯舜之道，伊尹在莘郊時，便曾一一學來，不是每日只耕鑿食飲過了。」（五八）

若如此，世間伊尹甚多矣。龜山說話，大概有此病。（六二）

論語「動容貌斯遠暴慢」，只做一句讀，斯字只是箇自然意思。龜山解此一句，引曾子修容、

闇人避之事，卻是他人暴慢，全說不著。（三五）

龜山以為「反身而誠」則天下萬物之理皆備於我。萬物之理，須你逐一去看，理會過，方可。如何會「反身而誠」了天下萬物之理便自然備於我，成箇甚麽。（六二）

龜山有辨荆公字説三十餘字，荆公字説其説多矣，止辨三十字，何益。又不去頂門上下一轉語，而隨其後盾盾與之辨。使其説轉，則吾之説不行矣。（八六）

龜山作養浩堂記，都説從別處去，不如李復潏水集卻盡此章之意。（五二）

李復不在理學傳統中。其潏水集，時人絕少見，朱子乃頗稱之。至謂龜山説孟子此章義不如李復，尤見大賢用心持論之平而允。

語類又一條云：

一士人見龜山，容貌甚莊，端坐不動，每來必如是，以此喜之。一日，引入書院，久坐，忽報有客，龜山出接，士人獨坐，凝然不動如故。宅眷壁外窺之，大段驚異。士人別去，家人以實告，皆稱其如此好人，愈為所取。後以女妻之。乃陸棠也。及范汝為作亂，棠入其黨。見矯情飾貌之難信也。（一三三）

此雖小節，然亦非小節。擇士如此，論學可知。後世譏僞道學，然道學可僞，亦益見道學之有眞。朱子常以游、楊並稱，如云：

程門諸公如游、楊，見道不甚分明，所以說著做工夫處，都不緊切。（一一五）

又論語「忠恕一貫」章，朱子謂：

龜山之說不然。某舊時與諸公商量此段，都說道龜山便是明道說，某深以為不然。更無路得分疏，後來把程先生說自看來看去，乃大分明。以此知聽說話難，須是心同意契，纔說便領略得。龜山說得恁地差來，不是他後來說得差，是他當初與程先生對面說時，領略不得這意思。程先生那一段是劉質夫記，想他須是領略得。（二七）

明道解忠恕章，是劉質夫所記，無一字錯，可見質夫之學。其他諸先生，如楊、尹拘於中庸之說，也自看明道說不曾破。謝氏卻近之，然亦有見未盡處。（二七）

二程之門解此章者，惟上蔡深得二先生之旨。其次則侯師聖。其餘雖游、楊、尹皆說不透。（二七）

集義聚許多說話，除程先生外，更要揀幾句在集注裏，都拈不起。看諸公說，除是上蔡說得猶

似，如游、楊說直看不得。（四一）

游、楊諸公解中庸，引書語，皆失本意。（六二）

游、楊、呂、侯諸先生解中庸，只說他所見一面道理，卻不將聖人言語折衷，所以多失。（六二）

伊川、橫渠甚嚴。游、楊之門倒塌了。若天資大段高，則學明道。若不及明道，則且學伊川、橫渠。（一一五）

三　游定夫

語類有曰：

遺書經游定夫記便錯。（九七）

游定夫後來說底話，大段落空，無理會處。（一一四）

游氏說話全無氣力，說得徒膀浪，都說不殺。無所謂「聽其言也厲」氣象。（六四）

游定夫有論語要旨，「天下歸仁」，引龐居士云云，黃簡肅親見其手筆。（四一）

游定夫晚年學禪。（九六）

程門諸公都愛說玄妙。中庸「及其至也」，游氏便有「七聖皆迷」之說。（六三）

問：「游定夫記程先生語，所謂一物不該非中也，一事不為、一息不存非中也，為其偏而已矣。」曰：「便是他說中字不著，中之名義不如此。定夫記此語不親切，不似程先生每常說話。緣他夾雜王氏學。當時王氏學盛行，熏炙得甚廣，一時名流如江民表、彭器資、鄒道鄉、陳了翁皆被熏染，大片說去。」（九七）

是定夫不僅逃禪，又雜染荊公之學。

又曰：

畢竟文定之學，後來得於上蔡者為多，他所以尊上蔡，而不甚滿於游楊二公。看來游定夫後來也是郎當，誠有不滿人意處。頃嘗見定夫集，極說得醜差，盡背其師說。更說伊川之學不如他之所得。所以五峯臨終謂彪德美曰：「聖門工夫要處，只在箇敬字。游定夫所以卒為程門之罪人者，以其不仁不敬故也。」誠如其言。（一〇一）

五峯疾病，彪德美問之，且求教焉。五峯曰：「游定夫先生所以得罪於程氏之門者，以其不仁不敬而已。」先生云：「言其習不著，行不察，悠悠地至於無所得而歸釋氏也。其子德華，謂

汪聖錫云：定夫於程氏無所得，後見某長老，乃有得也。此與呂居仁雜記語同。」（一〇一）

此條楊方記，朱子年四十一。程門四子，朱子於定夫最不契重。其貶辭亦見語類最早。

四　尹和靖

語類有曰：

龜山只是要閑散，然卻讀書。尹和靖便不讀書。（一一三）

和靖持守有餘而格物未至。故所見不精明，無活法。（一〇一）

仁知雖一，然世間人品所得，自有不同。如程門，尹氏則仁勝，上蔡則知勝。（二六）

尹和靖在程門直是十分鈍底，被他只就一箇敬字做工夫，終被他做得成。（一一五　一〇一）

和靖守得謹，見得不甚透。如俗語說，他只是抱得一箇不哭底孩兒。（一〇一）

尹彥明見伊川後，半年方得大學、西銘看，所以終竟後來工夫少了。（九五）

尹彥明看得好，想見煞着日月看。臨了，連格物也看錯了。所以深不信伊川「今日格一件，明

日格一件」之說。是看箇甚麼。（九五）

尹和靖疑伊川之說，多其所未聞。（一〇一）

和靖才力短，伊川就上成就他，他亦據其所聞而守之，便以為是。（一〇一）

尹和靖只是依傍伊川許多說話，只是他也沒變化，然是守得定。（一一四）

和靖為人淳，故他不聽得而出於眾人之錄者，皆以為非伊川之言。（一一八）

明道云：「質美者明得盡，渣滓便渾化。」尹和靖以渣滓二字不當有，其議論每如此。（四五）

尹子見伊川晚，又性質樸鈍，想伊川亦不曾與他說。（七四）

尹和靖讀得伊川說話煞熟。雖不通透，渠自有受用處。呂堅中作尹墓誌祭文云：「尹於六經之書，耳順心通，如誦己言。」嘗愛此語說得好。但和靖卻欠了思。（一一九）

問忠恕一理。曰：「程子觀之亦精矣。然程門如尹氏輩，亦多理會不曾到此。若非劉質夫、謝上蔡、侯師聖之徒記得如此分曉，則切要處都黑了。」（二七）

或曰：「和靖才力極短，當初做經筵，不見得。若使當難劇，想見做不去。」曰：「只他做經筵，也不奈何。說得話都不痛快。」（九五）

又文集卷三十四答呂伯恭有云：

伊川先生纔說病，便有藥。和靖卻似合下便作死馬醫。此道之傳，眞未易以屬人也。

語類又曰：

王德修言：「一日早起，見和靖，使人傳語，令且坐候，看經了相見。少頃，和靖出，某問曰：『先生看甚經？』曰：『看光明經。』問：『先生何故看光明經？』曰：『老母臨終時，令每日看此經一部，今不敢違。』」先生曰：「此便是平日闕卻那『諭父母於道』一節。」（一〇一）

和靖赴樂會聽曲子，皆知之，亦歡然。但拱手安足處，終日未嘗動也。在平江時，累年用一扇，用畢置架上。凡百嚴整有常。有僧見之，云：「吾不知儒家所謂周、孔爲何如，然恐亦只如此。」（一〇一）

文集卷七十一有記和靖先生五事，在紹興二十一年，朱子年二十二，聞之和靖門人徐度惇立所告，此見朱子早年對和靖深爲嚮往之意。又卷三十九答許順之有云：

近再看論語尹先生說，句句有意味，可更玩之，不可以爲常談而忽之也。

此當在朱子三十左右。又卷七十有記程門諸子論學異同篇，列舉程門諸子語而以二程子之言質之，謂：

惟尹氏之言為近，所少者致知集義之功耳。不知其言之序有未及耶，抑其意果盡於此耶。然大本既立，則亦不患無地以崇其德矣。故愚於此竊願盡心焉。

又同卷記謝上蔡論語疑義，謂：

「學而時習之」一章，惟伊川先生之說，語約而味長，最得聖人本意。其次似皆不若尹和靖。如上蔡之說，非不奇偉，然多過中，少餘味矣。

語類亦云：

論語中程先生及和靖說，只於本文添一兩字，甚平淡，然意味深長。（一九）

「精義自二程外，恐卻是和靖說得的當。雖其言短淺，時說不盡，然卻得這意思。」頃之又曰：「此亦大綱偶然說到此，不可以為定也。」（一九）

謝先生解論語有過處。說論語孟子，惟明道、伊川之言無弊，和靖雖差低，而卻無前弊。（二一）

文集卷七十二，有尹和靖手筆辨一篇，恐更在後。要之朱子評和靖，亦一如其辨謝、楊諸人，隨其年歲之增而嚴峻有加。至其晚年，乃宣竭無遺矣。

又曰：

近看諸說，惟伊川所解，語意涵滀，旨味無窮。其次尹氏，守得定，不走作，所少者精神耳。以上蔡高明之見，在程門蓋鮮儷焉，而其立言不滿人意處尚如此，況其餘哉？

此兩文不知其作年，當是約略同時，或在四十八歲論孟集注、或問之前，四十三歲論孟精義之後也。

在朱子前者有胡五峯，以和靖為程門後起之龍象。朱子同時張南軒，其答喬德瞻書，謂「惟二程先生說話，完全精粹，其次則尹，又其次則楊，方到謝上蔡。」在後有黃東發，謂「程門之傳，惟先生最得其正，其餘率染異端」。又曰：「和靖雖亦以母命誦佛書，而絕口未嘗談禪，斯道之『碩果不食』者也。」此三人推重和靖，蓋亦在其能持守，無走失，不染異論。朱子所不滿則在其無發明，少精神，所謂格物未至也。

宋元學案黃梨洲案語謂：

和靖只就敬字上做工夫，故能有所成就。晦菴謂其只明得一半。蓋以伊川「涵養須用敬，進學則在致知」，和靖用得敬一半，闕卻致知一半也。愚以謂知之未致，仍是敬之未盡處也。以識仁篇論之，「防檢」似「用敬」，「窮索」似「致知」，然曰「心苟不懈，何防之有」。則防檢者是敬之用，而不可恃防檢以為敬也。曰「存久自明，安用窮索」，則致知之功即在敬內，又可知也。今粗視敬為防檢，未有轉身處，故不得不以窮理幫助之，工夫如何守約？若和靖地位，謂其未到充實則可，於師門血脈，固絕無走作也。

梨洲起於晚明，已能提倡經史實學，箴砭講堂錮習，洵是當時一轉風氣之大儒。然其為兩學案，則終不免門戶習氣，是王非朱之見，持之深固。辨上蔡，則迴護其先有知識、以敬涵養之說。於和靖，又謂知之未致仍是敬之未盡處，因謂致知之功即在敬內。兩說顯自矛盾。若循梨洲此條所說，則道學、儒林將終古不可復合。而理學眞傳，惟有自明道直下到象山，伊川幸得其半，朱子終在門外矣。觀於梨洲此等言論，正可見朱子對二程傳統之大貢獻所在，誠學者所當潛心細玩。

上所摘錄，藉見朱子晚年對程門諸弟子之看法。朱子自幼即生長於伊洛傳統之氛圍中，其早年為學，主要途徑，乃為自程門諸子上窺二程，又自二程語錄進究論孟學庸四書。就其文集及著述先後言，此實斷無可疑者。而朱子學問與年俱進，乃能由二程而識破程門諸子之病失所在，復能由論孟學庸四書而矯糾二程所言之亦有疏誤。釋回增美，以之發揚二程之傳統，誠朱子在當時學術界一大勳績也。

後人治朱子學，每重文集而薄語類。謂文集出於手筆，而語錄恐有誤記。竊謂誤記誠所不免，貴乎學者之審擇。即如此篇所舉，文集中論及程門諸子多在早年，而語類中評論則多出晚年，安可專據文集不究語類。抑且自撰文與師弟子隨口問答語，體制自不同。文章言多婉約，語類所記則儘多暢言。如文集卷八十德安府應城縣上蔡謝先生祠記，此等文體，宜頌不宜抑，豈可謂上蔡不得為程門傳人，又謂其說道理多不穩貼，而又直斥其流入禪學乎？此文在紹熙辛亥，朱子年六十二，然豈得據此而謂是朱子對上蔡之晚年定論乎？然文中有云：

> 熹自少時妄意為學，即賴先生之言以發其趣。而平生所聞先生行事，又皆高邁卓絕，使人興起。衰病零落，凜然常懼其一旦泯滅而無傳。

此則自言少時賴上蔡語得啟發，下承以聞其行事之高邁卓絕而使人興起，固不謂其立言之深至而無誤。言外之意，涵蓄深厚。此古人文字之所為難讀，而有貴乎沉潛反復，而得其意趣之所在也。

文集卷七十七有建寧府游御史祠記一篇，文成於隆興元年癸未，朱子年三十四。文中全引楊龜山所為墓誌之辭，而曰：

熹既不獲終辭，乃悉論著楊公本語，而不敢輒贊一辭於其間。

朱子此文，尚在壯歲，於程門諸高弟，方存敬畏慕嚮之心，故臨文之卒，又曰：

高山仰止，景行行止，熹雖不敏，願與承學之士勉焉。

是所謂不敢贊一辭者，乃心存謙抑，非於定夫內有不滿，而為此掩藏之遁辭也。越後四年，始訪張敬夫於潭州，胡五峯臨終告彪德美「游定夫為程門罪人」之語，必聞之在後。其得讀游定夫集則更在晚年。然則年壽益增，讀書益多，見聞益廣，而識解益精，豈不然乎。今即舉文集上蔡、鷹山兩祠記分別論之，可見讀文集殊亦不易。

又卷八十有邵州州學濂溪先生祠記，文在上蔡祀後兩年，朱子年六十四。其文有曰：

程氏既沒，誦說滿門，而傳之不能無失，其不流而為老子、釋氏者幾希矣，然世亦莫之悟也。

此則明斥程門無傳人，與語類中告其門人者相脗合。然亦涵括言之，雖無迴互，亦不宣暢。又是旁見側出，不直接針對游楊謝尹發言。苟不兼觀細讀，易於忽過。此即語類、文集貴能相參，不當專治其一之證也。惟文集中書札一類，較之其他文體，亦已為直率暢盡，讀者即細翫本篇所引可見。黄震東發為朱子學派宋末最後一大宗，其日鈔中評騭程門，頗能發明朱子之意，茲加節錄，以附斯篇。

其論上蔡云：

上蔡信得命及，養得氣完，力去矜夸，名利不得而動，殆為百世師可也。第因天資之高，必欲不用其心，遂為禪學所入。雖自謂得伊川一語之救，不入禪學，而終身常以禪之說證儒，未見其不入也。然上蔡以禪證儒，是非判然，後世學者尚能辨之。上蔡既沒，往往羞於言禪，陰稽禪學之說託名於儒，其術愈精，其弊又甚矣。

又云：

上蔡語錄第一條云：「問學佛者欲免輪迴，超三界，於意云何？」終一條云：「總老嘗問『默識』是識箇甚？『無入不自得』是得箇甚？」以禪證儒，錄者何人，而注意如此。

上蔡語録乃曾恬所記，東發斥其近禪語尙多，不僅江民表書之附入者為然也。朱子初治上蔡語録，僅疑及附入之江民表語，後乃屢言上蔡流入禪，則專據曾恬所記。東發承其意而條舉加以證說也。

其論龜山云：

龜山氣象和平，議論醇正，說經旨甚切，論人物極嚴，可以垂訓萬世。使不閒流於異端，豈不誠醇儒哉。乃其晚年，竟溺於佛氏。如云「總老言經中說十識第八庵摩羅識，唐言白淨無垢。第九阿賴耶識，唐言善惡種子。白淨無垢，即孟子之言性善。」又云：「龐居士謂『神通幷妙用，運水與搬柴』，此即堯舜之道在行止疾徐閒。」又云：「圓覺經言作、止、任、滅是四病，作即所謂助長。止即所謂不耘苗。任滅即是無事。」又云：「謂形色為天性，亦猶所謂色即是空。」又云：「維摩經云：『眞心是道場。』儒佛至此實無二理。」又云：「莊子逍遙游所謂『無入不自得』，養生主所謂『行其所無事』。」如此數則，可駭可歎。

又其讀本朝諸儒理學書有云：

本朝理學，發於周子，盛於程子。程子之門人，以其學傳世者，龜山楊氏，上蔡謝氏，和靖尹氏為最顯。龜山不免雜於佛，幸而傳之羅仲素，羅仲素傳之李愿中，李愿中傳之朱晦翁，晦翁遂能大明程子之學。上蔡才尤高而弊尤甚。其於佛學，殆不止雜而已。蓋其所資者僧摠老，其後橫浦張氏，又復資僧杲老，一脈相承，非復程學矣。

其論和靖云：

程門高弟，如謝上蔡、楊龜山，末流皆不免略染禪學，惟尹和靖堅守不變。

又曰：

和靖能恪守其師說而不變。

又其總論程門，則曰：

孔子於性理，舉其端而不盡言，或言之，必要之踐履之實，固可垂萬世而無弊。自心性天等說一詳於孟子，至濂洛窮思力索，極而至性以上不可說處，其意固將指義理之所從來，以歸之講學之實用。適不幸與禪學之遁辭言識心而見性者，雖所出異源而同湍激之衝。故二程甫沒，門人高弟多陷溺焉。不有晦翁，孰與救止。故二程固大有功於聖門，而晦翁尤大有功程子。

又曰：

程門高弟如謝上蔡、楊龜山，末流皆不免略涉禪學，朱文公始裒集諸家而辨析之，程門之學因以大明。

此等皆是東發之巨眼獨識。因朱子並斥象山近禪，梨洲存心辨護，於是上蔡、龜山諸人，凡朱子斥其近禪者，梨洲必一一為之解釋。而程門學術眞相，因此益晦，此固不可不著而明之也。東發論程門，未及游定夫。茲再拈錄定夫之近禪者一二條，以附茲篇。

伊川曰：「游酢、楊時，先知學禪，已知向裏沒安泊處，故來此，卻恐不變也。」

呂居仁曰：「定夫後更學禪。大觀間，某以書問之云：『儒道以為順此父子君臣夫婦朋友兄弟，則可以至於聖人。佛道去此，則何以至於聖人？吾丈既常從二程學，後又從諸禪遊，鄉二者之論，必無滯閡。敢問所以不同何也？』游答云：『佛書所說，世儒亦未深考。往年嘗見伊川，云：「吾之所攻者迹也，然迹安所從出哉？」要之此事須親至此地，方能辨其同異。不然，難以口舌爭也。』」定夫言前輩往往不曾看佛書，故詆之如此之甚。而其所以破彼者，彼自不以為然也。」

世言伊川終生不看佛書，若如定夫所云，則伊川亦不免為世儒矣。毋怪朱子云「游先生大是禪學，極不濟事」也。

文集卷六十四答或人問，「謝、游、楊、尹、侯、郭、張皆門人也」，朱子答之曰：

程門高弟，不止此數人。如劉質夫、李端伯、呂與叔諸公，所造尤深，所得尤粹。

質夫、端伯皆不壽，其卒皆在伊川生前。伊川哭質夫曰：「遊吾門者眾矣，而信之篤，得之多，行之果，守之固，若子者幾希。」上蔡言：「向見程先生，言須要廣見諸家之說。其門人惟劉質夫得先生旨意為多。」語類極稱質夫，謂明道解「忠恕」章，劉質夫所記無一字錯。可見質夫之學。伊川又曰：「明道語錄，只有端伯本無錯。他人多只依說時不敢改動。或脫忘一兩字便大別。端伯卻得其意。不拘言語，往往錄得都是。」端伯卒，伊川悼之曰：「自予兄弟昌明道學，能使學者視傚而信從者，籲與絢有力焉。」籲即端伯，絢則質夫也。

朱子伊洛淵源錄曰：

李校書嘗記二程先生語一編，號師說，伊川稱之；而祭文亦有「傳學」之語。蓋自劉博士外，他人無此言也。

呂與叔先學於橫渠，橫渠卒，乃東見二程。伊川曰：「與叔守橫渠說甚固，每橫渠無說處皆相從。纔有說了，更不肯回。」而朱子於程門，最取與叔，謂其高於諸公。有云：

龜山年高，與叔年四十七，他文字大綱立得腳來健，多有處說得好，又切。若有壽，必煞進。（一〇一）

此條陳淳記，朱子年六十一。又曰：

呂與叔惜乎壽不永。如天假之年，必所見又別。某若只如呂年，亦不見得到此田地矣。（一〇一）

此條郭友仁記，朱子年六十九。劉絢卒年四十二，李籲無考，與叔卒年四十七。朱子之評覈程門，正多在四十七歲以後。若在四十七前，殆亦不到此見解。朱子自云，信可證矣。

朱子評胡五峯

南渡以來，湖湘之學稱盛，而胡宏仁仲巋然為之宗師，學者稱五峯先生。嘗見楊龜山於京師，又從侯師聖於荆門。優游衡山二十餘年。作為知言，其書精深博大，程門諸大弟子蓋莫能逮。朱子交游講學，以張南軒、呂東萊二人為最密。南軒五峯弟子，而東萊亦盛推五峯。其後朱子與南軒、東萊三人共為知言疑義。思想異同之間，不可以不著。茲舉其要以為斯篇。

語類有曰：

> 文定大綱說得正，微細處，五峯尤精，然大綱卻有病。（一〇一）
>
> 文定說較疏，然好。五峯說密，然有病。（一〇一）
>
> 五峯善思，然思過處亦有之。（一〇一）

朱子治史學，與衡麓胡氏一家有深密之關係，語詳史學篇。五峯自史學轉入性理，為湖湘學派之變。

朱子稱五峯能為精思之學，上引語類三條，皆稱五峯能精思，而亦不免有病也。

語類又云：

東萊云：「知言勝似正蒙。」先生曰：「蓋後出者巧也。」（一〇一）

此條李方子錄戊申朱子年五十九以後所聞。時東萊已卒七年矣。則朱子之稱道知言不置可知。惟謂其巧，則有不滿之辭。又曰：

正蒙規摹大，知言小。（一〇一）

此條吳振所錄，其年不可知。要之朱子亦常以知言與正蒙相較。其他朱子並舉正蒙、知言處尚多。

文集卷三十九答范伯崇有云：

知言中議論多病，近疏所疑與敬夫、伯恭議論，有小往復。文多未能錄寄，亦懼頗有摭掎前輩之嫌。大抵如心以成性，相為體用；性無善惡，心無死生；天理人欲，同體異用；先識仁體，然後敬有所施；先志於大，然後從事於小。如本天道變化為世俗酬酢，及論游夏問孝之類，此類極多。又其辭意多迫急，少寬裕。良由務以智力探取，全無涵養之功，所以至此。可以為戒。然其思索精到處，亦何可及也。

此書當在朱子正與南軒、東萊往復討論知言疑義時。語類有曰：

知言疑義，大端有八：性無善惡，心為已發，仁以用言，心以用盡，不事涵養，先務知識，氣象迫狹，語論過高。（一〇一）

此條楊方錄庚寅所聞，朱子年四十一。殆朱子自衡嶽歸，與南軒討論已發未發，既獲南軒同意後，乃追根究柢，及於知言中之疑義。

文集卷三十五答劉子澄有曰：

知言之書，用意精切。但其氣象急迫，終少和平。又數大節目亦皆差誤。如性無善惡，心為已發，先知後敬之類，皆失聖賢本指。頃與欽夫、伯恭論之甚詳，亦皆有反復。雖有小小未合，然其大概亦略同矣。文字頗多，未能寫去，又有掎摭前輩之嫌，亦不欲其流傳也。

此書在壬辰，朱子年四十三。是時朱子、南軒、東萊三人已於知言獲有大概相同之意見。

語類又云：

伊川初嘗曰「凡言心者皆指已發而言」，後復曰「此說未當」。五峯卻守其舊說，以心為已發，性為未發，將心性二字對說。知言中如此處甚多。（一〇一）

此條黃㽦錄戊申所聞，朱子年五十九。可知知言疑義，主要乃由此問題所引起。

因論湖湘學者崇尚知言，曰：「知言固有好處。然亦大有差失。如論性，卻曰『不可以善惡辨，不可以是非分』。既無善惡，又無是非，則是告子『湍水』之說爾。如曰『好惡，性也。君子好惡以道，小人好惡以己』。則是以好惡說性，而道在性外矣。不知此理卻從何而出？」問：「所謂『探視聽言動無息之際，可以會情』，此猶告子『生之謂性』之意否？」曰：「此語亦有病。下文謂『道義明著，孰知其為此心；物欲引誘，孰知其為人欲』，便以道義對物欲，卻是性中本無道義，逐旋於此處攙入兩端，則是性亦可以不善言矣。如曰『性也者，天地鬼神之奧也，善不足以名之，況惡乎？孟子說性善云者，歎美之辭，不與惡對』。其所謂天地鬼神之奧，言語亦大故誇逞。不與惡對之說，本是龜山與摠老相遇，因論孟子說性，曾有此言。文定往往得之龜山。然揔老當時之語，猶曰『渾然至善，不與惡對』，猶未甚失性善之意。今去其『渾然至善』之語，而獨以『不與惡對』為嘆美之辭，其失遠矣。」（一〇一）

此條周謨所錄己亥朱子年五十以後所聞。又曰：

「五峯言『天命不囿於善，不可以人欲對』。」曰：「天理固無對，然有人欲，則天理便不得不與人欲對為消長。善亦本無對，然既有惡，則善便不得不與惡對為盛衰。且謂天命不囿於物，可也。謂不囿於善，則不知天之所以為天矣。謂惡不足以言性，可也。謂善不足以言性，則不知善之所從來矣。」（一〇一）

此條黃升卿錄辛亥所聞，朱子年六十二。凡此皆辨性無善惡之說。又曰：

五峯知言，大抵說性未是。自胡文定、胡侍郎皆說性未是。其言曰：「性猶水也，善其水之下乎？情其水之瀾乎？欲其水之波浪乎？」乍看似亦好，細看不然。如瀾與波浪何別？（一〇一）

文集卷四十二答胡廣仲有云：

性善之善不與惡對，此本龜山所聞於浮屠常摠者。宛轉說來，似亦無病。然謂性之為善，未有惡之可對，則可。謂終無對，則不可。蓋性一而已。既曰無有不善，則此性之中無復有惡與善為對，亦不待言而可知矣。若乃善之所以得名，是乃對惡而言。其曰性善，是乃所以別天理於人欲也。天理人欲雖非同時並有之物，然自其先後公私邪正之反而言之，亦不得不為對也。

善之所以得名，乃對惡言。曰性善，乃別天理於人欲。此數語辨析深至。若使只有天理，不復有人欲，則性善之名亦不立。今必曰善與惡對，此乃申善惡之不容無辨，亦天理與人欲之不能無辨也。如曰無善無惡，又曰性善之善不與惡對，則不徒將漫失其惡，亦將漫失其善。善惡無辨，天理人道於何立乎？

又一書云：

竊謂天理固無對，然既有人欲，即天理不得不與人欲為消長。善亦本無對，然既有惡，即善便不得不與惡為盛衰。但其初則有善而無惡，有天命而無人欲耳。

天理之善先在，人欲之惡後有。惟有此後起之有，則先起之有亦不能謂無對也。又曰：

謂天命不囿於物可也，以爲不囿於善，則不知天之所以爲天矣。謂惡不可以言性可也，以爲善不足以言性，則不知善之所自來矣。知言中此等議論，與其他好處自相矛盾者極多，卻與告子、揚子、釋氏、蘇氏之言幾無以異。昨來所以不免致疑者，正爲如此。惜乎不及供灑掃於五峯之門而面質之，故不得不與同志者講之耳。

又文集卷四十六答胡伯逢書有謂：

知言之書，用意深遠，析理精微，豈末學所敢輕議。向輒疑之，自知已犯不韙之罪矣。茲承誨喻，尤切愧悚。但鄙意終有未釋然者，性無善惡之說。近有一書與廣仲，論此尤詳。既蒙垂諭，尚有一說，今請言之。蓋孟子所謂性善者，以其本體言之，仁義禮智之未發者是也。

原注：程子曰：「『止於至善』，『不明乎善』，此言善者，義理之精微，無可得而名，姑以至善目之是也。」又曰：「人之生也，其本眞而靜，其未發也，五性具焉，曰仁義禮智信。」

所謂「可以爲善」者，以其用處言之。四端之情發而中節者是也。

原注：程子曰：「『繼之者善』，此言善卻言得輕，但謂繼斯道者莫非善也。不可謂惡

是也。」

蓋性之與情，雖有未發、已發之不同，然其所謂善者則血脈貫通，初未嘗有不同也。

原注：程子曰：「喜怒哀樂未發，何嘗不善，發而中節，則無往而不善」是也。

此孟子道性善之本意，伊洛諸君子之所傳，而未之有改者也。知言固非以性為不善者。竊原其意，蓋欲極其高遠以言性，而不知名言之失，反陷性於搖蕩恣睢駁雜不純之地也。

原注：所謂「極其高遠以言性」者，以性為未發，以善為已發，而惟恐夫已發者之混夫未發者也。所謂「名言之失」者，不察乎至善之本然，而概謂善為已發也。所謂「反陷性於搖蕩恣睢駁雜不純之地」者，既於未發之前除卻善字，即此性字便無着實道理，只成一箇空虛底物，隨善隨惡無所不為，所以有「發而中節然後為善，發不中節然後為惡」之說。又有「好惡性也，君子好惡以道，小人好惡以己」之說。是皆公都子所問，告子所言，而孟子所闢者，已非所以言性矣。又其甚者，至謂「天理人欲同體異用」，則是謂本性之中已有此人欲也。尤為害理，不可不察。

謂性是本有，善惡後起，因謂性無善惡，如是則使人誤認性是一箇空虛。又使人誤謂善惡皆出於性。此皆不可。常摠謂性是「渾然至善，不與惡對」，此猶可說。但善惡相對之善，非與至善之善有別。則性是至善，乃實稱之辭，非贊美之辭。又況由此轉出性無善惡，更為違離。朱子論學，極重名言義界之分辨。若名言無辨，義界不分，則思無由運，論無由立，一切皆將無從說起也。

又文集卷五十三答胡季隨有云：

先訓之嚴，後人自不當置議論於其間。但性之有無善惡，則當舍此而別論之，乃無隱避之嫌，而得盡其是非之實耳。善惡二字，便是天理人欲之實體。今謂性非人欲可矣，由是而幷謂性非天理，可乎？必曰極言乎性之善而不可名，又曷若直謂之善而可名之為甚易而實是也。

廣仲，五峯從弟；伯逢，五峯從子也。季隨則五峯之子。語類又一條云：

因言久不得胡季隨諸人書。季隨主其家學，說性不可以善言。本然之善，本自無對，才說善時，便與那惡對矣。才說善惡，便非本然之性矣。本然之性，是上面一箇，其尊無比。孟子道性善，只是贊嘆之辭，說「好箇性」。如佛言「善哉」。某嘗辨之云：本然之性，固渾然至善，不與惡對，此天之賦予我者然也。然行之在人，則有善有惡，做得是者為善，做得不是者為惡，豈可謂善者非本然之性。只是行於人者有二者之異。然行得善者，便是那本然之性也。若如其言，有本然之善，又有善惡相對之善，則是有二性矣。方其得於天者，此性也。及其行得善者，亦此性也。只是纔有箇善底，便有箇不善底，所以善惡須着對說。不是元有箇惡在那裏，等得他來與之為對。只是行得錯底，便流入於惡矣。此文定之說，故其子孫皆主其說，而致堂、五峯以來，其說益差，遂成有兩性：本然者是一性，善惡相對者又是一性。他只說本然者是性，善惡相對者不是性，豈有此理。然文定又得於龜山，龜山得之東林常揔。「本然之性不與惡對」，此語流傳自他。然揔之言未有病，蓋本然之性是本無惡。及至文定，遂以性善為贊嘆之辭。若非性善，何贊嘆之有？二蘇論性，亦是如此。嘗言孟子道性善，猶云火之能熟物也。荀卿言性惡，猶云火之能焚物也。龜山反其說而辨之曰：火之所以能熟物者，以其能焚故耳。若火不能焚，物何從熟？蘇氏論性，說自上古聖人以來至孔子，不得已而命之曰一，寄之曰中，未嘗分善惡言也；自孟子道性善，而一與中始支矣。盡是胡說，他更不看道理。文定之學，後來得於上蔡者為多。他所以尊上蔡而不甚滿於游、楊二公。（一〇一）

此條黃卓、沈僩同有錄，在戊午後，乃朱子晚年語。上距四十一歲初為知言疑義已近三十年。朱子對每一問題之認眞，不放鬆，據此可見。此條對胡氏一家主張性無善惡說之來歷，及其議論轉變，敍述詳明。又指出胡康侯之性說雖得自龜山，而後來所學則多得於上蔡，五峯知言論心論知多近上蔡，見知言學術不脫家庭傳授所得。

語類又曰：

人學當勉，不可據見定。蓋道理無窮，人之思慮有限。若只守所得以為主，則其或墮於偏者，不復能自明也。如五峯只就其上成就所學，亦只是忽，而不詳細反復也。（一〇一）

此條楊方錄庚寅所聞。朱子謂五峯知言，乃以先入為主，早有定見，只從上推衍，未能詳細反復，此乃其初為疑義時言。晚歲仍守此意未變。

因於性無善惡說，遂轉出「天理人欲同體異用」之論，尤為朱子所反對。

或問「天理人欲同體而異用，同行而異情」。曰：「胡氏之病，在於說性無善惡。性中只有天理，無人欲，謂之同體，則非也。『同行異情』，蓋亦有之。如『口之於味，目之於色，耳之於聲，鼻之於臭，四肢之於安佚』，聖人與常人皆如此，是同行也。然聖人之情不溺於此，所以與常人異耳。龜山云『「天命之謂性」，人欲非性也』，胡氏不取其說，是以人欲為性矣，此其甚差者也。」（一〇二）

此條萬人傑錄庚子以後所聞。

問：「『天理人欲同體而異用，同行而異情』，如何？」曰：「下句尚可，上句有病。蓋行處容或可同，而其情則本不同也。至於體用，豈可言異。觀天理人欲所以不同者，其本原元自不同，何待用也。胡氏之學，大率於大本處看不分曉，故銳於闢異端而不免自入一腳也。」（一〇一）

此條余大雅錄戊戌所聞，朱子年四十九。

問「天理人欲同體異用」之說。曰：「當然之理，人合恁地底便是體。故仁義禮智為體。如五峯之說，則仁與不仁，義與不義，禮與無禮，智與無智，皆是性。如此則性乃一箇大人欲窠子，其說乃與東坡、子由相似，是大鑿脫，非小失也。『同行異情』一句卻說得去。」（一〇一）

此條李方子錄戊申朱子年五十九以後所聞。又曰：

胡五峯說性，多從東坡、子由門見識說去。（五）

此條廖謙錄甲寅所聞，朱子年六十五。

問「天理人欲同體異用」。曰：「胡氏論性無善惡，此句便從這裏來。本原處無分別，都把做一般，所以便謂之同體。他看道理儘精微，不知如何只一箇大本卻無別了。」（一〇一）

此條陳淳錄，當是庚戌所聞，朱子年六十一。

問「天理人欲同體異用」。曰：「如何天理人欲同體得。如此卻是性可以為善，亦可以為惡。卻是一團人欲窠子，將甚麼做體。」（一〇一）

此條廖謙錄甲寅所聞，朱子年六十五。朱子辨五峯天理人欲同體與其性無善惡說，兩事實為一事。惟性無善惡之說，雖本之龜山，得自常摠，其實此問題當追溯之於明道。茲引明道說如次。

程氏遺書卷一「李端伯傳師說」有一條云：

生之謂性，性即氣，氣即性，生之謂也。人生氣稟，理有善惡，然不是性中元有此兩物相對而生也。有自幼而善，有自幼而惡，是氣稟有然也。善固性也，然惡亦不可不謂之性也。蓋生之謂性，「人生而靜」以上不容說。才說性，便已不是性也。凡人說性，只是說「繼之者善也」。孟子言人性善是也。夫所謂「繼之者善也」者，猶水流而就下也。皆水也，有流而至海終無所汚，此何煩人力之為也。有流而未遠，固已漸濁，有出而甚遠，方有所濁。有濁之多者，有濁之少者。清濁雖不同，然不可以濁者不為水也。如此，則人不可以不加澄治之功。故用力敏勇則疾清，用力緩怠則遲清。及其清也，則卻只是元初水也。亦不是將清來換卻濁，亦不是取出濁來置在一隅也。水之清，則性善之謂也。故不是善與惡在性中為兩物相對，各自出來。此理，天命也。順而循之，則道也。循此而修之，各得其分，則教也。自天命以至於教，我無加損焉。此「舜有天下而不與焉」者也。

此一節話，語類卷九十五有詳論，不下三十條之多。朱子屢言明道此節難說難看，又說其譬喻叢雜，卒乍理會未得。又說伊川說得亦未甚盡。但又曰：「伊川說『性即理也』，無人道得到這處。」則是謂明道說性亦未道到這處也。明道只說「此理，天命也」，又曰「『人生而靜』以上不容說，才說性便已不是性」。伊川「性即理也」之理，即是此天命之理，即是此「人生而靜」以上不容說處。若依明道此節意，則可謂才說到理便已不是性矣。故曰「生之謂性，性即氣，氣即性也」。是則明道、伊川兩人，在論性意見上，實似有一裂痕存在。朱子單拈伊川「性即理也」一語，認為顛撲不破，在二程其他言性處，則常加以曲折彌縫，使歸於一。乃若二程言性，早有一定論。此正所謂「舊學商量加邃密，新知涵養轉深沉」，二程之說，所以益見其為邃密深沉，心同理同，更無異見之存在，此乃經朱子一番商量涵養之功。後人以尊朱而尊程，羣認為程朱傳統如此說，不知此傳統中本有歧見。程門如謝、楊、游、尹之徒，其再傳弟子如張無垢、胡五峯，朱子認為不是，則直斥其非，不復加以迴護。如五峯知言論性，朱子認為本之常摠之告龜山，知言論心論知，認為失同上蔡。實則此等歧見，在二程遺書中本有端緒可尋。而此下與朱子對立之陸王學派，亦僅斥朱子上及伊川，於明道則同加推尊。此乃宋明理學中一重要而有待闡發之問題，惜乎無人為之抉出而暢論之也。

今再就上引明道論性一節，朱子所作彌縫迴護之說之見於語類者，扼要節錄，以見一斑。語類云：

「生之謂性」，是生下來喚做性底，便有氣稟夾雜，便不是理底性了。前輩說甚「性惡」、「善惡混」，都是不曾識性。到伊川說「性即理也」，無人道得到這處。理便是天理，那得有惡。（九五）

伊川「性即理也」一語，直自孔子後惟是伊川說得盡。這一句便是千萬世說性之根基。（九三）

此謂「天理那得有惡」，則明道「惡亦不可不謂之性」一語顯見未是。又云「自孔子後惟是伊川說得盡」，則不僅明道，即孟子亦有所未盡矣。

又曰：

「人生氣稟，理有善惡」，此理字不是說實理，只作「合」字看。（九五＊）

明道以氣言性，人性落在氣稟中，則理有善惡。故謂「善固性，惡亦不可不謂之性」。性既有善有惡，則亦可謂之無善無惡，五峯知言乃采從明道說轉進一層言之。明道只就氣稟之性言，五峯則說到本然之性，惟並不采伊川「性即理也」之說。與其謂本然之性有善有惡，不如謂之無善無惡。陽明天泉橋四句教謂「無善無惡心之體，有善有惡意之動」，實亦五峯「性無善無惡」之說。朱子只辨明道「理有善惡」之理字應作合字解，而未明白指出伊川「性即理也」之語為明道所未道，是其有意迴護之不可掩處。

問：「『善固性也，然惡亦不可不謂之性也』，疑與孟子牴牾。」曰：「這般所在難說。某舊時初看亦自疑，但看來看去，自是分明。今定是不錯，不相誤。只着工夫子細看，莫據己見便說前輩說得不是。」（九五）

龜山之問常揔，亦有感於明道與孟子說性有牴牾而質之也。朱子此處，實未明白說出明道與孟子之相通處，卻只云「莫據己見，便說前輩說得不是」，是亦意存迴護也。

問「人生而靜以上不容說」一段。曰：「『人生而靜以上』，即是人物未生時。人物未生時，只可謂之理，說性未得，此所謂『在天曰命』也。『纔說性時便已不是性』者，言纔謂之性，便是人生以後，此理已墮在形氣之中，不全是性之本體矣。故曰『便已不是性也』。此所謂『在人曰性』也。大抵人有此形氣，則是此理始具於形氣之中而謂之性，纔是說性，便已涉乎有生而兼乎氣質，不得為性之本體也。然性之本體亦未嘗雜，要人就此上面見得其本體元未嘗離亦未嘗雜耳。『凡人說性，只是說「繼之者善也」』者，言性不可形容，而善言性者，不過即其發見之端而言之，而性之理固可默識矣。如孟子言性善與四端是也。」（九五）

此處解釋明道語極清析，惟謂「性之本體未嘗離，亦未嘗雜」，則據伊川「性即理」之語而推說之，明道實未有此言。又曰：

未有形氣，渾然天理，未有降付，故只謂之理。已有形氣，是理降而在人，具於形氣之中，方謂之性，已涉乎氣矣，便不能超然專說得理也。程子曰：「天所賦為命，物所受為性」，又曰：「在天曰命，在人曰性」是也。（九五）

此處分辨亦極清析。然若如此說之，則理雖至善，而人性自可有善惡。明道此節語開端即謂「性即氣，氣即性，生之謂也」。又謂「善即性，惡亦不可不謂之性」，辭意明顯。惟朱子必欲以伊川「性即理也」一語為定論，遂不得不將此一節話分作三節看，此皆其勉強迴護之跡。

語類又說：

明道論性一章，「人生而靜」，靜者固其性，然只有「生」字，便帶卻氣質了。但「生」字以上又不容說，蓋此道理未有形見處。故今纔說性，便須帶着氣質，無能懸空說得性者。「繼之者善」，本是說造化發育之功，明道此處卻是就人性發用處說。如孟子所謂「乃若其情則可以為善」之類是也。伊川言極本窮源之性，乃是對氣質之性而言，言氣質之稟雖有善惡之不同，然極本窮源而論之，則性未嘗不善也。（九五）

此處始是分別明道、伊川言性不同處，亦極為清析。

蓋明道之學，在能開示人生一境界，重在喫緊人生。至於天地造化宇宙本原窮極奧妙處，明道似較少厝意。伊川始稍稍推論及此，然亦微露其端而已。朱子始對人生宇宙兩界組成一圓密之體系。此由朱子又旁參之於濂溪、橫渠之說而來。在二程同時，思想有系統，而完成一完密組織者，首推橫渠。然二程於橫渠實不甚相契。橫渠著正蒙，伊川貽書，謂其「非明睿所照而考索至此」。蓋伊川究與明道為近，故不喜橫渠著書之嚴密組織也。橫渠以下著書能有系統組織者首推五峯之知言。朱子推橫渠、五峯以為能為精義之學，而呂東萊則以知言為過於正蒙。然其後五峯弟子張南軒終與朱子、東萊三人合為知言疑義，則皆受朱子一人思想之影響。蓋朱子之知言疑義，正亦當時一種精義之學也。

朱子又謂知言論性，「卻是一團人欲窠子，將甚麼做體？」此處體字極重要，此乃宇宙之大體，乃宇宙之大本大原，則只可有天理，不能有人欲。所謂性體，即理體。明道識仁篇只說「仁者渾然與物同體，識得此理，以誠敬存之」。此體此理，則皆在既有人物之後，不涉人物未生以前。明道又說：「天地萬物之理，無獨必有對，皆自然而然，非有安排。每中夜以思，不知手之舞之，足之蹈之。」此所謂中夜以思，只認為天地萬物只是一自然體，乃在既有現象之後，不在未有現象之前。換言之，乃是一形象之體，而並非一理體。若謂是一理體，亦是理有善惡，乃一善惡相對並存之體，非一至善無惡之體，如朱子所想像也。二程極重橫渠之西銘，明道所謂「訂頑備言此體」者，此亦與物同體之體，非先出物前之體也。正蒙乃詳言此先出物前之體，然正蒙乃為二程所不甚贊許者。伊川獲享高壽，或其晚年思想受有橫渠正蒙之感染，然伊川思路要為近於明道。朱子乃以伊川「性即理也」一語旁通之於濂溪、橫渠，故朱子特喜言此先出物前之體。宜其謂於明道所言猝乍理會未得。而五峯知言，所謂「天理人欲同體」，此體亦就人物既生以後言，故朱子詰之以「將甚麼做體」，又斥之為不知善之所從來。蓋朱子意，言人必及天，言人物既生以後，則必以宇宙本原大體為之體也。於是乃有朱子之理氣兩分說，語詳朱子論理氣篇。

五峯說性，既主無善無惡，乃有「好惡為性」之說，此尤為朱子所議。語類云：

五峯云：「好惡，性也。」此說未是。胡氏兄弟既闢釋氏，卻說性無善惡，便似說得空了，卻近釋氏。但當云：「好善而惡惡，性也。」（一〇一）

此條黃㽦錄戊申所聞，朱子年五十九。既主性無善惡，則性中有些什麼，故朱子謂其說得空了也。

又曰：

五峯說：「好惡，性也。」依舊是氣質上說。某嘗要與他改云：「所以好惡者性也。」（一〇一）

此條徐寓錄庚戌朱子年六十一以後所聞。好惡落氣稟中，皆人物既生以後事。氣質之性則不便是義理之性。

又曰：

好善而惡惡，人之性也。為有善惡，故有好惡。「善惡」字重，「好惡」字輕。君子順其性，小人拂其性。五峯言：「好惡，性也；君子好惡以道，小人好惡以欲。」是好人之所惡，惡人之所好，亦是性也。而可乎？（一〇一）

此條李方子錄戊申朱子年五十九以後所聞。辨析甚為精密扼要。若謂性有善有惡，則各順其性，何為而不可以為惡。若謂性無善惡，則將從何處建立此善惡之標準。若謂天命天理始是至善無惡，則人性之與天命天理為不相應，又將何從而認取此天命與天理。故朱子必主理氣分說，又主理先氣後，乃可以標出天人合一之境界，而勉人孜孜以赴也。

又曰：

> 最是「好惡，性也」大錯。既以好惡為性，下文卻云「君子好惡以道」，則是道乃旋安排入來。推此，其餘皆可見。（一〇一）

此條鄭可學錄辛亥所聞，朱子年六十二。謂性只是好惡，無善惡，則善惡乃是向後逐旋安排進去，此為朱子最所反對。朱子必問善從何來，又問將甚麼做體。若謂天地萬物只此一氣之聚散，其背後更無體，又若謂只此一氣之聚散，便即是至善無對，則此天地萬物之一氣聚散，豈不將成一大落空，豈不將成一大人欲窠子乎？

明道言氣稟之性有善有惡，故曰「人不可以不加澄治之功」。五峯言本然之性無善無惡，又曰「天理人欲同體」，則人生將何所依循以為準則？五峯乃主張人心能自加察識。故知言曰：「欲為仁，必先識仁之體。」又曰：「此心在人，其發見之端不同，要在識之而已。」由此乃偏重到人之心知方面來，此即朱子中和說所辨先察識後涵養之問題也。疑義有曰：

「欲為仁，先識心本體」，此語大可疑。觀孔子答門人問為仁者多矣，不過以求仁之方告之，使之從事於此而自得焉爾。初不必使先識仁體也。

若求先識仁體，則必落入玄妙空虛中，而渺不得此體之所在矣。

又曰：

聖門之教，詳於持養而略於體察，與此章之意適相反。

心體必加以持養，而後能察識。察識乃對外言，非察識此心體，辨見已發未發篇。

又曰：

李維申說：「合於心者為仁。」曰：「卻是從義上去。不如前日說存得此心便是仁，卻是。」因舉五峯語云：「『人有不仁，心無不仁』，說得極好。」（一〇一）

此條吳雉錄，不知其年。求合於心，則須先識此心，是先察識也。云「卻是從義上去」者，辨識是非即是義。人當以心辨察外面是非，非以心識心，語詳識心篇。存此心則是涵養。

語類又曰：

胡五峯云：「人有不仁，心無不仁」，此說極好。人有私欲遮障了，不見這仁，然心中仁依舊只在。如日月本自光明，雖被雲遮，光明依舊在裏。又如水被泥土塞了，所以不流，然水性之流依舊只在。所以「克己復禮為仁」，只是克了私欲，仁依前只在那裏。譬如一箇鏡，本自光明，只緣塵都昏了。若磨去塵，光明只在。（一〇一）

此條周明作錄壬子朱子年六十三以後所聞。仁乃性體。私欲遮障，則性體不見。若如五峯意，性既無善無惡，天理人欲又屬同體，則是仁在心，不關性事。故朱子謂知言將心性二字對說，又說知言說性未是。若單就心言，則謂「心無不仁」，自是說得甚好。

語類又曰：

「五峯謂『人有不仁，心無不仁』，此語有病。且如顏子『其心三月不違仁』，若纔違仁，其心

便不仁矣，豈可謂心無不仁？」或云：「恐是五峯說本心無不仁。」曰：「亦未是。譬如人今日貧，則說昔日富不得。」（一〇一）

此條鍾震錄甲寅所聞。又曰：

說回心三月不違仁，則心有違仁，違仁底是心不是？說「我欲仁」，便有不欲仁底，是心不是？（一〇一）

此條甘節錄癸丑以後所聞。據此兩條，朱子對心無不仁之說，初雖稱之，終復非之。此處乃是一心性之辨。其心違仁，失其本心，則不得謂心無不仁。如富人失財，不得仍稱為富。性則不然。「人之為不善非才之罪。」人有不善，性無不善也。

然先察識亦自二程始言之。明道識仁篇謂「學者須先識仁」，「識得此理，以誠敬存之」。伊川亦云：「孟子『養氣』一章，諸君潛心玩索，須是實識得。如不識，怎生養？有物始言養，無物又養箇甚麼？」又曰：「須是識在所養之先。譬如行路，須是光照。」然二程所謂識，非言以心識心，此詳識心篇。涵養察識先後，詳涵養與察識篇。朱子於明道識仁篇，則只謂是地位高者之事，不取以入近思錄。惟謂「誠敬存之四字，自是中道而立。」然又曰：

識仁一篇，總只是狀仁體合下來如此。當下認取，活潑潑地，不須著纖毫氣力，所謂「我固有之」也。然誠敬為力，乃是無着力處。蓋把持之存，終是人為。誠敬之存，乃為天理。只是存得好，便是誠敬，誠敬就是存也。存正是防檢，克己是也。存正是窮索，擇善是也。若泥不須防檢窮索，則誠敬存之當在何處，未免滋高明之惑。子靜專言此意，固有本哉。

是朱子於明道識仁篇大意，亦並未讚許，特取其「誠敬存之」四字而已。朱子之所謂存，與象山之說又不同。象山立言，有時頗近五峯之知言。朱子既不贊許五峯之言察識，自亦不贊同象山之言存養。所爭甚細，當細讀本書有關諸篇。

語類云：

讀至彪居正問心一段，曰：「孟子此事，乃是一時間為齊王耳。今乃欲引之以上他人之身，便不是了。」良久又云：「以放心求心便不是，纔知求心，便已回矣，安得謂之放。」（一〇一）

此條鄭可學錄辛亥所聞。齊王之心，偶因見牛觳觫而發，然修養工夫則不能只求在此偶然發見上下手，語詳未發已發篇。

又曰：

看知言彪居正問仁一段，云：「極費力。有大路不行，只行小徑。齊王人欲蔽固，故指其可取者言之。至如說『自牖開說』，亦是為蔽固而言。居正問：『以放心求放心可乎？』既知其放，又知求之，則此便是良心也。又何求乎？又何必俟其良心遇事發見而後操之乎？」（一〇一）

此條楊方錄庚寅所聞，詳求放心篇。

又曰：

如論齊王愛牛，何必等待天理發見於物欲之間然後求之。如此則中間空闕多少去處。正如屋下失物，直待去城外求也。（一〇一）

此條周謨錄己亥以後所聞。

又曰：

五峯曾說如齊宣王不忍觳觫之心乃良心，當存此心；敬夫說觀過知仁，當察過心則知仁。二說

皆好意思。然卻是尋良心與過心，也不消得。只此心常明，不為物蔽，物來自見。（一〇一）

此條實從周錄丙午以後所聞。能常存此心，外面物來自見，何待自求孰為良心，孰為過心乎。

或云：「上蔡所謂『人須是識其眞心』，方乍見孺子入井之時，其怵惕惻隱之心，乃眞心也。」曰：「孟子亦只是討譬喻，就這親切處說仁之心是如此，欲人易曉。若論此心發見，無時而不發見，不特見孺子之時為然。若必待見孺子入井之時，怵惕惻隱之發而後用功，則終身無緣有此等時節也。」或云：「舊見五峯答彪居仁書，說齊王愛牛之心云云，先生辨之，正是此意。」曰：「然。齊王之良心，想得也常有發見時，只是常時發見時不曾識得，都放過去了，偶然愛牛之心有言語說出，所以孟子因而以此推廣之也。」又問：「自非物欲昏蔽之極，未有不醒覺者。」曰：「便是物欲昏蔽之極，也無時不醒覺。只是醒覺了自放過去，不曾存得耳。」（一七）

朱子只言存心，不言識心，此條沈僴錄，乃朱子晚年最後意見也。

又文集卷四十六答胡伯逢書有云：

知仁之說，亦已累辨之矣。大抵如尊兄之說，則所以知之者甚難而未必是，而又以知仁、為仁為兩事也。

原注：所謂「觀過知仁，因過而觀，因觀而知，然後即夫知者而謂之仁」。其求之也，崎嶇切促，不勝其勞。而其所謂仁者，乃智之端也，非仁之體也。且雖如此，而亦曠然未有可行之實。又須別求為仁之方，然後可以守之。此所謂知之甚難而未必是，又以知與為為兩事者也。

如熹之言，則所以知之者雖淺而便可行，而又以知仁、為仁為一事也。

原注：以名義言之，仁特愛之未發者而已。程子所謂「仁，性也；愛，情也」，又謂「仁，性也；孝弟，用也」，此可見矣。其所謂「豈可專以仁為愛」者，特謂不可指情為性耳，非謂仁之與愛了無交涉，如天地冠屨之不相近也。或者因此求之太過，便作無限玄妙奇特商量，此所以求之愈工，而失之愈遠。如或以覺言仁，是以知之端為仁也。或以是言仁，是以義之用為仁也。與其外引智之端義之用而指以為仁之體，則孰若以愛言仁，猶不失為表裏之相須而可以類求也哉。故愚謂欲求仁者，先當大概且識此名義氣象之髣髴，與其為之之方，然後懿實下功，尊聞行知以踐其實，則所知愈深，而所存益熟矣。此所謂知之甚淺而便可行，又以知與為為一事者也。

不知今將從其難而二者乎？將從其易而一者乎？則兩家之得失，可一言而決矣。

又文集卷四十七答呂子約有云：

謝說未安者多此類，蓋本有不屑卑近之意，故其言日用切身處，往往多有此意思。且如此章，不以事親從兄為本分當然之事，而特藉以為知仁之資。則方其事親從兄之時，其心亦不專於所事，而又別起知仁之想矣。知言中病痛，亦多如此，蓋其所授受有自來也。

胡廣仲之言曰：「『心有所覺謂之仁』，此謝先生救拔千餘年陷溺固滯之病，豈可輕議。」胡伯逢之言曰：「『心有知覺之謂仁』，此上蔡傳道端的之語，恐不可為有病。」是此兩人依然堅守家學，不以朱子所言為然。

五峯有大弟子彪德美，當時有「彪夫子」之稱。別集卷六與林擇之書有云：

彪德美赴省回，過此相見，得一夕款，只是舊時議論。且云欽夫見大本未明，所以被人轉卻。

是德美亦堅守師說，不以南軒之轉從朱子為然也。語類有云：

彪居正德美記得無限史記，只是不肯說。只要說一般無巴鼻底道理。在南嶽說：「『溫故而知

新』，不是今人所說之故新。故者性也，新者心也，溫性而知心，故可以為人師。」其說道理如此，然口嘵嘵不肯已。（一三二）

此條滕璘錄辛亥所聞，朱子年六十二。在南嶽聽其言論，至是則二十四年矣。

語類又云：

南軒主五峯而抑致堂，某以為不必如此。致堂亦自有好處。凡事好中有不好，不好中又有好。沙中有金，玉中有石，要自家辨別始得。（二〇）

此條鍾震錄甲寅所聞，朱子年六十五。又曰：

「致堂謂『學所以求仁也』，仁是無頭面底，若將學字來解求仁則可，若以求仁解學字，又沒理會了。」又曰：「南軒只說五峯說底是，致堂說底皆不是，安可如此。致堂多有說得好處，或有文定、五峯說不到處。」（二〇）

此條龔蓋卿錄甲寅所聞，與上條鍾震錄蓋同時語。朱子嘗謂：「上蔡之說，一轉而為張子韶，子韶一轉而為陸子靜。」衡湘胡氏一家，論學亦源自上蔡，然朱子不以與張、陸並舉。康侯四子，致堂、五峯尤為傑特，朱子極重五峯，然為知言疑義，又不贊成南軒之主五峯而抑致堂，謂兩人各有好處。朱子師事胡籍溪甚久，然稱道籍溪，則遠不如其稱道致堂與五峯。朱子評量前人，莫不一一有分寸如此。

語類有云：

胡致堂之說，雖未能無病，然大抵皆太過，不會不及。如今學者皆是不及。（一〇一）

胡致堂說道理，無人及得他。（一〇一）

胡致堂議論英發，人物偉然。（一〇一）

明仲甚畏仁仲議論，仁仲亦自信不及。人不可不遇敵己之人。仁仲當時，無有能當之者，故恣其言說出來。然今觀明仲說較平正。（一〇一）

明仲即致堂也。致堂崇正辨有曰：「聖人心即是理，理即是心，一以貫之，莫能障者。」又曰：「聖人教人正其心。心所同然者，謂理也，義也。窮理而精義，則心之體用全矣。」其說頗似象山而不同。窮理而精義則心之體用全，是乃指理言心，非認心即理，此其所以為英發而平正也。朱子謂仁固能覺，然不可以覺為仁，仁與覺之相通而有辨，亦猶心與理之相通而有辨也。故五峯主以覺求仁，不如致堂之言以學求仁，為朱子所首肯。

又曰：

胡籍溪人物好，沈靜謹嚴，只是講學不透。（一〇一）

是其所軒輊於胡氏一家諸人者可知矣。五峯門人中，朱子獨重南軒，其他皆少所許可。象山之言則曰：「元晦似伊川，欽夫似明道。伊川蔽固深，明道卻通疏。」此因象山學脈本近上蔡故也。觀此可知朱子之為知言疑義，在有宋一代理學派別異同之間，關係匪細，誠學者所當悉心研玩也。

朱子論當時學弊　上

大儒之陳義設教，惟求理之當而已。然亦就時弊以申理，非憑虛懸空特立一理而為之說也。理雖一，時弊則可以百出而無窮。故大儒之為教，亦因時而無窮也。茲篇專彙文集諸書札朱子論當時學風之弊者。朱子所以教人之深意亦由此可見。

文集卷三十四答呂伯恭有云：

王氏得政，知俗學不知道之弊，而不知其學未足以知道。於是以老釋之似，亂周孔之實。雖新學制，頒經義，黜詩賦，而學者之弊，反有甚於前日。建炎中興，程氏之言復出，學者又不考其始終本末之序，而爭為妄意躐等之說以相高。是以學者雖多，而風俗之美，終亦不逭於嘉祐治平之前，而況欲其有以發明於先王之道乎？

此見當時學風之弊，不在不知尊程，不知重道，乃在遵程氏而求道者之迷其門徑，失其步伐也。

卷三十五答呂伯恭別紙有云：

和靖錄中說，伊川未嘗言前輩之短，此意甚善。今人往往見二先生兄弟自許之高，便都有箇下視前輩意思，此意不可長。

大抵當時人多讀二程語錄，見其高自許而羣增慕仰，遂引生輕視前輩之意，此乃當時學弊一主要徵象。其病在心，播為風氣，而遂有害於學術。

卷七十五中庸集解序謂：

秦漢以來，聖學不傳，儒者惟知章句訓詁之為事，而不知復求聖人之意，以明夫性命道德之歸。至於近世，先知先覺之士始發明之，則學者既有以知夫前日之為陋矣。然或乃徒誦其言以為高，而又初不知深求其意，甚者遂至於脫略章句，陵藉訓詁，坐談空妙，展轉相迷。而其為患，反有甚於前日之為陋者。

「近世先知先覺」，即指二程氏。學者誦其言，不能深識其意，而徒增其傲忽，遂以章句訓詁為陋，至於脫略章句，陵藉訓詁，坐談空妙，此即高自許而意輕前輩之又一徵象。

卷三十答汪尚書有云：

近世言道學者，失於太高。讀書講義，率常以徑易超絕不歷階梯為快。而於其間曲折精微正好玩索處例皆忽略厭棄，以為卑近瑣屑，不足留情。以故雖或多聞博識之士，其於天下之義理，亦不能無所未盡。理既未盡，而胸中不能無疑，乃不復反求諸近，顧惑於異端之說，益推而置諸冥漠不可測知之域。兀然終日，味無義之語，以俟其廓然而一悟。殊不知物必格而後明，倫必察而後盡。曷若致一吾宗，循下學上達之序，口講心思，躬行力究，寧煩毋略，寧下毋高，寧淺毋深，寧拙毋巧，從容潛玩，存久漸明，眾理洞然，次第無隱，然後知夫大中至正之極，天理人事之全，無不在是，初無迥然超絕不可及者。而幾微之間，毫釐必察。醻酢之際，體用渾然。雖或使之任至重而處所難，亦沛然行其所無事。此其與外學所謂廓然而一悟者，雖未知其孰為優劣，然此一而彼二，此實而彼虛，則較然矣。

此書在孝宗隆興二年甲申，朱子年三十五。前一年，汪應辰知福州，邀李延平至帥治，坐語未終而卒，時為癸未十月十五，此書則在甲申十月二十二，先後適一年。下至乾道三年丁亥八月訪張南軒於潭州，相距尚三年。觀此書所云，其箴砭時病，敷陳學要，大體規模，俱已確定。此下學問德業之遞深而益進，亦可謂始終未離此路脈，未違此矩矱。要而言之，當時理學界風氣在求之過高，因此而於日常讀書制行應實下工夫處，反認為卑近瑣屑，由忽略而厭棄，而不知其正是曲折精微之所寓，而大堪玩索也。故曰「物必格而後明，倫必察而後盡」，「寧煩毋略，寧下毋高，寧淺毋深，寧拙毋巧」，以下學工夫代替高論之時風，此乃朱子生平治學教人精神所在。苟昧於此，而儘從高處求之，則其末梢，將鮮不為異端所惑。當時異端之說最足以欣動人心者則為禪宗之頓悟。求頓悟，則必於徑易超絕不歷階梯處求之。而朱子所鄭重教人者則曰格物。原書小注云：

格物只是窮理，物格即是理明，此乃大學工夫之始。潛玩積累，各有淺深，非有頓悟險絕處也。

讀書亦是格物窮理中一事，然非僅求多聞博識之謂。原書小注又云：

多聞博識，自為一事。不甚精察其理之所自來，卻謂別有向上一著，與此兩不相關。

當時學風，以多聞博識與向上一關分作兩事，而不知上達即在下學中，故雖多聞博識，而仍於義理有未盡也。

凡朱子箴砭當時學弊，大指已盡前引，其他隨處而見，主要則不外是。茲再分類摘述如次。

一曰貪多務廣之弊。卷五十一答黄子耕有云：

近日看得朋友間病痛尤更親切。都是貪多務廣，匆遽涉獵，所以凡事草率粗淺。本欲多知多能，下梢一事不知，一事不能。本欲速成，反成虛度歲月。

卷五十六答趙子欽有云：

大率近日學者，例有好高務廣之病。將聖人言語，不肯就當下著實處看，須要說教玄妙深遠，添得支離蔓衍。未論於己無益，且是令人厭聽。若道理只是如此，前賢豈不會說，何故卻只如此平淡簡短，都無一種似此大驚小怪底浮說。

蓋務廣之病，亦由好高而來。心向高處，而不能子細深求，乃支離蔓衍，推得愈遠愈廣。兼以欲速之私，故其讀書則草率涉獵，其立說則欲其無不包羅，而不知道之高處實不在此。大驚小怪，貌若玄妙，而實多浮說也。

其言欲速者，卷五十三答胡季隨有云：

大抵欲速好徑，是今日學者大病。伊洛拈出敬字，眞是學問始終日用親切之妙。近與朋友商量，不若只於此處用力，而讀書窮理以發揮之。眞到聖賢究竟地位，亦不出此。坦然平白，不須妄意思想頓悟懸絶處，徒使人顚狂粗率，而於日用常行之處，反不得其所安也。

既好高，又欲速，乃至脫落章句，陵藉訓詁，而坐談空妙，此等病皆在心。此書拈出程門敬字，求以藥此心病，然亦尚有餘蘊當加闡述者。敬本主工夫言，然亦有時指體段與境界言。明道曾云：「某寫字時甚敬，非是要字好，即此是學。」劉蕺山又為下一轉語，曰：「正是要字好。」寫字要字好，故而一心在寫字上。若拘泥了非是要字好之語，則寫字豈不僅成為持敬之一種工夫乎？伊川則曰：「只知用敬，不知集義，卻是都無事。」寫字也是一事，寫字要字好，亦是義所當然。但如何求能字好，此中亦有義。若只曰寫字專求能敬，豈不成都無事。伊川又曰：「涵養須用敬，進學則在致知。」朱子承之，遂有居敬窮理敬義夾持之說。寫字而至於字好，此亦是進學。字好必有字好之理，得此理是致知。然非一心在字上，則此知不致。伊川又曰：「入道莫如敬，未有能致知而不在敬者。」此語把敬字工夫說到落實。敬乃所以求入道，所以求致知也。寫字如此，讀書亦然。或者乃疑敬字只屬一種工夫，似乎卑近。又嫌一心在寫字上，一心在讀書上，一心在格物窮理上，似乎迂遠。於是只謂敬即吾心之天理，乃吾心之自然體段，亦即是最高境界。人之為學，則只要學存此天理，保持此心之自然體段與其最高境界，此外則無事。如此說之，則不免高了一層，落空而不實際。明道又云：「聖人千言萬語，只是欲人將已放之心使反復入身來，自然尋向上去，下學而上達也。」又曰：「如求經義，皆是栽培之意。」然求得放心後，正是大有事在。豈可謂聖人千言萬語，只是要人求放心。經義所蘊，修齊治平，事無不賅，理皆散在其間，豈可謂只是栽培此心。此等處皆似言之過高。朱子此書云：「只於此處用力而讀書窮理以發揮之。」乃是謂用敬字工夫來讀書窮理。發揮云者，乃是發揮此理，非是發揮此敬。敬便收得放心，亦可謂收得放心便是敬，此心敬，自能尋向上去。章句訓詁皆是下學，亦豈謂脫略章句，陵藉訓詁，廢書不讀，摒事物而不格，只守一敬，謂天理在是，是即坐談空妙也。蓋明道語自有從高一層言之而引生此下時弊者。必兼參之於伊川所言，乃無流弊。而流弊滋生，則皆由時人欲速好徑之心來，故朱子特拈程門敬字以為對治也。

卷四十九答滕德章有云：

陸丈教人，於收斂學者散亂身心甚有功。然講學趣向亦不可緩。要當兩進乃佳耳。

朱子之有取於象山，亦在其能教人收斂身心。然從此以往，尚有講學趣向，貴能兩進，此即伊川「敬義夾持」之語也。

卷五十五答符舜功有云：

嘗謂敬之一字，乃聖學始終之要。未知者，非敬無以知。已知者，非敬無以守。若曰先知大體，而後敬以守之，則夫不敬之人，其心顛倒繆亂，亦將何以察夫大體而知之也。

捨敬則無以知，敬乃進學工夫，亦非謂持守此敬了便無事，此即伊川「涵養須用敬，進學則在致知」之說也。

欲速好徑之病，深一層言之則曰求聞計獲。惟其抱求聞計獲之私，乃始有欲速好徑之病也。卷五十答潘端叔有云：

近時學者求聞計獲之私勝。其於學問思辨之功未加毫末，而其分畫布置，準擬度量，已譁然於其外矣。是以內實不足，而游聲四馳。及其究也，非徒無益於己，而其為此學之累，有不可勝言者。

欲速好徑與夫求聞計獲之心，若易辭緩言之，則曰急於聞道。卷四十五答歐陽慶似有曰：

今之學者，不知古人為己之意，不以讀書治己為先，而急於聞道。是以文勝其質，言浮於行，而終不知所底止。

惟其求道之意過高，而又淺率匆遽，不知深求。於是分畫布置，準擬度量，乃不得不務於空言以譁然張於外。此弊褾著，同時乃若有道理太多之病。卷五十六答趙子欽有云：

愚意常患近世學者道理太多，不能虛心退步，徐觀聖賢之言以求其意，而直以己意強置其中，所以不免穿鑿破碎之弊。使聖賢之言不得自在，而常為吾說之所使以至劫持縛束而左右之。如此則自我作經可矣，何必曲躬俯首而讀古人之書哉？

高自許而輕前輩，讀書只是應故事，進則供我之驅策。驅策古人，則不能無布置，無穿鑿，無破碎，而甚至於劫持縛束而左右之，於是而有杜撰。卷五十三答劉仲升有云：

大抵學問，專守文字，但務存養，即不免有支離昏惰之病。欲去此病，則又不免有妄意躐等，懸空杜撰之失。平日不曾子細玩索義理，不識文字血脈，別無證佐考驗，但據一時自己偏見，便自主張，以為只有此理，更無別法。只有自己，更無他人。只有剛猛剖決，更無溫厚和平。一向自以為是，更不聽人說話。此固未論其所說之是非，而其粗厲激發，已全不似聖賢氣象矣。

如是乃至有道術分裂之象。卷五十六答方賓王有云：

比來道術分裂，人自為師，眞胡公所謂人人各說一般見解誑嚇衆生者。勢方橫流，力不可遏，可歎。

道術分裂，乃又至於各立門庭，互相非毀。卷四十九答林叔和有云：

嘗觀當世儒先論學，初非甚異。止緣自視太過，必謂他人所論一無可取，遂致各立門庭，互相非毀，使學者觀聽惶惑，不知所從。

此則仍是所謂高自許而輕前輩之一種心病之流露也。卷三十八答林謙之有云：

自昔聖賢教人之法，莫不使之以孝弟忠信，莊敬持養，為下學之本。而後博觀衆理，近思密察，因踐履之實以致其知。其發端啟要，又皆簡易明白，初若無難解者。而及其至也，則有學者終身思勉而不能至焉。蓋非思慮揣度之難，而躬行默契之不易。故曰：「夫子之文章，可得而聞也；夫子之言性與天道，不可得而聞也。」夫聖門之學，所以從容積累，涵養成就，隨其淺深，無非實學者，其以此與。今之學者則不然。蓋未明一理，而已傲然自處以上智生知之流。視聖賢平日指示學者入德之門至親切處，例以為鈍根小子之學，無足留意。其平居道說，無非子貢所謂不可得而聞者。往往為險怪懸絕之言以相高。甚者至於周行卻立，瞬目揚眉，內以自欺，外以惑衆。此風肆行，日以益甚。使聖賢至誠善誘之教，反為荒幻險薄之資。仁義充塞，甚可懼也。

此書所言沉痛。然高談性命之風，自北宋伊洛以來而已然矣。黄魯直詩云：「莫學當今新進士，談說性命如懸河。」此一風氣，宜不當專以歸咎於荊公。南渡以來，新學已黜，程學方盛，而高談性命之風固未稍止，抑或加甚焉。朱子目擊其弊，乃力倡坦白平易之實學以矯之，此朱子之大有功於程門，亦大有功於兩宋之儒學也。厥後黄東發、顧亭林亦屢提此旨，洵可謂得朱子之薪傳。

卷三十八答林正夫有云：

蓋嘗聞之先生君子，觀浮屠者，仰首注視而高談，不若俯首歷階而漸進。蓋觀於外者，雖足以識其崇高鉅麗之為美，孰若入於其中者，能使眞為我有，而又可以深察其層累結架之所由哉。

自今而言，聖賢之言具在方冊，其所以幸教天下後世者，固已不遺餘力。而近世一二先覺，又為之指其門户，表其梯級而先後之，學者由是而之焉，宜亦甚易而無難矣。而有志焉者，或不能以有所至。病在一觀其外，粗覩彷彿，便謂吾已見之，遂無復入於其中以為眞有而力究之計。此所以驟而語之，雖知可悦，而無以深得其味，而卒不能以有成耳。

所謂身入浮屠，一是依照聖賢言語躬行實踐，一是讀書子細，能眞實明白得聖賢言語意指所在，為我躬行之指導。如是始可身入其境。所謂近世一二先覺，則即指周張二程諸人言也。

朱子於當時學者説經之弊，尤所力斥。卷五十一答萬正淳有云：

近世説經者，多不虛心以求經之本意，而務極意以求之本文之外。幸而渺茫疑似之間略有縫罅如可鉤索，略有形影如可執搏，則遂極筆模寫以附於經，而謂經之為説本如是也，其亦誤矣。

卷四十三答陳明仲有云：

承示經説，猶有推求太廣處，反失本意。

卷五十三答劉季章有云：

讀書不肯從上至下逐字讀去，只要從東至西一抹橫說。乍看雖似新巧，壓得人過。然橫拗粗疎，不成義理，全然不是聖賢當來本說之意。則於己分究竟成得何事？只將排比章句玩索文理底工夫，換了許多杜撰計較別尋路脈底心力。須是實有用力處，久之自然心地平夷，見理明徹，庶幾此學有傳。

朱子主張說經務求本義，若不求本義，各自立說，則必各墮一偏，不合不公之弊隨之以起。卷五十三答沈叔晦有云：

近年學者，求道太迫，立論太高。往往嗜簡易而憚精詳，樂渾全而畏剖析。以此不見天理之本然，各墮一偏之私見。別立門庭，互分彼我，使道體分裂，不合不公，此今日之大患也。

又卷四十七答呂子約有云：

立說過高，立心太迫，不肯相聚討論，只欲閉門劇讀，以必其自得。故人自為學而不免蔽於一己之私見。

又卷四十九答陳膚仲有云：

吾道之衰，正緣學者各守己偏，不能兼取衆善，所以終有不明不行之弊。

又卷五十一答黃子耕有云：

近至浙中，見學者工夫議論，多靠一邊，殊可慮耳。

又卷五十四答周叔謹，謂：

近來呂、陸門人互相排斥，此由各徇所見之偏，而不能公天下之心以觀天下之理，甚覺不滿人意。

此皆朱子鍼砭時風各守己偏之害，而其謂求道太迫，立論太高，則正與其高自許而輕前輩同為當時學者心病之癥結。

朱子於當時之出入陷溺於佛氏之說者，則排拒尤力。卷六十答許生有云：

世衰道微，異論蠭起。近年以來，乃有假佛釋之似以亂孔孟之實者。其法首以讀書窮理為大禁，常欲注其心於茫昧不可知之地，以僥倖一旦恍然獨見，然後為得。

又曰：

讀書不求文義，玩索都無意見，此正近年釋氏所謂看話頭者。世俗書有所謂大慧語錄者，其說甚詳，試取一觀，則其來歷見矣。

又卷四十六答汪太初有云：

嘗竊病近世學者，不知聖門實學之根本次第，而溺於老佛之說。無致知之功，無力行之實，而常妄意天地萬物人倫日用之外別有一物，空虛玄妙，不可測度。其心懸懸然，惟徼幸於一見此物以為極致。而視天地萬物本然之理，人倫日用當然之事，皆以為是非要妙，特可以姑存而無害云爾。

又卷五十三答劉公度有云：

究觀聖門教學，循循有序，無有合下先求頓悟之理。

此皆由欲速好徑，過高落空，而墮入禪學一邊也。

又卷四十六答潘叔昌有云：

大抵近世儒者，於聖賢之言，未嘗深求其義理之極致，而惟以多求劇讀為功。故往往遂以吾學為容易之空言，而求所以進實功除實病者，皆必求之於彼。殊不知將適千里而迷於所向，吾恐其進步之日遠，而稅駕之日賒也。

此則務廣貪多，無實在歸宿處，而墮入禪之一邊也。

又卷六十四答或人有云：

近世學者，多是向外走作。不知此心之妙，是為萬事根本。其知之者，又只是撐眉努眼，喝罵將去，便謂只此便是良心本性，無有不善。卻不知只此撐眉努眼，便是私意人欲。自信愈篤，則其狂妄愈甚。此不可不深察而遠避之也。

向外走作，則為博雜之病。撐眉努眼，又轉向禪門一路。

又卷四十三答林擇之有云：

好高欲速，學者之通患。而為說者，立論高而用功省，適有以投其隙，是以聞其說者欣然從之，惟恐不及。往往遺棄事物，脫略章句，而相與馳逐於虛曠冥漠之中。其實學禪之不至者，而自託於吾學以少避其名耳。

朱子論當時學弊，大要不出上述博雜務廣與好高欲速之兩途。而好高欲速尤為其主要之病。此則綜觀上引諸書而可見。

上引諸書，或出朱子早年，或在中年以後。或係普泛所感，或則特有指斥。茲不復一一加以分別。要之朱子針砭當時學弊，則前後無異見，亦非為一人一事發。讀者知得當時學術界風氣如此，則自易體會到朱子講學教人之淵旨所在耳。

今再進一步言之，在朱子當時之學術界，正可謂是道學獨行之時代。人人知讀伊洛二程之書，人人知討論性命，以求道為學的。而朱子深見其不然，極憂其流弊。朱子固極尊奉二程，然今語類所收糾正二程之說，已不下數百條之多。朱子之學固亦自程門入，然朱子於程門諸賢，上蔡、龜山、和靖、廌山諸人，無不一一加之以辨正。延平親為朱子師，朱子於延平遺說，亦復有所疑難。與朱子同時交游最相親善，論學最相接近者，曰南軒、東萊，然朱子於此兩人亦時有昌言，不憚反復。文集卷四十二答石子重有云：

> 熹自去秋之中，走長沙，留兩月而後歸。欽夫見處，卓然不可及。從游之久，反復開益為多，但其天姿明敏，從初不歷階級而得之。故今日語人，亦多失之太高。湘中學子從之游者，遂一例學為虛談，其流弊亦將有害。比來頗覺此病矣，別後當有以救之。然從游之士亦自絶難得朴實頭理會者，可見此道之難明也。胡氏子弟及他門人，亦有語此者，然皆無實得。拈槌竪拂，幾如說禪矣。與文定合下門庭大段相反，更無商量處。惟欽夫見得表裏通徹，舊來習見微有所偏，今此相見，盡覺釋去。儘好商量也。

此書在朱子游南嶽訪張敬夫之後一年，為乾道四年戊子，朱子年三十九。書中辭旨婉委，於敬夫備致推挹，然於湖湘講學之流弊，則直言無隱。朱子親稟學於胡籍溪，籍溪文定兄子，與胡宏五峯為兄弟行，而南軒則親從受業於五峯之門。然朱子於胡氏湖湘學統，乃慨乎言之如此。此後南軒折從朱子，於五峯知言共為疑義密加訂正，朱子所謂相聚講論兼取衆長者，此可見其效矣。

又卷三十一與張敬夫有云：

伯恭想時時相見。向得渠兩書，似日前只向博雜處用功，卻於要約處不曾子細研究，病痛頗多。不知近日復如何。大抵博雜極害事，如閫範之作，指意極佳，然讀書只如此，亦有何意味耶？先達所以深懲玩物喪志之弊者，正為是耳。范醇夫一生作此等工夫，想見將聖賢之言都只忙中草草看過，抄節一番，便是事了，元不曾子細玩味。所以從二先生許久，見處全不精明。是豈不可戒也耶？渠又為留意科舉文字之久，出入蘇氏父子，波瀾新巧之外更求新巧，壞了心路。遂一向不以蘇學為非，左遮右攔，陽擠陰助，此尤使人不滿意。向雖以書極論之，亦未知果以為然否？

東萊亦從遊於胡籍溪，與朱子交尤密。嘗過寒泉精舍，與朱子同編近思錄。並偕朱子同會象山於鵝湖寺。其後朱子親使其子從學。然朱子對東萊有關學術上之異同，則時加規諍，絕少假借。此書則欲南軒同進箴切也。朱子之於南軒，則嫌其不歷階級而得之，故立言太高，導學者於虛談。於東萊，則嫌其用功博雜，未能於要約處子細研究，導學者於玩物喪志之病。朱子常以此兩者為當時學風通弊，而兩老友皆所不免。文集卷三十五答劉子澄有云：

今世學者，語高則淪於空寂，卑則滯於形器。中間正當緊要親切合理會處，卻無人留意。此道之所以不明不行，而邪說暴行所以肆行而莫之禁也。

又卷五十二答吳伯豐有云：

今世為學，不過兩種。一則徑趨簡約，脫略過高。一則專務外馳，支離繁碎。其過高者固為有害，然猶為近本。其外馳者，詭譎狼狽，更不可言。

就朱子意論之，則南軒偏在高，東萊偏在卑。故朱子論湘學，嫌其淪於空寂。其辨浙學，則恨其滯於形器。而朱子之重南軒，則似尤過於東萊也。文集卷八十五有張敬夫、呂伯恭畫象贊，其贊南軒則曰：

仡仡乎其任道之勇，卓卓乎其立心之高。知之者識其春風沂水之樂，不知者以為湖海一世之豪。

其贊東萊曰：

以一身而備四氣之和，以一心而涵千古之祕。推其有，足以尊主而芘民。出其餘，足以範俗而垂世。

亦是於南軒贊其高，於東萊贊其博也。然於湘學之易淪於空寂，浙學之易溺於功利，則朱子於朋友切磋之間，固亦屢有諍難矣。

凡從事於博雜之學者，又每喜為包羅。文集卷五十三答劉公度有云：

不曾見得實理，只是要雜博，又不肯分明如此說破，卻欲包羅和會眾說，不令相傷。其實都不曉得眾說之是非得失，自有合不得處。

蓋包羅和會與兼取眾長不同。學說之是非得失，自有取不得合不得處也。卷五十三答劉公度有云：

所喻，世豈能人人同己，人人知己，在我者明瑩無瑕，所益多矣。此等言語，殊不似聖賢意思。無乃近日亦為異論漸染，自私自利，作此見解耶？不知聖賢辨異論，闢邪說，如此之嚴者，是為欲人人同己，人人知己而發耶？抑亦在我未能無瑕而猶有待於言語辨說也。今者紛紛，正為論易、西銘而發。雖未免為失言之過，然未嘗以此為悔也。臨川近說愈肆，荊舒祠記曾見之否？此等議論，皆學問偏枯見識昏昧之故，而私意又從而激之。若公度之說行，則此等事都無人管，恣意横流矣。試思之如何？

朱子與二陸辨西銘、太極圖，而公度來書微辭相勸，朱子答之如此。其與東萊書尤時發此意。文集卷三十三答呂伯恭有云：

孟子平時論楊墨亦平平耳。及公都子一為好辯之問，則遂極言之以至於禽獸。蓋彼之惑既愈深，則此之辯當愈力。來教又謂吾道無對，不當與世俗較勝負，此說美矣，亦非鄙意之所安。夫道固無對，然其中卻着不得許多異端邪說，直須一一剔撥出後，方曉然見得箇精明純粹底無對之道。若和泥合水，便只着箇無對包了，竊恐此無對中卻多藏得病痛也。孟子言楊墨之道不熄，孔子之道不著，熹前說已自云非欲較兩家已往之勝負，乃欲審學者今日趣向之邪正，此意尤分明也。

又一書云：

持養斂藏之誨，敢不服膺，然有所不得已者。世衰道微，邪詖交作。其他紛紛者固所不論。而賢如吾伯恭者，亦尚安於習熟見聞之地，見人之詭經誣聖肆為異說而不甚以為非，則如熹者，誠亦何心安於獨善，而不為極言覈論以曉一世之昏昏也。設使顔子之時，上無孔子，則彼其所以明道而救世者，亦必有道，決不退然安坐陋巷之中，以獨善其身而已。故孟子言禹、稷、顔子易地則皆然。惟孟子見此道理，如揚子雲之徒，蓋未免將顔子只做箇塊然自守底好人看。若近世則又甚焉。其所論顔子者，幾於釋老之空寂矣。

又一書云：

伯恭天資溫厚，故其論平恕委曲之意多，而熹之質失之暴悍，故凡所論，皆有奮發直前之氣。二者恐皆非中道。但熹之發，足以自撓而傷物，尤為可惡。而伯恭似亦不可專以所偏為至當也。

又文集卷三十一與張敬夫有云：

近讀孟子至答公都子好辯一章，三復之餘，廢書太息。只為見得天理忒煞分明，便自然如此住不得。若見不到此，又如何強得也。舊來讀過亦不覺，近乃識之耳。不審老兄以為如何。

朱子與象山辨太極圖說終至於決裂，其事在張、呂二人卒後。此諸書則尚在其與張、呂往復書札之較前期。在朱子，窮實理，踐實行，確感其有所不可已而生諸辨難，固不專對象山一人。後世不深考，為朱陸門戶之見所蔽錮，一若朱子獨於象山立敵樹異，不免為一時爭意氣。其入主出奴者姑不論，其主調和折衷者，亦未見其眞能有所調和而折衷之也。更甚者，如全謝山宋元學案東萊一案之敍錄，乃云：

小東萊之學，平心易氣，不欲逞口舌以與諸公角，大約在陶鑄同類以漸化其偏，宰相之量也。惜其早卒，晦翁遂日與人苦爭，并詆及婺學，而宋史之陋，遂抑之於儒林，然後世之君子終不以為然也。

又其同谷三先生書院記則曰：

宋乾淳以後，學派分而為三。朱學也，呂學也，陸學也，三家同時皆不甚合。朱學以格物致知，陸學以明心，呂學則兼取其長，而復以中原文獻之統潤色之。門庭徑路雖別，要其歸宿於聖人，則一也。

此種稜之談，實未能深有得於當時理學界是非得失淺深異同之眞相所在。朱子少年時即著異學辨，其與張、呂兩人所辨亦不少，豈得謂東萊卒後朱子乃始「日與人苦爭」乎？至謂朱子詆及婺學，此亦猶其辨龜山、上蔡諸人，豈尊二程即不得呵彈楊、謝，重東萊即不得詆及婺學。呂、陸生前，朱子親重東萊遠過其與象山之交誼。呂、陸身後，朱子排拒婺學亦遠過其斥江西之陸學，豈朱子別有所輕重反復乎？若使南宋無朱子，則伊洛理學之傳究不知將達何境界。學者只於程門謝、楊、游、尹下及湖湘、江西、浙東三派會合求之，當可約略想像其梗概。縱謂朱子好辨，黃東發有言：「啟一時紛紛之辨者晦翁也，垂萬世昭昭之訓者晦翁也。」謂東萊意欲陶鑄同類，兼取朱、陸兩家之長，而復以中原文獻之統潤色之，朱子豈不亦存陶鑄同類之心，亦欲兼取呂、陸兩家之長，其上窮經術，旁治文史，亦不僅潤色之以北宋中原文獻之統而已。謝山雖博學，其盛推東萊，豈亦仍未脫於鄉曲之見乎？

朱子論當時學弊 中

上篇略述朱子鍼砭當時學弊，語有未盡，茲復專摘其論平易與高遠之辨者為斯篇。語若平易，而實足供學者之深玩。

文集卷三十九答許順之有云：

所寄諸說，求之皆似太過。若一向如此，恐駸駸然遂失正途，入於異端之說，為害不細。恐當且以二先生及范、尹二公之說為標準，反復玩味。只於平易慤實之處認取至當之理。凡前日所從事一副當高奇新妙之說並且倚閣。久之見實理，自然都使不着矣。蓋為從前相聚時，熹亦自有此病，所以相漸染成此習尚，今日乃成相誤，惟以自咎耳。如子韶之說，直截不是正理，說得儘高儘妙處，病痛愈深。此可以為戒，而不可學也。大抵文義，先儒盡之。蓋古今人情不相遠，文字言語，只是如此。但有所自得之人，看得這意味不同耳，其說非能頓異於衆也。不可只管立說求奇，恐失正理，卻與流俗詭異之學無以異也。只據他文理，反復玩味，久之自明，且是胸中開泰，無許多勞攘，此一事已快活了，試依此加功如何。

此書白田年譜列於建炎壬午，朱子年三十三，正是從學延平時，故書中又以李延平之評范伯崇者告順之也。又一書曰：

讀書大抵只就事上理會，看他語意如何，不必過為深昧之說，卻失聖賢本意。自家用心亦不得其正，陷於支離怪僻之域，所害不細矣。切宜戒之，只就平易慤實處理會也。

又一書云：

不要說得太高妙，無形影，非唯教他人理會不得，自家亦理會不得也。

又一書云：

大抵讀書以好高為戒，且於平易切近分明處理會為佳。

又一書云：

閤中安好，想亦能甘淡泊，相助經家務也。修身齊家只此是學，更欲別於何處留心耶。

又一書云：

大抵舊來多以佛老之似亂孔孟之眞，故每有過高之弊。近年方覺其非，而亦未能盡革。但時有所覺，漸趨平穩耳。今時學者，輕率大言，先將恭敬退讓之心壞了，不是小病。

以上諸書，皆當在延平未卒之前，其時朱子學術塗轍大體已定。以下只是深細愈進耳。文集同卷答王近思有云：

吾友只將所問數條自加研究，自設疑難，以吾心之安否，驗衆理之是非，縱未全通，亦須可見大略。

此即告許順之所謂平易慤實處也。由此自得，乃是下學上達之正途。孟子曰：「子歸而求之有餘師」，即此旨。非有所高深奇妙也。

又一書云：

所示似有要說高妙，作文章之意，此近世學者之大患也。但日用之間，以敬為主，而於古昔聖賢及近世二先生之言，逐一反復，子細玩味，勿遽立說以求近功，則久之當有貫通處，而胸次了然無疑矣。

此已當在透悟已發未發辨之後，始拈出主敬二字，而論為學力戒高妙，則與答許順之諸書無異。同卷答魏元履有云：

愚意以為不若只看論語，但論語中看得有味，餘經亦迎刃而解矣。聖人之言，平易中有精深處，不可穿鑿求速成，又不可苟且閑看過。直須是置心平淡慤實之地，玩味探索，而虛恬省事以養之。遲久不懈，當自覺其益。切不可以輕易急迫之心，求旦暮之功。又不可因循惰媮，虛度光陰也。

此書亦在延平卒前，與答許順之諸書略同時。此乃朱子初年教人語，極易簡，不見有所謂支離也。厥後所學益進，所涉益廣，所辨益微，所爭益大，使學者驟不能窺見其堂奧之深，實則其所以教人者，則依然多如初年時語，無甚大異。

又同卷答范伯崇有云：

民但可使由之耳。至於知之，必待其自覺，非可使也。由之而不知，不害其為循理。及其自覺此理而知之，則沛然矣。必使之知，則人求知之心勝而由之不安。甚者遂不復由，而惟知之為務。其害豈可勝言。釋氏之學是已。大抵由之而自知，則隨其淺深自有安處。使之知，則知之必不至，至者亦過之，而與不及者無以異。此機心惑志所以生也。

此書在癸未，朱子年三十四。書中所辨極精卓。顏子之歎曰：「夫子循循然善誘人，博我以文，約我以禮，欲罷不能。既竭吾才，如有所立卓爾。」此皆敍由之，非言知之。當時理學家好言孔顏樂處，朱子獨鄭重指點學處。如此書大可深玩。

又文集卷四十一答程允夫有云：

學者當自博而約，自易而難，自近而遠，自下而高，乃得其序。

此書亦在去衡嶽訪張南軒以前，亦早年語。此後嘗謂支離即所以成其易簡，此即學問必當自博而約之意。

又文集卷四十三答李伯諫有云：

此理初無內外本末之間，凡日用間涵泳本原，酬酢事變，以至講說辨論，考究尋繹，一動一靜，無非存心養性變化氣質之實事。孟子所謂「深造以道」者，其所謂深，乃功夫積累之深。道則不外乎日用顯然之事也。及其眞積力久，內外如一，則心性之妙無不存，而氣質之變無不化矣。豈離外而內，惡淺而深，舍學問思辨力行之實，而別有從事心性之妙也哉？

答伯諫諸書當全在甲申，朱子年三十五。此書可與上引答程允夫書相闡。

又卷三十五答劉子澄有云：

來書深以異學侵畔為憂。自是而憂之，則有不勝其憂者。惟能於講學體驗處加功，使吾胸中洞然無疑，則彼自不能為吾疾矣。若不求眾理之明，而徒恃片言之守，則雖早夜憂虞，僅能不為所奪。而吾之胸中，初未免於憒憒，則是亦何足道。願老兄專以聖賢之言反求諸身，一一體察，須使一一曉然無疑，積日既久，自當有見。但恐用意不精，或貪多務廣，或得少為足，則無由明爾。程夫子曰：「涵養須用敬，進學則在致知。」此二言者，體用本末，無不該備。試用一日之功，當得其趣。夫涵養之功，則非他人所得與。若致知之事，則正須友朋講學之助，庶有發明。今世學者，語高則淪於空寂，卑則滯於形器。中間正當緊要親切合理會處，卻無人留意。此道之所以不明不行，而邪說暴行，所以肆行而莫之禁也。

此書白田年譜列庚寅，朱子年四十一，已在辨未發已發後，故特拈出「涵養」、「進學」兩語，此已入朱子中年意見。然與早年所論一貫相承，無大差異。須求明眾理，不恃守片言，尤為朱子論學着精神所在。文續集卷五答羅參議亦謂「學之不博，則約不可守」，蓋博是下學，約則上達矣。大抵朱子早年，頗致力於辨異學。如其答許順之、李伯諫諸書皆是。中年後乃一意道要，直探精微。南康以後，又辨陸學，此其大要也。

又一書云：

學者正欲胸中廓然大公，明白四達，方於致知窮理有得力處。升高自下，陟遐自邇，能不遺寸晷而不計近功，則終必有至矣。聖賢立言，本自平易。而平易之中其旨無窮。今必推之使高，鑿之使深，是未必眞能高深，而固已離其本指，喪其平易無窮之味矣。

又一書云：

聖門所謂德業，初不在日用之外。不必編綴異聞，乃為修業也。近覺向來為學，實有向外浮泛之弊。不惟自誤，而誤人亦不少。方別尋得一頭緒，始知文字言語之外，眞別有用心處，恨未得面論也。

此書已在乙巳，陸子靜輪對以後，陽明取此入晚年定論。實則所謂聖門德業，初不在日用之外，遠自朱子早年答許、李諸書中，固已屢屢提及。所謂文字言語外眞別有用心處，亦不如陸學所云云也。

又文集卷四十七答呂子約有云：

聖門所言為學之次，須先自外面分明有形象處把捉扶豎起來，不如今人動便說正心誠意，卻打入無形影無稽考處去。

所謂日用尋常，則正是外面分明有形象可把捉處也。只如居官押文字，亦是日用之一例。

又文集卷二十五答張敬夫有云：

聖賢之言，平鋪放着，自有無窮之味。於此從容潛玩，默識而心通焉，則學之根本於是乎立，而其用可得而推矣。患在立說貴於新奇，推類欲其廣博，是以反失聖言平淡之眞味，而徒為學者口耳之末習。

又文續集卷六答江隱君有云：

聖門之學，下學之序，始於格物以致其知，不離乎日用事物之間，別其是非，究其可否，由是精義入神，以致其用。其間曲折纖悉，容有次序，而一理貫通，無分段，無時節，無方所。以為精也而不離乎粗，以為末也而不離乎本。必也優游潛玩，饜飫而自得之，然後為至。固不可自畫而緩，亦不可以欲速而急。譬如草木，自萌芽生長以至於枝葉生實，不至其日至之時而揠焉以助之長，豈不無益而反害之哉。

又曰：

昔有人見龜山先生請教，先生令讀論語。其人復問：「論語中要切是何語？」先生云：「皆要切，且熟讀可也。」此語甚有味。乍看似平淡沒可說，只平淡中有味，所以其味無窮。今人說得來驚天動地，非無捷徑可喜，只是味短，與此殊不倫矣。且看論語中一句一字，若學者體會踐履得，皆是性分內緊切慤實事，便從此反本還源，心與理一，豈有剩法哉。

上引三書，皆可與答劉子澄諸書用意相發。讀書研玩文字，亦日常應有之事，亦是格物致知之一端。而其用心則在格物致知，故曰在文字言語之外也。

又文集卷五十二答吳伯豐有云：

元來道學不明，不是上面欠卻工夫，乃是下面元無根腳。若信得及，腳踏實地，如此做去，良心自然不放，踐履自然純熟，非但讀書一事也。

此書已在南軒卒後。若以朱子至衡嶽以前為早年，六十以前為中年，此下為晚年，則此書已屬朱子中年向後之意見。當時理學界所為上面功夫，即朱子所謂一副當高奇新妙之說。而朱子之所謂平易慤實之處，即是其下面腳根也。

又文集卷五十三答劉公度有云：

究觀聖門教學，循循有序，無有合下先求頓悟之理。但要持守省察，漸久漸熟，自然貫通，即自有安穩受用處耳。

又答劉仲升有云：

顏子之樂，原憲之問，此等處，只是平日許多功夫到此成就。見處通透無隔礙，行處純熟無齟齬，便自然快活，自無克伐怨欲之根。不是別有一項功夫理會此事也。

又與劉季章云：

意思急迫不實平，務高不務切，而不肯平心實看道理。只此意思，亦殊礙人知見也。

又一書云：

聖賢教人，自有成法，其間又自有至簡約極明白處。但於本原親切提撕，直便向前，著實進步，自可平行直達，迤邐向上。何必如此迂曲繚繞，百種安排，反令此心不虛，轉見昏滯耶？

此與三劉諸書，皆在戊申、己酉間，與象山爭辨決裂以後。繼此則轉入晚年階段矣。各書字裏行間，亦時若有象山其人之陰影出沒隱現。然若通觀本篇前後所引，則朱子論學意見，固是先後一貫，並不為某一人某一事而發。

又同卷答胡季隨有云：

大抵為學不厭卑近。愈卑愈近，則功夫愈實，而所得愈高遠。其直為高遠者則反是，此不可不察也。

又一書云：

古語云：「反者道之動，謙者德之柄，濁者清之路，昏久則昭明。」願察此語，不要思想準擬融釋灑落底功效。判著且做三五年辛苦不快活底功夫，久遠須自有得力處。此古之聖賢所以只教人於下學處用力，至於此等，則未之嘗言也。

此書可與上引答劉仲升論顏子、原憲問一書合看。蓋時人亦欲將濂溪之胸懷灑落，別作一項工夫理會，一如顏子之樂，曾點之詠，言之愈高奇新妙，而其去平易慤實愈遠。此亦當時學風喜新奇而厭卑近之一種證候也。

又同卷答沈有開有云：

聖賢教人，下學上達，循循有序。故從事其間者，博而有要，約而不孤，無妄意凌躐之弊。今之言學者類多反此。故其高者淪於空幻，卑者溺於見聞，倀倀然未知其將安所歸宿也。

又卷五十四答王季和有云：

道之在人，初非外爍，而聖賢垂訓，又皆懇切明白。但能虛心熟讀，深味其旨，而反之於身，必有以信其在我而不容自已，則下學上達，自當有所至矣。

又一書云：

學者之志，固不可不以遠大自期。然觀孔門之教，則其所從言之者，至為卑近，不過孝弟忠信，持守誦習之間。而於所謂學問之全體，初不察察言之也。若其高第弟子，多亦僅得其一體。夫以夫子之聖，諸子之賢，其於道之全體，豈不能一言盡之以相授納，而顧為是拘拘者以狹道之傳，晝人之志，何哉？蓋所謂道之全體，雖高且大，而其實未嘗不貫乎日用細微切近之間，苟悅其高而忽於近，慕於大而略於細，則無漸次經由之實，而徒有懸想跂望之勞，亦終不能以自達矣。故聖人之教，循循有序，不過使人反而求之至近至小之中，博之以文，以開其講學之端，約之以禮，以嚴其踐履之實，使之得寸則守其寸，得尺則守其尺。如是久之，日滋月益，然後道之全體乃有所向望而漸可識，有所循習而漸可能。自是而往，俛焉孳孳，斃而後已。而其所造之淺深，所就之廣狹，亦非可以必諳而預期也。故夫子嘗謂先難後獲為仁，又以先事後得為崇德。蓋於此小差，則心失其正，雖有鑽堅仰高之志，而反為謀利計功之私矣。仁何自而得，德何自而崇哉。聊誦所聞，以答下問之意。

文集卷六十二有答林退思一書，與此書首尾相同，無一字之異，則是一書，非二書也。答林退思書前附林來書，備論志之遠大，道之全體云云，則朱子此書，乃答林退思，非答王季和。又此書後幅有拒作菴記，謂「老嬾不暇」諸語，所附林退思來書正有結茅為菴之云。蓋所存非其全，故不見乞作菴記大字之語，亦證此書乃答林，不知何以又誤入答王季和書中。至所論則極關重大。朱子之意，正欲重挽當時道學風氣以納之於先秦孔孟之矩矱。此書大可見其梗概。厥後明末顧亭林倡為經學即理學之論，亦此旨也。論宋明理學者，專著眼程朱、陸王門戶之分，於朱子此等處用心，未能抉出，誠亦一大憾事。至於清儒經學，既遠非朱子之意，亦尚與亭林之論遠有距離，此又不可不知。

又同卷答郭希呂有云：

學問豈以他求，不過欲明此理而力行之耳。但其功夫所施有序，而莫不以愛親敬長為先。非謂學問自是一事，可以置之度外，而姑從事於孝友之實也。竊願昆仲講於所謂學問之大端者以求孝友之實，則閨門之內，倫理益正，恩義益篤，將有不期然而然者矣。若以學問為一大事，不可幾及，乃欲別求一術以為家庭雍睦悠久之計，竊恐天理不明，人欲橫生，其末流之弊，將有不可勝慮不可勝防者，不審賢者以為如何？

又一書云：

來喻縷縷，似未悉前後鄙意者。蓋人心有全體運用，故學問有全體工夫。所謂孝弟，乃全體中之一事，但比他事為至大而最急耳。固不可謂學者止此一事便了，而其餘事可一切棄置而不問也。故聖賢教人，必以窮理為先，而力行以終之。蓋有以明乎此心之全體，則孝弟固在其中，而他事不在其外。孝弟固不容於不勉，而他事之緩急本末，亦莫不有自然之序。苟不明此，則為孝弟者固未免出於有意，且又未必能盡其理而為衆事之本根也。今以六經、大學、論語、中庸、孟子諸書考之，可見矣。

此書遺辭平易，而陳義深至，乃朱子晚年論學書中極精粹之一篇。可與上引答林退思書合參。朱子不喜言道之全體，而特言心之全體。道必學而後知，心則人之所憑以為學。不學何由知道，非心無以為學。故道之全體，非學之至者不能知，不能言。而心則人人可以反己自得。凡心之所實有，皆學之所宜有也。故學之全體，即以心之全體為量。孝弟乃學中之一事，而學之所有事則不限於孝弟。孝弟亦道之一端，孝弟在全體大道中，亦理一中之一分殊耳。謂孝弟之道可以不學而知，外孝弟於大道之全體者非也。謂孝弟可以盡大道之全體者亦非也。心之全體即學之全體，而學則以窮理為先，力行為終。此朱子論學要旨，與同時象山所主心即理之說，異同之間，學者所宜細玩。

又卷五十五答劉定夫有云：

> 最怕人說學不在書，不務佔畢，不專口耳，下梢說得張皇，都無收拾，只是一場大脫空，直是可惡。

凡主張學不在書者，每喜舉孝弟為說。見父自然知孝，見兄自然知弟。不見舜曾讀何書，而不害舜之為大孝。此亦自成一套說話。但憑此張皇，不教人由此進學，則必落得一場大脫空也。

又同卷答包詳道有云：

如熹所見，愈退而愈平。賢者所見，愈進而愈險。彼此不同終未易合。

又一書云：

古人為學，只是升高自下，步步踏實，漸次解剝，人欲自去，天理自明。無似此一般作捺紐捏底工夫，必要豁然頓悟，然後漸次修行也。

答包兩書，乃朱子在南康時。凡主學不在書者，必謂即心便是，而此心必有貴於頓悟。朱子則斥之為禪學。

同卷又答康戸曹有云：

熹所聞聖賢之學，則見其心之所有，不離乎日用尋常之近小，而其遠者大者，自不待於他求，初不若是荒忽放浪而無所歸宿也。故曰「下學而上達」。又曰「學問之道無他，求其放心而已矣」。

此心不離乎日用尋常之近小，求放心乃所以為下學之地。遠者大者，即在近小之中，上達亦不離乎下學。此皆朱子論學最平易愨實處，因其為人人所可知可能也。必違此以論學，言之雖若高奇新妙，而引人入於異端歧途，而終無所歸宿，故為朱子所反對。

又文集卷六十答曾無疑有云：

> 大率人之為學，當知其何所為而為學，又知其何所事而可以為學，然後循其次第，勉勉而用力焉。必使此心之外更無異念，然後乃可幾耳。

不知何所為而學，則往往流於博雜。不知其何所事而可以為學，則又必落入空幻之境。

同卷答度周卿有云：

> 歲月易得，義理難明。但於日用之間，隨時隨處，提撕此心，勿令放逸，而於其中隨事觀理，講求思索，沉潛反復，庶於聖賢之教漸有默相契處，則自然見得天道性命，眞不外乎此身，而吾之所謂學者，舍是無有別用力處矣。

此書臨了，有「切勿為外人道」之語，疑是在與象山相爭一事張揚以後。其言平易愨實，則仍與早年意見無大相異。

又卷六十一答曾景建有云：

觀古今聖賢立言垂訓，亦未始不以孝弟忠信收斂身心為先務。然後即吾日用之間，參以往訓之指，反覆推窮，以求其理之所在。使吾方寸之間，虛明洞徹，無毫髮之不盡。然後意誠心正身修而推以治人，無往而不得其正者。若但泛然博觀，而概論以為如是而無非學，如是而無非道，則吾恐其無所歸宿，不得受用，而反為彼之指本心講端緒者所笑矣。

「指本心，講端緒」，指陸學言。朱子諍陸學，然亦教人勿為陸學所笑。從此可求朱陸異同所在。朱子論學，又常辨下學上達，即猶其辨平易高遠也。茲再續引數條如次。

文集卷三十答汪尚書有云：

竊觀來意，似以為先有見處，乃能造夫平易，此則又似禪家之說，熹有所不能無疑也。聖門之教，下學上達，自平易處講究討論，積慮潛心，優柔饜飫，久而漸有得焉，則日見其高深遠大而不可窮矣。必先有見，然後有以造夫平易，則是欲先上達而後下學也。

此書在己丑，朱子年四十。又文集卷三十九答許順之有云：

來書謂本末精粗，本無二致。子夏對子游之語，以為「譬之草木，區以別矣」，何嘗如此儱侗來。惟密察於區別之中，見其本無二致者，然後上達之事可在其中矣。如吾子之說，是先向上達處坐卻。聖人之意正不如是。雖至於堯、舜、孔子，其自處常只在下學處也。上達處不可著工夫，更無依泊處。日用動靜語默，無非下學，聖人豈曾離此來。今動不動便先說箇本末精粗無二致，正是鶻崙吞棗。

朱子亦常言本末精粗無二致，故教人從末處粗處下手。凡為高奇新妙之說者，則多徑趨本原精微，而忽卻末節粗處，不尚下學，專企上達也。

又卷四十五答廖子晦有云：

聖門之學，下學而上達。至於窮神知化，亦不過德盛仁熟而自至耳。若如釋氏「理須頓悟、不假漸修」之云，則是上達而下學也。其與聖學亦不同矣。而近世學者，每欲因其近似而說合之，是以為說雖詳，用心雖苦，而卒不近也。

又卷六十一答歐陽希遜有云：

人有天資高，自然見得此理眞實流行運用之妙者，未必皆由學問之功。大抵學者當循下學上達之序，庶幾不錯。若一向先求曾點見解，未有不入於佛老也。

是朱子亦不抹殺有天資高不皆由學問之一途，即如程明道亦頗近其例矣。而朱子教人則為一般人言，故謂雖孔子，其自處亦常在下學處也。

朱子論學，又極重「尊德性」與「道問學」之辨。此層已屢見於他篇，茲再雜引語類數條如次：

問「尊德性而道問學」一段。曰：「此本是兩事，細分則有十事，其實只兩事，兩事又只一事。只是箇尊德性，卻將箇尊德性來道問學。所以說『尊德性而道問學』也。」（六四）

此條枅錄，不知何人，殆是朱子晚年語。將尊德性來道問學，可謂朱子對此問題簡約之結論。

又曰：

為學纖毫絲忽不可不察。若小者分明，大者越分明。如中庸說「發育萬物，峻極于天」，大也。「禮儀三百，威儀三千」，細也。「尊德性、致廣大、極高明、溫故、敦厚」，此是大者五事。「道問學、盡精微、道中庸、知新、崇禮」，此是小者五事。然不先立得大者，不能盡得小者。此理愈說愈無窮，言不可盡。如「小德川流，大德敦化」，亦此理。千蹊萬壑，所流不同，各是一川，須是知得，然其理則一。（六四）

此條實從周錄，丙午朱子年五十七以後所聞，不知的在何年。亦發揮大小本末一貫兼盡之意。然謂「溫故」是大事，「知新」是小事。以「溫故」列「尊德性」一邊，以「知新」列「道問學」一邊。「溫故」始是致廣大而極高明，「知新」只是盡精微與道中庸。此一分辨，大可思。

又曰：

「尊德性，致廣大，極高明，溫故，敦厚」，是一頭項。「道問學，盡精微，道中庸，知新，崇禮」，是一頭項。蓋能尊德性，便能道問學，所謂本得而末自順也。其餘四者皆然。本即所謂「禮儀三百」，末即所謂「威儀三千」。「三百」即「大德敦化」也，「三千」即「小德川流」也。（六四）

此條吳壽昌錄，在丙午，與上引一條同意，蓋亦同時語。

又曰：

「聖賢之學，事無大小，道無精粗，莫不窮究無餘。至如事之切身者，固未嘗不加意。而事之未為緊要，亦莫不致意焉。所以中庸曰：『君子尊德性而道問學，致廣大而盡精微，極高明而道中庸，溫故而知新，敦厚以崇禮』，這五句十件事，無些子空闕處。」又云：「聖賢所謂博學，無所不學也。自吾身所謂大經大本，以至天下之事事物物，甚而一字半字之義，莫不在所當窮，而未始有不消理會者。雖曰不能盡究，然亦只得隨吾聰明力量理會將去。久久須有所至，豈不勝全不理會者乎？若截然不理會者，雖物過乎前，不識其名，彼亦不管，豈窮理之學哉。」（六四）

此條呂燾錄己未所聞，朱子年七十，亦朱子晚年定論也。後人因朱子提倡即物窮理，遂謂其忽於尊德性，是誠疎謬之見矣。

又曰：

聖人將那廣大底收拾向實處來，教人從實處做將去。老佛之學，則說向高遠處去，故都無工夫了。聖人雖說本體如此，及做時須事事著實，如禮樂刑政、文為制度，觸處都是。體用動靜，互換無端，都無少許空闕處。若於此有一毫之差，則便於本體有虧欠處也。「洋洋乎禮儀三百，威儀三千」，洋洋是流動充滿之意。（六四）

此條輔廣錄甲寅朱子年六十五以後所聞，不知的在何年。要之在朱子之晚年也。凡專言尊德性而忽於道問學者，則決不能有流行充滿之致。

問「鑽燧改火」。直卿曰：「若不理會細碎，便無以盡精微之義。若一向細碎去，又無以致廣大之理。」曰：「須是大細兼舉。」（四七）

此條陳淳錄，不知是庚戌抑己未。

又曰：

理會得「川流」處，方見得「敦化」處。（二七）

此條董銖錄丙辰朱子年六十七以後所聞。

朱子論學，又常辨博約。語類有云：

「博我以文，約我以禮」，聖門教人，只此兩事，須是互相發明。約禮底工夫深，則博文底工夫愈明。博文底工夫至，則約禮底工夫愈密。（三六）

問：「顏子『博文約禮』是循環工夫否？」曰：「不必說循環。如左腳行得一步子，右腳方行得一步。右腳既行得一步，左腳又行得一步。此頭得力，那頭又長。那頭既得力，此頭又長。所以欲罷而不能。」（一一八）

又曰：

「博學」謂天地萬物之理，修己治人之方，皆所當學。然亦各有次序，當以其大而急者為先，不可雜而無統也。（六四　八）

問「博學而詳說之，將以反說約也」。曰：「貫通處便是約。不是通貫了又去裏面尋討箇約。伊川說格物處云：『但積累多後自然脫然有貫通處。』『積累多後』，便是學之博。『脫然有貫通處』，便是約。」問：「世間博學之人非不博，卻又不知箇約處者何故？」曰：「他合下博得來便不是了，如何會約。他更不窮究這道理是如何，都見不透徹。只是搜求隱僻之事，鈎摘奇異之說以為博。如此豈能得約。今世博學之士，大率類此。不讀正當底書，不看正當注疏，偏揀人所不讀底去讀，欲乘人之所不知以誇人。不問義理如何，只認前人所未說，今人所未道者，則取之以為博，如此如何望到約處。」（五七）

朱子教人為學先博後約，然須識得朱子所謂博處，則自無支離與雜而無統之病矣。

朱子論當時學弊　下

朱子論當時學弊，復有一端，厥為當時學者不重視讀書，讀書不子細，其病亦始自程門。朱子教人，則必以讀書為務，主能細讀、能博讀。朱子之提倡讀書，實為從二程講學以來一大轉變，亦為宋明理學隊伍中惟一異軍特起，誠所謂卓犖而不羣。茲復采摘其評論當時不重視讀書之風氣，續為斯篇。此三篇雖各自起迄，而義實一貫。惟凡所集錄，愈後而言愈平實。學者當匯通觀之，乃知當時不重視讀書風氣之所由。抑且其不重視讀書，亦不止於脫落章句，陵藉訓詁而已。此乃考論當時理學利病一絕大應先注意之問題，學者其亦勿加以輕視焉。

語類有云：

「天不生仲尼，萬古長如夜」，唐子西嘗於一郵亭梁間見此語。季通云：「天先生伏羲堯舜文王後不生孔子亦不得。後又不生孟子亦不得。二千年後又不生二程亦不得。」（九三）

朱子之推尊二程，可謂至矣。然朱子論學，實從程門有一莫大轉變，即朱子生平常竭力教人讀書是也。

語類又云：

只為漢儒一向尋求訓詁，更不看聖人意思，所以二程先生不得不發明道理，開示學者，使激昂向上，求聖人用心處，故放得稍高。不期今日學者，乃捨近求遠，處下窺高，一向懸空說了，扛得兩腳都不著地，其為害反甚於向者之未知尋求道理，依舊只在大路上行。今之學者，卻求捷徑，遂至鑽山入水。吾友要知，須是與他古本相似者方是本分道理。若不與古本相似，盡是亂道。（一一三）

此條指出程門後來學弊，不著地、不本分，盡是亂道。其病皆自不讀書，或讀書不子細來。而溯其遠源，則始於程氏之立言稍高。

文集西山先生李公墓表有云：

聖賢遠矣，然其所以立言垂訓，開示後學，亦可謂至哉。顧自秦漢以來，道學不傳，儒者不知反己潛心，而一以記覽誦說為事。是以有道君子深以為憂。然亦未嘗以束書不讀，坐談空妙，

為可以徼幸於有聞也。（九〇）

此所謂「有道君子憂之」，即指伊洛講學言也。所謂「束書不讀，坐談空妙」者，則朱子當時之學風流弊有然也。

問學問之端緒。曰：「且讀書，依本分做去。」（一一五）

讀書便是做學問之本分。朱子批評當時學者風氣不本分，正指其不讀書。

語類又云：

因說：「某人開廣，可喜，甚難得，只是讀書全未有是處。學者須是有業次。竊疑諸公亦未免如此。」先生言：「前輩諸賢，多只是略綽見得箇道理便休，少有苦心理會者。」（一一三）

此條所謂前輩諸賢，亦即指程門。讀書不苦心理會，乃至無是處也。

問：「山居頗適，讀書罷，臨水登山，覺得甚樂。」曰：「只任閑散不可，須是讀書。」又言：

「上古無閒民。」其說甚多，不曾記錄，大意似謂閒散是虛樂，不是實樂。（一一三）

二程少年獲見周濂溪後，吟風弄月而歸，遂知所謂尋孔顏樂處。上蔡承之，乃曰：「曾點獨對春風吟詠，肚裏渾沒些能解，豈不快活。」和靖亦曰：「放教虛閒，自然能見道。」流弊所至，遂不免羣趨於一種閑散生活。朱子戒人閑散，教人讀書，即為矯此弊。

語類又云：

不知自孔孟以後千數百年間，讀書底更不子細，把聖人言語略思量，看是如何。且人一日間，此心是起多少私意，起多少計較，都不會略略回心轉意去看，把聖賢思量，不知是在天地間做甚麼也。（一一七）

又曰：

今之學者，大概有二病。一以為古聖賢亦只此是了，故不肯做工夫。一則自謂做聖賢事不得，不肯做工夫。（一一七）

因說僧家有規矩嚴整，士人卻不循禮，曰：「他卻是心有用處。今士人雖有好底，亦是他資質偶然如此，要之其心實無所用。每日閑慢時多，如欲理會道理，理會不得，便掉過三五日半月。日不當事，鑽不透，便休了。」（一一四）

或問：「心不存，雖讀萬卷亦何所用？」曰：「若能讀書，就中卻有商量。只他連這箇也無，所以無進處。」（一一五）

此皆朱子指說當時學者生活閑慢，不用心讀書，著實理會。而此風實遠自程門來。亦可謂在二程當時，指示來學，本不曾教人子細讀書，亦更不曾教人把多讀書作工夫。遺書云：明道終日坐如泥塑人，然接人渾是一團和氣。在扶溝時，謝、游諸公皆在彼問學，明道一日曰：「諸公在此，只是學某說話，何不去力行？」二公云：「某等無可行者。」明道曰：「且去靜坐。」伊川見人靜坐，亦便歎其善學。一日嘗瞑目靜坐，游定夫、楊龜山立侍不敢去。久之，乃顧曰：「日暮矣，姑就舍。」二子者退，則門外雪深尺餘矣。此後上蔡亦言多著靜不妨。道南一脈，楊龜山、羅仲素、李愿中莫不以靜坐立教。而朱子終不以為然。語類云：

此說終是小偏，才偏便做病。道理自有動時，自有靜時。不可專要去靜處求。（一〇二）

輕輕移開此一靜字，便是朱子對程門學風一大轉手。好靜則好閑，好閑則不好讀書，其事乃相引而來。朱子更喜朱公掞引用伊川「涵養須用敬，進學則在致知」兩語，以敬字來替卻靜字，又添上進學致知，則讀書要為不可廢也。

朱公掞見明道於汝州，歸謂人曰：「某在春風中坐了一月。」此亦所謂「獨立聖門無一事」也。明道嘗言：「學者先學文，鮮有能至道。至如博觀泛覽，亦自為害。」又教謝良佐：「賢慎不要循行數墨。」上蔡嘗錄五經語作一冊，明道見之，謂曰：「玩物喪志。」此後胡文定說其事，謂上蔡初以見聞為學，自負賅博，對明道舉史書，不遺一字，明道曰：「賢卻見得許多，可謂玩物喪志。」謝聞之，汗流浹背。明道卻云：「只此便是惻隱之心。」及看明道讀史，又卻逐行看過，不差一字。謝甚不服，後來省悟。在明道固不是讀書不子細，而其設教流弊則有然者。語類云：

明道以上蔡記誦為玩物喪志，蓋為其意不是理會道理，只是誇多鬬靡為能。若明道看史不蹉一字，則意思自別，此正為己為人之分。（九五）

朱子此處分別明道、上蔡，指出上蔡不能善體師門之教旨。而明道立教，則亦自有使來學者不能善體處。語類又云：

二程資稟高，潔淨，不大段用工夫。（一一三）

不大段用工夫，宜亦包括讀書在內。

語類又云：

明道曾看釋老書，伊川則莊列亦不曾看。先生云：「後來須著看，不看無緣知他道理。」（九三）

當時傳說，伊川不看莊列書，而朱子為之辨。然伊川之不曾大段看釋老書，則亦從此可以推見。

語類云：

蔡云：「不知伊川門人如此其衆，何故後來更無一人見得親切？」或云：「游、楊亦不久親炙。」曰：「也是諸人無頭無尾，不曾盡心在上面也。如邵康節，從頭到尾，極終身之力而後得之。雖其不能無偏，然就他這道理，所謂『成而安』矣。如茂叔先生，資稟便較高，他也去仕宦，只他這所學，自是從合下直到後來，所以有成。某看來這道理若不是拚生盡死去理會，終不解得。」蔡又因說律管，云：「伊川何不理會？想亦不及理會，還無人相共理會？然康節所理會，伊川亦不理會。」曰：「便是伊川不肯理會這般所在。」（一〇一）

此見在二程當時，實由有許多不去理會處，所以程門後學，更多不肯喫些苦去理會。

又云：

尹和靖從伊川半年後，方得見西銘、大學看，不知那半年是在做甚麼。（九五）

此一故事，可見程門教法，而朱子並不贊許之意亦可見。

又云：

昨夜說尹彥明見伊川後半年，方得大學、西銘看，此意思也好，也有病。蓋天下有多少書，若半年間都不教他看一字，幾時讀得天下許多書，所以尹彥明終竟後來工夫少了。（九五）

又曰：

和靖不觀他書。只是持守得好。（一〇一）

此非讚美語，乃不滿語。

又曰：

初見伊川，將朱公掞所抄語錄去呈。伊川云：「某在何必觀此書？」尹子後來遂云語錄之類不必看。不知伊川固云「某在不必觀」，今伊川既不在，如何不觀？（一〇一）

和靖連其師語錄亦不看，則不看他書，其事大可想見。

問：「上蔡說橫渠以禮教人，其門人下梢頭低，『只溺於形名度數之間，行得來困，無所見處』，如何？」曰：「觀上蔡說又自偏了。專去理會形名度數固不得，又全廢了這箇，也不得。」（一〇一）

上蔡言「無窮者要當會之以神」，是說得過當。只是於訓詁處尋繹踐履去，自然下學上達。（一〇一）

龜山極是簡易，終日坐在門外石坐子上。（一〇一）

伊尹樂堯舜之道，如「克明俊德，以親九族」，至「協和萬邦，黎民於變時雍」，如「欽明文思」，「溫恭允塞」之類。伊尹在莘郊時，須曾一一學來。不如龜山說，每日只耕鑿食飲過了。

便如顏子，亦大段讀書。其問為邦，夫子告之云云，顏子平時於四代禮樂、夏小正之類，須一一曾理會來。古人詳於禮樂之事，當時自有一種書，後世不得而見。上古無書可讀。今既有書，亦須是讀，此由博以反約之義也。（五八）

此皆朱子指陳程門不讀書之風。

語類又曰：

李先生終日危坐。（一〇三）

李延平不著書，不作文，頹然若一田夫野老。（一〇三）

李先生好看論語，自明而已，謂孟子早是說得好了，使人愛看。其居在山間，亦殊無文字看讀辨正。更愛看春秋左氏。初學於仲素，只看經。後侯師聖來沙縣，羅邀之至，問：「伊川如何看？」云：「亦看左氏，要見曲折。」故始看左氏。（一〇三）

李先生曰：「看聖賢言語，但一踔看過便見道理者，卻是真意思。纔著心去看，便蹉過了多。」（一〇三）

正蒙、知言之類，學者更須被他汩沒。李先生極不要人傳寫文字，及看此等。舊嘗看正蒙，李甚不許。然李終是短於辯論邪正，蓋皆不可無也。無之即是少博學詳說工夫也。（一〇三）

李先生云：「橫渠說不須看，非是不是，只是恐先入了費力。」（一〇三）

問李先生默坐澄心之學。曰：「只為李先生不出仕，做得此工夫。若是仕宦，須出來理會事。」

李先生云：「書不要點，看得更好。」（一〇三）

問：「龜山之學云：『以身體之，以心驗之，從容自得於燕閒靜一之中。』李先生學於龜山，其源流是如此。」曰：「龜山只是要閒散，然卻讀書。尹和靖便不讀書。」（一一三）

李先生如此，亦可推見程門相傳學風，好閒靜，不肯子細讀書，大致如是。至朱子而一變。其竭意教人讀書之語，一部語類一百四十卷，幾於出口皆是，不勝摭拾。此下所舉僅作例證。別詳朱子讀書法。

語類有云：

為學雖是立志，然書亦不可不讀。專一靜坐，如浮屠氏塊然獨處，更無酬酢，吾徒之學，正不如此。過無事則靜坐，有書則讀書。豈可凡百放下祇是靜坐。（一一五）

正叔因習靜坐，謂因此遂有厭書冊之意。先生曰：「豈可一向如此，只是令稍稍虛閒，依舊自要讀書。」（一一三）

楊子順、楊至之、趙唐卿辭歸請教，先生曰：「學不是讀書，然不讀書又不知所以為學之道。

聖賢教人，只是要誠意、正心、修身、齊家、治國、平天下，所謂學者，學此而已。若不讀書，便不知如何而能修身、齊家、治國。」（一一八）

語泉州趙公曰：「學固不在乎讀書，然不讀書則義理無由明。程先生教人以敬為本，但敬便是箇關聚底道理，非專是閉目靜坐，耳無聞，目無見，不接事物，然後為敬。」（一二〇）

觀上引，見當時人意見必多不承認為學須讀書，更不承認讀書是為學中一項重要工夫，故朱子如是云云也。

語類又曰：

某少時看文字時，凡見有說得合道理底，須旁搜遠取，必要看得他透。今之學者，多不如是，如何！（六七）

若只是略踔看過，心下似有似無，濟得甚事。讀書須令徹頭徹尾讀教精熟。而今人只辦得十日讀書，下著頭，不與閑事，管取便別。莫說十日，只讀得一日，便有功驗。今公們自正月至臘月三十日，管取無一日專心致志在書上。（一一）

今人讀書，粗心大膽，如何看得古人意思。（七九）

某癖性讀書，須先理會得這樣分曉了，方去涵泳他義理。（六四）

某自潭州來，其他盡不曾說得，只不住地說得一箇教人子細讀書。（一〇）

朱子以光宗紹熙五年甲寅夏五月至潭州，年六十五。八月赴行在。此條甘節記癸丑以後所聞。可證朱子晚年，仍以子細讀書為教。

語類又云：

三代以下書，古今世變，治亂存亡，皆當理會。今只看此數書，又半上落下。（一一三）須是專心致意，一切從原頭理會過。且如讀堯舜典，曆象日月星辰、律度量衡、五禮五玉之類，禹貢山川，洪範九疇，須一一理會令透。又如禮書冠昏喪祭，王朝邦國許多制度，逐一講究。（一一三）

此則書不僅當細讀，又須能博讀也。後一條頗似清儒，前一條則遠非清儒所知。必兼觀此兩條，乃知朱子教人讀書之用意。

語類又曰：

文字可汲汲看，悠悠不得。急看方接得前面看了底。若放慢，則與前面意思不相接。莫學某看

文字，看到六十一歲，方略見得道理恁地。今老矣，看得做甚使得。學某不濟事，公宜及早向前。（一一五）

天下無書不是合讀底，無事不是合做底。若一箇書不讀，這裏便缺此一書之理。一件事不做，這裏便缺此一事之理。大而天地陰陽，細而昆蟲草木，皆當理會。一物不理會，這裏便缺此一物之理。（一一七）

如不理會散錢，只管要去討索來穿，則中庸只消「天命之謂性」一句，及「無聲無臭至矣」一句，便了。中間許多「達孝」、「達德」、「九經」之類，皆是粗迹，都掉卻，不能耐煩去理會了。如「禮儀三百，威儀三千」，只將一箇道理都包了，更不用理會中間許多節目。今須是從頭平心讀那書，許多訓詁名物度數，一一去理會。如禮儀須自一二三四數至於三百，威儀須自一百二百數至於三千。逐一理會過，都恁地通透始得。若只恁懸虛不已，恰似村道說無宗旨底禪樣，瀾翻地說去也得，將來也解做頌，燒時也有舍利，只是不濟得事。（一一七）

諸友揖退，先生留淳獨語，曰：「此別定不再相見。」淳問：「己分上事已理會，但應變處更望提誨。」曰：「今且當理會常，未要理會變。常底許多道理未能理會得盡，如何便要理會變。聖賢說話，許多道理平鋪在那裏，且要闊著心胸平去看。通透後，自能應變。不是硬捉定一物便要討常討變。今也須如僧家行脚，接四方之賢士，察四方之事情，覽山川之形勢，觀古今興亡治亂得失之迹。這道理方得周遍。不是塊然守定這物事在一室，關門獨坐便了，便可以為聖賢。自古無不曉事情底聖賢，亦無不通變底聖賢，亦無關門獨坐底聖賢。聖賢那箇事理會不得。如中庸「天下國家有九經」，便要理會許多物事。如武王訪箕子，陳洪範，八政五紀，稽之於卜筮，驗之於庶徵，無所不備。如周禮一部書，載周公許多經國制度。古聖賢許多規模大體也要識。且如禮樂射御書數，也要理會。又如律曆、刑法、天文、地理、軍旅、官職之類，都要理會。雖未能洞究其精微，然也要識箇規模大概，道理方浹洽通透。若只守箇些子，捉定在這裏，把許多都做閑事，便都無事了。如此只理會得門內事，門外事便了不得。所以聖人教人要博學，今公只就一線上窺見天理，便說天理只恁地了，便要去通那萬事，不知如何得。如今只道是持敬，收拾身心日用要合道理無差失，此固是好，然出而應天下事，應這事得時，應那事又不得。」（一一七）

此條陳淳記，在慶元己未，朱子年七十。翌年三月卒。朱子平日治學教人大宗旨，大精神，於此條可見。欲考朱陸晚年異同者，即據此一條，可為定論。

陳淳答蘇德甫書有曰：

文公表出近思錄及四子，以為初學入道之門，使人識聖門蹊徑。於此融會貫通以作權度，去讀天下羣書，究人生萬事。非謂天下道理皆叢萃賅備於此，可以向此取足，便安然兀坐，持循把守。以為聖賢事業盡在此，無復他求，便可運用施為，無往而不通，是大不然也。程子曰：「須大其心使開闊。」如只孤孤單單窄窄狹狹去看道理，左動右礙，前觸後窒，更無長進之望矣。

北溪此書大意，即得之朱子最後之面命。而其引程子「須大其心使開闊」一語，於程門立教，別開生面，別有會心。治學而欲會通程朱，端當如此求之。

語類又云：

程次卿自述：「向嘗讀伊洛書，妄謂人當隨事而思。視時便思明，聽時便思聰，視聽不接時，皆不可有所思。所謂『思不出其位』。若無事而思，則是紛紜妄想。」曰：「若閑時不思量義理，到臨事而思已無及。若只塊然守自家箇軀殼，直到有事方思，閑時都莫思量，這卻甚易，只守此一句足矣。如公所說，則六經語孟之書，皆一齊不消存得。以孔子之聖，也只是『好學』，『好古敏以求之』，『夫子焉不學，而亦何常師之有？』若說閑時都莫思，則世上大事小事都莫理會。何故中庸卻不先說篤行之，卻先說博學審問謹思明辨之？大學何故卻不先說正心誠意，卻先說致知？」季通問程君之意。曰：「只據他所見，自守一箇小小偏枯底物事，無緣知得大體。」因顧賀孫曰：「陳叔向正是如此。他說格物，云『物是心，須是格住這心，致知如了了的當，常常知覺』。他所見既如彼，便將聖賢說話都入他腔裏面。不如此，則他所學無據。這都是不曾平心讀聖賢之書，只把自家心下先頓放在這裏，卻捉聖賢說話壓在裏面。」（一二〇）

朱子對當時學風流弊，極意糾挽，觀上引可見。然細讀語類，相從於朱子之門者，常所討究，亦多以二程遺書中所傳下之幾句話頭為主，違距朱子心中所存博學致知之範圍，及其教人讀書之意，實甚相遠。朱子雖從二程傳統下轉出，而一時相從之士，則仍多為二程舊傳統所纏縛，甚少能追隨朱子意邁步向前者。其後至魏鶴山、眞西山、金仁山、王深寧、黃東發諸賢輩出，始漸成一新學風，較之以前二程門下迥別。然此下便是蒙古入主，天地已變，此一學脈終以中斷。明儒區區爭朱陸異同，其去朱子晚年所想望者益遠。下至晚明，顧亭林、黃梨洲、陸桴亭、王船山諸人迭起，庶乎可以上追朱子晚年之遺志。然而其時又已是清室入主，此一學脈，仍不能光昌宏大。而校勘、訓詁、考據一時所謂漢學者與之代興，朱子所提倡博學明辨格物致知之學風，終以夭折。朱子亦僅成為二程傳統下一性理大儒而止，此誠大堪惋惜之事。蓋其影響於學術與國脈民生者實甚大，舉而出之，以待後起有志之士之深思而熟辨之。

朱子與二陸交遊始末

朱子為有宋一代大宗師，居常推尊二程。及其晚年，象山陸氏與之抗顔爭異同。明代陽明繼起，是陸非朱，後人遂稱程朱、陸王，為宋明兩代理學界顯明對立之兩幟。陽明又編朱子晚年定論，引起此下絕大紛爭。朱子晚年果曾悔其前說而折從象山乎？抑實無其事，兩人之異見，至於各自歿世而未嘗契合乎？說者又謂，朱陸異同乃千載不可無之異同，亦為千載不可合之異同，其果然果不然乎？夫曰不可無，自為不可合。然朱陸之異見，其果為理學上所必不可無乎？若果如此，朱陸兩人應是各得理學上所爭眞理之一半，亦如天地有陰陽，人道有男女，雖不可無此異，亦終必合此異，乃見天地與人道之大全，何謂不可無又不可合乎？特立此篇，以平心試求其究竟。篇分上下，上篇記朱陸交游始末，下篇論其學術異同。餘為散記附後。

朱陸相見，最先在鵝湖寺一會。象山年譜載：

淳熙二年乙未，呂伯恭約先生與季兄復齋會朱元晦諸公於信之鵝湖寺。朱亨道書云：鵝湖講道，誠當今盛事。伯恭蓋慮陸與朱議論猶有異同，欲會歸於一，而定其所適從。臨川趙守景明，邀劉子澄、趙景昭。景昭在臨安，與先生相款，亦有意於學。

又曰：

鵝湖之會，論及教人。元晦之意，欲令人泛觀博覽而後歸之約。二陸之意，欲先發明人之本心而後使之博覽。朱以陸之教人為太簡，陸以朱之教人為支離，此頗不合。先生更欲與元晦辨，以為堯舜之前何書可讀。復齋止之。趙、劉諸公拱聽而已。

又象山語錄謂：

呂伯恭為鵝湖之集，先兄復齋謂某曰：「伯恭約元晦為此集，正為學術異同。某兄弟先自不同，何以望鵝湖之同。」先兄遂與某議論致辨，又令某自說，至晚罷。先兄云：「子靜之說是。」次早，某請先兄說，先兄云：「某無說。夜來思之，子靜之說極是。方得一詩云：『孩提知愛長知欽，古聖相傳只此心。大抵有基方築室，未聞無址忽成岑。留情傳註翻榛塞，著意精微轉陸沈。珍重友朋勤切琢，須知至樂在於今。』」某云：「詩甚佳，但第二句微有未安。」先兄云：「說得恁地，又道未安，更要如何？」某云：「不妨一面起行，某沿途卻和此詩。」及至鵝湖，伯恭首問先兄別後新功，先兄舉詩才四句，元晦顧伯恭曰：「子壽早已上子靜船了也。」舉詩罷，遂致辨於先兄。某云：「某途中和得家兄此詩，云：『墟墓興哀宗廟欽，斯人千古不磨心。涓流積至滄溟水，拳石崇成泰華岑。易簡工夫終久大，支離事業竟浮沉。』」舉詩至此，元晦失色。至末二句云：「欲知自下升高處，眞僞先須辨自今。」元晦大不懌。於是各休息。翌日，二公商量數十折。議論來，莫不悉破其說。繼日凡致辨，其說隨屈。伯恭甚有虛心相聽之意，竟為元晦所尼。後往南康，元晦延入白鹿講說，因講「君子喻於義」一章，元晦再三云：「某在此不曾說到這裏，負媿何言。」

淳熙二年乙未，朱子年四十六。是年與東萊同編近思錄。其前著作，有校定上蔡語錄，論語要義，訓蒙口義，編定程氏遺書，論孟精義，通鑑綱目，八朝名臣言行錄，西銘解義，太極圖說解，通書解，伊洛淵源錄，古今家祭禮諸種。至丁酉四十八歲，又有論孟集注、或問、其屬稿尚遠在鵝湖會二陸之前。至其論心地工夫，則四十以前與南軒討論「中和」諸說，可見其大概。是朱子當時學問途徑，大體已定。二陸兄弟謂其留情傳注，無基築室；又謂是支離事業，浮沉榛塞。是殆不足以服朱子之心。象山年譜引朱亨道謂：朱子「意欲令人泛觀博覽而後歸之約」此語似非未的。但朱子在當時，其所為學，博覽而非無宗主範圍、無輕重先後。如其教人讀論孟，讀伊洛遺書，讀濂溪、橫渠，在朱子自不認為是支離；遇文字有疑義，加以考索尋究，朱子亦不認為便有榛塞陸沉之憂。語錄云：「商量數十折，議論來莫不悉破其說。」又云「繼日凡致辨，其說隨屈」云云，以朱、呂為論敵，亦似不易如摧枯拉朽之所為。雙方是非，寧有如是之判然。象山年譜又云：伯恭甚有虛心相聽之意，乃為朱子所尼。然考之東萊前後與朱子書，亦似無此事。語錄此條，顯係象山在南康講後追述，其口氣甚多可疑，殆非當時實況也。

乾、淳癸巳、甲午，朱子與東萊兄弟書束往復，即曾道及陸氏兄弟。蓋乾道八年象山登進士第，乃東萊所識拔。翌年，乾道九年癸巳，東萊與朱子書有云：「撫州士人陸九齡子壽，篤實孝友，兄弟皆有立。舊所學稍偏，近過此相聚累日，亦甚有問道四方之意。」朱子文集卷三十三有答書云：

> 陸子壽聞其名甚久，恨未識之。子澄云：「其議論頗宗無垢。」未知今竟如何也。

子澄即劉靜春，江西廬陵人，知二陸之學較詳，後亦預鵝湖之會。宋元學案與其兄子和同列為清江學案。

翌年淳熙元年甲午，文集卷四十七有答東萊弟祖約子儉書云：

> 陸子靜之賢，聞之蓋久，然似聞有脫略文字直趨本根之意，不知其與中庸學問思辨然後篤行之

旨，又如何耳。

又一書云：

近聞陸子靜言論風旨之一二，全是禪學，但變其名號耳。競相祖習，恐誤後生，恨不得深扣其說，因獻所疑也。然想其說方行，亦未必肯聽此老生常談，徒竊憂嘆而已。

又文集卷八十一書近思錄後有云：「淳熙乙未之夏，東萊呂伯恭來自東陽，過予寒泉精舍，留止旬日，相與讀周子、程子、張子之書」云云，下題五月五日。是近思錄成編在乙未五月也。東萊答邢邦用書云：「祖謙自春末為建寧之行，與朱元晦相聚四十餘日，復同出至鵝湖。」約略計之，東萊於春末啟程，與朱子相聚四十餘日，其離建寧，應在五月之杪。故文集卷四十九答王子合書又云：「前月末送伯恭至鵝湖，陸子壽兄弟來會，此月八日方分手而歸」，則應是淳熙乙未六月也。此會動機，出於朱、呂，據上引諸柬可見。

及鵝湖會後，南軒有書與朱子，問：「陸子壽兄弟如何，肯相聽否？」朱子答書見文集卷三十一，其書曰：

子壽兄弟氣象甚好，其病卻是盡廢講學而專務踐履，卻於踐履之中要人提撕省察，悟得本心，此為病之大者。要其操持謹質，表裏不二，實有以過人者。惜乎其自信太過，規模窄狹，不復取人之善，將流於異學而不自知耳。

又同年文集卷四十九有答王子合書云：

前月末送伯恭至鵝湖，陸子壽兄弟來會，講論之間，深覺有益。

此為朱子與二陸在鵝湖初會後之影像。在當時，朱子於程門諸弟子，已漸見上蔡持論過高，有流弊，而深有取於和靖之有守。象山言論意趣近於上蔡，然其踐履篤實，表裏不二，則固朱子所深賞也。

象山年譜引朱子鵝湖會後一書，此書文集未收，書云：

某未聞道學之懿，玆幸獲奉餘論，所恨匆匆別去，彼此之懷，皆若有未既者。然警切之誨，佩服不敢忘也。還家無便，寫此少見拳拳。

是謂鵝湖之會，雖自己意見有所未盡，然於己則有益矣。凡講學遇異見，應無不於己有益，朱子之意，如此而已。

又東萊答邢邦用書云：

祖謙與朱元晦同出至鵝湖，二陸及子澄諸兄皆集，甚有講論之益。前書所論甚當，近已嘗為子靜詳言之。講貫誦繹，乃百代為學通法，學者緣此支離泛濫，自是人病，非是法病。見此而欲盡廢之，正是因噎廢食。然學者苟徒能言其非，而未能反己就實，悠悠汩汩，無所底止，是又適所以堅彼之自信也。

此書謂講貫誦繹乃百代為學通法，豈可盡廢，則寧有如象山語錄所謂「甚有虛心相聽之意」乎？至云「學者苟徒能言其非，而不能反已就實」云云，此一意見尤重要。朱子、東萊於鵝湖會後皆云甚有講論之益，而不昌言二陸之非，與二陸貽詩及象山语錄云云，亦顯然有別矣。

上引象山年譜復齋詩云：「古聖相傳只此心」，象山云此句微有未安，但未說未安處何在。象山和詩云：「斯人千古不磨心」，殆即所謂「千百世之上有聖人出，此心同，此理同。千百世之下有聖人出，此心同，此理同」也。謂「古聖相傳只此心」，則猶似謂我之此心傳自古聖。謂「斯人千古不磨心」，則此心即在我，不待古聖之傳。象山所謂未安者宜指此。朱子文集卷七十有記疑一篇，謂「偶得雜書一編，不知何人所記，意其或出於吾黨，而懼其流傳久遠，上累師門，因竊識之，以俟君子考焉。」此文成於淳熙丙申三月，上距鵝湖之會未一年。茲舉其一則於此。

先生言於上曰：「先聖後聖，若合符節。非傳聖人之道，傳聖人之心也。非傳聖人之心也，傳己之心也。己之心無異聖人之心，廣大無垠，萬善皆備。欲傳聖人之道，擴充此心焉耳。」愚謂此言務為高遠，而實無用力之地。夫學聖人之道，乃能知聖人之心。知聖人之心以治其心，而至於與聖人之心無以異焉，是乃所謂傳心者也。豈曰「不傳其道而傳其心，不傳其心而傳己之心」哉。且既曰己之心矣，則又何傳之有。況不本於講明存養之漸，而直以擴充為言，則亦將以何者為心之正而擴充之耶？

此一編雜錄，實乃周憲之震澤記善錄，所記乃王信伯語，宋元學案震澤學案全謝山謂其「頗啟象山之萌芽」者。上引一節，乃信伯上奏高宗語，見宋元學案信伯傳。復齋主以己心上傳聖人之心，象山則主反求己心，實本信伯此奏。朱子所爭，乃在如何使己心得上同聖人之心之工夫上。三人意見不同在此。象山謂「此心同，此理同」，己心即聖人之心，不煩有傳。涓流可積為滄溟，拳石可崇為泰華。故曰「先立乎其大者」，又曰「六經皆我注腳也」。陽明極稱周憲之記善錄，乃謂聖人爭成色，不爭分量。王學流衍，更推極說之，遂謂滿街都是聖人，端茶童子亦即是聖人。然孔子謂「十室之邑，必有忠信如丘者焉，不如丘之好學」，此學爭分兩也。以心傳心，其說出於禪。信伯極好禪。章憲為信伯作墓志，引見王梓材宋元學案補遺，有曰：「道學衰微，千有餘載。士習於章句傳注，孰有心傳自到者。憲自髫齔，已聞河南二程夫子紹孔孟之絕學。既冠，居吳，乃聞福清王先生，執門弟子之禮。」是信伯弟子亦以其師乃得伊洛之心傳，而伊洛則得孔孟之心傳。重心傳，乃不免脫略章句傳注，鵝湖會前二陸賦詩亦即此意。信伯少事龜山，後乃師伊川，龜山極稱之，以為師門後來成就者惟信伯。而朱子則力辨龜山之說流入於禪。朱子亦屢言傳心，而鵝湖之會，聞二陸詩而不懌，主要乃在「留情傳注」與「支離事業」之兩語也。晚明周海門為聖學宗傳，誤引王信伯此條謂為明道告神宗，孫夏峯理學宗傳承之，黃梨洲宋元學案遂徑引此條入明道學案中，則朱子所懼「流傳久遠，上累師門」者，信不虛矣。

今撇去朱陸異同，專論二陸意態，亦自有異。鵝湖會前，復齋告象山：「我兄弟先自不同，何以望鵝湖之同。」及復齋舉詩四句，朱子顧東萊：「子壽早已上子靜船了。」此必東萊在事前已詳告朱子二陸意態不同之梗概。及象山欲問朱子「堯舜以前曾讀何書」，而復齋止之，此見復齋意態遠不如象山之激昂。故東萊事後答邢邦用書，亦謂「近已嘗為子靜詳言之，講貫誦習乃百代為學通法」，單提象山，不及復齋，可知鵝湖一會之後，復齋亦不如象山之堅執。

文集卷五十八答葉味道有云：

所喻既祔之後，主不當復於寢，此恐不然。向見陸子靜居母喪時，力主此說，其兄子壽疑之，皆以書來問，因以儀禮注中之說告之。渠初乃不曾細看，及聞此說，遂以為只是注說，非經之本文，不足據信。當時嘗痛闢之，且以為未論古禮如何，但今只如此，卒哭之後便除靈席，則孝子之心豈能自安。其後子壽書來，乃伏其謬，而有他日負荆之語。

此事在淳熙四年丁酉，乃鵝湖會後之兩年。文集卷三十六有答陸子壽兩書詳論此事，而云：

大凡讀書處事，當煩亂疑惑之際，正當虛心博采以求至當。或未有得，亦當且以闕疑闕殆之意處之。若遽以己所粗通之一說，而盡廢己所未究之衆論，則非惟所處之得失或未可知，而此心之量，亦不宏矣。

觀之答葉味道書，亦見二陸意態不同。

又越年，淳熙己亥，朱子赴南康軍任，行至信州鉛山，寓崇壽僧舍，復齋來訪。此在其免喪後，殆亦自踐其負荆請罪之言也。朱子追和鵝湖相會時詩云：

德義風流夙所欽，別離三載更關心。偶扶藜杖出寒谷，又枉籃輿度遠岑。舊學商量加邃密，新知培養轉深沉。只愁說到無言處，不信人間有古今。

此詩述學論交兼而有之。謂別離三載，指丙丁戊三年，實則乙未至己亥已及五年矣。商量舊學，培養新知，此為以己心傳古聖人心所應有之門徑階梯。若謂天挺聖哲，不煩學問，前聖後聖，古今一揆，理自有之，然已涉無可言議之境，此則朱子所不願深談也。此次復齋之來，意態更與前不同。文集卷三十四有答呂伯恭書，謂「近兩得子壽兄弟書，卻自訟前日偏見之說，不知果如何。」此書在戊戌，惜象山集無可考，然可見其時二陸意態有變，而尤以復齋為然。

語類有云：

陸子壽自撫來信，訪先生於鉛山觀音寺。子壽每談事，必以論語為證。如曰：「聖人教人『居處恭，執事敬』。又曰：『子所雅言，詩書執禮，皆雅言也。』『弟子入則孝，出則弟，謹而信，汎愛衆而親仁。』此等皆教人就實處行，何嘗高也。」先生曰：「某舊間持論亦好高，近來漸漸移近下，漸漸覺實也。如孟子卻是將他已到底教人，如言『存心養性』，『知性知天』，有其說矣，是他自知得。餘人未到他田地，如何知得他滋味。卒欲行之，亦未有入頭處。若論語卻是聖人教人存心養性、知性知天實涵養處，便見得，便行得也。」（一二四）

此條余大雅記戊戌以後所聞，即子壽己亥來訪時也。細觀此條，子壽諸說頗平實，朱子實深賞之。乃謂孟子言存心養性、知性知天，皆孟子之自得語，他人未能於此有入頭處，不如論語教人實下工夫處使人易見易行。可見兩人此番相見，意氣頗為融洽。此下諸條皆余大雅同時所記。一條云：

陸子壽看先生解中庸「莫顯乎微」，云：「幾微，細事也。」因歎美其說之善。曰：「前後說者連『莫見乎隱』一滾說了，更不見切體處。今如此分別，卻是使人有點檢處。九齡自覺力弱，尋常非禮念慮，固能常常警策，不使萌於心。然志力終不免有怠時，此殆所謂幾微處須點檢也。」先生曰：「固然。」（一二四）

又一條云：

陸子壽言：「古者教小子弟，自能言能食即有教，以至灑掃應對，皆有所習，故長大則易語。今人自小即教做對子，少大即教作虛誕之文，皆壞其性質。某嘗思欲做一小學規，使人自小教之便有法，如此亦須有益。」先生曰：「只做禪院清規樣，亦自好。」（七）

又一條：

子壽言：「孔子答羣弟子所問，隨其材答之，不使聞其不能行之說，故所成就多。如『克己復禮為仁』，惟以分付與顏子，其餘弟子不得與聞也。今教學者，說著便令克己復禮，幾乎以顏子望之矣。今釋子接人，猶能分上中下三根，云『我則隨其根器接之』，吾輩卻無這箇。」先生曰：「此說固是。如克己之說，卻緣眾人皆有此病，須克之乃可進，使肯相從，卻不誤他錯行了路。今若教他釋子輩來相問，吾人使之克己復禮，他還相從否？」子壽云：「他不從矣。」曰：「然則彼所謂根器接人者，又如何見得是與不是，解後卻錯了，不可知。」（四一）

此皆見當時二人相見，有講論切磋之樂，無激辨忿爭之苦，大異乎鵝湖之初會矣。子壽與朱子別後，又見呂東萊。東萊柬朱子有云：

子壽前日經過，留此二十餘日，幡然以鵝湖所見為非，甚欲着實看書講論，心平氣下，相識中甚難得也。

此書在庚子，張南軒已卒。越後象山為呂伯恭祭文，亦曰：「先兄復齋，比一二歲，兩獲從款，言符心契。」則此次復齋之晤東萊，其意氣之加洽，情好之加敦，亦可見。

文集卷三十四有答呂伯恭書，謂：

子壽相見，其說如何？子靜近得書，其徒曹立之者來訪，氣質儘佳，亦似知其師說之誤。持得子靜答渠書，與劉淳叟書，卻說人須是讀書講論。然則自覺其前說之誤矣。但不肯飜然說破今是昨非之意，依然遮前掩後，巧為詞說，只此氣象，卻似不佳耳。

此書在己亥十月。翌年庚子，又有書云：

子壽學生又有興國萬人傑字正純者亦佳。見來此相聚，云子靜卻教人讀書講學。

又是年六月，又有答呂伯恭書云：

子壽兄弟得書，子靜約秋涼來遊廬阜，但恐此時已換卻主人耳。渠兄弟今日豈易得，但子靜似猶有些舊來意思。聞其門人說，子壽言其雖已轉步，而未曾移身，然其勢久之亦必自轉。回思鵝湖講論時，是甚氣勢，今何止十去七八耶？

子壽既鉛山來訪，子靜又廬阜約晤，二人意態確是好轉。惟子壽言子靜雖已轉步而未曾移身，則兩人意態間亦仍自有距離。不幸子壽於庚子九月辭世，朱子有祭文，甚表哀悼。其文曰：

> 學匪私說，惟道是求。苟誠心而擇善，雖異序以同流。如我與兄，少不並遊。蓋一生而再見，遂傾倒以綢繆。念昔鵝湖之下，實云識面之初。兄命駕而鼎來，載季氏而與俱。出新篇以示我，意懇懇而無餘。厭世學之支離，新易簡之規模。顧予聞之淺陋，中獨疑而未安。始聽熒於胸次，卒紛繳於談端。徐度兄之不可遽以辨屈，又知兄必將返而深觀。遂逡巡而旋返，悵猶豫而盤旋。別未幾時，兄以書來。審前說之未定，曰子言之可懷。逮予辭官而未獲，停驂道左之僧齋。兄乃枉車而來教，相與極論而無猜。自是以還，道合志同。何風流而雲散，乃一西而一東。蓋曠歲以索居，僅尺書之兩通。期杖屨之肯顧，或慰滿乎予衷。屬者乃聞，兄病在牀。亟函書而問訊，并裹藥而携將。曾往使之未返，何來音之不祥。驚失聲而隕涕，沾予袂以淋浪。嗚呼哀哉！今茲之歲，非龍非蛇。何獨賢人之不淑，屢興吾黨之深嗟。惟兄德之尤粹，儼中正而無邪。至其降心以從善，又豈有一毫驕吝之私耶？嗚呼哀哉！兄則已矣，此心實存。炯然參倚，可覺惰昏。孰泄予哀，一慟寢門。緘辭千里，侑此一尊。

此文情辭懇摯，可謂從肺腑中流出。云子壽降心從善，則鵝湖一會之異同，在子壽固已蕩滌無餘存矣。文集卷三十四又有書與呂伯恭，云：

子壽復爲古人，可痛可傷。不知今年是何氣數，而吾黨不利如此！

又一書云：

子壽云亡，深可痛惜。吾道不振，此天也。奈何奈何！

又文集卷五十四答傅子淵有云：

荆州云亡，忽忽歲晚。比又得青田教授陸兄之訃，吾道不幸，乃至於此！每一念之，痛恨無窮。

荆州指張南軒。此皆見朱子與復齋鉛山再晤後，論學已不復有大異同，故朱子之凡見於文辭者，其情意懇切有如此。

稍後東萊誌其墓，亦曰：

先生勇於求道之時，憤悱直前，蓋有不由階序者。然其所志者大，所據者實，公聽並觀，卻立四顧，弗造於至平至粹之地弗措也。

東萊所評騭，亦一猶朱子之意見。其「勇於求道之時」云云，此即東萊最先與朱子論及復齋一書，謂舊所學稍偏也。

厥後黃東發評復齋曰：

復齋之學，大抵與象山相上下。象山以自己之精神為主宰，復齋就天賦之形色為躬行。皆以講不傳之學為己任。皆謂當今之世舍我其誰。掀動一時，聽者多靡。所不同者，象山多怒罵，復齋覺和平耳。復齋之文，猶多精語，足警後學，而自謦其所得，則在性學。至謂「窮天地亙萬古無以易，而世無其學，難以語人」。視孔子之言性，澹然一語而止者，幾張皇矣。夫既不語，世莫得聞。他日又謂「外形色言天性，外視聽言動言仁，皆非知性者」。復齋所明性學，儻在於是乎？然形色固天性也，而睟面盎背，亦必有其所以然者。視聽言動之以禮，固所以為仁也，而勿視勿聽勿言勿動，亦必有主宰乎其中者矣。復齋之言視孔孟，似頗直截也。東萊誌其墓，謂「勇於求道，有不由階序者」，殆確論云。

此於復齋有微辭，亦從東萊語引伸。謂其視孔孟似頗直捷，即猶東萊所謂「不由階序」也。惟東萊謂其「公聽並觀，弗造於至平至粹之地弗措」，則指復齋晚年言。

全祖望宋元學案，據東發日鈔所引，分復齋語之精足以警後學，及其近象山而可議者具錄之。其所謂可議者，如曰：

某日與兄弟講習，往往及於不傳之旨，天下所未嘗講者。荀卿、揚雄、韓愈皆不世出，至言性則戾。近世巨儒性理之論猶或未安。某乃稽百氏異同之論，出入於釋老，反覆乎孔子、子思、孟子之言，潛思而獨究之，煥然有明焉。窮天地，亘萬世，無易乎此也。然世無是學，難以論人。竊不自揆，使天欲平治天下，當今之世，舍我其誰。苟不用於今，則成就人才，傳之學者。

凡此皆所謂「掀動一時，聽者多靡」之說也。朱子嘗譏學者高自許而意輕前輩，此固當時理學家一通病，惟二陸則似更有甚。而如上引語類所載復齋與朱子鉛山之晤談，則其言之和順婉遜，亦頗異其前矣。故東萊稱之云云也。

又宋元學案引復齋復傅子淵書，謂：

近來學者多自私欲速之說，又惑於釋氏一超直入之談。往往棄日用而論心，遺倫理而語道。適見聖謨與舍弟書，又有「即身是道，不假擬度」之說，此又將墮於無底之壑矣。

此書不知在何年，殆是其晚年筆也。若果得壽，循此以往，又何患其弗造於至平至粹之地哉？是則東發之所指為可議者，在復齋亦當自悔之無疑。象山集有復傅聖謨三書，其第一書即辨其「即身是道，不假擬度」之說者。此人殆子淵之同族也。自唐韓愈有「孟軻氏之死而不得其傳」之說，至伊川為明道墓表，乃謂「聖人之學不傳，千載無眞儒，先生生於千四百年後，一人而已」。此等語實皆不免受禪宗影響，衣鉢只付一人，根器無可共喻，在己則張皇過甚，於人則彈擊過嚴。朱子雖出二程傳統，於此種意見則極意擺棄，歸就平實。道之在天下，不必繫於一人之身，亦不能限於一線之傳。故其論學，於二程外，又擴大範圍，同時並尊濂溪、横渠，旁及康節、涑水，又上溯之於熙寧以前之諸賢。循此而上，經史文章，莫不有道存焉，亦學者所當究心。一時交遊，相與羽翼以共輔此意而宏唱之者，厥為南軒、東萊二人。陸氏兄弟講學於家門之内，復齋謂「近世巨儒性理之論猶或未安」，象山則謂我學直得之於孟子。雖於明道不見有間言，而自任以道統之傳者，則直接孔孟，亦所謂千四百年後一人耳。此等意態，亦不能不謂其非淵源於伊洛。此皆主直憑吾心以上接古聖，而又何階序之有。則宜乎鵝湖之會，譏朱子為支離，而朱子惜其「自信太過，規模窄狹，不復取人之善」，此亦不得謂過甚之辭。東萊與朱子書乃曰：「子靜病在看人不看理。只如吾丈所學，十分是當，無可議者。

只是工夫未到耳。豈可見人工夫未到，并其理而疑之。」此亦和平踏實，絕無阿私之意。鵝湖會後，二陸思想微有轉變，而復齋尤然。朱子、南軒、東萊之重視二陸，期與共相發明斯道之意，亦因而益進。惜乎復齋不壽，鉛山再晤以後，不半年而殂去。東萊之所望於其「弗造於至平至粹之地而弗措」者，終未能達，誠可惜也。

象山年譜有一條云：「復齋臨終云：『比來見得子靜之學甚明，恨不更相與切磋，見此道之大明耳。』」此條所錄，亦見語類。其語氣似亦謂象山學日有進，惜更不能相與切磋，以見此道之大明。則復齋之自惜其不壽，正亦猶如朱子、東萊之致惜於復齋也。

復齋既卒，象山廬阜遊約亦復取消。至淳熙八年辛丑，朱子年五十二，象山來訪，請書復齋墓誌銘。朱子邀之至白鹿洞書院，講論語「君子喻義小人喻利」章。文集卷八十一有跋金谿陸主簿白鹿洞書堂講義後一篇，謂其：

發明敷暢，懇到明白，皆有以切中學者隱微深痼之病，蓋聽者莫不竦然動心焉。熹猶懼其久而或忘之也，復請子靜筆之於簡而受藏之。凡我同志，於此反身而深察之，則庶乎其可以不迷於入德之方矣。

朱子當時對象山備極推引，亦幾於如鉛山之晤復齋矣。文集卷三十四答呂伯恭書，謂：

子靜到此數日，所作子壽埋銘，已見之。敍述發明，此極有功。卒章微婉，尤見用意深處。歎服歎服。子靜近日講論，比舊亦不同，但終有未盡合處，幸其卻好商量，亦彼此有益也。

此所謂微婉之卒章，即前引「不由階序」，而能「公聽並觀」，「弗造於至平至粹之地弗措」之說也。然謂象山議論終有未合，而幸其「卻好商量」。

稍後又有一書云：

子靜舊日規模終在，其論為學之病，多說如此即只是意見，如此即只是議論，如此即只是定本。熹因與說：「既是思索，即不容無意見。既是講學，即不容無議論。統論為學規模，亦豈容無定本。但隨人材質病痛而救藥之，即不可有定本耳。」渠卻云：「正為多是邪意見，閑議論，故為學者之病。」熹云：「如此即是自家呵叱亦過分了。須着邪字閑字，方始分明不教人作禪會耳。又教人恐須先立定本，卻就上面整頓，方始說得無定本底道理。今如此一概揮斥，其不為禪學者幾希矣。」渠雖唯唯，然終亦未竟窮也。來喻「十分是當」之說，豈所敢當。「功夫未到」，則乃是全不曾下工夫，不但未到而已也。子靜之病，恐未必是看人不看理，自是渠合下有些禪底意思，又是主張太過，須說我不是禪而諸生錯會了，故其流至此。方擬湖南，欲歸途過之，再與子細商訂。偶復蹉跌，未知久遠竟如何也。然其好處自不可掩覆，可敬服也。他時或約與俱詣見，相與劇論尤佳。俟寄書扣之，或是來春始可動也。

此書直斥象山近禪，既曰「其不為禪學者幾希」，又曰「渠合下有些禪底意思」，然仍稱其好處不可掩，可敬服。又欲歸途過之，再與子細商訂。並欲約與俱詣東萊，相與劇論。惜未能如望。象山以二月來訪，朱子以閏三月去郡東歸，而八月東萊卒矣。象山特為祭文，其辭有曰：

鵝湖之集，輒復妄發，宛爾故態。公雖未言，意已獨至。方將優游，以受砭劑。

又曰：

比年以來，更嘗差多，觀省加細。追維曩昔，麤心浮氣。徒致參辰，豈足酬義。

此則象山亦自追悔鵝湖一會之爭持有太過矣。

朱子至南康，不僅與復齋、象山兄弟重獲晤面之機會，一時陸門學者亦多有晉接。文集卷四十三答林擇之有云：

此中見有朋友數人講學，其間亦難得朴實頭負荷得者。因思日前講論，只是口說，不曾實體於身，故在己在人都不得力。今方欲與朋友說日用之間常切檢點，氣習偏處，意欲萌處，與平日所講相似與不相似，就此痛著工夫，庶幾有益。陸子壽兄弟近日議論，卻肯向講學上理會。其門人有相訪者，氣象皆好。但其間亦有舊病。此間學者卻是與渠相反。初謂只如此講學漸摩，自能入德，不謂末流之弊，只成說話。至於人倫日用最切近處，亦都不得毫毛氣力，此不可不深懲而痛警也。

此書象山年譜節錄於淳熙七年庚子，是年復齋卒，翌年象山訪朱子於南康。又文集卷四十四答吳茂實有云：

近來自覺向時工夫，止是講論文義，以為積集義理久，當自有得力處。卻於日用工夫全少檢點。諸朋友亦只如此做工夫，所以多不得力。今方深省而痛懲之，亦願與諸同志勉焉，幸老兄徧以告之也。陸子壽兄弟近日議論與前大不同，卻方要理會講學。其徒有曹立之、萬正淳者來相見，氣象皆儘好，卻是先於情性持守上用力，此意自好。但不合自主張太過，又要得省發覺悟，故流於怪異耳。若去其所短，集其所長，自不害為入德之門也。然其徒亦多有主先入，不肯捨棄者。曹、萬二君卻無此病也。

此兩書乃同時語。是時子壽尚未卒，曹立之來見亦在庚子，故知此兩書同在庚子也。子壽已言子靜已轉步，曹立之又出示象山書，說人須是讀書講論，故朱子此兩書極欲其門人能兼采兩家之長也。陽明晚年定論收吳茂實書，而刪去徧以告之以下一大段。子靜來廬阜在明年，無極之辨更在後，若朱子此時已有定論，何來此下之異同。晚年定論之不可信據，大率如此。

文集卷五十一答曹立之書有云：

錄示陸兄書意甚佳。近大冶萬正淳來訪，亦能言彼講論曲折，大概比舊有間矣。但覺得尚有兼主舊說以為隨時立教不得不然之意。似此意思，卻似漸有揜覆不明白處。以故包顯道輩仍主先入，尚以讀書講學為充塞仁義之禍。此語楊子直在南豐親聞其說，而南軒頃亦云「傳夢泉者，揚眉瞬目」云云，恐不若直截剖判，便令今是昨非，平白分明，使學者各洗舊習以進於日新之功，不宜尚復疑貳祕藏以滋其惑也。旦夕亦有人去臨川，自當作書更扣陸兄也。

書中南軒頃亦云云之語，知其時南軒尚在，或是尚未得其訃。又下一書云：

極欲一見渠兄弟，更深究此而未可得。向許此來，今賤迹既不定，想其聞此旱暵，又未必成來，深以為恨。

「渠兄弟」即指復齋、象山。復齋卒在庚子九月，大旱在夏，則此書尚在復齋卒前。立之早遊象山之門，鵝湖會時，象山已稱之。觀朱子與立之前書，知象山當時言論確與鵝湖會面時有不同，故朱子亟思與彼兄弟再聚，得更深究。然陸門流傳狂言，如包顯道「讀書講學，充塞仁義」諸語，則實有不可置之不辨者。朱子曾以此告象山，象山復書，謂「此公好立虛論，須相聚時稍減其性」。象山與包顯道書則曰：「來書云：『叩楊丞所學，只是躬行踐履，讀聖賢書，如此而已。』觀『如此而已』之辭，則立之所報殆不虛矣。不知既能躬行踐履，讀聖賢書，又有甚不得處。今顯道之學可謂奇怪矣。」是象山亦力呵顯道之為此言。立之已悟象山講學有弊，故朱子勸之，謂不若與象山「直截剖判，便令今是昨非平白分明，不宜尚復疑貳祕藏以滋門人之惑」。象山極賞立之，故朱子欲立之進直言。又謂當自作書。其意氣勤勤懇懇，深望能同歸一是以共明斯道。即南軒、東萊亦復如是，彼此間先後往來各札皆可見。而朱子與立之亦曾為包顯道事通書直告象山，據象山與顯道書可見。

文集卷五十四答傅子淵有云：

所示荊州問答，讀之，敬夫之聲容，恍若相接，悲愴之餘，警策多矣。大抵賢者勇於進道，而果於自信，未嘗虛心以觀聖賢師友之言，而一取決於胸臆。氣象言語，只似禪家，張皇鬥怒，殊無寬平正大沉浸醲郁之意。荊州所謂「有拈槌豎拂意思」者，可謂一言盡之。然左右初不領略，而渠亦無後語，此愚所深恨也。

子淵即傅夢泉，朱子所謂「主先入，不肯捨棄，流於怪異」之徒也。此書已在南軒卒後。

語類又云：

「傅子淵是天理戰罷，人欲宅眷。」又云：「傅子淵是操着官綱擔子，到處胡撞人，胡把競人。」

（五二）

此條廖謙錄甲寅所聞，朱子年六十五。然謙云乃一建昌人聶尉告之，朱子之語當遠在前，或在上引與傅書後不久。

傅子淵又介包顯道來謁。宋元學案槐堂諸儒學案包揚顯道與包約詳道、包遜敏道三人合傳，皆師象山。及象山卒，顯道率其生徒詣朱子精舍中執弟子禮，嘗葺朱子語為四卷，今多載入語類中。黎編語類「包揚錄」稱癸卯、甲辰、乙巳所聞，為朱子五十四、五、六三年。象山卒在紹熙三年壬子，上距淳熙乙巳尚八年。則顯道遊朱門，不待象山卒後。蔡抗饒州刊朱子語後錄後序，謂「淳祐戊申，將詣江東，鄱陽洪叔魯芹以其外大父吏部楊公方手所錄寒泉語見示，既又於安仁湯叔遜汲得其家藏包公揚所錄，二公在師門為前輩，所錄尚未編入」云云，楊方錄稱庚寅所聞，在朱子四十一歲。蔡抗並稱楊、包兩人在師門為前輩。若象山卒後顯道始來，則不得此稱矣。文集卷五十五有答包顯道兩書，其第一書云：

大率來喻，依舊有忽略細微徑趨高妙之意。子淵書來云：「顯道於異說已洗濯」，熹固疑之。今以此驗之，乃知果如所疑也。

其第二書云：

既未免讀書，則不曾大段著力理會，復是何說。向見前舉程文，從頭罵去，如人醉酒發狂，當街打人，不可救勸，心甚疑之，今乃知其病之有在也。

顯道初從象山，以讀書講學充塞仁義詆朱子。及朱子為曹立之墓表，顯道又甚不謂然。此兩書則在立之卒前。立之卒在淳熙十年癸卯二月，朱子為墓表在五月，武夷精舍成在四月，顯道率其徒來精舍，疑正在同時。其見墓表而意甚不平，不以為然者，正是初來精舍從遊時也。若謂象山卒後乃來執弟子禮，則何有癸、甲所聞之記錄。象山嘗稱吾門惟曹立之、萬正淳可不為利害所動，然兩人皆從朱子於南康。語類有萬正淳錄始庚子以後。顯道從遊則正與曹、萬二人相追隨。先是傅夢泉亦來南康，曾作書為顯道先容。此人乃象山門人中見推為第一人者。然則象山門下當時相率轉來朱門，大為不乏其人矣。

又文集卷五十五與包詳道、敏道各三書。其與詳道第一書云：

詳道資稟篤實，誠所愛重。但觀所與顯道講論，卻恐與去歲未相見時所見一般。蓋熟處難忘，所驟聞者未能遽入而復失之耳。大抵如㬊所見，愈退而愈平，賢者所見，愈進而愈險。彼此不同，終未易合。且當置之，各信其所信者，即看久遠如何耳。顯道根本處亦且是從前所見，但添得此中些說話，如敏道令弟，則立論又甚高，尤非㬊之所敢知耳。

觀此書，知包氏兄弟中，敏道最偏激，劉後村集謂其喜涉禪可知。詳道篤實，而守陸說不能變。顯道易轉動，其在南康與朱子相見，已依違於朱陸兩家間矣。象山與顯道書，謂「足下之病得於好事，親師友、為學立行皆從好事中來，故虛而不實」。殆亦恰中其病處。三人皆籍建昌南城，傅子淵亦籍南城，朱子來南康，乃相率來見。此書單稱顯道，又稱「敏道令弟」，似詳道、敏道乃親兄弟，顯道或是兩人之兄弟輩也。

又一書云：

示喻為學之意自信不疑如此，他人尚復何說。然觀古人為學，只是升高自下，步步踏實，漸次解剝，人欲自去，天理自明，無似此一般作捺紐揑底工夫，必要豁然頓悟然後漸次修行也。所論「當論是非，不當論平險」者甚善，然是則必平，正緣不是，故有險耳。此說甚長，非幅紙可既也。

觀此，知詳道於朱子前書未有入處，而自信仍甚堅。其第三書云：

示喻曲折，足見進道之力。然若謂氣質之偏只得如此用力，則固不失為近本，而於獨善其身有得力處。今卻便謂聖門之學只是如此，全然不須講學，縱讀書窮理，便為障蔽，則無是理矣。顏子一問為邦，夫子便告以四代之禮樂，若平時都不講學，如何曉得。禮記有曾子問一篇，於禮文之變，纖悉曲盡，豈是塊然都不講學耶？東坡作蓮花漏銘，譏衞朴以己之無目而欲廢天下之視，來喻之云，無乃亦類此乎？

此見詳道於朱子所言始終未契。朱子此書辭旨極峻，亦不似以詳道為其從遊弟子。象山與詳道書，稱其「天質淳眞，而不為夸詐者所惑，亦自有過人處」。夸詐殆指朱子言。

其答敏道第一書云：

示喻已悉。求放心固是第一義，然如所謂「軌則一定，而浩然獨存，使赤子之心全復，於此而明義之本先立，然後求聞其所未聞，求見其所未見」，則亦可謂凌躐倒置而易其言矣。聖賢示人模範具在。近世乃有竊取禪學之近似者，轉為此說以誤後生，後生喜其為說之高，為力之易，便不肯下意讀書，以求聖賢所示之門戶。而口傳此說，高自標致，亂道誤人，莫此為甚。三復來喻，恐未免此。因便布聞，未知明者以為何如。

第二書云：

承喻，「麤心浮氣，剗落向盡，閑居意味殊不淺」，自許如此，他人復何所道。區區但覺欲寡其過而未能耳。

第三書云：

所喻已悉。但道既不同，不相為謀，不必更紛紛。今後但以故人相處，問訊往來足矣。

是亦峻拒之，不欲更進有言也。眞西山跋敏道講義，謂「君早從朱陸二先生游，得諸傳授者既甚的，而家庭伯仲自相師友，切劘講貫，壯老如一。今年七十有八。縣尹宋侯延致庠校，發揮孟氏要指，聞者莫不聳動，嘆未嘗有。余復屈致家塾，君首以『夫子志學，孟子尚志』為兒輩言之。次論人性之善所以可為堯舜者。明白切至，聽者訢然忘倦。」觀眞氏所言，敏道誠可謂是陸學嫡派。逮其晚年，蓋已不堅持朱陸門戶，故為西山所稱許。宋元學案梨洲案語謂「包顯道、詳道、敏道同學於朱陸，而趨於陸學者分數為多」，然顯道又自與詳道、敏道有別。朱子當時，所為深有取於陸氏之門，每勸其弟子兼取兩家之長，如敏道輩，殆亦所謂持守有可觀也。

文集卷五十四答傅子淵第二札有云：

示及得朋進學之盛，深慰鄙懷。然二包、定夫書來，皆躐等好高之論，殊不可曉。顯道本領只是舊聞，正苦其未能猛舍，不謂已見絕於旦評也。

此書云二包，指詳道、敏道。顯道則已以依違朱陸兩家，為子淵所絕矣。

其第三札云：

示喻所得日益高妙，非復愚昧所能窺測。包、黄諸君各精進，捐去舊習，甚善。但恐似此一向掠虚，則又只是改换名目也。

據此知朱子來南康，舊時陸門如傅子淵、包詳道、敏道諸人，雖時有書問往還，或談話晉接，而絕少為朱子所稱許。此皆朱子與林擇之書所謂其間亦有舊病，而子淵其尤甚也。朱子之告其及門及婺學諸人，則勸其兼取陸學之長。而其告陸之門徒，則不得不直斥其短，此亦正欲其亦能兼取他長耳。讀者取朱子與雙方學者諸書平心善讀，當可瞭朱子當時之用心。

又文集卷五十五答顏子堅有云：

包顯道在此，數稱吾子之賢，每恨未獲一見。辱書備見雅志，亦足以當晤言矣。然所謂古人學問不在簡編，必有所謂統之宗會之元者，則僕之愚，於此有未喻也。聖人教人博文約禮，學問思辨而力行之，自灑掃應對章句誦說，以至於精義入神，酬酢萬變，其序不可誣也。若曰學以躬行心得為貴，而不專於簡編則可。若曰不在簡編，而惟統宗會元之求，則是妄意躐等以陷於邪說詖行之流，而非聖賢所傳之正矣。抑觀來書，詞氣之間，輕揚傲誕，殊無謹厚篤實之意。意者，吾子於下學之功有未嘗加之意者。不知往年見張、陸二君子，其所以相告者果何事也？

又聞不念身體髮膚之重，天敍天秩之隆，方將毀冠裂冕以從夷狄之教，則又深為憫然。不知吾子知尊敬夫而所趨者若是，豈亦所謂統宗會元者之為祟，而使吾子至於此邪？顯道不能諫止，已失朋友之職。節夫更有助緣，尤非君子愛人之意也。聞已得祠曹牒，髡薙有期，急作此附遞奉報，願吾子於此更入思慮。或意已決，亦且更與子靜謀之。必無異論而後為之，亦似未晚。如曰不然，則道不同不相為謀，僕不知所以為子計矣。

此人亦如傅子淵，從遊象山，而又登南軒之門者。顯道本以「讀書講學，充塞仁義」譏朱子，此人亦謂學問不在簡編，與顯道為同調。故顯道遊朱子門而屢稱其人也。彼已決心披薙，而猶貽書朱子討論學術，是其心中殆不存有儒、釋疆界之分。朱子此書前半，專就討論學術一方置答，所告即是箴砭陸學短處。後半乃勸其為出家事再作考慮，而囑其就商於象山。措辭極懇切，然此人殆亦所謂流於怪異之尤甚者。象山集有與顏子堅書，謂「向嘗納區區之忠，而子堅用節父諸人推轂，遂變儒服」，則其人終是披剃為僧也。書中又云：「屬者屢蒙見過，每於鄙言謂有所啟，追念疇昔，為之慨然。乃知高明終當遠到，豈遽不能明眾人所同知之過哉。」是其人雖為僧，仍往來陸門，象山亦未遽絕之。書中又云：「聖哲之言，布在方冊，何所不備。傳注之家，汗牛充棟。譬之藥籠方書，搜求儲蓄，殆無遺類。良醫所用，不必奇異，惟足以愈疾而已。苟厭其常，忽其賤，則非求醫之本意也。」此書措辭極和平，指示極親切。聖哲所言，傳注諸家，皆可藥病。蓋是象山遇此類人，亦惟有卑之毋甚高論，不復教以發明本心，先立乎其大者諸云云矣。朱子當時與陸門諸子相交接，其情狀既具如上，乃尤欲向象山直言之，於是而兩家相爭之軒然大波乃終於不可免。

又其時有劉淳叟，迭師象山兄九皐及復齋、象山。朱子與復齋會於鉛山，淳叟獨去後面角頭坐，朱子斥之曰：「便是某與陸丈言不足聽，亦有數年之長，何故作怪！」語類又一條云：

坐間有及劉淳叟事。曰：「不意其變常至此。某向往奏事時，來相見，極口說陸子靜之學大謬。某因詰之云：『若子靜學術，自當付之公論，公如何得如此說他。』此亦見他質薄處。然某初間深信之，畢竟自家喚不知人。」（一二〇）

此恐是辛丑朱子年六十二歲時事。淳叟兼師陸門兄弟三人，故朱子斥其何得如此說，又謂其質薄也。後淳叟遂為僧，象山集有與陳君舉書，謂：

傅子淵已至衡陽，得其書，謂亦已相聞矣。子淵人品甚高，非餘子比也。劉淳叟前月初冒暑歸自臨江，病痢踰旬，竟不起。可哀可哀。此郎年來避遠師友，倒行逆施，極可悼念。春夏之間，適有困折，某近抵城闉，見其臥病，方將俟其有瘳，大拯拔之，不謂遂成長往，念之尤用傷歎。淳叟、正己初向學時，自厲之意蔚然可觀。鄉里子弟因之以感動興起者甚眾。曾未半途，各有異志。淳叟歸依佛乘，正己慕用才術，所託雖殊，其趣則一。此其為蔽，與前所謂以學自命者又大不侔矣。

悼惜之情，溢於言外。陳正己後學於陳同甫，語類亦取與劉淳叟相提並論。張南軒卒於淳熙六年，呂東萊卒於淳熙八年，兩人皆朱子摯好，講學相得。今觀張、呂兩集與朱子書，遇事規箴極為切至。南軒之書云：

辭似逆詐億不信，少含宏感悟之意。

又云：

子飛說：宅上應接費用亦多，更深加撙節為佳。

又云：

兄猶有傷堅不容耐處。

又云：

顧平時以為細故者，作大病醫療。

又云：

會聚之間，酒酣氣張，悲歌慷慨，皆平時血氣之習未能消磨，不可作小病看。

又云：

元晦學行為人所尊敬，眼前多出己下，只是見他人不是，覺己是處多。

如此類甚多。南軒集經朱子手定，凡所規箴，皆見保存。東萊集亦云：

激揚振厲，頗乏廣大溫潤氣象，不可不省察。

又云：

以吾丈英偉明俊之資，恐當以顔子爲樣轍，回擒縱低昂之用，爲持養斂藏之功。

又云：

來教所謂本不欲如此者，意其爲心之正。既而以雕鏤之費，用度之乏，不得已而止之，或者漸近於自恕，而浸與初心不類乎。

此書乃爲義烏刊精義事。又云：

五夫補助，不免封倉送郡之類，此於時位頗似侵過。恐更須於意必兩字上檢點。

此書在癸巳。又云：

但恐辭氣勁厲，在事者便謂欲獨為君子，愈扞格不可入耳。

此書指朱子在南康時。東萊集如此類者亦不少。觀二人所指摘，亦可謂直言規過，無微不至矣。朱子不僅不以為憾，而文集卷三十五答劉子澄書有云：

日前為學，緩於反己。追思凡百，多可悔者。所論著文字，亦坐此病，多無着實處。回首茫然，計非歲月功夫所能救治。以此愈不自快。前時猶得敬夫、伯恭時惠規益，得以警省。二友云亡，耳中絕不聞此等語，因循婾惰，安得不至於此。今乃深有望於吾子澄，自此惠書，痛加鐫誨，乃君子愛人之意也。

曰：則朱子於南軒、東萊追溯餘愴之情，亦可想見。其於友朋間，非無虛心接納之雅量，觀其所深望於子澄者而更可知。然書中又云：

來喻又有避主張程氏之嫌，程氏何待吾輩主張。然立言垂訓，事關久遠，亦豈當避此嫌耶？

是則直言規過，事屬私人，而講學切磋，則有關垂後，二者固不當一例同視。全祖望宋元學案東萊一案乃云：「東萊平心易氣，不欲逞口舌以與人爭。惜其早卒，晦翁遂日與人苦爭，并詆及婺學。」是不辨學術異同，而專以爭不爭判是非。如此為論，將尠不為鄉愿之歸矣。抑且朱子與二陸爭，無不見其與南軒、東萊書中，若謂二人在，朱陸之爭終可不起，是亦未深考於其交游之經過，辨論之曲折，而臆說之如此耳。後人論朱陸，抱全氏此等見解者亦不少，是亦不可不辨。

朱子與象山明起爭端，則正在東萊死後。淳熙十年，朱子為曹立之墓表，見文集卷九十。其文曰：

淳熙乙未歲，予送呂伯恭至信之鵝湖，而江西陸子壽及弟子靜與劉子澄諸人皆來。子壽昆弟於學者少所稱許，間獨為予道餘干曹立之之為人。且曰：「甚欲一見君與張敬夫也。」

又曰：

立之幼穎悟，少長知自刻厲。一日得河南程氏書讀之，始知聖賢之學有在也。聞張敬夫講道湖湘，欲往見之，不能致。既又聞陸氏兄弟獨以心之所得者為學，其說有非文字言語之所及者，往受學，久而若有得焉。子壽蓋深許之，而立之未敢以自足也。又寓書以講於張氏，然敬夫尋沒，立之竟不得見。後至南康，乃盡得其遺文，於是喟然歎曰：「吾平生於學，無所聞而不究其歸者，而今而後，乃有定論而不疑矣。」蓋其書有曰：「學必貴於知道，而道非一聞可悟，一超可入也。循下學之則，加窮理之功，由淺而深，由近而遠，則庶乎其可矣。今必先期於一悟，而遂至於棄百事以趨之，則吾恐未悟之間，狼狽已甚，又況忽下趨高，未有幸而得之者耶？」此其晚歲用力之標的程度也。

朱子作立之墓表，自不當抹去立之平生學問轉變，及其晚歲之所詣。然言之極審慎，專敍立之在南康，盡得南軒遺文而喟然歎曰云云，不謂立之遊己門乃造於此，是其下語之斟酌也。文中又曰：

子靜以書來相弔。比年以來，敬夫、子壽、伯恭皆以盛年相繼淪謝，而後進之可冀以嗣事於方來者，亦多夭沒。今又失吾立之，然則子靜與予之相弔也，豈徒以遊好之私情也哉。

又曰：

與人交，敬而忠，苟心所未安，雖師說不曲從，必反復以歸於是而後已。其於予，規正尤切也。

兼敍南軒、復齋、東萊，皆為斯道之先進。而己之與象山，其於立之同深哀悼。又言立之於師說有不曲從，而規正於己者為尤切。此皆心氣和平，情辭兼到。不得謂有故立門戶，藉立之以重己貶友之私存其間。乃此文出，而從遊象山之門者羣滋不平。此如朱子為張呂畫贊，而婺州學者甚不樂，見文集卷三十五與劉子澄書。亦不得謂朱子於張、呂間私有所軒輊也。

文續集答劉晦伯書有云：

立之墓表，為陸學者以為病己，頗不能平，鄙意但據實直書耳。

可見曹表之引起波瀾，實出朱子意外。

象山年譜淳熙十年在國學，載朱子來書云：

比約諸葛誠之在齋中相聚，極有益。浙中士人賢者皆歸席下，比來所得為多，幸甚。

再一書云：

歸來臂痛，病中绝學捐書，卻覺得身心收管似有少進處。向來汎濫，眞是不濟事。恨未得款曲承教，盡布此懷也。

讀此兩書，朱子與象山情好尚篤。虛懷謙衷，不減於昔。又同年載朱子答項平甫書云：

所語陸國正語，三復爽然，所以警於昏惰者為厚矣。大抵子思以來教人之法，尊德性、道問學兩事為要。今子靜所說尊德性，而某平日所聞，卻是道問學上多。所以為彼學者，多持守可觀，而看道理全不仔細。而熹自覺於義理上不亂說，卻於緊要事上多不得力。今當反身用力，去短集長，庶不墮一邊耳。

此乃朱陸兩家學術歧異根本所在。然朱子意向謙退，欲去短集長，不墮一邊。象山年譜則云：「先生聞之曰：『朱元晦欲去兩短，合兩長，然吾以為不可。既不知尊德性，焉有所謂道問學。』」此又可見兩人當時意態之不同。然必謂朱子不知尊德性，亦未足服朱子之心。此皆與朱子為立之墓表在同一年中，則朱子非有意向象山陸門引生爭端，亦於此可見。

象山年譜淳熙十一年甲辰，載朱子一書，亦朱子文集所未收。書曰：

勑局時與諸公相見，亦有可告語者否？於律令中極有不合道理不近人情處，隨事改正得一二亦佳。然此猶是第二義。不知輪對班在何時，果得一見明主，就緊要處下得數句為佳。其餘屑屑，不足言也。浙東諸朋友，想時通問，亦有過來相聚者否？立之墓表往一通。顯道甚不以為然，不知尊意以為如何？

時象山在勑局，朱子關懷其輪對，期其能有所獻替。附去曹表，亦未特有所解釋。則朱子對此事，似仍未覺有問題也。象山復書，略謂：「立之墓表亦好。但敍履歷有未得實處。某往時與立之一書，其間敍立之平生甚詳，自謂眞實錄，不知尊兄曾及見否？顯道處必有此本，不然，後便錄去。」象山集與曹立之凡兩書，此當指第二書，書辭甚長，分析立之為人之天姿性格與其學問知識之所到，謂其「固有所強而不免於弱，固有所明而不免於闇」。謂其「疇昔乃狷者之體，而皇皇於求善，汲汲於取益，不敢自安自棄，固有不終狷之勢。比來言論果決，不復有不安之意。自信篤確，不復有求善取益之實。與前所謂狷者之體大不侔」。又謂「所以使立之至此者，頗能知其本末」。則象山於立之之叛師求師，固深表不滿，抑且辭鋒已及於朱子。象山必欲朱子一見此書，又謂此書眞實錄，則其不贊許朱子墓表所云，固亦甚顯。

象山語錄又有一條，言：「曹立之天資甚高，因讀書用心之過成疾。其後疾與學相為消長。某與蕩滌，則胸中快活明白，病亦隨減。一聞他人言語，又復昏蔽，病亦隨發，如此者不一。有告以某乃釋氏之學，渠生平惡釋老如仇讎，於是盡叛某說，湊合元晦說話，不相見以至於死」。此不啻謂立之之病，終以不治而至於死，亦因其叛己誤從朱子而然。以此較之朱子墓表，立言措辭，正可對比。而當時兩家遂以此積不快而啟爭端，誠可謂一大不幸也。

是年象山有上殿輪對五劄。朱子與書，見文集卷三十六。書謂：

奏篇垂寄，得聞至論，慰沃良深，其規模宏大而源流深遠，豈腐儒鄙生所能窺測。不知對揚之際，上於何語有領會，區區私憂，正恐不免萬牛回首之歎。然於我何病。語圓意活，渾浩流轉，有以見所造之深，所養之厚，益加歎服。但向上一路，未曾撥轉處，未免使人疑着恐是葱嶺帶來耳。如何如何，一笑。熹衰病益侵，幸叨祠祿，遂為希夷直下諸孫，良以自慶。

此書在翌年乙巳。朱子於乙巳四月差主管華州雲臺觀，故曰「為希夷直下諸孫」也。至謂「向上一路未曾撥轉，恐是葱嶺帶來」者，疑因象山此劄僅論政事，指陳治道，而曰「陛下雖垂拱無為，而百事詳矣」，卻未見於人君心術隱微處下針砭，未於正心誠意切實下工夫處有開導，故曰「向上一路未曾撥轉」也。至謂「是葱嶺帶來」，則此語實重增象山之不懽。答書有曰：「奏劄獨蒙長者褒揚獎譽之厚，俱無以當之。深慚疏愚，不能迴互藏匿，肺肝悉以書寫，而兄尚有向上一路未曾撥着之疑，豈待之太重，望之太過，未免金注之昏耶！」此書不見於象山文集，或不止此數行。年譜載朱子書，略去「葱嶺帶來」一語。載象山答書，亦未及此。其不懽可知。

惟朱子論象山之學近禪，同時又見於其與劉子澄書，見文集卷三十五。其書云：

近年道學，外面被俗人攻擊，裏面被吾黨作壞。婺州自伯恭死後，百怪都出，至如子約，別說一般差異底話，全然不是孔孟規模，卻做管商見識，令人駭歎。然亦是伯恭自有些拖泥帶水，致得如此，又令人追恨也。子靜一味是禪，卻無許多功利術數，目下收斂得學者身心，不為無力。然其下梢無所據依，恐亦未免害事也。去年被人強作張呂畫贊及敬夫集序，今幷錄呈。婺州學者，甚不樂也。

敬夫集序在甲辰十二月，則此書亦在乙巳。朱子與東萊、象山兩人間之交情，可謂親疏不侔。然此書謂於東萊有追恨，謂象山一味是禪，卻收斂得學者身心，不為無力，只恐下梢仍未免害事。其論陸學尚在浙學之上，可見當時朱子非有意欲與象山相爭。謂其近禪，亦是出於憂道之公心而已。

稍後又一書有云：

伯恭無恙時，愛說史學，身後為後生輩糊塗，說出一般惡口小家議論，賤王尊霸，謀利計功，更不可聽。子約立腳不住，亦曰吾兄蓋嘗言之云耳。中間不免極力排之，今幸少定，然其強不可令者，猶未肯豎降幡也。子靜寄得對語來，語意圓轉渾浩，無凝滯處，亦是渠所得效驗。但不免些禪底意思。昨答書戲之云：「這些子恐是葱嶺帶來」，渠定不伏，然實是如此，諱不得也。近日建昌說得動地，撑眉努眼，百怪俱出，甚可憂懼。渠亦本是好意，但不合只以私意為主，更不講學涵養，直做得如此狂妄。世俗滔滔，無話可說，有志於學者，又為此說引去，眞吾道之不幸也。

此書仍是浙學、陸學並舉，而斥浙學更甚。傅子淵，朱子深不喜之，意中殆謂象山門下有此人，益證其學術教法有病，故此書與評象山「葱嶺帶來」之語連帶述及也。

文集卷三十六又有答陸子靜書曰：

傅子淵去冬相見，氣質剛毅，極不易得。但其偏處亦甚害事。雖嘗苦口，恐未必以為然。近覺當時說得亦未的，疑其不以為然也。今想到部，必已相見，亦嘗痛與砭劑否？道理極精微，然初不在耳目聞見之外。是非黑白，只在面前。此而不察，乃欲別求玄妙於意慮之表，亦已誤矣。熹衰病日侵，去年災患亦不少，此數日來，病軀方似略可支吾。然精神耗減日甚一日，恐終非能久於世者。所幸邇來日用工夫，頗覺有力，無復向來支離之病，甚恨未得從容面論。未知異時，尚復有異同否耳。

象山年譜亦載此書，在淳熙十三年丙午，似當與上引答劉子澄書略同時。象山文集有答書云：

朝廷以旱暵之故，復屈長者以使節，儻肯俯就，江西之民，何幸如之。傅子淵前月到此間，聞其舉動言論，類多狂肆。自云：聞某之歸，此病頓瘳。比至此，亦不甚得切磋之。渠自謂刊落益至。友朋視之，亦謂其然。大抵學者病痛，須得其實。徒以臆想稱引先訓，文致其罪，斯人必不心服。縱其不能辨白，勢力不相當，強勉詘服，亦何益之有？豈其無益，亦以害之，則有之矣。

此書雖認子淵舉動言論有狂肆，然謂其病已瘳，而刊落益至。並教導人須得其實，否則其人不心服。非惟無益，轉以害之。其言直於朱子有譏切。朱陸二人，並世大賢，其有所爭固在學術。然當時陸門弟子來見朱子，如曹立之，朱子特所欣重，而象山嚴加深斥。如傅子淵，朱子特所不喜，而象山備致迴護。雖亦同出於懇切傳道之公心，扶導後學之至意，然彼此意氣參商，終使情好不能融洽，此亦易於想見。淳熙十四年丁未秋七月，朱子除江南西路提點刑獄公事，象山答書當在此時。

象山文集中有答包詳道一書云：「朋友自仙里來者，皆云蒙子淵啟發，無不推服。但頗有言其酒後言動，殆不可考。吾家長上，亦罪其顛狂。又有詩偈類釋子語，不可以訓。要之瑕瑜功罪，各不相掩。今亦不及作渠書。或相聚，得以此書示之為幸。聞子淵欲來，及今為一來尤佳。」在先張南軒與朱子書亦云：「澧州教授傅夢泉來相見，乃是陸子靜上足，剛介有立。但所論學，多類揚眉瞬目之機。子靜此病，曾磨切之否。亦殊可懼。」又曰：「夢泉守師說甚力。此人若肯聽人平章，他日恐有可望。」子淵自言，則謂見張南軒於荆州，見朱子於南康，不安於象山之說者十年。及在衡陽，乃深信之。象山初稱子淵為及門第一，嗣又言其疏節闊目，佳處在此，其病處亦在此。其與包詳道書，亦謂其「瑕瑜功罪各不相掩」。及象山卒前數日，得子淵在衡陽論道五書，嘆曰：「子淵擒龍打鳳手也。」斯其始終深喜於傅子淵者可見矣。

又據象山與朱子書，云得朱子五月二日及八日兩書。五月二日之書，亦見文集卷三十六。其書曰：

稅駕已久，諸況想益佳。學徒四來，所以及人者，在此而不在彼矣。來書所謂利慾深痼者，已無可言。區區所憂，卻在一種輕為高論，妄生內外精粗之別，以良心日用分為兩截，謂聖人之言不必盡信，而容貌詞氣之間不必深察者，此其為說，乖戾狠悖，將有大為吾道之害者，不待他日末流之弊矣。不審明者亦嘗以是為憂乎？此事不比尋常小小文義異同，恨相去遠，無由面論，徒增耿耿耳。

此書云云，或亦指如傅子淵輩之狂肆而發，又文集卷五十二答汪長孺有云：

如此全似江西氣象。其徒有今日悟道而明日醉酒罵人者。是即所謂百怪俱出，甚可憂懼也。淳熙丁未，象山精舍始建，門徒四集，風聲日張。南軒、東萊又皆淪逝，朱子益形特出。遂若與象山門戶對立，而又宗旨互異。則雙方門徒言論橫出，勢有難免。而其激起競辯之端者，似乎曹立之一表影響所及，尤在傅子淵之上。

文集卷五十四答諸葛誠之書有云：

> 示喻競辯之端，三復惘然。愚意比來深欲勸同志者兼取兩家之長，不可輕相詆訾。就有未合，亦且置勿論，而姑勉力於吾之所急。不謂乃以曹表之故，反有所激，如來論之云也。不敏之故，深以自咎。然吾人所學喫緊着力處，正在天理人欲二者相去之間耳。如今所論，則彼之因激而起者，於二者之間，果何處也。子靜平日所以自任，正欲身率學者一於天理，而不以一毫人欲雜於其間，恐決不至如賢者之所疑也。義理天下之公，而人之所見有未能盡同者，正當虛心平氣，相與熟講而徐究之，以歸於是，乃是吾黨之責。而向來講論之際，見諸賢往往皆有立我自是之意。厲色忿詞，如對仇敵，無復長少之節，禮遜之容。蓋嘗竊笑，以為正使眞是仇敵，亦何至此。但觀諸賢之氣方盛，未可遽以片辭取信，因默不言，至今常不滿也。今因來

諭，輒復陳之，不審明者以為如何耳。

此書在淳熙十三年丙午，上距復齋鉛山來會已七年，距象山白鹿洞講演已五年，距為曹立之墓表亦三年矣。而此三年來，因曹表而激起之風波，不僅未趨平息，抑且日見洶湧。不僅陸門有然，即來學於朱子者亦多增其憤激。觀朱子此書可見。諸葛誠之則象山門人也。

同卷又有續書與諸葛誠之，謂：

所喻「子靜不至深諱」者，不知所諱何事？又云「銷融其隙」者，不知隙從何生？愚意講論義理，只是大家商量，尋箇是處，初無彼此之間，不容更似世俗遮掩回護，愛惜人情，纔有異同，便成嫌隙也。

是朱子當時尚望雙方於學術義理大端能平心講論，求歸一是，特不喜如世俗之遮掩回護，以徒求嫌隙之銷融也。同年與象山書有云：「所幸邇來日用工夫頗覺有力，無復向來支離之病，未知異時相見，尚復有異同否。」此書追憶鵝湖初面時事，而謂「邇來無復支離之病」，此則還自箴砭也。又望異時能從容面論，不復仍有異同，此即所謂姑勉力於吾之所急，各自兼取兩者之長，不輕相詆訾，以同歸於是，亦即諸葛誠之所望欲求銷融兩家之嫌隙也。陽明錄此書，僅從「某衰病日侵」以下起，删去上半論傳子淵者不錄，又不考此書之年代，而謂是朱子之晚年定論，則尤可怪笑。

語類亦有云：

近日已覺向來說話太支離處，反身以求，正坐自己用功亦未切耳。因此減去文字工夫，覺得閑中氣象甚適。每勸學者且看孟子「道性善」、「求放心」兩章，着實體察，收拾為要。其餘文字，且大概諷誦涵泳，未須大段着力考索也。（一〇四）

此條未知在何年，然非晚年語則可知。觀所云云，正可與上引答象山書相證。則朱子之有意兼取他家之長，斷非虛語而已可知。

同年，文集卷五十，有與程正思一書，謂：

所論皆正當確實，而衛道之意又甚嚴，深慰病中懷抱。祝汀州見責之意，敢不敬承。蓋緣舊日曾學禪宗，故於彼說雖知其非，而不免有私嗜之意。亦是被渠說得遮前揜後，未盡見其底蘊。譬如楊墨，但能知其為我兼愛，而不知其至於無父無君。雖知其無父無君，亦不知其便是禽獸也。去冬，因其徒來此，狂妄凶狠，手足盡露，自此乃始顯然鳴鼓攻之，不復為前日之唯阿矣。

此書見朱子態度之又一面。朱子於二陸，向有調護誘進之意，絕少排擊呵斥之辭。此書謂有私嗜，又未盡其底蘊，殆委曲言之耳。云「去冬其徒來此」，即指傅子淵。陸門之不平於朱子者在曹表，而朱子之深憂於陸門者在子淵，此又雙方心情不同也。

又翌年丁未，文集卷五十四答趙幾道書，謂：

> 所論時學之弊甚善。但所謂冷淡生活者，亦恐「反遲而禍大」耳。孟子所以舍申商而距楊墨者，正為此也。向來正以吾黨孤弱，不欲於中自為矛盾，亦厭繳紛競辯若可羞者，故一切容忍，不能極論。近乃深覺其弊，全然不曾略見天理彷彿，一味只將私意東作西捺，做出許多詖淫邪遁之說。又且空腹高心，妄自尊大，俯視聖賢，蔑棄禮法。只此一節，尤為學者心術之害，故不免直截與之說破。渠輩家計已成，決不肯舍。然此說既明，庶幾後來者免墮邪見坑中，亦是一事耳。

至是而朱子意態乃大異乎其昔，自是始見直言申斥，不復婉轉掩藏矣。而是年象山適又來書，重提以前象山兄子美與朱子爭辨西銘、太極之舊公案，於是遂引起兩人間之直接衝突，為兩人晚年情好上劃下一極深裂痕，終至不可彌縫。此書為象山文集所未收，年譜亦不載，朱子答書，見文集卷三十六，象山年譜亦載其略，其書曰：

學者病痛，誠如所諭。但亦須自家見得平正深密，方能藥人之病。若自不免於一偏，恐醫來醫去，反能益其病也。所諭與令兄書，辭費而理不明，今亦不記當時作何等語，或恐實有此病，承許條析見教，何幸如之。虛心以俟。

此書所云，似是復象山為傅子淵辨護書而發。象山云：「學者病痛，須得其實。」朱子則謂亦須教者自己見得平正深密。必是象山來書又責朱子前與棱山書「辭費而理不明」，當繼此逐條詳辨。而今文集中又删去此一節未載也。今姑暫不論及雙方思想異同與義理是非，而彼此各有情緒激蕩，自南康別來五年，磨擦日深，終使兩賢相隨捲入一旋渦中，而不能拔出，此誠學術史上一大堪惋惜之事。今為尋其首尾，亦大略可覩矣。

翌年，淳熙十五年戊申，朱子年五十九。象山來書辨濂溪太極圖說，其有關於思想訓詁之異同得失方面者當另篇闡述之。惟據文集卷三十六朱子答陸子美三書，其第一書云：

此間近日絶難得江西便，草草布此，卻託子靜轉致。但以來書半年方達推之，未知何時可到。

似此書尚在朱子未去南康以前。其第二書云：

近又曾作一小卜筮書，亦以附呈。

此指易學啟蒙。知朱子與梭山此書，亦在丙申、丁酉②間。翌年戊戌，朱子始知南康軍③。下距戊申象山舊案重提則已事隔十年以上④，故朱子先復象山書，謂「所諭與令兄書辭費而理不明，今亦不記當時作何等語」也。梭山與朱子通兩書後，因意見不合，第三書囑勿再有相辨。象山當時亦未參加辨論，至此舊案重提，殆是積不快而藉之一吐乎！

象山第一書，文長近兩千言，除辨論正題外，頗多浮辭，並摘取朱子前答梭山書中語，而曰「夫民今而後得反之」，是不啻所謂反唇相譏矣。此其積不滿而借端一發之情，實顯見辭中。

又曰：

---

② 編者案：「丙申、丁酉」當係「丙午、丁未」之誤，此處殆作者一時誤憶。下篇朱子象山學術異同頁四一七：「其答梭山第一書在丙午，第二書在丁未，其傳布太極西銘兩解在戊申。」又頁四二〇：「梭山與朱子通書，事在丙午、丁未兩年，語詳交游篇。」皆是。當據彼二處所述為正。

③ 編者案：朱子戊戌知南康軍，在丙午、丁未前八、九年。上既誤「丙午、丁未」為「丙申、丁酉」，故前云：「此書尚在朱子去南康以前」，此又述：「翌年知南康軍」，并屬牽連誤繫。

④ 編者案：戊申為丁未之翌年。此亦蒙上牽連而誤。

向在南康，論兄所解告子「不得於言，勿求於心」一章非是，兄令某平心觀之，某嘗答曰：「甲與乙辯，方各是其說，甲則曰願某乙平心也，乙亦曰願某甲平心也。平心之說，恐難明白，不若據事論理可也。」今此「急迫」之說，「寬心游意」之說，正相類耳。論事理，不必以此等壓之，然後可明也。

此可與前引朱子與東萊一書互參。知南康兩人面論，仍多不快，至此乃傾情發出。若專論「無極而太極」一語，果否為濂溪語，抑果否為濂溪學未成時語，此屬一考據問題，與就哲學思想立場辨此一語之義理得失雖屬相關，而並非一事。厥後清儒「實事求是」之說，即指此類而言。宋代理學家，偏重義理，輕視考據，象山更甚。惟朱子能於此二者兼務並重，象山譏之，謂其「句句而論，字字而議」。此其實辨論解釋古人著作，正當如此。朱子要人「寬心游意」，勿急迫求之，又欲人「平心觀之」，此乃凡從事於義理之研尋與夫考據之覈定者皆當如此。否則易流於主觀偏見，而象山竟呵朱子於其兄為「料度羅織文致」，此似有意氣未平，於討論學術，有損無益。

象山第一書末節又云：

尊兄平日惓惓於朋友，求箴規切磨之益，蓋亦甚至。獨羣雌孤雄，人非惟不敢以忠言進於左右，亦未有能為忠言者。言論之橫出，其勢然耳。向來相聚，每以不能副兄所期為媿。比者自謂少進，方圖合弁而承教，今兄為時所用，進退殊路，合弁未可期也。又蒙許其吐露，輒寓此少見區區。尊意不以為然，幸不憚下教。

此謂「向來相聚，每以不能副兄所期為愧」，若為有謙篤之眞情，而言外之意，則自鵝湖一會，乃至南康再見，似終不能無芥蒂之未融焉。朱子答書謂：

伏羲作易，文王演易，皆未嘗言太極，而孔子言之。孔子未嘗言無極，而周子言之。先聖後聖，豈不同條而共貫！

此乃就義理考據兩言之。若專言考據，則伏羲、文王、孔子未嘗言無極，然就義理言，則濂溪言無極，不便為無當於義理。答書末一節則云：

高明之學，超出方外，固未易以世間言語論量，意見測度。今且以愚見執方論之，則其未合，有如前所陳者。亦欲奉報，又恐徒為紛紛，重使世俗觀笑。既而思之，若遂不言，則恐學者終無所取正。較是二者，寧可見笑於今人，不可得罪於後世，是以終不獲已而竟陳之，不識老兄以為何如。

此亦頗有譏諷之微辭。數年之內，朱子與各方通書之積憤積悶，亦於此坦率呈露。象山復書又曰：

前書條悉所見，正以疇昔負兄所期，比日少進，方圖自贖耳。來書誨之諄複，不勝幸甚。愚心有所未安，義當展盡，不容但已，亦尊兄教之之本意也。近浙間一後生貽書見規，以為吾二人者所習各已成熟，終不能以相為，莫若置之勿論，以俟天下後世之自擇。鄙哉言乎！此輩凡陋，沉溺俗學，悖戾如此，亦可憐也。「人能宏道，非道宏人」，從師親友，讀書考古，學問思辨，以明此道也。吾人皆無常師，周旋於羣言淆亂之中，俯仰參求，雖自謂其理已明，安知非私見蔽說。若雷同相從，一唱百和，莫知其非，此所甚可懼也。何幸而有相疑不合，在同志之間，正宜各盡所懷，力相切磋，期歸於一是之地。大舜之所以為大者，善與人同，樂取諸人以為善，聞一善言，見一善行，若決江河，沛然莫之能禦。吾人之志，當何求哉，惟其是而已矣。疇昔明言善議，拳拳服膺而勿失，樂與天下共之者，以為是也。今一旦以切磋而知其非，則棄前日之所習，勢當如出陷穽，如避荆棘，惟新之念，若決江河，是得所欲而遂其志也。此豈小智之私，鄙陋之習，榮勝恥負者所能知哉？弗明弗措，古有明訓，敢悉布之。

此段文字，若益見謙篤之意。然大題目所爭是非未定，又安能強人以降己相從？是亦仍為浮辭也。中幅又有云：

> 周道之衰，文貌日勝，事實湮於意見，典訓蕪於辯說。揣量模寫之工，依倣假借之似，其條畫足以自信，其習熟足以自安。以子貢之達，又得夫子而師承之，尚不免此「多學而識之」之見。非夫子叩之，彼固晏然而無疑。「先行」之訓，「予欲無言」之訓，所以覺之者屢矣，而終不悟。顏子既沒，其傳固在曾子，蓋可觀矣。尊兄之才，未知其與子貢如何。今日之病，則有深於子貢者。

此則顯為越出題外，借題發揮，直於朱子本身肆攻擊也。象山語錄有一條云：

> 或謂：「先生之學，是道德性命，形而上者。晦翁之學，是名物度數，形而下者。學者當兼二先生之學。」先生云：「足下如此說晦翁，晦翁未服。晦翁之學，自謂一貫，終不足以一貫耳。吾嘗與晦翁書云：『揣量模寫之工，依放假借之似，其條畫足以自信，其節目足以自安。』此言切中晦翁之膏肓。」

此猶象山向日所謂「既不知尊德性，焉有所謂道問學」。依象山意，朱子之學，始終未摸到一頭腦，其揣量模寫，依放假借之所為，以見其條畫之詳，節目之密者，皆入歧途而務自欺而已。其書篇末又云：

夫乾，確然示人易矣。夫坤，隤然示人簡矣。太極亦曷嘗隱於人哉？尊兄兩下說無說有，不知漏洩得多少。如所謂「太極眞體」，「不傳之祕」，「無物之前」，「陰陽之外」，「不屬有無，不落方體」，「逈出常情」，「超出方外」等語，莫是曾學禪宗，所得如此。平時既私其說以自妙，及教學者，則又往往秘此，而多說文義，此「漏洩」之說所從出也。以實論之，兩頭都無着實，彼此只是葛藤。未說氣質不美者樂寄此以神其姦，不知繫絆多少好氣質底學者，既以病己，又以病人，殆非一言一行之過。兄其毋以久習於此而重自反也。區區之忠，竭盡如此。流俗無知，必謂不遜。書曰：「有言逆於汝心，必求諸道。」諒在高明，正所樂聞。若猶有疑，願不憚下教。

此一段，斥朱子曾學禪，平時私其說以自妙，及教學者，則又祕此而多說文義。平心論之，朱子決不有此。且既斥之曰僅如子貢之多學而識，又安得更斥其是禪，此乃自我相違。殆因朱子評象山近禪，故又為此「今而後得反之」之語也。朱子答書有曰：

來書云：「浙間後生貽書見規」云云，熹謂天下之理，有是有非，正學者所當明辨。或者之說，誠為未當。然辯論者亦須平心和氣，子細消詳，反復商量，務求實是，乃有歸著。如不能然，而但於匆遽急迫之中，肆支蔓躁率之詞，以逞其忿懟不平之氣，則恐反不若或者之言，安靜和平，寬洪悠久，猶有君子長者之遺意也。

又曰：

「私其說以自妙，而又祕之」；又曰「寄此以神其姦」；曰「繫絆多少好氣質底學者」。恐世間自有此人可當此語，熹雖無狀，自省得與此語不相似也。

至是雙方語氣顯趨決裂，無可復合矣。朱子書末又曰：

如曰未然，則我日斯邁而月斯征，各尊所聞，各行所知，亦可矣。無復可望於必同也。

是朱子已不欲再辨，但象山又有復，謂：

不謂尊兄遽作此語，甚非所望。「君子之過也，如日月之食焉，過也，人皆見之，及其更也，人皆仰之。」通人之過，雖微箴藥，久當自悟。諒尊兄今必渙然於此矣。願依末光，以卒餘教。

是必以朱子能降心相從，乃始得為君子之改過。而不悟主題是非之爭固尚未定也。於是朱子於此問題遂不再有復。此一往返，較之鵝湖之會尤為不幸。論其所爭之內容，殊不見較之鵝湖所爭更有甚大必爭之價值。而論其影響，則當時兩家門戶益高，壁溝益深，無復再通往還之望矣。

同年戊申，文集卷五十有答程正思書云：

臨川之辨，當時似少商量，徒然合鬧，無益於事也。其書近日方答之，所說不過如所示者而稍加詳耳。此亦不獲已而答，恐後學不知為惑耳。渠則必然不肯回也。

翌年己酉又有書云：

答子靜書，無人寫得，聞其已謄本四出久矣。此正不欲暴其短，渠乃自如此，可歎可歎。然得渠如此，亦甚省力，且得四方學者略知前賢立言本旨，不為無益。「不必深辨」之云，似未知聖賢任道之心也。

同年文集卷五十五又有答邵叔義書云：

子靜書來，殊無義理，每為閉匿，不敢廣以示人，不謂渠乃自暴揚如此。然此事理甚明，識者自當知之。當時若便不答，卻不得也。大率渠有文字，多即傳播四出，惟恐人不知，此其常態，亦不足深怪。吾人所學，卻且要自家識見分明，持守正當，深當以此等氣象舉止為戒耳。

此在爭辯以後，朱子似已心氣平和，無多不快之留存矣。文集卷五十三答劉公度有云：

聖賢辨異論，闢邪說，如此之嚴者，是為欲「人人同己、人人知己」而發耶？今者紛紛，正為論易、西銘而發，雖未免為失言之過，然未嘗以此為悔也。臨川近說愈肆，荊舒祠記曾見之否？此等議論，皆學問偏枯，見識昏昧之故，而私意又從而激之。若公度之說行，則此等事都無人管，恣意橫流矣。

象山作荆公祠記在戊申正月，則此書亦在戊申也。

據象山年譜，象山「願依末光，以卒餘教」之書在己酉秋七月，是時象山已得守荆之命，朱子於八月復書，此書亦載象山年譜，而朱子文集未收，蓋僅是尋常酬酢也。書云：

荆門之命，少慰人意。今日之計，惟僻且遠，猶或可以行志，想不以是為厭。三年有半之間，消長之勢又未可以預料，流行坎止，亦非人力所能為也。聞象山墾闢架鑿之功益有緒，來學者亦益甚，恨不得一至其間，觀奇覽勝。某春首之書，詞氣粗率，既發即知悔之，然已不及矣。

然則朱子乃終自以詞氣粗率為悔，結束了此一番之爭辨。

下及光宗紹熙三年壬子，象山在荆門任所，四月，朱子又貽書，載象山年譜，而朱子文集亦未收。書曰：

去歲辱惠書慰問，尋附狀致謝。其後聞千騎西去，相望益遠，無從致問。近幸幼安經由，及得湖南朋友書，乃知政教並流，士民化服，甚慰。某憂苦之餘，疾病益侵，形神俱瘁，非復昔時。歸來建陽，失於計度，作一小屋，朞年不成。勞苦百端，欲罷不可。李大來此，備見本末，必能具言也。渠欲為從戎之計，因走門下，撥冗附此，未暇他及。政遠，切祈為道自重，以幸學者。彼中頗有好學者否？峽州郭文，著書頗多，悉見之否？其論易數頗詳，不知尊意以為如何也？近著幸示一二，有委幷及。

此書首云去歲附狀致謝，即前引自悔詞氣粗率之一書也。中幅絮絮話家常，絕不再及學問事。乃書尾又牽到峽州郭文論易數云云，自象山視之，殆仍然是支離宿病也。

象山集有與陶贊仲兩書，亦言與朱子辨濂溪無極事，其第一書敍述辨太極圖始於梭山，言無極乃是蔽於老氏之學，所言已詳前引，茲不復錄。其第二書則云：

荆公祠堂記、與元晦三書，併往，可精觀熟讀。此數文皆明道之文，非止一時辯論之文也。元晦書偶無本在此，要亦不必看。若看，亦無理會處。吾文條析甚明，所舉晦翁書辭，皆寫其全文，不增損一字。看晦翁書，但見糊塗，沒理會。觀吾書，坦然明白。吾所明之理，乃天下之正理、實理、常理、公理。所謂「本諸身，證諸庶民，考諸三王而不謬，建諸天地而不悖，質諸鬼神而無疑，百世以俟聖人而不惑」者也。學者正要窮此理，明此理。今之言窮理者，皆凡庸之人，不遇眞實師友，妄以異端邪說更相欺誑，非獨欺人誑人，亦自欺自誑。謂之繆妄，謂之蒙闇。何理之明，何理之窮哉？

又曰：

古人所謂異端者，不專指佛老。「異端」二字出論語，是孔子之言。孔子之時，中國不聞有佛，雖有老氏，其說未熾，孔子亦不曾闢老氏。異端豈專指老氏哉？天下正理不容有二，若明此理，天地不能異此，鬼神不能異此，千古聖賢不能異此。若不明此理，私有端緒，即是異端，何止佛老哉？近世言窮理者，亦不到佛老地位。若借佛老為說，亦是妄說。其言闢佛老者，亦是妄說。理須是窮，但今時卻無窮理之人。

此書可見象山與朱子爭辨濂溪無極事後之意態所至。其自信甚堅，其自執甚固。此書直斥朱子為異端，為妄說，為自欺欺人，自誑誑人。謂「理須是窮，今世卻無窮理之人」，即是斥朱子也。遠在鵝湖初會以後，朱子與南軒書，即謂其「氣象甚好，而自信太過，規模窄狹，不復取人之善，將流於異學而不自知」。朱子生平於象山，言其過必稱其善，直至象山卒後，朱子此一態度始終不變。而象山於朱子，則惟有彈擊，絕無轉語。兩家文字俱在，其語錄流傳者亦皆可證。此亦兩人異同之一端也。

是年壬子冬十二月，象山卒於荊門任所，語類有云：

象山死，先生率門人往寺中哭之。既罷，良久，曰：「可惜死了告子。」（一二四）

此條胡泳所記，王白田年譜考異謂是湯泳，恐誤。云「此說得之竇文卿」，則非記者親聞也。其語信否不可知。然朱子平日評論象山近禪，又謂其似告子，則固屢言之。要之象山之死，朱子至少是少寫了一篇祭文，殆必感有甚難落筆者。而朱子對象山之情意，較其對復齋迥不相侔，亦居可知。象山年譜亦載此條，惟略去「死了告子」一語。今合觀兩家年譜，象山譜中涉及朱子者，倍多於朱子譜中之涉及於象山者，此亦小小一異同也。

文集卷四十六答詹元善有云：

子靜旅櫬經由，聞甚周旋之，此殊可傷。見其平日大拍頭胡叫喚，豈謂遽至此哉！然其說頗行於江湖間，損賢者之志，而益愚者之過，不知此禍又何時而已耳。

此書當在癸丑，象山卒之翌年。

又文集卷五十五答趙然道書有云：

荆門之訃，聞之慘怛。故舊凋落，自為可傷。不計平日議論之同異也。來喻又謂「恨不見其與熹論辨有所底止」，此尤可笑。蓋老拙之學，雖極淺近，然其求之甚艱，而察之甚審，視世之道聽塗說於佛老之餘而遽自謂有得者，蓋嘗笑其陋而譏其僭，豈今垂老，而肯以其千金易人之敝帚者哉？

此書亦與前書同年。觀此，知後世紛紛謂朱子晚年終於自悔以從象山，亦言之太輕易也。然語類亦云：

陸子美性質，子靜精神。

此條楊若海記。

因說陸子靜，謂江南未有人如他八字着腳。

此條陳文蔚記。兩條皆在戊申，在辨太極圖說同時。所以說子美、子靜而不及子壽者，殆因當時正爭無極，故朱子與門人評及象山而兼及梭山也。此可以見大賢立心之持平。其最早會象山於鵝湖，遺書南軒，固亦對象山有所稱道。朱子之於象山，殆可謂先後無甚異辭也。

又語類一條云：

彭世昌守象山書院，盛言山上有田可耕，有圃可蔬，池塘碓磑，色色皆備。先生曰：「既是如此，下山來則甚。」世昌曰：「陸先生既有書院，卻不曾藏得書，某此來，為欲求書。」曰：「緊要書能消得幾卷？某向來亦愛如此，後來思之，這般物事聚者必散，何必役於物。」世昌臨別，贈之詩曰：「象山聞說是君開，雲木參天瀑響雷。好去山頭且堅坐，等閑莫要下山來。」（一二四）

此條陳文蔚記，在慶元元年丙辰，象山已卒四年。朱子之戒世昌，仍是其平生戒學者徒務博雜之病，主要在「緊要書消得幾卷」一語。消得不消得，其間正大有問題。謝山宋元學案乃謂朱子告世昌語「卻合文安宗旨，世人不盡知」，眞所謂癡人之說夢矣。其云且去山頭堅坐，則時方申黨禁也。謝山謂世昌晚年亦為朱學，則殆是。

朱子象山學術異同

朱子生平學術思想，凡有轉變可考見者，當一一分篇論列。其與二陸兄弟鵝湖初會，朱子時年四十六，其思想體系與其學術規模，亦已大體確立。與二陸意見，甚相違異。此下朱子學與年進，規模廓而益閎，體系整而益密，其有望於二陸兄弟之能改變途轍，同宏斯道之心，則固無日而或已。先與復齋有鉛山之再晤，繼與象山有南康之重聚。二陸之於朱子，意態較平和，議論較融洽。朱子於復齋，更深喜慰。其於象山，亦備極獎掖。至於大端違異，殊未盡泯。然朱子蓋未嘗有明白之論辨，謂其留以有待則可，謂其自此以下，於自己往昔論學有所改弦易轍，或有所調和折衷，則實未見其然。自象山書院興起，學徒羣集，講論日盛，而朱陸異同之迹日臻彰顯，難復掩藏。又經曹立之墓表之激盪，與夫傅子淵南康晉接之囂張，而卒於決裂以去，而後朱子對陸學，遂改采直率之糾彈。循此至於淳熙十五年與象山爭太極圖說，書問往返，傳播遠近，而後兩人異同之裂痕，遂暴露無遺。其時朱子年已五十九，上距鵝湖初會，先後已歷十有四年。此下又四年而象山卒世，又八年而朱子亦沒。在此一段時間之内，朱子思想體系進而益密，其學問規模亦廓而益大，然猶是與二陸鵝湖初會時之規轍，而日臻於平實圓通，非有如陽明所謂「晚年定論」之說也。既草記朱子與二陸交遊始末，復繼以斯篇，以盡吾說。

考論朱陸異同，有一絕大難端首當袪除，即傳統門戶之私見是也。就理學內部言，則有程朱與陸王之門戶對立。就理學之對外言，則有經學與理學之門戶對立。從來學者立論往往為此兩重門戶之見所束縛，而未能放眼以觀，縱心以求。而朱子之學術思想，遂未能有人焉攬其全而得其眞，此誠中國學術史上一大可惋惜之事。蓋惟朱子能兼經學理學於一身，其所尋求，乃欲綰儒林道學之兩途而一以貫之。惟其如此，當時之理學傳統，雖固為朱子學術思想所導源，而朱子之學術精神，思想範圍，則並不為當時之理學傳統所拘縛。不僅於白水、籍溪乃至延平，為朱子親從受業者時有不滿，即程門諸大弟子如上蔡、龜山、和靖、定夫諸人，朱子對之亦各有所糾彈。即上溯之明道、伊川，朱子推尊稱道畢生無異辭，然亦采擇善言，而非墨守遺書，無所是非從違於其間也。象山之所自負，則曰直承孟子，然不能謂其於程門無淵源。象山要是當時道學中人物，囿於道學傳統而鄙視儒林，此既與朱子意態各異。抑且於當時道學傳統中，又偏傾於明道、上蔡，而朱子之學則匯通博大，不僅兼尊二程，同時又尊濂溪、橫渠，以及康節、涑水，而從此跨入經史實學儒林廣大之範圍。故象山之所是，有時為朱子之所非。然固不能謂凡屬象山所是，則必為朱子所非也。於是凡遇朱子言論可與象山相通者，皆指謂朱子之自悔已學而改以相從，此固謬矣。抑尊朱述朱者，遇此等處，則或避而不言，又轉生別解。一若朱子苟有一近於象山，即失其所以為朱子，若有害於程朱傳統之尊嚴，此皆不足以知朱子，又何足與論朱陸異同。又且治理學者，必捨棄儒林相傳訓詁考據之途於不論，一若涉及於此，即足證成象山所譏朱子之支離。而治經學者，亦必諱避道學家言，一若非此不足自尊其門戶，自固其藩籬。於是後世治理學、治經學者，遂皆不足以窺朱子學問之大全，則又何足與論朱陸異同之所在？此則余所謂一絕大難端先必求祛除也。

今若於朱子學術思想大體系，及其歷年進展軌迹，有所認識，則對於後來明清諸儒有關朱陸異同之討論，其所取於朱子文集與語類者，宜可有一較新鮮較適當之解釋與闡明。而對明清兩代所紛爭競辨之朱陸異同一問題，各執一辭，懸而不決者，庶可獲得一更近情實之結論。茲除已詳於交遊始末篇以外，再摘要說明之如次。

自明儒程篁墩著道一編，分朱陸異同為三節，纂鈔朱陸二家往還書，各為之論斷，而謂兩人意見始異終同。自是遂有陽明朱子晚年定論，專取朱子論學書牘若與象山意見相合者三十餘通為證。而同時羅整菴即貽書辨難。謂：

> 偶考得何叔京氏卒於淳熙乙未，時朱子年方四十六。後二年丁酉，論孟集注、或問始成。今有取於答何書者四通，以為晚年定論。至於集注、或問，則以為中年未定之說。竊恐考之欠詳，而立論之太果也。

據文集卷九十一何叔京墓碣銘，叔京卒於淳熙乙未十一月丁丑晦，而鵝湖之會則在是年夏六月，前後相距僅五月。文集卷四十有答叔京書共三十二通，最先當在孝宗隆興二年甲申，朱子年三十五，正值李延平卒後。其與叔京相交，先後歷十二年。此十二年間，朱子先獲交於張南軒，次同游於呂東萊，正為朱子一生學問思想創端開基最主要之階段。今即專一細玩其所與叔京諸書，亦可約略窺見朱子當時學問思想之大概。而鵝湖初會時，朱子之思想體系與其學術規模固已大體確立矣。陽明乃擇取其書中之四通，指以為朱子之晚年定論，固屬粗疏之甚。然可見朱陸兩家所持義理，實本同出一源，其間多有相通。凡象山之所持，朱子在鵝湖相會以前多已先言之，則雙方之異同，宜別有在，亦可知矣。

朱子答何叔京第二書有云：

李先生教人，大抵令於靜中體認大本未發時氣象分明，即處事應物自然中節，此乃龜山門下相傳指訣。然當時親炙之時，貪聽講論，又方竊好章句訓詁之習，不得盡心於此。至今若存若亡，無一的實見處，辜負教育之意。每一念此，未嘗不愧汗沾衣也。

此書收入晚年定論第二十二。朱子於延平生前默坐澄心之教本不深契。及延平歿，朱子乃於師門遺教時增回念。此後乃遠去衡嶽，納交於南軒，相與講求切磋，而有中和新舊說之轉變。此為朱子對於心性存養問題一段深密工夫之逐步透悟。而此下言心性，言存養，大體殊不離此。此已於已發未發篇及其他論述朱子心學諸篇加以詳述。而朱子之所謂「竊好章句訓詁之習」者，此亦非詞章記誦之比。當時，論語要義已刊行，孟子集解、中庸集說皆已屬稿。又留意於二程及程門諸子之遺書語錄。此在朱子與叔京最先各書中都有提及。治理學，不能全脫去章句訓詁，此事易明，並屢於他篇詳及，此不贅。

及第六書後，常提及程門主敬之說，曰：

居敬工夫有所未至，則心不能宰物，而氣有以動志。若使主一不二，臨事接物之際，眞心現前，卓然而不可亂。

又曰：

惟其敬足以直內，故其義有以方外。義集而氣得所養，則夫喜怒哀樂之發，其不中節者寡矣。孟子論養吾浩然之氣，以為集義所生，而繼之曰「必有事焉而勿正，心勿忘，勿助長也」，蓋又以居敬為集義之本也。

朱子此下論學，每主居敬集義內外夾輔，相持並進，而以居敬為之本，故涵養必先於察識。此皆與南軒討論已發未發而得此契悟。並詳已發未發篇。

其下一書云：

耳目與心，各有所主。視聽淺滯有方，而心之神明不測。故見聞之際，必以心御之，然後不失其正。若從耳目之欲，而心不為宰焉，則不為物引者鮮矣。觀上蔡所論顏曾下功夫處，可見先立乎其大之意矣。

此據上蔡特提孟子「先立乎其大」之說，此乃程門相傳宗旨，亦豈鵝湖會見象山兄弟後，乃始悔而從之耶？

此下第十書又云：

道理無窮，思索見聞有限。聖人之言，正在無窮處。而吾以其有限者窺之，關鎖重重，未知何日透得盡耳。

此處陳義又高一層。僅憑此心之思索見聞，未必即可恃。然捨卻此心，又更無其他可恃者。故第十一書又云：

向來妄論持敬之説，但因其良心發見之微，猛省提撕，使心不昧，則是做工夫底本領。本領既立，自然下學而上達矣。若不察於良心發見處，即渺渺茫茫，恐無下手處也。所喻多識前言往行，固君子之所急，熹向來所見，亦是如此，近因反求未得箇安穩處，卻始知此未免支離。如所謂「因諸公以求程氏，因程氏以求聖人」，是隔幾重公案。曷若默會諸心以立其本，而其言之得失，自不能逃吾之鑒耶？欽夫之學，所以超脱自在，見得分明，不為言句所桎梏，只為合下入處親切。今日説話雖未能絶無滲漏，終是本領是當，非吾輩所及。

此書收入晚年定論第二十四。實則朱子初時為學，正亦是「因諸公以求程氏，因程氏以求聖人」者。惟稍後便已超越此境界，已知别尋本領，不為言句桎梏。而私心敬慕則在張南軒。二陸兄弟鵝湖之詩譏之，曰「留情傳注翻榛塞，支離事業竟浮沉」。不知此等朱子早以自警，抑亦舉以警人，誠所謂鷦鵬已翔乎寥廓，而羅者猶視夫藪澤也。

然此本領，亦非可容易到手，朱子第十二書又云：

大學之序，格物致知，至於知至意誠，然後心得其正。今只持志，便欲心正義明，不亦太草草乎？

二陸所謂「大抵有基方築室」，「易簡工夫終久大」，朱子非不知。惟求立此基，亦自有許多節目困難，層次曲折。細籀朱子與南軒往復研商未發已發、涵養察識一問題之經過已可知。朱子實不如當時二陸兄弟所想像，僅知鑽研字句書冊也。二陸之意，一若僅能立志，便可直達聖域，則亦不為朱子所許。然朱子亦並非謂為學可不先立志。如本篇下面引及朱子答陳超宗一書可知。

其十三書又云：

若使道可以多聞博觀而得，則世之知道者為不少矣。熹近日因事方有少省發處，如「鳶飛魚躍」，明道以為「與必有事焉勿正之意同」者，今乃曉然無疑。日用之間，觀此流行之體，初無間斷處，有下工夫處，乃知日前自誑誑人之罪，蓋不可勝贖也。此與守書冊、泥言語，全無交涉。幸於日用間察之，知此則知仁矣。

此書收入晚年定論第三。朱子何嘗謂求道可以僅憑多聞博觀，又何嘗以守書冊、泥言語為求道主要工夫？然此皆在鵝湖相會之前。

其第二十二書又云：

此心操之則存，而敬者所以操之之道也。尊兄乃於覺而操之之際，指其覺者便以為存，而於操之之道不復致力，則恐一日之間，存者無幾何，而不存者十八九矣。所喻旁搜廣引頗費筋力者，亦所未喻。義理未明，正須反復鑽研，參互考證，然後可以得正而無失。古人所謂「博學、審問、慎思、明辨」者，正為此也。

朱子後來常拈伊川「涵養須用敬，進學則在致知」二語以為教法，此書即見其旨趣。其辨覺與存以分別指述敬之體段，尤為重要。朱子每謂專務於覺，其弊易流入禪去。故常言主敬，固不謂有冥昧無知覺之敬，亦非謂捨吾心之知覺而可以言敬，然敬究是另一階層。此後朱子辨上蔡，辨陸學，於此一義多有牽涉，已詳於論敬篇。

其第二十四書又云：

示喻根本之說，敢不承命。但根本枝葉，本是一貫，身心內外，元無間隔。今日專存諸內而略夫外，則是自為間隔，而此心流行之全體，常得其半而失其半也。曷若動靜語默，由中及外，無一事之不敬，使心之全體，流行周浹，而無一物之不徧，無一息之不存哉？

二陸鵝湖詩所謂「欲知自下升高處」，「未聞無址忽成岑」，斤斤作本末內外之辨，其不足以折服朱子可知。

其二十五書又云：

伏蒙示及心說，甚善。然入而存者即是眞心；出而亡者亦此眞心，為物誘而然耳。今以存亡出入皆為物誘所致，則是所存之外別有眞心耶？

其二十六書云：

心說已喻。但所謂聖人之心如明鏡止水，天理純全者，即是存處。但聖人則不操而常存耳。衆人則操而存之。方其存時亦是如此，但不操則不存耳。存者道心，亡者人心。心一也，非是實有此二心，各為一物，不相交涉也。但以存亡而異其名耳。方其亡也，固非心之本然，亦不可謂別是一箇有存亡出入之心，卻待反本還原，別求一箇無存亡出入之心來換卻。只是此心，但不存便亡，不亡便存，中間無空隙處。所以學者必汲汲於操存，而雖舜禹亦以精一為戒也。

後世辨朱陸異同者，苟為是陸非朱，則若朱子惟務為泛覽博觀，初不知此心之重要。乃有分別陸王為心學，程朱為理學者。不知朱子於心學有其甚深之體究，均已詳於心性編。上引兩節，亦可見其一斑。

以上雜引朱子與叔京諸書，蓋在朱陸鵝湖相會之前，可見朱子當時學養之境詣。而其對當時象山所堅持者，無由相契，自可想見。

陽明所集朱子晚年定論，收入答叔京書凡四通。其三通已詳前引，別有一通，茲再摘錄如次：

熹近來尤覺昏憒無進步處。蓋緣日前偸惰苟簡，無深探力行之志。凡所論說，皆出入口耳之餘，以故全不得力。今方覺悟，欲勇革舊習，而血氣已衰，心志亦不復強，不知終能有所濟否。

此書在文集卷四十，為答叔京書之第九通，晚年定論收入為第二十三。原書甚長，而定論僅摘錄此數十字。此下有云：

今年有古田林君擇之者在此，相與講學，大有所益。區區稍知復加激厲，此公之力為多也。

林擇之與范伯崇曾偕朱子同赴潭州訪張南軒，其來建陽相聚尚在前。蓋是伯崇先至，擇之繼來。其事當在乾道二年丙戌，朱子年三十七。翌年乃相約去潭州。朱子於二十四歲始見李延平，及三十四歲延平卒，先後已十年，至是又三年矣。大賢進學之勤，反省之密，時時對己作策勵與警惕，此所謂「昏憒無進步處」，又謂「血氣已衰，心志亦不復強」，此皆自警惕自策勵，一片勇猛精進之心流露於不自覺。其答叔京第二書云：

辜負教育之意（指李延平），每一念此，未嘗不愧汗霑衣。

其第三書云：

終日兀然猛省提掇，僅免憒憒。一小懈則復惘然。

第四書云：

常恐因循汩沒，辜負平生師友之教。

又曰：

惟熹懶墮日甚，不覺有分寸之進。

第八書云：

熹碌碌講學親旁，思索不敢廢，但所見終未明了。動靜語默之間，疵吝山積，思見君子，圖所以洒濯之者而未可得。今年卻得一林同人名用中字擇之在此，相與討論，大有所益，不但勝己而已。

此皆朱子當年一番勇猛精進、自策勵自警惕之心情，豈不朗然如在目前。陽明謂是其晚歲「大悟舊說之非，痛悔極艾，至以為『自誑誑人之罪，不可勝贖』。世之所傳集注、或問之類，乃其中年未定之說。」但集注成書，朱子四十八歲，下距此時尚十一年，正是屢經「痛悔極艾」而後始躋此境界者。然則講求前人義理，又烏可不稍務於考訂之工乎？

以上引朱子與何叔京各書，以見在鵝湖會前朱子學術思想境詣之大概。

始為朱陸早異晚同之說者，程敏政以前，復有趙汸。謂朱子答項平父書，有「去短集長」之言，「豈鵝湖之論至是而有合耶？使其合併於晚歲，則其微言精義必有契焉，而子靜則既往矣。」趙氏此說，純出臆想，而後人每好引項書以為話柄。項氏往來於朱陸二家之間，其人似未必有定見。今文集卷五十四有答項平父書八通，大抵開始於淳熙八九年間，在白鹿洞約講之後，在曹立之墓表之前，而其後朱陸兩家即生嫌隙，爭辨蠭起。今試再就此八書合併玩索，而朱子當時意見即躍然紙上可以想見。惜乎後人論朱陸異同，往往不肯平心就實，通觀前後，而只拈其片言隻語，循之作幻想，憑之作臆斷，又何從而得古人之眞乎？

朱子答項第一書云：

示喻此心元是聖賢，只要於未發時常常識得，已發時常常記得，此固持守之要。但聖人指示為學之方，周遍詳密，不靠一邊，故曰「敬義立而德不孤」。若如今說，則只恃一箇敬字，更不做集義工夫，其德亦孤立而易窮矣。須是精粗本末，隨處照管，不令工夫少有空闕不到之處，乃為善學也。此心固是聖賢本領，然學未講，理未明，亦有錯認人欲作天理處，不可不察。識得記得，不知所識所記指何物而言。若指此心，則識者記者何物。心有二主，自相攫拏，聖賢之教，恐無此法也。持守之要，大抵只是要得此心常自整頓，惺惺了了，即未發時不昏昧，已發時不放縱耳。愚意如此，不知子靜相報如何，因風錄示，或可警所不逮也。伊川先生云：「涵養須用敬，進學則在致知。」此兩句與從上聖賢相傳指訣如合符契。但講學更須寬平其心，深沉詳細，以究義理要歸處，乃為有補。若只草草領略，就名數訓詁上著到，則不成次第耳。

書首簡述項氏來書大意，只是引述陸學宗旨耳。但朱子於此未加非斥，只勸其不要單靠一邊，須敬義夾持，居敬窮理相輔互進，又誡其講學須寬平其心，深沉詳細，以究義理要歸處。想來鵝湖初會二陸，朱子意見亦祇如此。即在鵝湖會前，證以與何叔京各書，朱子意見實亦早是如此。惟此書所言，更為簡要明淨，語不多而義無窮。是蓋朱子此十年來理愈明而見愈定之所致也。

答項第二書，已引在朱陸交游篇，大意謂「子思以來教人之法，惟以尊德性、道問學兩事為用力之要。今子靜所說，專是尊德性事，而熹平日所論，卻是問學上多了。今當反身用力去短集長，庶幾不墮一邊耳。」象山以淳熙四年除國子正，遷敕命所刪定官，遂有輪對，「陸國正」即指象山。前書云：「子靜相報如何，因風錄示。」項氏此次來書，引象山語必對朱子多指摘，故謂「三復爽然，所警於昏惰者為厚也」。然朱子未加答辨。又本前書不靠一邊之意，謂當自己反身用力，去短集長。此蓋不能遽望之於象山者，乃益就此自勉。其心益平，其氣益和，而所以教人者，其意亦可謂益深益切矣。讀者兼玩前引與何叔京諸書，知在鵝湖會前，朱子固非全不注重於心性存養方面。與項此書，實是朱子之謙辭。然此書雖言之甚謙，而於其平素所持議論則說來益見明白，絕無少許游移變動處。今試問其人苟看得義理全不子細，又喜別說一種杜撰道理遮蓋，不肯放下，則所謂持守，究是持守些什麼。豈即此遮蓋不肯放下者而亦可謂之持守，又豈是此等看義理全不子細，而敢於大膽亂說者，遂即謂合於中庸之所謂「尊德性」。「尊德性」之與「道問學」，即是程門所謂「敬義夾持」，涵養進學更迭互進，原是一事，非可分別各屬一邊。朱子自居為道問學一邊多了些，其推許子靜所說專是尊德性一邊者，其實亦和平說之。前引一書中已言，不做集義工夫，其德孤立而易窮。又曰：「學未講，理未明，亦有錯認人欲作天理處。」故讀此書，必當兼讀前書，蓋朱子本是對項平父一人連續言之也。後人未能將此兩書合讀，更不曾將朱子畢生所講詳細研尋，而專拈此書中一語，便謂象山之學為尊德性，朱子之學為道問學，認為此乃朱子之所自承，但實非朱子此書涵意。原書具在，明白易解，非可曲說。朱子平日教人當留心讀書，一字一句莫要輕易放過，雖若老生常談，然苟有志從事於道學修養，於此正不宜忽。

又陽明所集朱子晚年定論未采及朱子答項各書，蓋朱子明謂尊德性、道問學各居一邊，殆是陽明必謂專主尊德性，乃見朱子之改悔而折從，故於答項各書皆所不取也。

答項第三書有云：

罵坐之說，何乃至是，吾人為學，別無巧妙，不過平心克己為要耳。朋友論議不同，不能下氣虛心以求實是，此深可憂。誠之書來，言之甚詳，已略報之，可取一觀，此不復云也。聞宗卿、子靜踪迹，令人太息。然世道廢興，亦是運數。吾人正當勉其在己者以俟之耳。不必深憤歎，徒傷和氣，損學力，無益於事也。

答諸葛誠之書已引見前篇。「聞子靜蹤跡令人太息」者，指象山主管台州崇道觀，歸而講學，不得在朝，故曰「世道廢興亦是運數」也。然其時兩家講學嫌隙已成，罵坐云云，其詳無考。朱子則曰平心克己，下氣虛心，在當時，甚不欲爭意氣，分門戶，其意亦可見。

答項第四書有云：

近世學者，務反求者，便以博觀為外馳。務博觀者，又以內省為隘狹。左右佩劍，各主一偏。而道術分裂，不可復合。此學者之大病也。若謂堯舜以來，所謂兢兢業業，便只是讀書程課，竊恐有一向外馳之病也。如此用力，略無虛閒意思，省察工夫，血氣何由可平，忿欲何由可弭也。無由面論，徒增耿耿耳。

此誡項氏勿專重讀書程課，豈亦朱子改從象山而說此乎？「左右佩劍，各主一偏」，朱子之不同意於象山者亦只在此。

其答項第五書有云：

論為學次第，更儘有商量。大抵人之一心，萬理具備，若能存得，便是聖賢，更有何事。然聖賢教人所以有許多門路節次，而未嘗教人只守此心者，蓋為此心此理雖本完具，卻為氣質之稟不能無偏，若不講明體察，極精極密，往往隨其所偏，墮於物欲之私而不自知。（原注：近世為此說者，觀其言語動作，略無毫髮近似聖賢氣象，正坐此耳。）是以聖賢教人，雖以恭敬持守為先，而於其中又必使之即事即物，考古驗今，體會推尋，內外參合。蓋必如此，然後見得此心之眞，此理之正，而於世間萬事，一切言語，無不洞然了其白黑。大學所謂知至意誠，孟子所謂知言養氣，正謂此也。若如來喻，是乃合下只守此心，全不窮理，故此心雖似明白，然卻不能應事，此固已失之矣。後來知此是病，雖欲窮理，然又不曾將聖賢細密言語，向自己分上精思熟察，而便務為涉獵書史，通曉世故之學，故於理之精微既不能及，又幷與向來所守而失之。所以倀倀無所依據，雖於尋常淺近之說亦不能辨，而坐為所惑也。謂「不必先分儒釋」者，此非實見彼此皆有所當取而不可偏廢也。乃是不曾實做自家本分工夫，故亦不能知異端詖淫邪遁之害，茫然兩無所見，而為是依違籠罩之說以自欺而欺人耳。所謂「心無不體之物，物無不至之心」，又只是移出向來所守之心，便就日間所接事物上比較，其於古今聖賢指示剖析，細密精微之蘊，又未嘗入思議也。其所是非取捨，亦據己見為定耳，又何以察夫氣稟之偏，物欲之蔽，而得其本心正理之全耶？大學章句一本謾往，其言雖淺，然路脈不差，節序明審，便可行用，幸試詳之。

大抵項氏來書，只是依照朱子前書所偏重之一邊揣摩為說，所以前書側重言讀書，此書又側重言存心，於朱子所示居敬窮理，涵養進學，交互相輔，更迭俱前之旨，則始終未有體會。誠所謂扶得醉人東來又西倒也。只守心而不窮理，乃陸學大病。至其雖欲窮理，而不曾將聖賢細密言語向自己分上精思熟察，而務為涉獵書史通曉世故之學，東萊以下浙東一派即有此弊。故語類云：

撫學有首無尾，婺學有尾無首，禪學首尾皆無。（一二四）

細玩朱子與平父此書，約略可以想見朱子對此三家批評之大概。而朱子自所主張亦由此可見。其答項第六書有云：

所論「義襲」，猶未離乎舊見。大抵既為聖賢之學，須讀聖賢之書。既讀聖賢之書，須看得他所說本文上下意義，字字融釋無窒礙處，方是會得聖賢立言指趣，識得如今為學工夫。固非可以懸空白撰而得之也。孟子謂浩然之氣乃集義所生者，言此氣是積累行義之功而自生於內也。其曰「非義襲而取之」，言此氣非是所行之義潛往掩襲而取之於外也。其曰「行有不慊於心則餒矣」者，言心有不慊，即是不合於義而此氣不生也。告子之病，蓋不知心之慊處，即是義之所安，其不慊處，即是不合於義，故直以義為外而不求。今人因孟子之言，卻有見得此意，而識義之在內者。然又不知心之慊與不慊，亦有必待講學省察而後能察其精微者。故於學聚問辨之所得，皆指為外，而以為非義之所在，遂一切棄置而不為。此與告子之言雖若小異，然其實則百步五十步之間耳。由其所見之偏如此，故於義理之精微，氣質之偏蔽，皆所不察。而其發之暴悍狂率，無所不至。其所慨然自任以為義之所在者，或未必不出於人欲之私也。

此書亦指斥象山。朱子常謂象山是禪，又謂象山似告子，然於三者間又未嘗不加以分別。要之則認為是五十步與百步。

答項氏第七書謂：

孟子之意，須從上文看，其意蓋曰此氣乃集義而自生於中，非行義而襲取之於外云爾。非謂義不是外襲也。今人讀書不子細，將聖賢言語都錯看了，又復將此草本立一切法，橫說豎說，誑嚇眾生，恐其罪不止如范寧之議王弼而已也。

此亦指斥象山。大抵朱子答項各書，言辭愈後愈直率，態度愈後愈激昂。讀者試取前篇記交遊始末涉及此一期間之變化，與此各書互讀比觀，可知其所以然之背景矣。

答項氏第八書云：

熹一病四五十日，危死者數矣。今幸粗有生意，然不能飲食，其勢亦難扶理。杜門屏息，聽天所命，餘無可言者。所幸一生辛苦讀書，微細揣摩，零碎括剔，及此暮年，略見從上聖賢所以垂世立教之意，枝枝相對，葉葉相當，無一字無下落處。若學者能虛心遜志，游泳其間，自不患不見入德門戶。但相見無期，不得面講，使平父尚不能無疑於當世諸儒之論，此為恨恨耳。

此乃朱子答項氏最後一書，亦可謂是朱子之晚年定論也。回溯二十四五年前，復齋鵝湖詩譏朱子留情傳注，著意精微，象山則以為是支離事業，而朱子直至晚歲，自認為一生辛苦，幸而有此，則烏有如趙汸之所臆測，陽明之所證成，謂朱子晚年之終自悔悟以改從象山之說乎？至於項氏之始終未能明辨於朱陸異同之間者，亦據此書可知。

以上乃專據朱子與項平父各書，以見鵝湖會後朱陸異同之大概。

文集卷五十四答周叔謹有云：

近來呂陸門人互相排斥，此由各徇所見之偏，而不能公天下之心以觀天下之理，甚覺不滿人意。熹近日亦覺向來說話有太支離處，反身以求，正坐自己用功亦未切耳。因此減去文字功夫，覺得閑中氣象甚適。每勸學者亦且看孟子「道性善」、「求放心」兩章，著實體察收拾為要。其餘文字，且大概諷誦涵養，未須大段著力考索也。

此書不詳在何年。惟下一書說及經界事，在庚戌，此必在前。年譜：「先生還自浙東，見其士習馳騖於外，每語學者且觀孟子『道性善』、『求放心』兩章，務收斂凝定，以致克己求仁之功」，是即此書所言也。還自浙東在癸卯，此書必是癸卯以後在武夷精舍作也。其時東萊已卒，象山尚在，此書必在戊申與象山辨無極太極之前，而已在癸卯為曹立之墓表以後。朱陸兩家已啟爭端，呂陸門人又互相排斥，此書心氣平和，勸人自省己短，兼取他長則有之，立敵相爭之意則絕無。陽明取此書入晚年定論，甚為非是。朱子於自己學問境詣，常有虛心自省自責語。一不問其年代，而遽謂此皆朱子之悔而從陸。象山集中則絕少此等語，因謂其果有得於孟子之眞傳而自信如此，是亦淺乎其為學術之論評矣。

又文集卷四十七答呂子約有云：

大抵此學以尊德性求放心為本，而講於聖賢親切之訓以開明之，此為要切之務。若通古今，考世變，則亦隨力所至，推廣增益以為補助耳。不當以彼為重，而反輕凝定收斂之實，少聖賢親切之訓也。若如此說，則是學問之道不在於己而在於書，不在於經而在於史。為子思、孟子則孤陋狹劣而不足觀，必為司馬遷、班固、范曄、陳壽之徒，然後可以造於高明正大簡易明白之域也。學者既學聖人，則當以聖人之教為主。今六經、語、孟、中庸、大學之書具在，彼以了悟為高者，既病其障礙，而以為不可讀。此以記覽為重者，又病其狹小，而以為不足觀。如是則是聖人所以立言垂訓者，徒足以悞人而不足以開人。孔子不賢於堯舜，而達摩、遷、固賢於仲尼矣，無乃悖之甚邪？

此書在甲辰。書中「收歛凝定」四字，亦年譜所采，以與前引答周叔謹一書中語並列，故知此兩書當亦約略同時。細玩此書，可悟朱子當時講學，對浙派史學、陸派心學一種中立而不倚之態度。在此以前，朱子復有一書答呂子約云：

所論江西之弊，切中其病。然前書奉告者，非論其人也。乃論吾學自有未至，要在取彼之善以自益耳。謂彼全無本原根柢，則未知吾之所恃以為本原根柢者果何在耶？幸更思之。

此書只是欲子約取彼之長以自益，不欲其守己之偏而徒訾人短。朱子之告浙學諸人，正猶其與傅子淵、包顯道、詳道、敏道兄弟諸人書。學者兼取善讀，自可得朱子之用心。

又一書云：

日用功夫，比復如何。文字雖不可廢，然涵養本原而察於天理人欲之判，此是日用動靜之間不可頃刻間斷底事。若於此處見得分明，自然不到得流入世俗功利權謀裏去矣。熹亦近日方實見得向日支離之病，雖與彼中證候不同，然其忘己逐物，貪外虛內之失，則一而已。程子說：「不得以天下萬物撓己，己立後，自能了得天下萬物。」今自家一箇身心不知安頓去處，而談王說霸，將經世事業別作一箇伎倆，商量講究，不亦誤乎？

此書亦錄入晚年定論。然此書所重，乃在程子之前一語，不知安頓自己一箇身心而談王說霸。卻並非着重程子下一語，謂只要自己身心安頓自能了得天下萬物。通讀朱子前後論學可知。葉水心、陳龍川，皆於此少體會。治陸學者，則似在另一邊少體會也。

文集卷四十六答潘叔昌有云：

示喻天上無不識字底神仙，此論甚中一偏之弊。然亦恐只學得識字，卻不曾學得上天，即不如且學上天耳。上得天了，卻旋學上大人，亦不妨也。中年以後，氣血精神能有幾何，不是記故事時節。熹以目昏，不敢着力讀書。閒中靜坐，收斂身心，頗覺得力。間起看書，聊復遮眼。遇有會心處，時一喟然耳。向答子約一書，亦極言之，正恐赤幟已立，未必以為然耳。熹老矣，不復有意於此世。區區鄙懷，猶欲勉強率同志之士，熟講勤行以趨聖賢之域。不謂近年異論蠭起，高者溺於虛無，下者淪於卑陋，各執己見，不合不公，使人憂歎，不知所以為計。而今而後，亦不復敢以此望於今世之人。姑抱遺經，以待後之學者而已。不審明者以為如何？

此書當與上引甲辰答呂子約諸書相距不遠。朱子之評陸學，正可於其評浙學時得其重點所在，分寸所至。而此書尤見朱子當時心中之感慨。東萊卒，而子約、叔昌諸人一變至此，此固朱子所深極以爲憾事者。此下與象山之爭辨，事出朱子意外，誠所謂豈好辨哉，不得已也。

文集卷五十答潘恭叔有云：

學問根本，在日用間持敬集義工夫，直是要得念念省察。讀書求義，乃其間之一事耳。舊來雖知此意，然於緩急先後之間，終是不覺有倒置處。誤人不少，今方自悔耳。大抵近日學者之弊，苦其說之太高與太多耳。如此只見意緒叢雜，都無玩味工夫。不惟失卻聖賢本意，亦分卻日用實功，不可不戒也。

此書年無考，或當亦在甲辰，皆所以貶浙學。呂子約一意於史，陷入功利一邊。恭叔與朱子往復諸書，刻意在詩禮，朱子嫌其說之太多。所謂太高則指陸學言，即上引答子約書可證。陽明收此書入晚年定論，只采「今方自悔」以前一節，「近日學者之弊」云云，則删去不録。

文集卷五十六答方賓王有云：

向亦見浙中士友，多立一偏之論，故爾過憂。然存養之功，亦不當專在靜坐時，須於日用動靜之間，無處不下功夫，乃無間斷耳。

此即與恭叔書所言「學問本根在日用間持敬集義工夫」也。

又文集卷四十九答陳膚仲有云：

陸學固有似禪處，然鄙意近覺婺州朋友專事聞見，而於自己身心全無功夫。所以每勸學者兼取其善，要得身心稍稍端靜，方於義理知所抉擇。非欲其兀然無作，以冀於一旦豁然大悟也。吾道之衰，正坐學者各守己偏，不能兼取眾善，所以終有不明不行之弊，非是細事。

此即與恭叔書所言學問緩急先後之辨也。至於「兀然無作，以冀於一旦之豁然大悟」，則亦所以貶陸學。

又文集卷五十五答陳超宗有云：

示喻，向來鄙論有未盡者，甚善甚善。但為學雖有階漸，然合下立志亦須略見義理大概規模。於自己方寸間若有箇惕然愧懼奮然勇決之志，然後可以加之討論玩索之功，存養省察之力，而期於有得。夫子所謂志學，所謂發憤，政為此也。若但悠悠泛泛，無箇發端下手處，而便謂可以如此平做將去，則恐所謂莊敬持養，「必有事焉」者，亦且若存若亡，徒勞把捉，而無精明的確親切至到之效也。但如彼中，誠是偏頗，向日之言，正為渠輩之病，卻是賢者之藥，恐可資以為益耳。

此書不知在何年。必是超宗來書疵議陸學，而朱子戒之如此。下書又云：「不須深議他人得失，政恐未免反為彼所笑。」朱子之誡葵學諸人皆如此。葉水心與林元秀書，謂「向亦曾說及子靜事。世之所謂無志者，混然隨流俗，頹墮於聲利而已。及其有志，則又以考之不詳，資之不深，隨其所論，牽陷於寡淺缺廢之地。此自古之所患，與無志者同為流俗。」此書意見，若頗與朱子相近。然自朱子論之，水心之與象山，其果孰為更近於流俗乎？學術異同之間，其難論者在此。固不能以輕心私意為憑，亦不能以淺見薄識得定論也。

又文集卷五十三答沈叔晦有云：

前日務為學而不觀書，此固一偏之論。然近日又有一般學問，廢經而治史，略王道而尊霸術，極論古今興亡之變，而不察此心存亡之端。若只如此讀書，則又不若不讀之為愈也。

此書前評陸學，後評浙學，朱子於此二者間之軒輊亦可見。從事陸學者，必以朱子之教人讀書為病，此在朱子實亦無奈之何也。

又文集卷四十九答林叔和有云：

示喻為學本末，足見雅志。嘗觀當世儒先論學，初非甚異。止緣自視太過，必謂他人所論一無可取，遂致各立門庭，互相非毀，使學者觀聽惶惑，不知所從。竊意莫若平視彼己，公聽並觀，兼取衆長以為己善。擇其切於己者先次用力，而於其所未及者，姑置而兩存之。俟所用力果有一入頭處，然後以次推究，纖悉詳盡，不使或有一事之遺，然後可謂善學。不可遽是此而非彼，入主而出奴也。

此書不知在何年。必是叔和來書於朱陸兩家有所評隲從違，而朱子戒之如此。此固若為學者言，然朱子之意存兼取，則隨時流露，亦不專為初學者言也。

以上雜引東萊卒後，朱子箴戒婺學所與諸人書，其間頗有語近陸學者。若朱陸兩家更無相通相近之處，則不致有鵝湖之會，更不復有復齋鉛山之再晤，象山廬阜之邀講矣。朱子屢貶婺學，然亦不得謂其與東萊更無相近。屢斥湘學，亦不得謂其與南軒更無相通。惟朱陸之異同，以較南軒、東萊之與朱子，為更大更遠。觀朱子與林叔和書，謂「嘗觀當世儒先論學，初非甚異」之語，則朱子固不謂自己之與象山有無可一合之異同存在也。自象山與朱子激起無極太極之一番大爭辨，於是朱陸異同之深刻性與其彰著性，遂益受後人注目。驟視之，若所辨僅在文字訓釋之間。而細審之，則朱陸兩家重要異見，正可以此番辨論為代表。故欲求朱陸異同所在，此一爭辨不可不詳論。茲特摘要闡述如次。

朱子與梭山、象山爭辯濂溪太極圖說「無極而太極」一語，前後往復凡九書。梭山啟爭在前，惟梭山二書已失傳⑤，今存者，則象山之七書而已。

梭山前兩書之大意，略可見於朱子之答書，及象山與朱子書中。象山引梭山意，謂：

太極圖說與通書不類，疑非周子所為。不然，則或是其學未成時所作。不然，則或是傳他人之文，後人不辨也。

象山又自言曰：

朱子發謂濂溪得太極圖於穆伯長，伯長之傳出於陳希夷，其必有考。希夷之學，老氏之學也。

⑤ 編者案：梭山二書，原文已失傳，部分內容收入周子全書，宋元學案補遺據以錄入。本篇後文有引述。

「無極」二字出於老子「知其雄」章，吾聖人之書所未有也。

又曰：

太極圖說，以「無極」二字冠首，而通書終篇未嘗一及「無極」字。二程言論文字至多，亦未嘗一及「無極」字。假令其初實有是圖，觀其後來，未嘗一及「無極」字，可見其道之進而不自以為是也。

二陸兄弟，根本不看重濂溪之太極圖說，認為是道家言，又認為濂溪學未成時作，或非濂溪作。即在二程，亦專以橫渠西銘與大學開示學者，初不稱重濂溪及其太極圖。伊川明道墓表，謂「孟軻死，聖人之學不傳，千載無眞儒，先生生於千四百年後，一人而已。」並不數濂溪。朱子則特重濂溪，特為太極圖說作注解，推崇為「得千聖不傳之祕，孔子後一人」。後世遂躋濂溪於二程之上，合稱濂洛。此不僅為二陸兄弟所不滿，即在二程，恐亦未必首肯朱子此說。朱子答梭山第一書，又兼辨及於西銘。書云：

伏承示諭太極、西銘之失，備悉指意。然二書妄以己見輒為之說，正恐未能盡發其奧而反以累之，豈敢自謂有扶掖之功哉。

朱子為橫渠西銘解義，在乾道壬辰，朱子年四十三。翌年癸巳，復為太極圖說解。又後兩年乙未，始會復齋、象山於鵝湖寺。其答梭山第一書在丙午，第二書在丁未，其傳布太極、西銘兩解在戊申。當時疵議西銘與太極圖說者，當不止梭山一人，陸氏一家。如林黃中即曾與朱子辨西銘。惟當時學術界既羣尊二程，而二程又特重西銘，故濂溪太極圖說，乃獨為羣疑所萃，而於西銘持異議者則不多。至橫渠正蒙，二程謂其立言有過，而朱子又時時稱重，並戒學者不得輕議。又謂西銘、太極與正蒙之論氣，各是發明一事，不可偏廢，此復與二程之專推西銘者大異其趣。蓋在當時，二程為學者所共尊，朱子擴而大之以及濂溪、橫渠，陸氏則剔而精之，不僅西銘一篇亦在疵議之列，即伊川亦在所貶。陸氏兄弟所未加貶斥者，僅明道一人而已。此乃當時朱陸學術相異主要所在，誠難調和其間也。宋元學案錄朱子答梭山兩書，其有涉西銘之辨，則删去不錄，更使後人對雙方意見，驟難窺其齟齬之所在。茲再撮要錄之如下，並加申釋。

文集卷三十六答陸子美第一書有云：

西銘之說猶更分明。今亦且以首句論之。人之一身，固是父母所生，然父母之所以為父母者，即是乾坤。若以父母而言，則一物各一父母。若以乾坤而言，則萬物同一父母矣。萬物既同一父母，則吾體之所以為體者，豈非天地之塞，吾性之所以為性者，豈非天地之帥哉？古之君子，惟其見得道理眞實如此，所以親親而仁民，仁民而愛物，推其所為，以至於能以天下為一家，中國為一人，而非意之也。今若必謂人物只是父母所生，更與乾坤都無干涉，其所以有取於西銘者，但取其姑為宏闊廣大之言以形容仁體而破有我之私而已。則是所謂仁體者，全是虛名，初無實體，而小己之私卻是實理，合有分別。聖賢於此，卻初不見義理，只見利害，而妄以己意造作言語，以增飾其所無，破壞其所有也。若果如此，則其立言之失，膠固二字豈足以盡之，而又何足以破人之梏於一己之私哉？大抵古之聖賢，千言萬語，只是要人明得此理，無有初無此理而姑為此言以救時俗之弊者。

此一段推深論之，不僅為朱陸兩家學術相異所在，亦朱子之所由歧異於二程而自立門戶之處。若專從此處看，縱謂陸學乃更近程門，至少當是更近明道，而朱子反見隔閡，亦無不可。此下明儒頗有持此意見者。

明道識仁篇，朱子未錄入近思錄。其云「仁者渾然與物同體，訂頑（即西銘）意思乃備言此體。以此意存之，更有何事。」而宇宙萬物之何以為同體，此篇實未加討論，則豈不亦將如朱子所譏，「姑為宏闊廣大之意以形容仁體」，「而妄以己意造作語言以增飾其所無，破壞其所有」乎？朱子意見，已詳理氣篇及言仁篇中。語類云：

西銘是說形化底道理，此萬物一源之性。太極者，自外面推入去，到此極盡，更沒去處，所以謂之太極。（九八）

朱子闡西銘，主從外面推入，乃謂其是說形化底道理，故必自太極圖與正蒙之言氣化者證成之。其答梭山第一書又曰：

不言無極，則太極同於一物，而不足為萬化之根。不言太極，則無極淪於空寂，而不能為萬化之根。

梭山與朱子第一書，則以西銘「乾稱父，坤稱母」之語為膠固。其第二書又謂只是橫渠假借之言。蓋陸氏兄弟主心即理，主從內面推出。天地萬物之為一體，只是仁者之存心，不煩遠求之於宇宙萬物成立之前，與夫宇宙萬物之外在者。朱子亦謂萬物一體乃仁以後事，與二陸之說頗若近似相通。惟朱子深不喜理只在心不在外之說，必求合內外本末精粗顯微而一言之，此與二陸意見深所難合。陽明捨朱從陸，專言致知，不言格物，可悟朱陸雙方異同所在。

朱子答梭山第二書又云：

未知尊兄所謂太極，是有形器之物耶？無形器之物耶？若果無形而但有理，則無極即是無形，太極即是有理，明矣。

蓋梭山主理在人心，朱子必謂理在心，亦在宇宙萬物。性即理，而心統性情。求心與理一，則當有格物致知工夫。此乃朱陸兩家異處。苟不能從此方面相悅而解，則此番爭論將終無底止。故梭山與朱子往復兩書後，即不再繼續也。

梭山與朱子通書，事在丙午、丁未兩年，語詳交游篇，緊接於乙未復齋象山與朱子鵝湖晤面之後。而象山之重申前案，則事隔十年以上⑥。殆是意氣不平，借端發難，語亦詳交游篇。惟續辨所及，略去西銘不提，殆因朱子前書所謂「無有初無此理而姑為此言以救俗弊」之說，象山未能深進有辨，故避不復及也。象山固亦認為確有此理，惟不肯確認此理之亦在外，此則將如釋氏所說天地萬物皆屬我心妄見，則又如何謂其與我一體乎？此則象山之辨，自始即居於不利之一邊也。

象山與朱子第一書有曰：

⑥ 編者案：乙未在丙午、丁未前逾十年，不應云「緊接」。此一語誤殆承交游篇之誤記而來，參頁三五六註②。象山之重申前案在戊申，距丙午、丁未僅一、二年，距乙未則已十三年。

通書理性命章言：「中焉止矣，二氣五形，化生萬物，五殊二實，二本則一。」曰中曰一，即太極也。

又曰：

大傳曰：「形而上者謂之道。」又曰：「一陰一陽之謂道。」一陰一陽已是形而上者，況太極乎！

此則不取濂溪之太極圖說，而仍有取於濂溪之通書。然通書理性命章既曰「二氣五形，化生萬物，五殊二實，二本則一」，所論已屬宇宙萬物之外在，而不限於吾心。其引易大傳曰「一陰一陽已是形而上」，亦是討論外面宇宙萬物，不專主一心以為說。故謂象山之辨，自始即居於不利之一邊也。

朱子答書則曰：

大傳之太極，即兩儀四象八卦之理。具於三者之先，而蘊於三者之內。正以其究竟至極，無名可名，故特謂之太極。初不以其中而名之也。通書理性命章首二句言理，次三句言性，次八句言命。故其章內無此三字，而特以三字名其章。則其章內所謂「靈」所謂「一」者，乃為太極，而所謂「中」者，乃氣稟之得中，與剛善剛惡柔善柔惡者為五性，而屬乎五行。初未嘗以是為太極也。且曰「中焉止矣」，而又下屬於二氣五行化生萬物之云，是亦復成何等文字乎？至於大傳「一陰一陽之謂道」，豈眞以陰陽為形而上者哉？正以見一陰一陽雖屬形器，然其所以一陰而一陽者，是乃道體之所為也。故語道體之至極，則謂之太極。語太極之流行，則謂之道。雖有二名，初無兩體。周子之所以謂之無極，正以其無方所，無形狀。以為在無物之前，而未嘗不立於有物之後。以為在陰陽之外，而未嘗不行乎陰陽之中。以為通貫全體，無乎不在，則又初無聲臭影響之可言也。

朱子辨易大傳「一陰一陽之謂道」，乃指「所以一陰而一陽者」為道，故謂之形而上。非即指陰與陽為形而上之道。即就文理言，亦可謂是顚撲不破之解釋。其論通書理性命章，則當知朱子整理濂溪通書之兩大貢獻，一在繫通書於太極圖說之後，謂通書即所以發揮太極圖說之義蘊，一在為通書各章重新標立題目。此兩事皆以恢復潘氏之原本，非朱子所特創。然論及通書，則不能不依據此兩事。象山來書亦稱「通書理性命章」，則已依據了朱子整理通書之第二事。然此章之文並無「理性命」三字。其原文曰：

厥彰厥微，匪靈弗瑩。剛善剛惡，柔亦如之，中焉止矣。二氣五行，化生萬物，五殊二實，二本則一，是萬為一，一實萬分。萬一各正，小大有定。

朱子釋之曰：「首二句言理，次三句言性，次八句言命。」可謂允當之極。濂溪之言太極，即理也，象山來書謂「曰中曰一即太極」，是則有悖於本章之文理。因本章中字乃承上文，非啟下文。通書動靜章有云：「五行陰陽，陰陽太極」，是謂五行之上有陰陽，陰陽之上有太極。合之此章，則「二本則一」之一為太極也。既以此章二本之一為太極，則朱子之說易傳「一陰一陽之謂道」者得之，而象山之說易傳為非矣。因「一陰一陽」乃「二本」，非一也。象山說此章「中」字為太極，則更失之。通書師章有曰：「性者，剛柔善惡中而已矣。」正符朱子此章次三句言性之分析。朱子根據太極圖說解釋通書，惟此乃可得濂溪通書之本旨。象山信通書而疑太極圖說，則宜其說通書之多誤。朱子於分析章句，訓釋字義，最所留心。其於板本流傳變異所在，亦特注意。不論兩宋理學諸儒，即自漢以下迄於清代，在此方面之成績，亦無出其右者。此處所辨易傳與通書兩節，朱陸兩人間之得失，已可不煩再論而自見。惟象山所以必訓極為中，又即以陰陽為形而上，自亦有象山之思想背景。象山自謂直從孟子來，於北宋理學諸儒中僅取明道。主張心即理，此理自是偏在人文界。而於宇宙萬物自然方面，則初未認眞思辨討論。故其論形而上，亦即就宇宙萬物之落於形象者言之。朱子則認太極乃具於兩儀四象八卦之先，又以為太極「在無物之前，而未嘗不立於有物之後」，此則從宇宙萬物衍化之原始言之。兩家學說不同在此。朱子可以引濂溪為自己張目，象山不能引濂溪為自己辯護。於是於濂溪所說，乃不得不強生曲解。朱子謂濂溪理性命章所用「中」字與「本」字「一」字不居同一地位，並不涵有同一意義，此辨甚是。象山引理性命章以中訓極之說自不成立，亦可見矣。

象山又言曰：

若懼學者泥於形氣而申釋之，則宜如詩言「上天之載」，而於下贊之曰「無聲無臭」可也，豈宜以「無極」字加於「太極」之上。

象山以中訓極，以大中訓太極，自不應有無中之無極，此辨若較堅強。然若以中訓極之說不成立，則象山此辨亦隨之不成立。蓋象山只主心即理，不言通宇宙是一理。故象山以極訓中，乃可謂人心即居宇宙至中之位，卻不可謂人心乃是宇宙造化之本。象山又言：「東海有聖人出，此心同，此理同。南海西海北海有聖人出，此心同，此理同。」可見此理僅同在或同出於聖人之心。若使四海之內無聖人，甚至於無人，則亦將不見此四海之內有理，有此同一之理。而朱子之說則大不然。朱子於論孟外又好言易庸，於二程外並尊推濂溪、橫渠。在朱子，認為整宇宙莫非一氣，理寓於氣，故整宇宙亦莫非一理。人心則是一虛明靈覺之體，可以格物窮理，使內外合一。卻不認理只在心不在物。故朱子言整宇宙形下是氣，形上是理，理在氣先，亦在氣內。此一意見，正自據之濂溪之太極圖說。而此等說法，則正為象山所不取。兩家意見本身有扞格，故導致此解釋之相歧也。

象山第二書又曰：

繫辭言「神無方」矣，豈可言無神。言「易無體」矣，豈可言無易。老氏以無為天地之始，以有為萬物之母。以常無觀妙，以常有觀竅，直將無字搭在上面，正是老氏之學。豈可諱也。

又曰：

中庸言：「中也者，天下之大本也。和也者，天下之達道也。致中和，天地位焉，萬物育焉。」此理至矣，外此豈復有太極哉！

又曰：

至如直以陰陽為形器，而不得為道，此尤不敢聞命。易之為道，一陰一陽而已。先後始終，動靜晦明，上下進退，往來闔闢，盈虛消長，尊卑貴賤，表裏隱顯，向背順逆，存亡得喪，出入行藏，何適而非一陰一陽哉？

朱子答書則曰：

詳老氏之言有無，以有無爲二。周子之言有無，以有無爲一。請更子細著眼，未可容易譏評也。

又曰：

「中者天下之大本」，以喜怒哀樂之未發，此理渾然，無所偏倚而言。太極固無偏倚而爲萬化之本。然其得名，自爲至極之極，而兼有標準之義，初不以中而得名也。

又曰：

若以陰陽爲形而上者，則形而下者更是何物。熹則曰：凡有形有象者皆器也，其所以爲是器之理者則道也。來書所謂「始終」、「晦明」之屬，皆陰陽所爲之器。獨其所以爲是器之理，如目之明，耳之聰，父之慈，子之孝，乃爲道耳。

細籀雙方所辨，象山之言宇宙自然，似是只言及氣，不認朱子所謂理寓於氣之說。象山言理，則只本中庸「致中和，天地位焉，萬物育焉」為說，其意中之中和，則似是偏在人心，不在外物。若專就人文界言，固可謂萬物皆出於心。但一侵入宇宙界，則不能謂宇宙界更無理，亦不當謂宇宙萬物之理皆出於人心。是則雙方所持，仍是此心與理之問題。雙方雖同言易庸，而所發明則仍有不同。朱子意，中庸言「中」為「天下之大本」者，此「中」字乃指人心，即喜怒哀樂未發時境界也。「易有太極」，則就宇宙原始言。乃外在，非內在。言及宇宙原始，此乃萬化根本，不能下同一物，但亦非指人心言。於是必從太極而推究到無極。無極即太極，乃此原始之理，雖無形象，而即在萬化形象中，故不得與老子「有生於無」之說相等視。「一陰一陽」，自不能即謂之是形而上。如世有治亂，道有明晦，必有其所以然之理。治亂明晦有形象，此理則無形象。形上形下必有一分別，朱子主張必有一理焉超乎氣之上而寓乎氣之中。此理自不能僅限於人心。其辨中庸「中」字，認為非即易傳之「太極」字，則明白確切，無可再加以爭辨。

以上為朱陸兩家爭辨無極太極義之大概。然尚有一義當追究者，即濂溪「無極而太極」一語，是否其本義乃一如朱子所解釋。朱子嘗言，陰陽造化不可辨先後，此為動極而靜，靜極而動，一動一靜，互為其根言，則誠無先後可辨。然濂溪太極圖第一圈為無極而太極，第二圈為陰靜而陽動，第三圈為金木水火土五氣分布，第四圈為坤道成女，乾道成男，第五圈為萬物化生，顯分先後排列。然則其謂「太極本無極也」六字中之「本」字，亦可作「原本」解，謂太極之先原為無極，此於文義似非不可通。梭山先與朱子辨太極圖有二書，收入周子全書，王梓材據以錄入宋元學案補遺，茲復錄之如次。

其第一書曰：

敬覽所著太極圖說，左扶右掖，使不失正，用力多矣。然此圖本說，自是非正。雖曲為扶掖，恐終為病根，貽憾後學。

其第二書曰：

「太極」二字，聖人發明道之本源，微妙中正，豈有下同一物之理。左右之言過矣。今於上又加「無極」二字，是頭上安頭，過為虛無好高之論也。

梭山意，「太極」本非下同一物，不煩又加「無極」二字，亦復言之有理。此在濂溪亦豈不知，但因萬物男女、五行陰陽歷推而上則曰太極，太極復自何來，其前更不可推，故又加「無極而太極」一語。此朱子所謂無極「在無物之前」也。濂溪之圖說又曰：「無極之蘊，二五之精，妙合而凝」，此見無極實即太極，朱子所謂「未嘗不立乎有物之後」也。朱子蓋以「無極而太極」之「而」字本即

「太極本無極」之「本」字，實是更為允愜。朱子謂老莊言有無，以有無為二，周子言有無，以有無為一，其所剖析，洵為深至。後人如吳草廬、許白雲諸人說此圖，皆承朱子之說，已成定論，因實無其他新義可立也。今試復以朱子之說理氣者說之，理未嘗離氣，無是氣，理亦無掛搭處，太極即言此理。又曰：「未有天地之先，畢竟也只是先有此理。且如萬一山河大地都陷了，畢竟理卻只在這裏。」此理即言無極。只此一理，故無極即是太極。劉蕺山說之曰：「天地之間，一氣而已，非有理而後有氣，乃氣立而理因之寓，謂之太極，而實無太極之可言，所謂無極而太極也。使實有是太極之理，為此氣從出之母，則亦一物而已，又何以生生不息，妙萬物而無窮乎。今曰理本無形，故謂之無極，無乃轉落註腳。」此乃蕺山推濂溪而抑朱子之說。太極本已無形，又謂之無極者，乃謂其不僅無形，亦無掛搭。朱子此處下語，稍似涵括，而大義則是。若必謂天地只有一氣，則顯屬道家言。又曰「氣立而理因之寓」，此理又從何而來。抑且此氣又從何而生。老子「有生於無」之說，正即為此。濂溪太極圖說根據易傳，自應與老莊道家言有別，故終當以朱子之釋為允也。又宋元學案引黃晦木太極圖辨，謂濂溪此圖得之陳摶，乃方士所傳，本名無極圖。其圖自下而上，以明逆則成丹之法。周子更為太極圖，窮其本而反於老莊，可謂捨瓦鑠而得精蘊。此圖來源，容如晦木所考。其辨太極圖說中語與原圖有不相符會處，亦甚有理致。惟尋考大義，朱子以太極圖說會通之於通書一節，最為愜當。餘詳朱子述濂溪篇。蕺山、晦木其學皆承陸王，而蕺山推尊濂溪，晦木排斥此圖，兩人意見甚不同，而其不滿於朱子則一。然與梭山、象山之辨則又異矣。言考據，則晦木已遠起二陸之上。言義理，則蕺山實亦有右祖朱子之嫌。今專就朱陸異同言，則朱子之言理氣，與象山之言心即理，在理字看法上實有大分歧，此始為兩家學術異同一主要關鍵所在也。

黃東發日鈔亦辨此事，謂：

圖之第二圈陰陽互根之中有圈而虛者，即「易有太極」之體。其上之一圈，即挈取第二圈中之圓而虛者表而出之，以明太極之不雜乎陰陽，單言太極之本體也。單出本體於其上，初無形質，故曰「無極而太極」。所謂無極者，實即陰陽互根中之太極，未嘗於太極之上別為一圖名無極也。老子之言無極，指茫無際極而言。周子之言無極，指理無形體而言。象山高明，豈不曉此。

此亦一解，然象山既根本不取濂溪之太極圖，故亦不深細推求耳。

壬子正月，象山知荊門軍，率吏民講洪範「五皇極」章，謂「皇，大也。極，中也。洪範九疇，五居其中，故謂之極。」此距象山與朱子辨無極太極已將三年，象山仍守極字訓中之義，惟不據中庸而改言洪範。朱子聞之，因作皇極辨，見文集卷七十二。其言曰：

皇者，君之稱也。極者，至極之義，標準之名，常在物之中央而四外望之以取正焉者也。人君以眇然之身，履至尊之位，四方輻湊面內而環觀之，此天下之至中也。則必有天下之純德，而後可以立至極之標準，使夫面內而環觀者，莫不於是而取則焉。語其仁，則極天下之仁，而天下之為仁者莫能加也。語其孝，則極天下之孝，而天下之為孝者莫能尚也。是則所謂皇極也。先儒未嘗深求其意，而不察乎人君所以修身立道之本，是以誤訓皇極為大中，又見其詞多為含洪寬大之言，因復誤認中為含糊苟且不分善惡之意。殊不知極雖居中，而非有取乎中之義。且中之為義，又以其無過不及，至精至當，而無有毫髮之差，亦非如其所指之云也。乃以誤認之中為誤訓之極，不謹乎至嚴至密之體，而務為至寬至廣之量。其弊將使人君不知修身以立政，而墮於漢元帝之優游，唐代宗之姑息，卒至於是非顛倒，賢否貿亂，而禍敗隨之，尚何歛福錫民之可望哉！

朱子仍以至極之標準訓極字，而無取於漢儒之舊訓。即如濂溪言「主靜立人極」，亦是至極義，標準義，言主靜為人道之至極，人道之標準，固不得謂是人道之大中也。實則此辨，已在辨無極太極七書中提到，蓋象山重申前論，而朱子又重加駁難也。

文集卷五十三答胡季隨有云：

荊門皇極說，曾見之否？試更熟讀洪範此一條，詳解釋其文義，看是如此否？

又曰：

夫子言「學而不思則罔」，中庸說博學、審問、慎思、明辨，聖賢遺訓明白如此，豈可舍之而徇彼自欺之浮說耶？來書譏項平父出入師友之間，不為不久，而無所得，愚亦恐賢者之不見其睫也。

此書當在尚未草為皇極辨之前。「自欺之浮說」，亦是闢象山。此一公案，可謂是爭無極太極公案之餘波。

語類亦多涉及洪範「皇極」辨。

問：「先生言『皇極』之極不訓中，只是標準之義。然『無偏無黨』、『無反無側』，亦有中意。」曰：「只是箇無私意。」問：「標準之義如何？」曰：「此是聖人正身以作民之準則。」（七九）

符舜功云：「象山在荊門，上元須作醮，象山罷之，勸諭邦人以福不在外，但當求之內心，於是日入道觀，設講座，說『皇極』，令邦人聚聽之。次日，又畫為一圖以示之。」先生曰：「人君建極，如箇標準。如周禮『以為民極』，詩『維民之極』、『四方之極』都是此意。中固在其間，而極不可以訓中。漢儒注說中字，只說『五事之中』，猶未為害。最是近世說中字不是。近日之說，只要含糊苟且，不分是非，不辨黑白，遇當做底事只略略做些，不要做盡，此豈聖人之意。今人讀書，麤心大膽，如何看得古人意思。」（七九）

此皆因象山說洪範「皇極」為「大中」而發。語類辨洪範「皇極」義尚有多條，茲不備錄。專就洪範本義言，朱子顯為得之。

此下當就象山卒後，朱子重要文字、語錄之涉及兩家異同者摘要述之。

文集卷八十有鄂州州學稽古閣記，其文曰：

人之有是身也，則必有是心。有是心也，則必有是理。若仁義禮智之為體，惻隱羞惡恭敬是非之為用，是則人皆有之，而非由外鑠我也。然聖人之所以教，不使學者收視反聽，一以反求諸心為事，而必曰「興於詩，立於禮，成於樂」，又曰博學、審問、慎思、明辨而力行之，何哉？蓋理雖在我，而或蔽於氣稟物欲之私，則不能以自見。學雖在外，然皆所以講乎此理之實。及其浹洽貫通而自得之，則又初無內外精粗之間也。世變俗衰，士不知學。挾冊讀書者，既不過於誇多鬥靡以為利祿之計。其有意於己者，又直以為可以取足於心，而無事於外求也。

是以墮於佛老空虛之邪見，而於義理之正，法度之詳，有不察焉。其幸而或知理之在我，與夫學之不可以不講者，則又不知循序致詳，虛心一意，從容以會乎在我之本然。是以急遽淺迫，終已不能浹洽而貫通也。嗚呼！是豈學之果不可為，書之果不可讀，而古先聖賢所以垂世立教者，果無益於後來也哉！道之不明，其可歎已。

此文成於紹熙四年癸丑，為州學教授許中應作。文集卷六十答許生有云：

夫道之體用，盈於天地之間。古先聖人既深得之，而慮後世之不能以達此，於是立言垂教，自本至末，所以提撕誨飭於後人者，無所不備。學者正當熟讀其書，精求其義，考之吾心以求其實，參之事物以驗其歸。則日用之間，諷誦思存，應務接物，無一事之不切於己矣。來喻乃謂讀書逐於文義，玩索墮於意見，而非所以為切己之實，則愚有所不知其說也。世衰道微，異論蠭起。近年以來，乃有假佛釋之似，以亂孔孟之實者，其法首以讀書窮理為大禁。常欲學者注其心於茫昧不可知之地，以僥倖一旦恍然獨見，然後為得。蓋亦有自謂得之者矣，而察其容貌詞氣之間，修己治人之際，乃與聖賢之學有大不相似者。左右無乃亦惑其說而未能忘耶？夫讀書不求文義，玩索都無意見，此正近年釋氏所謂看話頭者。世俗書有所謂大慧語錄，其說甚詳，試取一觀，則其來歷見矣。若曰儒釋之妙本自一同，則凡彼之所以賊恩害義傷風壞教，聖賢之所大不安者，彼既悟道之後，乃益信其為幻妄而處之愈安，則亦不待他求，而邪正是非已判然於此矣。

此許生即中應。中應又託蔡元定代請為閣記。文續集卷二答蔡季通有云：

閣記不敢辭。向見薛象先盛稱其人。今讀其書，乃知講於陸氏之學者。近年此說流行，後生好資質者皆為所擔閣壞了，甚可歎也。

上引答許生一書，稽古閣一記，為象山卒後朱子駁斥陸學之重要文字，陳義精要，學者所宜玩心。又文集卷五十六答趙子欽有云：

子靜後來得書，愈甚於前。大抵其學於心地工夫不為無所見。但便欲恃此陵跨古今，更不下窮理細密工夫，卒並與其所得者而失之。人欲橫流，不自知覺。而高談大論，以為天理盡在是也。則其所謂心地工夫者，又安在哉？

此書前云「堂室制度，必已得其詳實，因便早幸示及。方欲葺數椽之居，或可取以為法。」紹熙二年辛亥朱子去漳郡，五月歸次建陽，與吳伯豐書有云：「見就此謀卜居，已買得人舊屋，明年可移。目今且架一小書樓，更旬月可畢工。」翌年壬子，始築室於考亭。則此書應在辛壬間。所論可與答許中應書及稽古閣記合讀。

槐堂諸儒中有傅子雲琴山，象山稱之為「天下英才」。及象山守荊門，使子雲留居精舍，執手語之曰：「書院事俱以相付，其為我善永薪傳。」子雲錄象山語有云：「今世類指佛老為異端，孔子時佛教未入中國，雖有老子，其說未著，卻指那個為異端。蓋異與同對，雖同師堯舜，而所學之端緒與堯舜不同，即是異端，何止佛老哉？有人問我異端者，吾對曰：『子先理會同底一端，則凡異此者皆異端。』」黃東發說之曰：

孔子指凡非所當習者為異端，孟子獨指楊墨為異端。自唐韓昌黎至本朝濂溪伊洛，及乾淳諸儒，皆指佛老為異端。象山則力辨異端不專指佛老。而自孟子歿後以至當世，千五百年間，凡講學者皆為異端。且謂心本自虛，理本自明，凡言講學窮理皆是異端邪說，未知然否。然講學本孔子之事，而窮理又大易之言也。

又謂傅琴山欲剖判象山及朱晦翁之說，其自任亦果矣。知子雲必自目朱子為異端。朱子與趙子欽書，所謂象山恃其心地工夫，欲陵跨古今，更不下窮理細密工夫者，亦可證其言之非虛發。

文集卷七十四有玉山講義篇，在紹熙五年甲寅十一月，朱子年六十五。象山已先卒兩年。講義云：

聖賢教人為學，非是使人綴緝言語，造作文辭，但為科名爵祿之計。須是格物致知，誠意正心修身，而推之以至齊家治國，可以平治天下，方是正當學問。

此為演講之開宗明義，此下乃由在席聽眾，逐有所問為答。其中有一段論及「尊德性」與「道問學」。有曰：

聖賢教人，始終本末，循循有序。精粗巨細，無有或遺。故才尊德性，便有箇道問學一段事。雖當各自加功，然亦不是判然兩事也。故君子之學，既能尊德性以全其大，便須道問學以盡其小。其曰「致廣大」、「極高明」、「溫故」而「敦厚」，則皆尊德性之功也。其曰「盡精微」、「道中庸」、「知新」而「崇禮」，則皆道問學之事也。學者於此，固當以尊德性為主，然於道問學亦不可不盡其力。要當使之有以交相滋益，互相發明，則自然該貫通達，而於道體之全無欠闕處矣。今時學者心量窄狹，不耐持久，故其為學，略有些少影響見聞，便自主張，以為至足。不能遍觀博考，反復參驗。其務為簡約者，既蕩而為異學之空虛。其急於功利者，又溺而為流俗之卑近。此為今日之大弊，學者尤不可以不戒。

此論尊德性、道問學不是判然兩事，當使有以交相滋益，互相發明，此乃朱子生平主要論點。本篇所引與何叔京、項平父各書，及稽古閣記諸文，何莫非此物此志。乃後人專拈「學者固當以尊德性為主」一語，即謂其乃晚年改從象山之證。不悟此乃朱子平生自己主張。「今時學者心量窄狹」以下指陸學。「其急於功利者」云云指浙學。朱子一生思想體系，與其學術規模，此篇講義中亦大端可見。學者讀書不子細，妄生曲解。朱子自說子細讀書，乃是君子為學之小者。然君子之為學，固無有能忽乎此小以獨成其大也。

文集卷三十七與王龜齡書有云：

熹又聞之，古之君子，尊德性矣而必曰道問學。致廣大矣而必曰盡精微。極高明矣而必曰道中庸。溫故知新矣，必曰敦厚崇禮。蓋不如是則所學所守必有偏而不備之處。蓋所謂德性、廣大、高明、知新者必有所措，而所謂問學、精微、中庸、崇禮者，又非別為一事也。

此書下云：「昨嘗一至湖湘，出資交遊講論之益。歸來忽被除命。」則此書應在乾道三年丁亥之歲末。其論尊德性、道問學非兩事，與玉山講義所論大體相合。

又文集卷三十八答趙提舉書有云：

道體之大無窮，而於其間文理密察，有不可以毫釐差者。所以既曰致其廣大，而又必曰盡其精微也。近世之言道者則不然。其論大抵樂渾全而忌剖析，喜高妙而略細微。其於所謂廣大者則似之，而於精微有不察，則其所謂廣大者，亦未易以議其全體之眞也。

此書當在淳熙十三年丙午易學啟蒙成書稍後，雖旨在論易，而其論為學規模，亦具可見。

又文集卷三十八答江元適有云：

熹竊嘗聞之，聖人之學所以異乎老釋之徒者，以其精粗隱顯，體用渾然，莫非大中至正之矩，而無偏倚過不及之差。是以君子智雖極乎高明，而見於言行者未嘗不道乎中庸。非故使之然，高明中庸，實無異體故也。

此書尚在孝宗隆興元年行在召對稍後，時朱子年三十四，李延平尚未卒。可見朱子對中庸此章之見解，實是終始一致。不聞晚年折從象山而始云。

語類有云：

尊德性工夫，卻不在紙上，在人自做。問學工夫，節目卻多，尊德性工夫甚簡約。且如伊川只說一箇「主一之謂敬，無適之謂一」。只是如此，更無別事。某向來自說得尊德性一邊輕了，今覺得未是。上面一截，便是一個坯子。有這坯子，學問之功方有措處。

此條陳文蔚記戊申朱子五十九以後所聞。尊德性工夫甚簡約，故象山自謂易簡。道問學工夫節目多，故象山謂之支離。尊德性是上面一截，是做學問一箇胚子，故象山自謂能先立乎其大者。然不能只守此心更不窮理，故朱子謂其「有首無尾」。朱子答項平父書：「今子靜所說，專是尊德性事」，即謂其不重道問學，是「有首無尾」也。又曰：「某平日所論，卻是問學上多了。」因其節目多，不得不多言之。然謂「向來自說得尊德性一邊輕了，今覺得未是」者，此即答項書欲反身用力，棄短集長之意也。尊德性方面本不須多說，故朱子告陳文蔚，只是說說得輕了，不是說說得少了。大賢用心，確乎其不可及。乃後之尊朱者，又必謂朱子是時尊德性之學已熟，「今覺得未是」一語不可泥。在此以前，朱子亦極注意尊德性工夫，常作反省，常自以為未是。及其晚年，「既竭吾才，如有所立卓爾」，何嘗不可自覺未是。且朱子所自以為未是者，似指其教人方面，重說了道問學，輕說了尊德性。兩邊相比，不免於若此。其謂未是，卻不是要專重尊德性，不重道問學。

問「聖人定之以中正仁義而主靜」。曰：「此是聖人『修道之謂教』處。」因云：「今且須涵養。如今看道理未精進，便須於尊德性上用功。於德性上有不足處，便須於講學上用功。二者須相趲逼，庶得互相振策出來。若能德性常尊，便恁地廣大，便恁地光輝，於講學上須更精密，見處須更分曉。若能常講學，於本原上又須好。覺得年來朋友，於講學上卻說較多，於尊德性上說較少，所以講學處不甚明了。」（九四）

此條葉賀孫記辛亥以後所聞，似當在上引陳文蔚一條之後。此條明說「年來朋友於講學上說較多，於尊德性上說較少」，故朱子不免時加提撕，因亦時言自己在此方面說輕了也。

語類又一條云：

子思說尊德性，又卻說道問學，致廣大又卻說盡精微，極高明又卻說道中庸，溫故又卻說知新，敦厚又卻說崇禮。這五句是為學用功精粗全體說盡了。如今所說，卻只偏在尊德性上去揀那便宜多底占了，無道問學底許多工夫，恐只是占便宜自了之學。出門動步便有礙，做一事不得。今人之患在於徒務末而不究其本。然只去理會那本，而不理會那末，亦不得。時變日新而無窮，安知他日之事非吾輩之責乎。若是少間事勢之來，當應也只得應。若只是自了，便待工夫做得二十分，到終不足以應變。到那時卻怕人說道不能應變，也牽強去應。應得便只成杜撰，便只是人欲。又有誤認人欲作天理處。若應變不合義理，則平日許多工夫依舊都是錯了。一日之間事變無窮，小而一身有許多事，一家又有許多事，大而一國，又大而天下，事業恁地多，都要人與他做。不是人做，卻教誰做。不成我只管得自家！若將此樣學問去應變，如何通得許多事情，做出許多事業。（一一七）

此條陳淳記己未所聞，朱子年七十。翌年即卒，豈不為晚年定論乎？此條言簡義深，凡治宋明理學者皆當精切體究。亦惟朱子，於理學界中，最能重提道問學重事業一項。

語類又一條云：

次日親下精舍，大會學者。曰：「荷顯道與諸生遠來，某平日所說底便是了，要特地說，又似無可說。而今與公鄉里平日說不同處，只是爭箇讀書與不讀書，講究義理與不講究義理。如某便謂是須當先知得，方始行得。如孟子所謂『詖淫邪遁之辭』，何與自家事，自家必欲知之，何故？若是不知其病痛所自來，少間自家便落在裏面去了。子曰：『詩可以興，可以觀，可以羣，可以怨，邇之事父，遠之事君，多識於鳥獸草木之名。』那上面六節，固是當理會。若鳥獸草木之名，何用自家知之？但是既為人，則於天地之間物理，須要都知得方可。張子曰：『書所以維持此心，一時放下，則一時德性有懈。』也是說得『維持』字好。蓋不讀書，此心

便無用處。今但見得些子，便更不肯去窮究那許多道理。陷溺其心於清虛曠蕩之地，卻都不知，豈可如此。」（一一九）

此條黃義剛錄，同時林夔孫亦有錄，應在丁巳朱子年六十八以後。此乃朱子親自與包顯道剖辨自己學說與象山主要相異所在。所謂讀書求知，窮究義理，不當專限於狹義的尊德性一觀念之上。如知言之學，「詖淫邪遁之辭」，如與自己尊德性工夫無關。如「多識鳥獸草木之名」，更若與自己尊德性工夫無關。朱子與項平父書，曾謂「子靜所說尊德性，而某平日卻是道問學上多，今當去短集長，庶不墮一邊」。象山聞之，則曰：「既不知尊德性，焉有所謂道問學。」然朱子此處則謂「既為人，則於天地之間物理須要都知得」。又曰：「不讀書則此心便無用處，將陷溺其心於清虛曠蕩之地。」讀書「所以維持此心」。則是即以道問學為尊德性工夫也。

又一條云：

人如何不博學得。若不博學，說道修身行己，也猛撞，做不得。大學「誠意」，只是說「如好好色，如惡惡臭」。及到說修身處時，已自寬了。到後面也自無甚事。其大本只是理會致知格物。若不致知格物，便要誠意正心修身，氣質鈍底，將來只成一箇無見識底獃人。若是意思高廣底，將來遏不下，便都顛了。便是學時，自不知不覺其德自修。而今不去講學，要修身，身

如何地修？（九）

此條亦是林夔孫、黃義剛同有錄，與前條當出同時。朱子意乃謂道問學即所以尊德性。修齊治平皆德性中所有。學時其德自修。若不去學，要修身亦不知如何地修，何論治平大業。誠意可說只是「如好好色，如惡惡臭」。修齊治平，豈得亦只如此。

包顯道曰：「江西之學，大要也是以行己為先。」曰：「如孝弟等事數件，合先做底，也易曉。若是後面許多合理會處，須是從講學中來。不然，為一鄉善士則可。若欲理會得為人許多事則難。」（一一九）

此亦林、黃同有錄。與上引「親下精舍大會學者」同在一條中。凡此所引，皆可與前引陳淳一條同參。此皆朱子晚年思想，何嘗因象山而有所悔改。

語類又曰：

讀書既多，義理已融會，胸中尺度一一已分明，而不看史書，考治亂，理會制度典章，是猶陂塘之水已滿，而不決以溉田。若是讀書未多，義理未有融會處，而汲汲焉以看史為先務，是猶

決陂塘一勺之水以溉田，其涸也，可立而待也。（一一）

此條輔廣錄甲寅以後所聞，不定在何年，要之亦朱子晚年意見。讀書不多，則義理未有融會處，胸中尺度不分明。讀書既多，胸中義理融會分明，當更看史考治亂，如陂塘水足當決以溉田。此始是明體達用、首尾皆備之學。朱子晚年教人，重視讀書，與其鵝湖當年主張，固無大異。

文集卷八十有福州州學經史閣記，其文曰：

予惟古之學者無他，明德新民，求各止於至善而已。夫其所明之德，所止之善，豈有待於外求哉？識其在我而敬以存之，其亦可矣。其所以必曰讀書云者，則以天地陰陽事物之理，修身事親齊家及國，以至於平治天下之道，與凡聖賢之言行，古今之得失，禮樂之名數，下而至於食貨之源流，兵刑之法制，是亦莫非吾之度內，有不可得而精粗者。若非考諸載籍之文，沉潛參伍以求其故，則亦無以明夫明德體用之全，而止其至善精微之極也。然自聖學不傳，世之為士者，不知學之有本，而惟書之讀，則其所以求於書，不越乎記誦訓詁文詞之間，以釣聲名干祿利而已。是以天下之書愈多而理愈昧，學者之事愈勤而心愈放。詞章愈麗，論議愈高，而其德業事功之實愈無以逮乎古人。然非書之罪也。讀者不知學之有本，而無以為之地也。今觀常君之為教，予雖有言，又何以加於此哉？無已而有一焉，則亦曰姑使二三子者知夫為學之本，有無待於外求者，而因以致其操存持守之力，使吾方寸之間，清明純一，眞有以為讀書之地。而後宏其規，密其度，循其先後本末之序，以大玩乎閣中之藏，則夫天下之理，其必有以盡其纖悉，而一以貫之。異時所以措諸事業者，亦將有本而無窮矣。

此文成於慶元元年乙卯九月，朱子年六十六。文中大義，亦可謂與二十年前鵝湖會象山時意見無甚大之相異。象山可謂能開示學者以為學有本之道，而朱子尤必進之以本末精粗之一貫。兩人間所以終不能相悅以解。後人以象山之非朱，遂疑朱子為學，只在博覽精考。或疑朱子論學之有本，乃與象山交遊後晚年之所悟。則試考之淳熙乙未鵝湖相會以前朱子論學之經過，亦可以見其言之無稽矣。

文集卷六十一答林德久有云：

近覺向來所論，本原上甚欠工夫，間為福州學官作一記，發此意。

此即指經史閣記言。朱子自謂近覺向來所論於本原上甚欠工夫，此乃大賢向學，晚年不倦，精一求進之誠，時時流露於不自覺。試檢文集、語類，自淳熙乙未以下，此二十年間之所論，其涉及心地本原工夫者，亦可謂備致其力矣，而仍謂甚欠工夫，則大賢深心之所以終為不可及也。

又同卷有答曾景建一書，大意與經史閣記相一致。答曾第三書云，「熹以臺評，蒙恩鐫免，尚為輕典」云云，事在丁巳。則前兩書當在丙辰，乃作經史閣記之翌年也。書文已錄論學弊下篇，此不贅。

又文集卷六十三答孫敬甫有云：

陸氏之學，在近年一種浮淺頗僻議論中，固自卓然非其儔匹。其徒傳習，亦有能修其身，能治其家，以施之政事之間。但其宗旨本自禪學中來，不可揜諱。當時若只如晁文元、陳忠肅諸人，分明招認，著實受用，亦自有得力處，不必如此隱諱遮藏，改名換姓，欲以欺人而人不可欺，徒以自欺而陷於不誠之域也。然在吾輩，須但知其如此而勿為所惑。若於吾學果有所見，則彼之言釘釘膠粘，一切假合處，自然解拆破散，收拾不來矣。切勿與辨，以起其紛拏不遜之端，而反為下莊子所乘也。少時喜讀禪學文字，見杲老與張侍郎書云：「左右既得此把柄入手，便可改頭換面，卻用儒家言語說向士大夫，接引後來學者。」後見張公經解文字，一用此策，但其遮藏不密索，漏露處多，故讀之者一見便知其所自來，難以純自託於儒者。若近年，則其為術益精，為說浸巧，拋閃出沒，頃刻萬變，而幾不可辨矣。然自明者觀之，亦見其徒爾自勞而卒不足以欺人也。但杲老之書，近見藏中印本，卻無此語，疑是其徒已知此陋而陰削去之。然人家必有舊本可考，偶未暇尋訪也。近得江西一後生書，有兩語云：「瞋目扼腕而指本心，奮髯切齒而談端緒」，此亦甚中其鄉學之病。然亦已戒之，姑務自明，毋輕議彼矣。信筆不覺縷縷，切勿輕以示人，又如馬伏波之譏杜季良也。

此書首云：「熹衰病，年例春夏須一發，今年發遲者，此衰年老態，欲死之漸，亦不足怪也。祠官雖倖得請，然時論洶洶，未有寧息之期，賤迹蓋未可保。」則此書應在慶元乙丙之際。白田年譜定在丙辰，距象山卒已三四年。書中直斥陸學自禪學來，並以象山比橫浦，前後各書論及陸學，此書最詳直。下距朱子卒僅四年，誠是朱子晚年之定論。朱子既認陸學自禪學來，然又謂象山人物卓然，又謂近年一種浮淺頗僻議論非其儔匹。又常戒其朋好門徒勿輕與相爭，此在朱子亦始終無變，又豈至晚年而始有定論乎。惟到南康前後，頗喜二陸之終能有變，其與曹立之書，乃勸立之不若直截剖判，令其今是昨非，平白分明。又謂自當作書更扣陸兄。立之卒後，朱子終有「未免使人疑着恐是葱嶺帶來」之語，因此引起無極太極之一番激辨。然事後朱子終未抹殺象山長處，又終是勸人勿再輕啟爭端，則在此一大波瀾之後，其水流平直，仍是終始一貫也。

又文集卷五十八答謝成之有云：

論為學，治己治人，有多少事。至如天文地理、禮樂制度、軍旅刑法，皆是著實有用之事業，無非自己本分內事。古人六藝之教，所以游其心者，正在於此。其與玩意於空言，以校工拙於篇牘之間者，其損益相萬萬矣。

此書亦當在丙辰。又卷六十答曾無疑有云：

大率人之為學，當知其何所為而為學，又知其何所事而可以為學。

其第二書云：

孟子之言有曰：「人之所以異於禽獸者幾希。庶民去之，君子存之。」此君子所為而學也。然欲存此，則必有以識此之為何物，而後有以存之。足下幸試思之。顧姑以所引孟子之言為主，而博考古昔聖賢之遺訓以參驗之，則夫人之所為而學，與其所以學者，不待外求而得之於我。人之為學，必其有以先識乎此。不然，徒為論說，皆是空言無下落處，無所補於事也。

其第三書云：

示喻為學之方，固得其要。然若只如此便了，則論語只須存此兩條，其餘皆可以削去矣。聖人教人博學審問謹思明辨而篤行之，蓋於理之巨細精粗，無所不講，然後胸次光輝明徹，無所不通，踐履服行，無非真實，似不當如此先立界限，預設嫌疑，以自障礙也。

其第五書云：

孝悌忠恕，人之常行。若不由此，即日用之間更無立腳處。若極言之，則所謂通於神明，光於四海，無所不通。大學之道，必以格物致知為先，而於天下之理，天下之書，無不博學審問，謹思明辨，以求造其義理之極。然後此孝悌忠恕方是活物。如其不然，便只是箇死底孝悌忠恕。雖能持守終身，不致失墜，亦不免為鄉曲之常人，婦女之檢柙而已，何足道哉？

此五書亦當在丙辰。又文集卷六十三答周深父有云：

大抵人要讀書，須是先收拾身心令稍安靜，然後開卷，方有所益。若只如此馳騖紛擾，則方寸之間自與道理全不相近，如何看得文字。今亦不必多言，但且閉門端坐半月十日，卻來觀書，自當信此言之不妄也。

文集卷七十六有周深父更名序，作於慶元庚申閏月，此書當稍在前，亦庚申朱子年七十一歲時，臨其卒前不數月也。人要讀書，須先收拾身心，使書中道理能入得心來。閉門端坐半月十日卻來讀書，此乃因人隨宜設教，非即以閉門端坐為教也。

以上雜引文集之出於象山卒後者，以見朱子晚年意見與陸學異同之大概。凡是陸非朱者，必喜為朱陸中異晚同之論。其所以證成之，則必取之於文集，而不用語類。謂文集出於親筆，語類則門人弟子所記錄，其中多不可信。陽明朱子晚年定論序亦曰：「語類之屬，又其門人挾勝心以附己見，固於朱子平日之說猶有大相繆戾者。」然今就文集言，實未見所謂中異晚同之說。語類與文集，亦多互相發明。抑且語類多出晚年，有書函文章所不能詳，而面談之頃，自然流露，轉為暢竭無遺者。今專就語類卷百二四摘錄數條，以見朱陸異同大端之所在，並以與前引文集作互證。

問正淳：「陸氏之說如何？」曰：「癸卯相見，某於其言不無疑信相半。」曰：「信是信甚處，疑是疑甚處。」曰：「信其論學，疑其訶詆古人。」曰：「若是他論學處是，便攻訶古人今人亦無有不是處。若是他訶詆得古人不是，便是他說得學亦不是。如人心知此義理，行之得宜，固自內發。人性質有不同，或有魯鈍，一時見未到，得別人說出來，反之於心，見得為是而行之，是亦內也。人心所見不同，聖人方見得盡。今陸氏只是要自渠心裏見得底方謂之內，若別人說底，一句也不是。才自別人說出，便指為義外。如此乃是告子之說。豈可一一須待自我心而出，方謂之內，所以指文義而求之者皆不為內？故自家才見得如此，便一向執着，將聖賢言語便亦不信，更不去講貫。只是我底是，其病痛只在此。只是專主生知安行，而學知以下一切皆廢。又只管理會一貫，理會一。且如一貫，只是萬理一貫，無內外本末、隱顯精粗，皆一以貫之。此政同歸殊途，百慮一致，無所不備。今卻不教人恁地理會，卻只尋箇一，不知去那裏討頭處。」

此條黃㽦記在戊申，即與象山爭辨太極圖說之年也。

語類又云：

禪學熾則佛氏之說大壞。緣他本來是大段着工夫收拾這心性。今禪說只恁地容易做去。佛法固是本不見大底道理，只就他本法中，是大段細密。今禪說只一向麄暴。陸子靜之學，看他千般萬般，病只在不知有氣稟之雜，把許多麄惡底氣都把做心之妙理合當恁地，自然做將去。向在鉛山，得他書云：「看得佛之所以與儒異者，止是他底全是利，吾儒止是全在義。」某答他云：「公亦只見得第二着。」看他意，只說吾儒斷絕得許多利欲，便是千了百當，一向任意做出都不妨。不知初自受得這氣稟不好，今才任意，發出許多不好底，也只都做好商量了。只道這是胸中流出，自然天理，不知氣有不好底夾雜在裏，一齊滾將去，道害事不害事？看子靜書，只見他許多麄暴底意思可畏。其徒都是這様，才說得幾句，便無大無小，無父無兄，只我胸中流出底是天理，全不着得些工夫，看來這錯處只在不知有氣稟之性。

此條葉賀孫記，在辛亥朱子年六十二以後。下一年即象山卒年也。上條說象山只認自己心中流出者是內，不知由學問而得自外面者，即所謂「先得吾心之所同然」，亦未必不是內。此條言象山認自內流出者便是好，不知人之氣稟亦夾雜有不好底在內，仍當仔細辨認，此乃朱子與象山體認心性各有不同，象山因於前兩條之所舉，總不看重讀書及做學問工夫，故朱子既說其似告子，又說其近禪也。

語類又云：

因言讀書之法，曰：「一句有一句道理，窮得一句，便得這一句道理。讀書須是曉得文義了，便思量聖賢意指是如何？要將作何用？」因坐中有江西士人問為學，曰：「公們都被陸子靜誤教莫要讀書，誤公一生。使公到今已老，此心倀倀然如村愚聾盲無知之人，撞牆撞壁，無所知識。使得這心飛揚跳躑，渺渺茫茫，都無所主，若涉大水，浩無津涯。少間便會失心去。傅子淵便是如此。今教公之法，只討聖賢之書，逐日逐段分明理會。且降伏其心，遜志以求之。理會得一句，便一句理明。理會得一段，便一段義明。積累久之，漸漸曉得。陸刪定他也須讀書來，只是公那時見他不讀書，便說他不讀書。他若不讀書，如何做得許多人先生。」

此條沈僩錄，在戊午朱子年六十九以後。若語類非盡不可信，則此誠朱子之晚年定論也。後人為象山辨者，必謂象山並非不讀書，此朱子已言之。即此處象山門下，亦非不讀書，此事朱子寧所不知。應知朱子教人讀書另有一套。鵝湖初會，象山便欲問朱子：「堯舜以前曾讀何書來？」又常云：「六經是某注腳。」又曰：「若某則不識一箇字，亦須還我堂堂地做箇人。」「志於聲色利達者固是小，勦模人言語底，與他一般是小。」「東海有聖人出，此心同，此理同。西海有聖人出，此心同，此理同。」此是象山講學精神。就其足己自信、不務外求之一端，朱子謂其與禪宗、告子無以異。朱陸兩家講學精神顯然不同。則陽明之編集朱子晚年定論，終亦為多餘之事。

以上錄語類以見朱陸異同最後之所止。下當更一略述朱子身後關於此一問題之討論，惟以出趙汸前者為限。隻鱗片爪，亦未能廣事搜羅。

陳北溪親受朱子末命而力排陸學。今錄其言附之此篇。北溪之言曰：

盈天地間，千條萬緒，是多少人事。聖人大成之地，千節萬目，是多少工夫。惟當開拓心胸，大作基址，須萬理明徹於胸中，將此心放在天地間一例看，然後可以語孔孟之樂。須明三代法度，通之於當今而無不宜，然後為全儒，而可以語王佐事業。須運用酬酢，如探諸囊中而不匱，然後為「資之深，取之左右逢其原」，而眞為己物矣。至於以天理人欲分數而驗賓主進退之機，如好好色，如惡惡臭，而為天理人欲強弱之證，必使之於是是非非如辨黑白，如遇鏌鋣干將，不容有騎牆不決之疑，則雖艱難危阻之中，無不從容自適，然後為知之至而行之盡。此心之量極大，萬理無所不包，萬物無所不統。古人每言學，必欲其博，孔子所以學不厭者，皆所以極盡乎此心無窮之量也。

求道過高者，宗師佛學，陵蔑經典。以為明心見性，不必讀書，而蕩學者於空無之境。立論過卑者，又崇獎漢唐，比附三代，以為經世濟物，不必修德，而陷學者於功利之域。聖門工夫自有次序，非如釋氏妄以一超直入之説欺愚惑眾，須從下學方可上達。陸學厭繁就簡，忽下趨高，陰竊釋氏之旨，陽託聖人之傳，最是大病。平時拳拳向内矜持，其狀甚有似於存養，而實非聖門為己之學。所主在此，故將下學工夫盡掃，合下直向聖人生知安行地位上立。接引後進，亦直向聖人生知安行地位上行。其徒一二老輩間有踐履好處者，此非由師訓學力之故，乃出於生質之篤厚而然。

上引見宋元學案卷六十八北溪學案。

浙間年來象山之學甚旺，由其門人有楊、袁貴顯，據要津，唱之。不讀書，不窮理，專做打坐工夫。又假託聖人之言，牽就釋意，以文蓋之。慈湖纔見伊川語，便怒形於色。朋徒私相尊，號為祖師，以為眞有得於千載不傳之正統。嚴陵有詹、喻輩護法。其或讀書，卻讀語孟精義，而不肯讀集注。讀中庸集解，而不肯讀章句、或問。讀河南遺書，而不肯讀近思錄。讀通書，不肯讀太極圖。而讀通書只讀白本，不肯讀文公解本。

上引見宋元學案慈湖學案，此條所舉，亦可見當時朱陸疆界。朱子畢生尊奉二程，認為二程間義理大處初無分別，故其引二程語，多只稱程子，不更分別明道與伊川。特謂伊川享壽高，看出後來學者流弊，故其言較詳密，較周到。象山於明道無間言，於伊川深所不喜。如伊川謂「進學則在致知，不知集義卻是都無事」，朱子常所樂引，象山殆必謂由此便轉入支離也。當朱子為論孟精義時，殆猶是由諸儒上窺二程，由二程上窺孔孟之途轍。逮其為集注，則專據論孟本文解明原義，而憑此以進退諸儒。其為精義時所集，至是乃多捨棄，又為或問以說明其是非得失所在。象山雖曰直得之孟子，其學實近上蔡、橫浦。而橫浦則傳自龜山。故陸學之於程門，轉多寬假，不如朱子剖析謹嚴。陸學後人尙讀語孟精義，卻不讀集注也。中庸集解乃石塾子重所編，亦是集次二程以及程門諸儒之語，與語孟精義略同。陸學本亦是從當時程門理學中來，非直從孔孟來。若不讀此諸家之說，則失卻一切話頭，更從何處去發揮，又從何處為立腳乎？其於濂溪，僅取其通書，而疑其太極圖。於橫渠，則幷西銘而疑之。朱子於周張二程兼羅幷包，匯歸合一，故從事陸學者，又不喜讀近思錄。如是則朱陸兩家，豈不如鴻溝劃界，顯然可相區別乎？南宋理學界，無不導源二程，朱子則擴之使大，象山則別之使精。打歸一路，與豁然貫通，其辨皎然。

象山本得自光老（道光，號佛照）。今楊、袁門下多是引接僧道等人來往。以為覺者甚多。此間九峯僧覺惠者，詹阜民、喻仲可、顧平甫皆以其得道之故，與之為朋。詹悟道時，嘗謂他證印法門傳度，從來如此。然則此一家學問，分明是空門宗派，縱待說得精微玄妙，不過是彌近理而大亂眞。

此條引自槐堂諸儒學案。謝山評北溪，謂「其衛師門甚力，多所發明，然亦有操異同之見而失之過者」。顧於此條則曰：「詹阜民所言漸近頓悟，絕類慈湖遺書中語，是乃陸子之學所以招後人之議者。」是亦無可為陸學諱也。

袁桷淸容集有云：

陸子與朱子，生同時，仕同朝。其辨爭者，朋友麗澤之益，書牘具在。不百餘年，異黨之說興，深文巧鬥。淳祐中，鄱陽湯中氏合朱陸之說。至其猶子端明文清公漢，益闡同之，足以補兩家之未備。

此為會同朱陸之最先見者。時宋室尚未亡，蓋猶遠在趙汸前。全謝山於宋元學案中特立存齋晦靜息庵學案，然無法考其為說之詳矣。

又學案卷六十五木鍾學案胡長孺傳引吳淵穎曰：

說者稱濂溪之所授受，實本壽涯佛者之徒。永康先生胡公至為論辨以著明之，曾不容喙，是殆當世之所深惑者也。朱子以東都文獻之餘，集濂洛諸儒之大成，而陸氏欲踵孟子，曾不以循序漸進為梯階，特以一超頓悟為究竟。今則至謂朱為支離，陸為簡易，必使其直見人心之妙而義理自明，然後為學。自謂為陸，實即禪也。故曰「世之學者，知禪不知學，知學不知禪。」是豈深溺於異端外學之故而遂誣其祖，乃舉七聖相授、洙泗以降四子所傳之道而悉謂之禪也。道術所在，苟或不契於古之聖賢，則其召夫後世之嘵辨讙咋者不能遽已。先生曾不此憚，而直以此道為己任，又著明之，予不可得而妄測者也。予自燕還，與金溪傳斯正再見先生，傳之曾祖父本陸學，亦喜談陸。自近年科舉行，朱學盛矣，而陸學殆絕。世之學者玩常襲故，尋行摘墨，益見其為學之弊。意其幸發金溪之故櫝而少濯其心耶！

淵穎此文詆訶陸學極嚴。然其時朱學已成功令，流弊遂滋。乃曰「幸發金溪故櫝而少濯其心」，其為旨深矣。元儒好為調和朱陸，此亦其一背景也。下至明代，科舉益盛，有志講學者相率走入陽明一路，讀淵穎此文，可微窺其消息。

朱陸異同散記

余為朱陸交游始末篇及學術異同篇，以見兩家之學術同異。而語類中朱子評陸學，尚多為兩篇所未收。類而列之，以見朱子之評陸學，義相條貫，非苟而已。其語上起象山來南康白鹿洞講學，下至朱子卒歲，前後歷二十載。尤以象山卒後朱子晚歲為多。考朱陸異同公案者，必當參考及此。固是門人記錄，或有失實，要之大概可見。至其是非得失，則待讀者自究之。本篇僅列朱子一方意見，然亦非為爭門戶，存心偏袒而作。學術史上既有此公案，則自應多方推尋也。

一

語類云：

極高明須要道中庸，若欲高明而不道中庸，則將流入於佛老之學。且如儒者遠庖廚，佛老則好高之過，遂至戒殺食素。儒者不邇聲色，不殖貨利，他是過於高明，遂至絶人倫。陸子靜天資甚麼高明，卻是不道中庸，後其學便誤人。某嘗說陸子靜說道理有箇黑腰子。其初說得瀾飜，極是好聽。少間到那緊處時，又卻藏了不說，又別尋一箇頭緒瀾飜起來，所以人都捉他那緊處不着。（六四）

此條黃義剛錄癸丑朱子年六十四以後所聞，不定在何年。要之已在象山卒後。朱子本說象山在尊德性方面多些，此處說象山不道中庸，則終是偏了也。又曰：

「子靜說話常是兩頭明，中間暗。」或問：「暗是如何？」曰：「是他那不說破處。他所以不說破，便是禪。所謂『鴛鴦繡出從君看，莫把金針度與人』。他禪家自愛如此。」（一〇四）

此條輔廣錄甲寅以後所聞，不定在何年，要之是朱子晚年語。

又曰：

「惟其平常，故不可易。若非常則不得久矣。譬如飲食，如五穀是常，自不可易。若是珍羞異味，不常得之物，則暫一食之可也，焉能久乎？庸固是定理，若以為定理，則卻不見那平常底意思。今以平常言，則不易之定理自在其中矣。」廣因舉釋子偈有云：「世間萬事不如常，又不驚人又久長。」曰：「便是他那道理，也有極相似處，只是說得來別。故某於中庸章句序中着語云：『至老佛之徒出，則彌近理而大亂眞矣。』須是看得他那『彌近理而大亂眞』處始得。」廣云：「程子『自私』二字恐得其要領，但人看得此二字淺近了。」曰：「便是。向日王順伯曾有書與陸子靜辨此二字云：『佛氏割截身體，猶自不顧，如何卻謂之自私得？』」因舉明道答橫渠書云「大抵人患在自私而用智」，曰：「此卻是說大凡人之任私意耳。」（六二）

此條亦輔廣錄甲寅以後所聞，未定何年。

問：「明德而不能推之以新民，可謂是自私。」曰：「德既明，自然是着新民。然亦有一種人不如此，此便是釋老之學。此箇道理，人人有之，不是自家可專獨之物。既是明得此理，須當推以及人，使各明其德。豈可說我自會了，我自樂之，不與人共。」因說曾有學佛者王天順，與陸子靜辨論云：「我這佛法，和耳目鼻口髓腦皆不愛惜，要度天下人各成佛法，豈得是自私？」先生笑曰：「待度得天下人各成佛法，卻是教得他各各自私。陸子靜從初亦學佛，嘗言：『儒佛差處是義利之間。』某應曰：『此猶是第二着，只它根本處便不是。當初釋迦為太子時出遊，見生老病死苦，遂厭惡之，入雪山修行。從上一念，便一切作空看。惟恐割棄之不猛，屏除之不盡。吾儒卻不然，蓋見得無一物不具此理，無一理可違於物。佛說萬理俱空，吾儒說萬理俱實。從此一差，方有公私義利之不同。』今學佛者云『識心見性』，不知是識何心，是見何性？」（一七）

此條廖德明錄癸巳以後所聞。上兩條主要皆辨釋氏，然亦涉及朱陸相異。朱子教人格物窮理，象山教人立志辨義利。然朱子意，人儘有不為利而無當於理者。王順伯答象山言：「釋氏割截身體猶自不顧，如何卻謂之自私。」不知此是任私意，非是為利自私。見理則公，不見理則總是私意。故曰認理有差，方有公私義利之不同。象山辨儒釋，謂差處在義利之間，而朱子謂其猶是第二着，主要在能看得他彌近理而大亂眞處。惟其窮理未至，故亦不能識心見性。今謂識心見性了，理即在此。此一虛一實之間，不容不細辨。欲窮理則須格物，格物須由平常處下手。若不能從平常處明得此理，而高言心性，則必陷於極高明而不道中庸之病。故此兩條雖辨釋氏，實亦辨陸學。

以上諸條，見陸學不道中庸，而實近釋氏。

二

語類又曰：

聖人之言，即聖人之心。聖人之心，即天下之理。且逐段看令分曉。但如此心平氣定，不東馳西騖，則道理自逐旋分明。道理固是自家本有，但如今隔一隔了，須逐旋揩磨，呼喚得歸，然無一喚便見之理。如金溪只要自得，若自得底是，固善。若自得底非，卻如何。不若且虛心讀書。（一二〇）

此條吳必大記戊申、己酉所聞，朱子年五十九、六十。時象山尚在，惟已在爭無極太極之後。象山主自得，朱子則教人虛心讀書。

又曰：

陸子靜說「良知良能」、「四端」等處，且成片舉似經語，不可謂不是。但說人便能如此，不假修為存養，此卻不得。譬如旅寓之人，自家不能送他回鄉，但與說云：你自有田有屋，大段快樂，何不便回去。那人既無資送，如何便回去得。又如脾胃傷弱不能飲食之人，卻硬要將飯將肉塞入他口，不問他喫得與喫不得。若是一頓便理會得，亦豈不好。然非生知安行者，豈有此理。便是生知安行，也須用學。大抵子思說「率性」，孟子說「存心養性」，大段說破。夫子更不曾說，只說孝弟忠信篤敬。蓋能如此，道理便在其中矣。（一二四）

此條萬人傑錄。朱子意，學者專從子思、孟子立論，易於偏說心性。上溯之於孔子論語，則亦少此病也。

又曰：

陸子靜之學，只管說一箇心本來是好底物事，上面著不得一箇字。只是人被私欲遮了。若識得一箇心了，萬法流出，更都無許多事。他卻是實見得箇道理恁地，所以不怕天，不怕地，一向胡叫胡喊。東萊不似他見得恁地直拔俊偉，下梢衰塌不起了，其害小。他學者是見得箇物事，便都恁地胡叫胡說，實是捽動他不得。一齊恁地無大無小，便是「天上天下，惟我獨尊」，其害甚大。南軒初年說卻有些似他，如嶽麓書院記卻只恁地說。如愛牛，如赤子入井，這箇便是眞心，若理會得這箇心了，都無事。後來說卻不如此。他之說，卻是使人先見得這一箇物事

了，方下來做工夫。卻是上達而下學，與聖人下學上達都不相似。（一二四）

此條葉賀孫錄。謂象山之學乃是上達而下學。直指本心非不是，而流弊則易於與聖學不相似。

吳仁父說及陸氏之學。曰：「只是禪。初間猶自以吾儒之說蓋覆，如今一向說得熾，不復遮護了。渠自說有見於理，到得做處，一向任私意做去，全不睹是。人同之則喜，異之則怒，至任喜怒胡亂便打人罵人。後生纔登其門，便學得不遜無禮，出來極可畏。」（一二四）

此條錢木之錄丁巳所聞。朱子年六十八，象山已卒六年。直指本心易近禪。流弊即在其從學者中見。

又曰：

陸子靜說：只是一心。一邊屬人心，一邊屬道心。那時尚說得好在。（一二四）

此條甘節錄癸丑以後所聞，在象山卒後。人心道心只是一心，朱子稱其說得好。若更能進而辨知一心中有人心道心之異，則可無弊也。

又曰：

金溪之學雖偏，然其初猶是自說其私路上事，不曾侵過官路來。後來於不知底亦要彊說，便說出無限亂道。（一二三）

此條亦吳必大録，在象山卒前。

又曰：

陸子靜之學，自是胸中無奈許多禪何。看是甚文字，不過假借以說其胸中所見者耳。據其所見，本不須聖人文字得。他卻須要以聖人文字說者，此正如販鹽者上面須得數片鯗魚遮蓋，方過得關津，不被人捉了耳。（一二四）

此條輔廣録。

先生嘗說陸子靜、楊敬仲自是十分好人，只似患淨潔病底。又論說道理，恰似閩中販私鹽底，下面是私鹽，上面以鯗魚蓋之，使人不覺。（一二四）

此條王過錄，皆是甲寅以後所聞。要之皆在朱子晚年。謂其似患淨潔病底，蓋指其一切要胸中流出，規模窄狹，未能取人之善以為善也。

文集卷六十答潘子善有云：

楊敬仲，其人簡淡誠慤，自可愛敬。而其論議見識，自是一般。又自信已篤，不可復與辨論，正不必徒為曉曉也。

是朱子之評慈湖，亦一如其於象山，其人可愛敬，其為學則惟重自得，不肯虛心讀書，不再向外取人之善以增益我善。故謂其患了淨潔病。淨潔非不善，只是更着不得東西在它上面。

又曰：

陳君舉那似得陸子靜。子靜卻是見得箇道理，卻成一部禪，他和禪識不得。（一二三）

此條葉賀孫錄。

又曰：

呂伯恭教人云：論語皆虛言，不如論實事。便要去考史。如陸子靜又只說箇虛靜，云全無許多事。顏子不會學，「擇乎中庸，得一善則拳拳勿失」，善則一矣，何用更擇？「子路有聞，未之能行，唯恐有聞」，一聞之外，何用再聞？便都與禪家說話一般了。聖人道理，都不恁地，直是周徧。（四五）

此條林夔孫錄丁巳朱子六十八以後所聞，亦晚年語。象山大賢，其語有此，誠大可怪。亦可見朱子之辨，誠亦有所不得已。

以上諸條，皆言象山直指本心之近禪處。

三

陸深甫問為學次序。曰：「公家庭尊長，平日所以教公者如何？」陸云：「刪定叔祖所以見教者，謂此心本無虧欠，人須見得此心，方可為學。」曰：「此心固是無虧欠。然須是事事做得是，方無虧欠。若只說道本無虧欠，只見得這箇便了，豈有是理。」因說「江西學者自以為得陸刪定之學，便高談大論，略無忌憚。忽一日自以為悟道，明日與人飲酒，如法罵人。某謂賈

誼云秦二世今日即位而明日射人，今江西學者，乃今日悟道而明日駡人，不知所悟者果何道哉。」（一二〇）

此條潘時舉録癸丑朱子年六十四以後所聞，象山已先卒。謂此心本無虧欠非不是，但外面行事差了，便使此心有虧欠。

文集卷五十二答汪長孺亦云：

如此全似江西氣象。其徒有今日悟道而明日醉酒駡人者，嘗舉賈生論胡亥語戲之，今乃復見此，蓋不約而同也。此須放下，只且虚心平意，玩味聖賢言語，不要希求奇特，庶幾可救。

語類有汪德輔記在壬子，正是象山卒年，則此書與前引一條蓋出同時，朱子蓋屢言之也。

又同卷答姜叔權有云：

示喻曲折，何故全似江西學問氣象。頃見其徒自説見處，言語意氣次第節拍，正是如此。恐是用心過當，致得如此張皇。如此不已，恐更有怪異事，甚不便也。長孺所見亦然。但賢者天資慈祥，故於惻隱上發，彼資稟粗厲，故别生一種病痛。大抵其不穩帖而輕肆動盪則不相遠也。

正恐須且盡底放下，令胸中平實，無此等奇特意想，方是正當也。

此與答汪長孺書當亦約略同時。謂叔權資性慈祥，然其為輕肆動盪不穩帖則一。兩人皆犯了陸門同樣毛病，朱子為兩人指點救治之方，所重自在論學教人，不在爭門戶異同。宋元學案槐堂諸儒學案傳道夫條，楊簡慈湖有與道夫書云：

濂溪、明道、康節，所覺未全，伊川未覺，道夫昆仲皆覺。

放言如此，其他陸門中人，宜可推想。

問：「告子謂『不得於言，勿求於心』，是自己之言耶？是他人之言耶？若要得後面『知言』處相貫，則是他人之言。」曰：「這一段前後都相貫，即是一樣言語。告子於此不達，則不復反求其理於心。嘗見陸子靜說這一段，大段稱告子所見高。告子固是高，亦是陸子靜之學與告子相似，故主張他。然陸氏之學更鶻突似告子。」至云：「陸氏之學不甚教人讀書看文字，與告子相似否？」先生曰：「便是。」（五二）

此條楊至錄癸丑、甲寅所聞，朱子六十四、五，亦在象山卒後。象山稱告子所見高，又說顏子不會學，此皆其說話過高處，則宜乎有慈湖「濂溪、明道、康節所覺未全」之云矣。

問，告子「不得於言勿求於心」。先生云：「陸子靜不着言語，其學正似告子，故常諱這些子。」因語諸生云：「陸子靜說告子也高，也是他尚不及告子。告子將心硬制得不動，陸遇事未必皆能不動。」（一二四）

此條潘植錄癸丑所聞。蓋與楊至一條同聞異錄。

語類又云：

「不得於言，勿求於心」，是心與言不相干。「不得於心，勿求於氣」，是心與氣不相貫。此告子說也。告子只去守箇心得定，都不管外面事。外面是亦得，不是亦得。孟子之意，是心有所失則見於言，如肝病見於目相似。陸子靜說：「告子亦有好處。今人非但不識孟子，亦不識告子。只去言語上討不着。」陸子靜卻說告子只靠外面語言，更不去管內面。以某看，告子只是守着內面，更不管外面。（五二）

此一條泳錄，不知是湯泳抑胡泳。湯泳錄在乙卯，朱子年六十六。胡泳錄在戊午，朱子年六十九。相差三年。此條恐是湯泳。與前引兩條皆論象山似告子。

符舜功言：「只是由仁義行、好行仁義，便有善利之分。」曰：「此是江西之學。惟舜便由仁義行，他人須窮理，知其為仁為義，從而行之。且如『仁者安仁，智者利仁』，既未能安仁，亦須是利仁。利仁豈是不好底？知仁之為利而行之。不然，則以人欲為利矣。」（五七）

此條廖德明錄，不定在何年。「由仁義行」，非天縱之聖，即是工夫境界所到。「行仁義」，乃是「由仁義行」之工夫。符舜功先從學於象山之門。此條朱子所告，亦即極高明道中庸兩方兼重之意。只以「由仁義行」為是，不言「行仁義」，則是只靠內面，更不管外面。只重自得，更不許學問尋求。

先生問人傑：「別後見陸象山如何？」曰：「在都下相處一月，議論間多不合。」因舉戊戌春所聞於象山者，多是分別「集義所生，非義襲而取之」兩句。曰：「彼之病處正在此。其說集義，卻是義襲。彼之意，蓋謂學者須是自得於己，不為文義牽制，方是集義。若以此為義，從而行之，乃是求之於外，是義襲而取之也。故其弊自以為是，自以為高，而視先儒之說皆與己不合。」（一二四）

此條萬人傑錄庚子以後所聞。人傑亦先從遊於象山。

問正淳：「陸氏尋常要說『集義所生者』，其徒包敏道至說成『襲義而取』，卻不說『義襲而取之』，他說如何？」正淳曰：「他說須是實得。如『義襲』只是強探力取。」曰：「謂如人心知此義理，行之得宜，固自內發。人性質有不同，或有魯鈍，一時見未到，得別人說出來，反之於心，見得為是而行之，是亦內也。人心所見不同，聖人方見得盡。今陸氏只是要自渠心裏見得底方謂之內。若別人說底，一句也不是。才自別人說出，便指為義外，如此乃是告子之說。如『生而知之』與『學而知之』、『困而知之』，『安而行之』與『利而行之』、『勉強而行之』，及其知之行之則一也。豈可一一須待自我心而出方謂之內，所以指文義而求之者皆不為內？故自家才見得如此，便一向執着，將聖賢言語便亦不信，更不去講貫。只是我底是，其病痛只在此。只是專主生知安行，而學知以下一切皆廢。」（一二四）

此條黃𦾔錄戊申所聞，朱子年五十九。與上條萬正淳錄乃同時語。又有吳必大錄一條亦同時語。又曰：

金溪之學，向來包子只管說集義、襲義。某嘗謂之曰：『如此說孟子，孟子初無襲義，今言襲義，卻是包子矣。』其徒如今只是將行得一事合義，便指準將來長得多少精神，乃是告子之意。但其徒禁錮着，不說出來。」（五二）

此條亦黃𦬊錄。集義乃今日行一義，明日行一義，積累既久，行之事事合義，然後浩然之氣自然而生。象山說集義，朱子謂其只是說義襲，而包敏道則說成襲義。故朱子笑其非孟子，是包子也。

又曰：

「非義襲而取之」，江西人只愛說義襲，不知如何襲。只是說非以義掩取是氣。蓋氣自內而生，非由外而入。（五二）

此條襲蓋卿錄甲寅所聞。

問：「集注云：『告子外義，蓋外之而不求，非欲求之於外也。』」曰：「告子直是將義屏除去，只就心上理會。」因說：「陸子靜云：『讀書講求義理，正是告子義外工夫。』某以為不然。如子靜不讀書，不求義理，只靜坐澄心，卻似告子外義。」（五二）

此條廖德明錄，不定在何年。象山誤會孟子字義，故謂讀書講求義理是告子義外工夫。朱子認得孟子原文字義清楚，故謂不讀書不講求義理，乃是告子外義工夫。

文集卷六十二答李敬子、余國秀問「內謂理之在己者，外謂理之在物者」云：

> 內謂理之隱微處，外謂理之周徧處。

隱微處在心，周徧處在物。同是此理，何辨內外。

上引諸條，多辨內外，牽連及於象山近告子處。

四

或說象山說「克己復禮」，不但只是欲克去那利欲忿懥之私，只是有一念要做聖賢，便不可。曰：「此等議論，恰如小兒則劇一般，只管要高去，聖門何嘗有這般說話。人要去學聖賢，此是好底念慮，有何不可。若以為不得，則堯舜之『兢兢業業』，周公之『思兼三王』，孔子之

『好古敏求』，顏子之『有為若是』，孟子之『願學孔子』之念，皆當克去矣。看他意思只是禪。誌公云：『不起纖毫修學心，無相光中常自在。』他只是要如此。然豈有此理。只如孔子答顏子『克己復禮為仁』，據他說時，只這一句已多了，又況有下頭一落索。只是顏子才問仁，便與打出方是。及至恁地說他，他又卻諱。某嘗謂人要學禪時，不如分明去學他禪和一棒一喝便了，今乃以聖賢之言夾雜了說，都不成箇物事。道是龍，又無角。道是蛇，又有足。子靜舊年也不如此，後來弄得直恁地差異，如今都教壞了後生，箇箇不肯去讀書，一味顛蹶，沒理會處，可惜可惜。正如荀子不覩是，逞快胡罵亂罵，教得箇李斯出來，遂至焚書阬儒。若使荀卿不死，見斯所為如此，必須自悔。使子靜今猶在，見後生輩如此顛蹶，亦須自悔其前日之非。」（一〇四）

此條輔廣錄甲寅以後所聞，未定何年。指出象山語實非論語本意，乃象山自說己意，卻又牽纏著論語來說。象山論學主自得，乃曰「六經皆我注腳」，其流弊乃至此。

又曰：

陸子靜說「克己復禮」云：「不是克去己私利欲之類，別自有箇克處。」又卻不肯說破。某嘗代之下語云：「不過是要『言語道斷，心行路絶』耳。」因言：「此是陷溺人之深坑，學者切

不可不戒。」（一二四）

此條亦輔廣錄。朱子評象山說道理有箇黑腰子，此等處皆其實例。

因看金溪與胡季隨書中說顏子克己處，曰：「看此兩行議論，其宗旨是禪尤分曉。此乃捉着眞贓正賊。惜方見之，不及與之痛辯。其說以忿欲等皆未是己私，而思索講習卻是大病，乃所當克治者。如禪家『乾屎橛』等語，其上更無意義，又不得別思義理，將此心都禁遏定，久久忽自有明快處，方謂之得。此之謂失其本心，故下梢忿欲紛起，恣意猖獗。如劉淳叟輩所為，皆彼自謂不妨者也。杲老在徑山，僧徒苦其使性氣，沒頭腦，甚惡之。又戀着他禪。嘗有一僧云：『好捉倒，剝去衣服，尋看他禪是在左脅下，是在右脅下。待尋得見了，好與奪下，卻趕將出門去。』杲老所喜，皆是麤踈底人，如張子韶、唐立夫諸公是也。汪聖錫、呂居仁輩稍謹愿，痛被他薄賤。汪丈嘗謂某云：『杲老禪學實自有好處。』某問之曰：『侍郎曾究見其好處否？』又卻云：『不曾。』今金溪學問眞正是禪，欽夫、伯恭緣不曾看佛書，所以看他不破。只某便識得他。」（一二四）

此條吳必大錄戊申、己酉所聞，朱子年五十九、六十。正是與象山爭辨無極太極時。云「惜方見之，不及與之痛辯」，謂方見此書也。象山集與胡季隨凡兩書，其第二書論孔子告顏淵以克己復禮，謂：「以顏子之賢，雖其知之未至，善之未明，亦必不至有聲色貨利之累，忿狠縱肆之失。所謂己私者，非必如常人所見之過惡，而後為己私也。己之未克，雖自命以仁義道德，自期以可至聖賢之地者，皆其私也。」輔廣所錄「只是有一念要做聖賢便不可」，由此來。象山原書意，蓋以譏朱子，而前一書尤露骨。其書曰：

大學言明明德之序，先於致知。孟子言誠身之道，在於明善。今善之未明，知之未至，而循誦習傳，陰儲密積，廑身以從事，喻諸登山而陷谷，愈入而愈深，適越而北轅，愈騖而愈遠。不知開端發足大指之非，而日與澤虞燕賈課遠近、計枉直於其間，是必沒身於大澤、窮老於幽都而已。

此顯是譏朱子，而力戒季隨勿以循誦習傳為務。朱子則謂其「不過要言語道斷，心行路絕」。

有一學者云：「學者須是除意見。陸子靜說：顏子克己之學，非如常人克去一切忿欲利害之私，蓋欲於意念所起處將來克去。」先生痛加誚責，以為：「此三字誤天下學者。某謂除去不好底意見則可，若好底意見須是存留。如飢之思食，渴之思飲，合做底事思量去做，皆意見也。緣有除意見橫在心裏，如日間所行之事，想見只是不得已去做，才做便要忘了，生怕有意見。所以目視霄漢，悠悠過日，下梢只成得箇狂妄。今只理會除意見，安知除意見之心，又非所謂意見乎？」（一二四）

此條萬人傑錄。象山語錄有云：「此道與溺於利欲之人言猶易，與溺於意見之人言卻難。」此亦指朱子。朱子曾與象山面辨此事，見下一條。象山語錄又云：「今世學者，本末先後一時顛倒錯亂。如非禮勿視聽言動，顏子已知道，夫子乃語之以此。今先以此責人，正是躐等。」故象山意，顏淵喟然之歎，當在問仁之前。此亦見與胡季隨書。故謂顏子先知道，其本已得，故夫子乃語之以非禮勿視聽言動之末也。象山謂朱子不知尊德性，又焉知得道問學，知道是尊德性邊事，非禮勿視聽言動，乃道問學邊事。

上所引是辨內外，此條是辨本末。象山重內重本，故於論語此章說之如此。朱子則主內外本末之相通合一，不若象山之落一邊。

以上皆辨象山直指本心，專重內重本之近禪學處。

五

語類又一條云：

某向與子靜說話，子靜以為意見。某曰：「邪意見不可有，正意見不可無。」子靜說：「此是閑議論。」某曰：「閑議論不可議論，合議論則不可不議論。」大學不曾說無意，而說誠意。若無意見，將何物去擇乎中庸，將何物去察邇言。論語「無意」，只是要無私意。若是正意則不可無。他之無意見，則是不理會理，只是胡撞將去。若無意見，成甚麼人在這裏。（一二四）

或問：「陸子靜每見學者才有說話，不曰『此只是議論』，即曰『此只是意見』。果如是，則議論意見皆可廢乎？」曰：「既不尚議論，則是默然無言而已。既不貴意見，則是寂然無思而已。聖門問學不應如此。若曰偏議論私意見則可去，不當概以議論意見為可去也。」（一二四）

此條甘節錄癸丑以後所聞，時象山已卒。

此條潘柄錄癸卯以後所聞，不定在何年。

又曰：

陸子靜云：「涵養是主人翁，省察是奴婢。」陳正己力排其說。曰：子靜之說無定，常要云今日之說自如此，明日之說自不如此。大抵他只要拗。才見人說省察，他便反而言之，謂須是涵養。若有人向他說涵養，他又言須是省察以勝之。自渠好為訶佛罵祖之說，致令其門人以夫子之道反害夫子。（一二四）

此條滕璘錄辛亥所聞，朱子年六十二。

又一條云：

頃有一朋友作書與陸子靜，言陸之學蕩而無所執。陸復書言：蕩本是好語，「君子坦蕩蕩」，堯「蕩蕩無能名」，詩云「蕩蕩上帝」，書云「王道蕩蕩」，皆以蕩為善，豈可以為不善耶！其怪如此。（一二四）

此條沈僩錄戊午以後所聞。陳正己言象山之說無定，即此條所謂「蕩而無所執」也。語類又云：

聖賢教人有定本，如博學、審問、謹思、明辨、篤行是也。其人資質剛柔敏鈍不可一概論，其教則不易。禪家教更無定，今日說有定，明日又說無定。陸子靜似之。聖賢之教，無內外本末上下，今子靜卻要理會內，不管外面，卻無此理。硬要轉聖賢之說為他說，寧若爾說且作爾說，不可誣罔聖賢亦如此。（一二四）

此條湯泳錄乙卯所聞，象山已卒四年。前半論其教法無定，此猶言其「蕩而無所執」也。後半論其執拗，乃言其賦性，與其立論教人者。所言非相違背。

又曰：

子靜應無所住以生其心。（一二四）

此條李閎祖記戊申以後所聞，不定在何年。亦譏象山之拗執。因曰：

江西山水秀拔，生出人來，便要硬做。（二）

此條黄升卿録辛亥所聞，殆亦一時感觸言之。

又曰：

大概江西人好拗。人説臭，他須要説香。如告子不如孟子，若只恁地説時，便人與我一般，我須道告子强似孟子。（二〇）

此條黄義剛録癸丑朱子年六十四後所聞。

又曰：

大率江西人都是硬執他底横説，如王介甫、陸子静都只是横説。且如陸子静説文帝不如武帝，豈不是横説。（一三九）

此條吕燾録己未所聞，朱子年七十。然象山説文帝不如武帝，朱子他時亦取其説，見史學篇。

又曰：

子靜只是拗。伊川云：「惟其深喻，是以篤好」，子靜必要云好後方喻。看來人之於義利，喻而好者多。若全不曉，又安能好？然好之則喻矣。畢竟伊川說占得多。（一二四）

此條滕璘錄辛亥所聞，朱子年六十二。

又曰：

江西士風，好為奇論，恥與人同。每立異以求勝。如陸子靜說告子論性強孟子，又說荀子性惡之論甚好，使人警發，有縝密之功。（一二四）

此條陳淳錄，當是庚戌所聞，朱子年六十一。又有鄭可學錄一條在辛亥。翌年象山始卒。象山在戊申作荊國王文公祠堂記，故朱子告其門人如此。及後告呂燾，皆以象山與荊公並舉。

又曰：

子靜常言顏子悟道後於仲弓。又曰易繫決非夫子作。又曰孟子無奈告子何。陳正己錄以示人，先生申言曰：「正己也乖。」（一二四）

此條楊道夫錄己酉以後所聞，不定在何年。陳正己初遊象山之門，後乃排擊象山，又錄其所論以告人，意實非之。故朱子言其乖。然易繫非孔子作，實非象山奇論，歐陽永叔已先發，永叔亦江西人。然此論實確，惜朱子不之信。

又曰：

原壞無禮法，淳于髡是箇天魔外道，本非學於孔孟之門者，陸子靜如何將來作學者並說得。（四四）

此條亦楊道夫錄。

看人傑論語疑義，云：「正淳之病，多要與衆說相反。譬如一柄扇子，衆人說這一面，正淳便說那一面以詰之。及衆人說那一面，正淳卻說這一面以詰之。」（一一五）

正淳亦先從學於象山，乃興國人。

舜功云：「陸子靜不喜人說性。」曰：「怕只是自理會不曾分曉，怕人問難。又長大了，不肯與人商量，故一截截斷了。然學而不論性，不知所學何事？」（一二四）

此條滕璘錄辛亥所聞，在象山卒前一年。符舜功亦先從學於象山。

林艾軒嘗云：「伊川解經有說得未的當處，此文義間事，安能一一皆是。若大頭項，則伊川底卻是。」此善觀伊川者。陸子靜看得二程低，此恐子靜看其說未透耳。譬如一塊精金，卻道不是金，非是金之不好，蓋不識金也。（八〇）

此條萬人傑錄，不定在何年。

因舉子靜說話多反伊川。如「君子喻於義，小人喻於利」，解云：「惟其深喻，是以篤好。」渠卻云好而後喻。此語亦無害，終不如伊川。（七八）

此條鄭可學錄辛亥所聞，朱子年六十二。

以上皆說象山好高立異，舉說無定而又執拗處。

六

問，欲求大本以總括天下萬事。曰：「江西便有這箇議論。須是窮得理多，然後有貫通處。今理會得一分，便得一分受用。理會得二分，便得二分受用。若『一以貫之』，儘未在。陸子靜要盡掃去，從簡易。某嘗說，且如做飯，也須趁柴，理會米。無道理合下便要簡易。」（一一五）

此條甘節記癸丑朱子年六十四以後所聞，不定在何年。象山已在癸丑前一年辭世。此言欲求大本，非易簡可得。

又曰：

江西諸人之學，只是要約，更不務博。本來雖有些好處，臨事盡是鑿空杜撰。（一二〇）

能約則自易簡，然約須從博中得來。

又曰：

江西學者偏要說甚自得，說甚一貫。看他意思，只是揀一箇儱侗底說話，將來籠罩。其實理會這箇道理不得。且如曾子，日用間做了多少工夫，孔子亦是見他於事事物物上理會得這許多道理了，卻恐未知一底道理在，遂來提省他。曾子卻是已有這本領，便能承當。今江西學者實不曾有得這本領，不知是貫箇甚麼。嘗譬之，一便如一條索，那貫底物事，便如許多散錢。須是積得這許多散錢了，卻將那一條索來一串穿，這便是一貫。若陸氏之學，只是要尋這一條索，卻不知都無可得穿。且其為說，喫緊是不肯教人讀書，只恁地摸索悟處。譬如前面有一箇關，纔跳得過這一箇關，便是了，此煞壞學者。某老矣，日月無多，方待不說破來，又恐後人錯以某之學亦與他相似。今不奈何，苦口說破。某道他斷然是異端，斷然是曲學，斷然非聖人之道。但學者稍肯低心向平實處下工夫，那病痛亦不難見。（二七）

此一條輔廣錄甲寅朱子年六十五以下所聞，不定在何年。然觀「日月無多」之語，應是在己未七十前後。此眞朱子之晚年定論也。朱子云：「方待不說破，又恐後人錯以某之學與他相似」，趙汸以下種種推排皆由此來。

語類又曰：

夫子謂子貢曰：「女以予為多學而識之者與？」曰：「然。非與？」「然」字也是，「非與」也是。而今只管懸想說道「一貫」，卻不知貫箇甚麼。聖人直是事事理會，不能一一見箇恰好處，如何便說一貫。（四五）

此條林夔孫錄丁巳朱子年六十八以後所聞，此下引及呂東萊教人考史，象山論顏子不會學一長段，已引在前。

問：「多聞如何闕疑，多見如何闕殆？」曰：「若不多聞，也無緣見得疑。若不多見，也無緣見得殆。江西諸人纔聞得一說，看有甚麼話更入不得，亦如何有疑殆。到他說此一章，卻云子張平日專務多聞多見，故夫子告以闕疑，是不欲其多聞多見，此是甚說話？且如一件事，一人如此說，自家見未得，二人如此說，自家也見未得。須是大家都說出來，這裏方見得果是如何，這裏方可以將眾多之說相磨擦，這裏方見得疑殆分明。」（二四）

此條葉賀孫錄。象山說此章，卻云孔子不要子張多聞多見，是又一黑腰子也。

又曰：

「天下甚麼事不關自家身己，極而至於參天地贊化育，也只是這箇心，都只是自家分內事。」蔡季通云：「陸子靜正是不要理會許多。王道夫乞朝廷以一監書賜象山，此正犯其所忌。」曰：「固是。」蔡云：「若一向是禪時，也終是高。」曰：「只是許多模樣，是甚道理如此。若實見得自家底分明，看彼許多道理，不待辨而明。如今諸公說道這箇也好，某敢百口保其自見不曾分明。如云洛底也是，蜀底也是，某定道他原不曾理會得。如熙豐也不是，元祐也不是，某定保他自元不曾理會得。如云：佛氏也好，老氏也好，某定道他原不曾理會得。若見得自底分明，是底直是是，非底直是非，那得恁地含含胡胡，怕觸着人。這人也要周旋，那人也要周旋。」（一二〇）

此條葉賀孫錄辛亥以後所聞，不定在何年。

又曰：

孟子所以說收放心，亦不是說只收放心便了。且收斂得箇根基，方可以做工夫。若但知收放心，不做工夫，則如近日江西所說，則是守箇死物。（一〇四）

此條亦葉賀孫錄。

包顯道云：「江西之學，大要也是以行己為先。」先生曰：「如孝弟等事數件合先做底也易曉。若是後面許多合理會處，須是從講學中來。」（一一九）

此條黃義剛錄癸丑以後所聞，不定在何年。然象山已卒在前。

或問左傳疑義。曰：「公不求之於六經語孟之中，而用功於左傳。且左傳有甚麼道理？縱有能幾何？所謂『棄卻甜桃樹，緣山摘醋梨』。天之所賦於我者如光明寶藏，不會收得，卻上他人門教化一兩錢，豈不哀哉？只看聖人所說，無不是這箇大本。如云：『天高地下，萬物散殊，而禮制行矣。流而不息，合同而化，而樂興焉。』不然，子思何故說箇『天命之謂性，率性之謂道，脩道之謂教』？此三句，是怎如此說？是乃天地萬物之大本大根，萬化皆從此出。人若能體察得，方見得聖賢所說道理，皆從自己胸襟流出，不假他求。某向嘗見呂伯恭愛與學者說左傳，某嘗戒之曰：『語孟六經許多道理不說，恰限說這箇。縱那上有些零碎道理，濟得甚事。』伯恭不信。後來又說到漢書。若使其在，不知今又說到甚處，想益卑矣。固宜為陸子靜所笑也。子靜底是高，只是下面空疏無物事承當。伯恭底甚低，如何得似他。」（一二一）

此條沈僩記戊午以後所聞，在朱子年六十九以後。象山卒已六年。朱子云：「陸學有首無尾，婺學有尾無首」，此亦朱子晚年定論也。然謂之有首，終是勝過無首。象山視朱子，則認為其到底亦只是一種無首之學耳。

或問東萊、象山之學。曰：「伯恭失之多，子靜失之寡。」（一二二）

以上辨象山論學好說自得，好說一貫，好舉一統萬，而不務博學多聞。

明儒蔡虛齋有云：

千聖相傳家法，類皆自博至約，而一敬以成其終始。陸學不可謂不主敬，而稍墜於徑約，則其心宜不周於細微，而其弊容可遏乎？自古高明之士，往往有此。陸氏所就，猶未免為偏安之業。

虛齋極重陳白沙，其評象山如此，亦不可謂其專守門戶之見者。

七

問：「『因其已知之理推而致之，以求至乎其極』，是因定省之孝以至於色難養志，因事君之忠以至於陳善閉邪之類否？」曰：「此只說得外面底，須是表裏皆如此。若是做得大者而小者未盡，亦不可。做得小者而大者未盡，尤不可。須是無分毫欠闕方是。且如陸子靜說良知良能、四端根心，只是他弄這物事，其他有合理會者，渠理會不得，卻禁人理會。鵝湖之會，渠作詩云：『易簡工夫終久大。』彼所謂易簡者，苟簡容易爾，全看得不子細。『乾以易知』者，乾是至健之物，至健者要做便做，直是易，坤是至順之物，順理而為，無所不能，故曰簡。此言造化之理。至於『可久則賢人之德』，可久者，日新而不已；『可大則賢人之業』，可大者，富有而無疆。易簡有幾多事在，豈容易苟簡之云乎？」（一六）

此條萬人傑錄庚子朱子五十一歲以後語，未定在何年。萬正淳初在陸門，朱子守南康時來相從，此條問答，正是象山來白鹿洞講學之前後。易簡非苟簡容易之謂。造化便是易簡，賢人之德，則要可久可大。此一分辨，非熟玩朱子學之大全，不易認取。

或問：「所守所行，似覺簡易，然茫然未有所獲。」曰：「既覺簡易，自合有所得，卻曰茫然無所獲者如何？」曰：「比之以前為學多歧，今來似覺簡略耳。愚殊不敢望得道，只欲得一箇入頭處。」曰：「公之所以無所得者，正坐不合簡易。揚子雲曰：『以簡以易，焉支焉離。』蓋支離所以為簡易也。人須是『博學之，審問之，謹思之，明辨之，篤行之』，然後可到簡易田地。若不如此用工夫，一蹴便到聖賢地位，卻大段易了，古人何故如此博學審問謹思明辨篤行乎？夫是五者，無先後，有緩急。不可謂博學時未暇審問，審問時未暇謹思。五者從頭做將下去，只微有少差耳，初無先後也。如此用功，他日自然簡易去。」（一二一）

此條金去僞錄乙未所聞，正是鵝湖寺會晤象山之年。然此條有周謨同錄，謨錄乃己亥以後所聞。謨錄並注云：「包顯道以書論此，先生面質如此。」周謨南康人，包顯道來見朱子，亦在朱子守南康時，則周謨所錄可信。池錄謂金去僞記，乃乙未所聞，必誤。大抵此條正與萬正淳條約略同時。萬、包皆自陸門來，故朱子提及鵝湖寺會時一詩言之也。

象山語錄：徐仲誠請教於象山，象山使思孟子「萬物皆備於我」一章。仲誠問：「中庸以何為要語？」象山曰：「我與汝說內，汝只管說外。」良久曰：「句句是要語。」梭山曰：「『博學之，審問之，愼思之，明辨之，篤行之』，此是要語。」象山曰：「未知學，博學箇甚麼，審問箇甚麼，愼思箇甚麽，明辨箇甚麽，篤行箇甚麽。」朱子言博學、審問、慎思、明辨、篤行五者無先後，有緩急，可參讀朱子論知行篇。此處見不僅朱陸有異同，二陸之間亦有異同。

又朱濟道力贊文王，象山謂曰：「文王不可輕贊，須是識得文王，方可稱贊。」濟道云：「文王聖人，誠非某所能識。」曰：「識得朱濟道，便是文王。」此即所謂東海有聖人，西海有聖人，此心同，此理同也。若果如此，又何待博學、審問、慎思、明辨、篤行之多事。

文集卷六十四答李好古有云：

向來見陸刪定，所聞如何？若以為然，當用其言，專心致志，庶幾可以有得，不當復引他說以分其志。若有所疑，亦當且就此處商量，不當遽舍所受而遠求也。東問西聽，以致皇惑，徒資口耳，空長枝葉，而無益於學問之實，不願賢者為之，是以有問而未敢對也。

此書未定在何年。書中云「陸刪定」，當是在朱陸再啟爭論之後。好古來書所問云何，今不可知，當是舉聞於象山者來問朱子。朱子固以博學、審問、慎思、明辨教學者，然此時，好古來問，則不欲率直以答，故書中云云也。宋元學案槐堂諸儒學案中有李伯敏，一字好古，稱其得朱子書，遂終身為象山之學，不復名他師，此亦朱子有以教之。

象山語錄中有李伯敏錄若干條，有云：

「先生常語以立志，如何立？」先生云：「立是你立，卻問我。孔門惟顏、曾傳道，他未有聞。蓋顏、曾從裏面出來，他人外面入去。今所傳者，乃子夏、子張之徒外入之學。曾子所傳，至孟子不復傳矣。吾友卻不理會根本，只理會文字。古之學者為己，所以自昭其明德。今之學者只用心於枝葉，不求實處。孟子云：『盡其心者知其性，知其性則知天矣。』心只是一箇心，某之心，吾友之心，上而千百載聖賢之心，下而千百載復有一聖賢，其心亦只如此。心之體甚大，若能盡我之心，便與天同。為學只是理會此。」伯敏云：「如何是盡心？性、才、心、情如何分別？」先生云：「如吾友此言，又是枝葉。今之學者，讀書只是解字，更不求血脈。且如情、性、心、才，都只是一般物事，言偶不同耳。」又曰：「『獅子咬人，狂狗逐塊。』以土打獅子，便徑來咬人。若打狗，狗狂，只去理會土。聖賢急於教人，故以情以性以心以才說與人，如何泥得。」

若果李伯敏即以此等所聞於象山者重來質之朱子，朱子不欲更增異同，故遂未欲遽答也。

象山語錄又云：

「乾以易知，坤以簡能。」先生常言之云：「吾知此理即乾，行此理即坤。知之在先，故曰『乾知太始』。行之在後，故曰『坤作成物』。」

此條即以我之知行言乾坤易簡之理，朱子則謂乾坤易簡乃言造化。若以人希天，則工夫自不易簡。象山只從己心建本，朱子必求心事合一，天人合一，此亦兩家論學大不同處。

語類又一條云：

舊在湖南，理會乾坤，乾是先知，坤是踐履，上是「知至」，下是「終之」，卻不思今只理會箇知，未審到何年月方理會終之也。（一〇四）

此條楊方記，朱子四十一歲，尚在與象山鵝湖會前。觀朱子自辨已發未發以下論心諸篇，即對己心瞭悟，何等曲折，亦何等艱難。觀此亦見朱陸兩家為學途徑之相異。

以上皆是朱子評象山易簡工夫之無當。

八

語類有云：

嘗見受學於金溪者，便一似𡁱下箇甚物事，被他撓得來恁地。又如有一箇蠱在他肚中，螬得他自不得由己樣。（一一九）

此條吳必大錄。

或問「智欲圓而行欲方，膽欲大而心欲小」。曰：「圓而不方則譎詐。方而不圓則執而不通。志不大則卑陋，心不小則狂妄。江西諸人，便是志大而心不小者也。」（九五）

此條楊道夫錄，未定在何年。不能小心，而徒務大其心，此即是𡁱下了箇尚事，如蠱在肚中也。

又云：

學常要親細務，莫令心麤，江西人大抵用心麤。（一三）

此條曾祖道錄丁巳所聞，朱子年六十八。象山卒五年矣。

問：「象山言：『本立而道生』，多卻『而』字。」曰：「聖賢言語，一步是一步。近來一種議論，只是跳躑。初則兩三步做一步，甚則十數步作一步，又甚則千百步作一步，所以學之者皆顛狂。」（一二四）

此條李方子錄戊申以後所聞，不定在何年。象山意，「本立」即「道生」了，多一「而」字。朱子意則「本立」了又待「道生」，不知其間尚有多少步。象山不喜有子，意恐在此。

先生問賀孫：「再看論語前面，見得意思如何？」曰：「如『孝弟為仁之本』一章，初看未甚透，今卻看得分曉。」先生曰：「如此等說話，陸象山都不看。凡是諸弟子之言，便以為不是而不足看，其無細心看聖賢文字如此。凡說未得處，便將箇硬說闢倒了，不消看。後生纔入其門，便學得許多不好處，便悖慢無禮，便胡說亂道，更無禮律。只學得許多凶暴，可畏可畏。

不知如何學他許多不好恁地快。」（一二四）

此條葉賀孫錄。

曹叔遠問：「陸子靜教人合下便是，如何？」曰：「如何便是。公看經書中還有此樣語否？須是做工夫始得。」（一二四）

「本立道生」，即是合下便是，加一「而」字，便是合下尚未是也。合下尚未是，便須做工夫，象山即譏此等工夫為支離。

問：「陸象山道當下便是。」曰：「聖人教人，皆從平實地上做去。大抵今之為學者有二病，一種只當下便是底，一種便是如公平日所習底。卻是這中間一條路，不曾有人行得。」（一二四）

此條黃卓錄，上條不知何人錄，皆未定在何年。所記詳略有異，然似同時語。

或問：「陸象山大要說當下便是，與聖人不同處是那裏？」曰：「聖人不曾恁地說。某看來，如今說話只有兩樣。自淮以北，不可得而知。自淮以南，不出此兩者。如說高底，便如當下便是之說，世間事事都不管。這箇本是專要成己，而不要去成物。少間只見得上面許多道理，切身要緊去處不曾理會，而終亦不足以成己。如那一項，卻去許多零零碎碎上理會，事事要曉得。這箇本是要成物，而不及於成己。少間只見得下面許多羅羅嘈嘈，自家自無箇本領，自無箇頭腦了，後去更不知得那箇直是是，那箇直是非，都恁地鶻鶻突突，終亦不足以成物。這是兩項如此。真正一條大路，卻都無人識。那一箇只是過，那一箇只是不及；到得聖人大道只是箇中。然如今人說那中，也都說錯了。只說道恁地含含胡胡，同流合汚，便喚做中。這箇中本無他，只是平日應事接物之間，每事理會教盡，教恰好，無一豪過不及之意。」（一二四）

此條葉賀孫錄，與前引兩條亦同時語，惟所記特詳而已。葉錄在辛亥以後，亦不定在何年。壬子象山即卒，此三條或已在象山卒後。朱子五十五歲淳熙甲辰以後，即兼辨浙學、陸學。此處謂陸學主在成己，浙學主在成物，成己屬內，成物屬外，成己是本，成物是末，朱子論學，則主內外本末一貫交修。浙學、陸學各主一偏，不僅不能雙成，並將并其所主之一偏而失之，此乃朱子之意。朱子自謂是中道一路，而致慨於此路不曾有人行得，是亦其晚年語氣也。

或謂：「陸子靜只要頓悟，更無工夫。」曰：「如此說不得。不曾見他病處，說他不倒。大抵今人多是望風便罵將去，都不曾根究到底。見他不是，須子細推原怎生不是始得。此便是窮理。既知他不是處，須知是處在那裏。他既錯了，自家合當如何，方始有進。子靜固有病，而今人卻不曾似他用功，如何便說得他。所謂『五穀不熟，不如稊稗』，恐反為子靜之笑也。」（一二四）

此條李閎祖錄戊申以後所聞，未定何年。然已在朱陸爭辨無極太極之後。朱子不許人對象山輕肆譏彈，象山亦自有工夫，別人不如他，如何輕作批評。看人不是，此亦是一種窮理之學，豈可輕意乎？

語類又有朱子問萬正淳陸氏之說一條，正淳疑象山詆訶古人。朱子曰：「詆訶亦有是非，不得以詆訶古人便說其不是」，語已引在前。此亦是不曾見他病處也。

坐間有言及傅子淵者。曰：「人雖見得他偏，見得他不是，此邊卻未有肯着力做自家工夫，如何不為他所謾。近世人大被人謾，可笑。見人胡亂一言一動，便被降下了。只緣自無工夫，所以如此。便又有不讀書之說可以誘人，宜乎陷溺者多。」先生又云：「彼一般說話雖是說禪，卻能鞭逼得人緊。後生於此邊既無所得，一溺其說，便把做件事做，如何可回。終竟他底不是，愈傳愈壞了人。」或又云：「近世學者多躐等。」曰：「亦更有不及等人。」（一一六）

此條廖謙錄甲寅所聞，象山已卒兩年。朱子晚年教人，重在自己一邊自下工夫，並不獎勵人爭門戶，於陸學長處亦不抹殺，此條可見。

以上言象山之學志大心粗，主張禪學當下即是之非。然象山亦有工夫，戒人非眞識其病，勿輕加譏評。

九

文續集卷一答黃直卿有云：

伯起說，去年見陸子靜，說游夏之徒自是一家學問，不能盡棄其說以從夫子之教。惟有琴張、曾皙、牧皮，乃是眞有得於夫子者。其言怪僻乃至於此，更如何與商量討是處也。可歎可歎。

此書不定在何年，然象山尚未卒。

問說漆雕開章云云，先生不應。又說與點章云云，先生又不應。久之，卻云：「公那江西人，只管要理會那漆雕開與曾點。而今且莫要理會。所謂道者，只是君之仁，臣之敬，父之慈，子之孝便是。而今只去理會『言忠信，行篤敬』，『博學而篤志，切問而近思，仁在其中矣』。須是步步理會。而今卻只管去理會那流行底，不知是箇甚麼物事。又不是打破一桶水，隨科隨坎皆是。」（一一六）

此條黃義剛錄癸丑以後所聞，不定在何年。要理會那流行底，便須就其所到，隨科隨坎處理會。隨科隨坎皆盈，此始是流行本體充擴盡處。吾心之全體大用，不能即謂在曾點、漆雕開身上。

問：「初從何人講學？」曰：「頃年亦嘗見陸象山。」曰：「且道象山如何？」曰：「象山之學，祖道曉不得，更是不敢學。」曰：「如何不敢學？」曰：「象山與祖道言：『目能視，耳能聽，鼻能知香臭，口能知味，心能思，手足能運動，如何更要甚存誠持敬，硬要將一物去治一物？須要如此做甚？詠歸舞雩，自是吾子家風。』祖道曰：『是則是有此理，恐非初學者所到地位。』象山曰：『吾子有之而必欲外鑠以為本，可惜也。』祖道曰：『此恐只是先生見處，今使祖道便要如此，恐成猖狂妄行。』象山曰：『纏繞舊習，如落陷穽，卒除不得。』」先生曰：「陸子靜所學分明是禪。」又曰：「江西人大抵秀而能文，若得人點化，是多少明快，蓋有不得不任其責者。」（一一六）

此條曾祖道錄，在慶元丁巳三月初見時語。後之為陸學者辨此，謂象山答曾宅之書今載集中，但言「存誠持敬二語，存字上古有考，持字則後人之言。」然此條所云，則兩人見面後語也。又孟子言「存心」，亦言「持志」，象山之疏於讀書，即此可見。

又一條云：

近日陸子靜門人，寄得數篇詩來，只將顔淵、曾點數件事重疊說，其他詩書禮樂都不說。如吾友下學，也只是揀那尖利底說，麄鈍底都掉了。今日下學，明日便要上達。如孟子從梁惠王以下都不讀，只揀告子、盡心來說。只消此兩篇，其他五篇都删了。緊要便讀，閑慢底便不讀。精底便理會，粗底便不理會。書自是要讀，恁地揀擇不得。如論語二十篇，只揀那曾點底意思來涵泳，單單說箇「風乎舞雩，詠而歸」，只做箇四時景致，論語何用說許多事？前日江西朋友來問，要尋箇樂處，某說只是自去尋，尋到那極苦澀處，便是好消息。人須是尋到那意思不好處，這便是樂底意思來，卻無不做功夫自然樂底道理。而今做工夫，只是平常恁地去理會。粗底做粗底理會，細底做細底理會，不消得揀擇。論語、孟子恁地揀擇了，史書及世間麄底書，如何地看得？（一一七）

此條陳淳、黃義剛同錄，乃己未朱子七十歲時語。單提曾點舞雩詠歸，其意亦始自明道。朱子於此曾大費推尋，語詳論曾點篇。此條云云，則其晚年定論也。

問：「看文字如何？」曰：「兩日方在思量顏子樂處。」先生疾言曰：「不用思量。他只道『博我以文，約我以禮』後，見得那天理分明。日用間義理純熟後，不被那人欲來苦楚，自恁地快活。而今只去博文約禮，便自見得。今卻索之於杳冥無朕之際，去何處討這樂處？將次思量得成病。而今一部論語，說得恁地分明，自不用思量，只要著實去用工。前日所說人心道心，便只是這兩事，只去臨時思量，那箇是人心，那箇是道心。便顏子也只是使人心聽命於道心，不被人心勝了道心。今便須是常常揀擇教精，使道心常常在裏面如箇主人，人心只如客樣。常常如此無間斷，便能『允執厥中』。」（一二〇）

此條黃義剛錄。尋孔顏樂處，乃二程得自濂溪，而明道又特自提出曾點也。象山循此一路徑，分別濂溪、明道與伊川、朱子之不同。復齋鵝湖寺初會詩即云：「珍重友朋勤切琢，須知至樂在於今」，則二陸之學，固同是從此樂處一端上路。

包顯道領生徒十四人來，先生曰：「讀書須是子細，『思之弗得弗措，辨之弗明弗措也』，如此

方是。今江西人皆是要翛然自在，才讀書便要求箇樂處，這便不是了。某說讀書尋到那苦澀處方解有醒悟。」（一一九）

又曰：

賢江西人，樂善者多，知學者少。（一二〇）

問：「向來所呈與點說一段如何？」曰：「某平生便是不愛人說此話。論語一部，自『學而時習之』至『堯曰』，都是做工夫處，不成只說了與點，便將許多都掉了。聖賢說事親、事君、事長，言如此，行如此，都是好用工夫。通貫浹洽，自然見得在面前。若都掉了，只管說與點，正如喫饅頭只撮箇尖處，不喫下面餡子，許多滋味都不見。向來此等無人曉得，說出來也好。今說得多了，卻是好笑，不成模樣。近來覺見說這樣話，都是閑說，不是眞積實見。昨廖子晦亦說與點及鬼神，反覆問難，轉見支離，沒合殺了。聖賢教人，無非下學工天，不去理會，只管去理會那一理，說與點，顏子之樂如何，只是空想像。」又問：「聖人千言萬語，都是日用間本分合做底工夫，只是立談之頃要見總會處，未易以一言決。」曰：「不要說總會。如『博我以文，約我以禮』，博文便是要一一去用工，何曾說總會處。又如『深造之以道，欲其自得之也』，深造以道，便是要一一用工，到自得，方是總會處。如顏子克己復禮，亦須是非禮勿視、勿聽、勿言、勿動，不成只守箇克己復禮，將下面許多都除了。如公說易，只大綱說箇三百八十四爻皆天理流行。若如此，一部周易只一句便了。聖賢之學，非老氏之比。老氏說：『通於一，萬事畢』，其他都不說。少間又和那一都要無了方好。學者固是要見總會處，而今只管說箇總會處，如與點之類，只恐孤單，沒合殺。下梢流入釋老去，如何會有『詠而歸』底意思。」（一一七）

此條陳淳錄己未所聞，黃義剛同有錄。此眞朱子晚年意見也。篇中雖未涉及象山陸學，而實與象山陸學有關。象山語錄有云：「二程見周茂叔後，吟風弄月而歸，有『吾與點也』之意，後來明道此意卻存，伊川已失此意。」陸門好言與點，顏樂，屢引如上。陳安卿為朱子門下傑出弟子，其來再見，距朱子卒只三月耳，觀其所問，極以與點、顏樂、漆雕之信、中庸之「鳶飛魚躍」、周子之「灑落」、程子之「活潑潑地」為要，此皆從程氏遺書參究而來。朱子於此等處皆一一發揮正解，以救當時之學弊，其語散見本書，不能詳引。而象山則直從明道此等處撇開伊川、朱子，以為其不得道學眞傳。安卿自經朱子最後指點，終於翻就師說，一歸平實，其後力闢象山，全謝山謂其「有操異同之見而失之過者」，實則乃朱子晚年遺教也。本條下一半問總會一節，此乃象山教人宗旨所在。語錄謂「大綱提掇來，細細理會去，如魚龍遊於江海之中，沛然無礙」，即安卿所謂欲求大本以總括天下萬事之類是也。上引甘節問，欲求大本以總括天下萬事。朱子答曰：「江西便有這箇議論。」可見此箇理論已感染一時，來學於朱子之門者，皆已受此感染，而初不自知。朱子所答，明白透切，所指點陳、甘兩氏定趨向而端學術者，固非為攻擊陸學而發。而陳、甘兩氏亦豈能自抒己見至此，而姑以託之師門乎？陽明朱子晚年定論序，謂語類之屬乃其門人挾勝心附己見，於朱子平日之說有大相繆戾者，舉此為例，可見其無當。

以上言象山陸學好言與點、顏樂而不求實下工夫處。

一〇

問：「今當讀何書？」曰：「聖賢教人都提切己說話，不是教人向外，只就紙上讀了便了。大凡為學，且須分箇內外，這便是生死路頭。今人只一言一動一步一趨，便有箇為義為利在裹。從這邊便是為義，從那邊便是為利。向裹便是入聖賢之域，向外便是趨愚不肖之途。這裹只在人劄定脚做將去，無可商量。若是已認得這箇了，裹面煞有工夫，卻好商量也。」顧謂道夫曰：「曾見陸子靜義利之說否？」曰：「未也。」曰：「這是他來南康，某請他說書，他卻說這義利分明，是說得好，說得來痛快，至有流涕者。」（一一九）

此條楊道夫記己酉以後所聞，未定在何年。即就己酉言，亦上距辛丑象山來南康前後及九年矣。朱子於象山此一番講演，倍極稱道，歷久不忘，此可見朱子對象山之器賞，亦見朱子襟懷之宏闊。義利之辨，即是內外之辨。讀書窮理，亦是向內，亦是義一邊事，非屬向外利一邊事。世人讀書，多是向外為利，然東萊已曰「此乃人病，非法病也」。

語類又曰：

嘗見陸子靜說：「且恁地依傍看。」思之，此語說得好。公看文字，亦且能分明註解依傍看教熟，待自家意思與他意思相似，自通透也。（一一四）

此條葉賀孫錄辛亥以後所聞。只要象山說得是處，朱子未嘗不加以稱揚。所謂依傍看，亦非即是向外。依傍他人說，到後見自家意思與他意思相似。此即心同理同處也。

問：「居常苦私意紛擾，雖即覺悟而痛抑之，然竟不能得潔靜不起。」先生笑曰：「此正子靜『有頭』之說卻是使得。惟其此心無主宰，故為私意所勝。若常加省察，使良心常在，見破了這私意只是從外面入，縱饒有所發動，只是以主待客，以逸待勞，自家這裏亦容他不得。此事須是平日着工夫。若待他起後方省察，殊不濟事。」（一二〇）

此條楊道夫錄。朱子謂陸學「有首無尾」，此條謂「子靜有頭之說卻是使得」。能先立乎其大，則私意自不能為我患。朱子又嘗說，「子靜固有病，而今人卻不曾似他用功」。此等處，便是象山用功得力處也。然若有首無尾，只能使此心潔靜不起，則又不是。故朱子謂陸子靜、楊敬仲自是十分好人，只似患淨潔病也。

以上皆朱子稱道象山語。

象山於朱子之講學，固所不契，然推服朱子之政績。附錄於此，是亦言朱陸異同者所宜知也。與尤延之書云：

> 元晦浙東救荒之政，比者屢得浙中親舊書，及道途傳聞，頗知梗概，浙人殊賴。自劾一節，尤為適宜，其誕慢以僥寵祿者，當可阻矣。

又與陳倅書云：

> 元晦在浙東，大節殊偉，劾唐與正尤快人心，百姓甚惜其去。

此兩書皆在癸卯。又與倉監趙汝謙書云：

社倉事，自元晦建請，幾年於此矣。有司不復掛之於牆壁，遠方至無知者。某在勅局時，因編寬恤詔令，得見此文，與同官咨歎者累日，遂編入廣賑恤門。今乃得執事發明之，此梭山兄所以樂就下風也。

此書在戊申。又與尤延之書云：

元晦在南康，已得太嚴之聲。使罰當其罪，刑故無小，遽可以嚴而非之乎？某嘗謂不論理之是非，事之當否，而汎然為寬嚴之論者，乃後世學術議論無根之弊。道之不明，政之不理，由此其故也。

又朱子自浙東改除江西提刑，象山貽書云：

朝廷以旱暵之故，復屈長者以使節。儻肯俯就，江西之民一何幸也。

朱子辭江西提刑，詔易江東，象山又與書云：

金陵虎踞江上，中原在目，朝廷不忘春秋之義，固當自此發迹。今得大賢暫將使旨，則軺車何啻九鼎。中外倚重，當增高衡霍，斯人瞻仰，為之一新矣。

其折服欣冀如此。學術異同，別是一事，不以此而昧彼，其心胸識見如此，無怪朱子以「八字着腳惟我兩人」許之。

宋元學案黃勉齋學案全謝山奉臨川帖子有曰：

清容嘗云：「朱子門人，當寶慶、紹定間，不敢以師之所傳為別錄，以黃公勉齋在也。勉齋既沒，夸多務廣，語錄、語類爭出，而二家之矛盾始大行。」清容平生不甚知學，顧斯言不特可以定朱子門人之案，並可以定陸子門人之案。朱子之門人，孰如勉齋，顧門户異同，從不出勉齋之口。抑且當勉齋之存，使人不敢競門户。則必欲排陸以申朱者，非眞有得於朱子可知。推此以觀陸子之門人亦然。

全氏此言，混競門戶與辨異同為一談，當加辨正。黃勉齋為朱子行狀有曰：

南軒張公、東萊呂公，同出其時。先生以其志同道合，樂與之友。至或識見少異，亦必講磨辨難，以一其歸。至若求道而過者，病傳注誦習之煩，以為不立文字，可以識心見性，不假修為，可以造道入德。守虛靈之識，而昧天理之眞，借儒者之言，以文老佛之說，學者利其簡便，詆訾聖賢，捐棄經典，猖狂叫呶，側僻固陋，自以為悟。立論愈下者，則又崇獎漢唐，比附三代，以便其計功謀利之私。二說並立，高者陷於空無，下者溺於卑陋，其害豈淺淺哉！先生力排之，俾不至亂吾道以惑天下，於是學者靡然向之。

觀此一節，知全說之無稽矣。至於語類不當輕視，淸容之說，亦未為允。

陳北溪示學者文「師友淵源」條有曰：

求道過高者，宗師佛學，陵蔑經典，以為明心見性，不必讀書，而蕩學者於空無之境。立論過卑者，又崇獎漢唐，比附三代，以為經世濟物，不必修德，而陷學者於功利之域。

其言可與上引勉齋行狀語相羽翼。

北溪又與陳伯澡書有曰：

吾儒所謂高遠，實不外於人事卑近。所謂玄妙，實不離乎日用常行。精義妙道，須從千條萬緒中串過來。盛德至業，須從百窮九死中磨出來。六經語孟，何嘗有一懸虛之說？

此等或皆謝山所謂「其衛師門甚力」者。然若正式指名陸氏之失，即謂是操異同之見而過，此則誠難為辨異同也。

何基北山有言：

四書當以集注為主，而以語錄輔翼之。語錄既出眾手，不無失真。當以集注之精微，折衷語類之疏密；以語錄之詳明，發揮集注之曲折。

梨洲謂北山能確守其師勉齋之說，然北山固亦未嘗主廢語類。今當推廣北山之意，以朱子文集精微，折衷語類之疏密。以語類詳明，發揮集注之曲折，則庶乎無昧於朱子之本旨也。

又宋元學案絜齋學案謝山城南書院記，謂：

絜齋答文靖諸子書，惓惓以多識前言往行，豈非與建安之教相脗合乎！

又四先生祠堂記碑文亦曰：

絜齋謂當通知古今。學者但慕高遠，不覽古今，最為害事。

又敍錄：

慈湖之與絜齋，不可連類而語。慈湖泛濫夾雜，而絜齋之言有繩矩，東發先我言之矣。

此則皆正論也。

又定川學案袁絜齋為定川作行狀，有曰：

君與東萊呂公伯仲，極辯古今，始知周覽博考之益。凡世變之推移，治道之體統，聖君賢相之經綸事業，孜孜講求，日益深廣，有足以開物成務者。

沈晦、袁燮皆陸門大弟子，其言如此，則爭朱陸門戶者，豈不可以休乎？

又學案木鐘學案胡長孺條附錄引吳淵穎曰：

朱子以東都文獻之餘，集濂洛諸儒之大成，而陸氏欲踵孟子，曾不以循序漸進為梯階，特以一超頓悟為究竟。今則至謂朱為支離，陸為簡易，必使其直見人心之妙而義理自明，然後為學。自謂為陸，實即禪也。予自燕還，與金溪傅斯正再見永康胡先生，傅之曾祖父本陸學，亦喜談陸。自近年科舉行，朱學盛矣，而陸學殆絕。世之學者，玩常襲故，尋行摘墨，益見其為學之弊，意其幸發金溪之故櫝而少濯其心耶？

長孺初從伊洛入，晚喜象山。在元代，已是朱陸並行。淵穎此文極為持平，故附錄於此。

又宋元學案師山學案引其文集與王真卿書有曰：

近時學者，未知本領所在，先立異同。宗朱則毀陸，黨陸則非朱，此等皆是學術風俗之壞，殊非好氣象也。陸子靜高明不及明道，縝密不及晦菴，然其簡易光明之說，亦未始為無見之言也。故其徒傳之久遠，施於政事，卓然可觀，而無頹墮不振之習。但其教盡是略下工夫，而無先後之序，而其所見，又不免有知者過之之失。故以之自修雖有餘，而學之者有弊。學者自當學朱子之學，然亦不必謗象山也。

又送葛子熙序有曰：

陸子之質高明，故好簡易。朱子之質篤實，故好邃密。故所入之途不同。及其至也，仁義道德，豈有不同。同尊周孔，同排釋老，大本達道，豈有不同。後之學者，不求其所以同，惟求其所以異，此豈善學者哉？朱子之說，教人為學之常也。陸子之說，才高獨得之妙也。二家之說，又各不能無弊。陸氏之學，其流弊也，如釋子之談空說妙，工於鹵莽滅裂，而不能盡夫致知之功。朱子之學，其流弊也，如俗儒之尋行數墨，至於頹惰委靡而無以收其力行之效。然豈二先生垂教之罪哉？蓋學者之流弊耳。

鄭氏所言，明白切實，然謂其能不持門戶則可，謝山謂其能和會兩家，則實未也。和會夫豈易事。以陽明之才之學，始可以和會兩家，而惜其為朱子晚年定論，實未嘗眞求於和會，遂以激起陳建之學蔀通辨，門戶之意氣重張，和會之路徑益遠。回溯元儒，如吳鄭之說，惟增感慨，此亦言朱陸異同者所當知也，故並附焉。

又宋元學案北山四先生學案許謙條引白雲文集有曰：

昔文公初登延平之門，務為儱侗宏闊之言，好同而惡異，喜大而恥小，延平皆不之許。既而言曰：「吾儒之學所以異於異端者，理一而分殊也。理不患其不一，所患者分殊耳。」朱子感其言，故其精察妙契，著書立言，莫不由此。所著書蓋數十萬言，巨細精粗，本末顯隱，無所不備。方將句而誦，字而求，竭吾之力，惟恐其不至。然則舉大綱棄萬目者，幾何不為釋氏之空談也。近日學者，蓋不免此失。抑愚又有所聞。聖賢之學，知與行兩事爾。講問詰辨，朋友之職也。至於自得之妙，力行之功，他人不得與焉，非自勉無所得也。

黃宗羲案語謂：

當仁山、白雲之時，浙、河皆慈湖一派，求為本體，便為究竟，更不理會事物。不知本體未嘗離物以為本體也。故仁山（疑白雲字誤）重舉斯言，以救學弊，此五世之血脈也。後之學者，昧卻本體，而求之一事一物間，零星補湊，是謂無本之學。因藥生病，又未嘗不在斯言。

朱子至黃勉齋為一傳，至何北山為再傳，至金仁山為三傳，至許白雲為四傳，故曰「五世血脈」。白雲所言，洵得朱學之精神，而梨洲之言亦是正論。梨洲晚年倡為經史之學，以救當時講堂之痼疾。然而清儒治經史，則猶是昧本體而求之字句。因藥生病，亦學術界常事。而博學、審問、慎思、明辨、篤行五者，終為不可免，此乃千古學術通路，在學者之善自勉之而已。故復並以附茲篇之末。

朱子論禪學 上

朱子於佛學，亦所探玩。其於禪，則實有極眞切之瞭解。明儒辨儒釋疆界，其說皆本朱子。朱子斥程門皆流入禪，又謂象山是禪，苟不明朱子之論禪，則亦不知其言之所指。特草此篇，亦治理學者所必究也。

語類：

問楊墨。曰：「楊墨只是差了些子，其末流遂至於無父無君。楊氏見世間人營營於名利，埋沒其身而不自知，故獨潔其身以自高，如荷蕢、接輿之徒是也。然使人皆如此，則天下事教誰理會？此便是無君也。墨氏見世間人自私自利，不能及人，故欲兼天下之人而盡愛之。然或有一患難，在君親則當先救之，在他人則後救之，若不分先後，則是待君親猶他人也，便是無父。孟子之辯，只緣是放過不得。今人見佛老家之說者，或以為其說似勝吾儒，或又以為彼雖說得不是，不用管他。此皆是看他不破，故不能與之辯。若眞箇見得是害人心，亂吾道，豈容不與

之辯。所謂孟子好辯，非好辯也，自是住不得也。」(五五)

孟子當楊墨塞道，其害非細，孟子若不明白說破，只理會躬行，教他自化，如何得化？(六一)

當朱子時，塞道者乃禪學。自北宋以來，明卿達官，文人學士，其浸染於禪學者，屈指難盡。朱子幼年即學禪，詳從遊延平篇。其識禪甚深，自有其住不得之感。使中國此下終不竟成為禪家之天下，朱子之功為大。讀斯篇者，幸勿只以門戶之見視之。

相傳朱子早年赴試，行篋所攜惟大慧語錄一冊，大慧即宗杲，當時禪門魁傑也。語類云：

禪只是一箇呆守法，如「麻三斤」、「乾屎橛」，他道理初不在這上，只是教他麻了心，只思量這一路，專一積久，忽有見處，便是悟。大要只是把定一心，不令散亂，久後光明自發。所以不識字底人，才悟後，便作得偈頌。悟後所見雖同，然亦有深淺。某舊來愛問參禪底，其說只是如此。其間有會說者，卻吹嘘得大。如杲佛日之徒，自是氣魄大，所以能鼓動一世。如張子韶、汪聖錫輩，皆北面之。(一二六)

「佛法麻三斤」，「佛在乾屎橛」，此等語，由唐代禪師們開始破口說出，自然大值驚愕，煞費參尋。但後來此等只成為一話頭。禪門中參話頭，只教你繫心此一處，令此心不散不亂，積久忽然自有開悟。宗杲語錄中即明白提出此意。此後演變，遂成禪淨合一。一切話頭，只如「南無阿彌陀佛」六字。參禪念佛，並無二致。上引語類此條，實已把握到當時禪門中最高秘密。宋儒受禪家影響，亦多如此用心。

語類又一條云：

明道曰：「雖則心『操之則存，捨之則亡』，然而持之太甚，便是必有事焉而正之也。亦須且恁去。」其說蓋曰雖是「必有事焉而勿正」，亦須且恁地把捉操持，不可便放下了。「敬而勿失」，即所以中也。敬而無失本不是中，只是敬而無失，便見得中底氣象。中是本來底，須是做工夫，此理方著。司馬子微坐忘論，是所謂坐馳也。他只是要得恁地虛靜，都無事，但只管要得忘，便不忘，是馳也。明道說：「張天祺不思量事後，須強把他這心來制縛，亦須寄寓在一箇形象，皆非自然。君實又只管念箇『中』字，此又為『中』所制縛。且中字亦何形象？」他是不思量事，又思量箇不思量底，寄寓一箇形象在這裏。如釋氏教人，便有些是這箇道理。如曰「如何是佛」云云，胡亂掉一語，教人只管去思量，又不是道理，又別無可思量，心只管在這上，行思坐想，久後忽然有悟。中字亦有何形象？又去那處討得箇中？心本來是錯亂了，又添這一箇物事在裏面，這頭討中不得，那頭又討不得，如何會討得？天祺雖是硬捉，又且把定得一箇物事在這裏。溫公只管念箇中字，又更生出頭緒多，他所以說終夜睡不得。天祺是硬截，溫公是死守，旋旋去尋討箇中。伊川即曰「持其志」，所以教人且就裏面理會。譬如人有箇家，不自作主，卻倩別人來作主。（九六）

此條引明道語，謂此心不可持之太甚，「亦須且恁去」。且恁去者，且恁地操而存，但又不可持之太甚也。明道提出一敬字，但又教人不要把敬作一事，即是要人常操此心，卻又不要人持之太甚。遇無事，則且持守此心在此。遇有事，則此心便當在事上。所謂「必有事而勿正」，即是要人把此心常放事上，但勿硬放在一事上。禪家參話頭，如麻三斤、狗屎橛之類，卻硬把心牢守在此話頭上，便是必有事焉而正之。此條葉賀孫記。謂「且恁地把捉操持，不可便放下」，恐非朱子原意，乃賀孫之誤記也。惟北宋諸儒在操持此心上，實自有很近禪學處，而其間亦自有高下深淺，如張天祺之硬截，如司馬君實之死守，皆欲把定一心不令放亂，而二程主敬之說則較無差失。然與禪學仍是相隔得不遠，易滋流弊。伊川享壽高，因見學者流弊，乃曰：「若只守得一箇敬，不知集義，卻是都無事。」又曰：「涵養須用敬，進學則在致知。」敬義夾持，始是不孤之學。朱子則從此深入。其能識禪能闢禪，皆在此。

問釋氏入定，道家數息。曰：「他只要靜，則應接事物不差。孟子便也要存夜氣，然而須是理會旦晝之所為。」曰：「吾儒何不效他恁地？」曰：「他開眼便依舊失了，只是硬把捉。不如吾儒非禮勿視聽言動，戒謹恐懼乎不睹不聞，敬以直內，義以方外，都一切就外面攔截。」曰：「釋氏只是『勿視勿聽』，無那『非禮』工夫。」曰：「然。」李通因曰：「世上事便要人做，只管似他坐定做甚。日月便要行，天地便要運。」曰：「他不行不運固不是，吾輩是在這裏行，只是在這裏運，只是運用又有差處。如今胡喜胡怒，豈不是差？他是過之，今人又不及。」（一二六）

禪家之繫心一處，如參話頭工夫，乃如繫石於一髮之上，髮斷，石即墮地，此時心無所繫，空蕩蕩，豁然如有所見，即禪家之所謂悟境。朱子則主克己復禮須向外截，格物窮理亦須向外格，一旦「眾物之表裏精粗無不到，吾心之全體大用無不明」。一虛一實，乃是儒釋不同處。

語類又曰：

學禪者只是把一箇話頭去看，「如何是佛」、「麻三斤」之類，又都無義理得穿鑿。看來看去，工夫到時，恰似打一箇失落一般，便是參學事畢。莊子亦云：「用志不分，乃凝於神。」也只是如此教人。但他都無義理，只是箇空寂。儒者之學，則有許多義理，若看得透徹，則可以貫事物，可以洞古今。（一二六）

程門相傳「主一之謂敬」。又曰：「涵養吾一，敬勝百邪。」禪家參話頭，只繫心在麻三斤、乾屎橛之類幾個話頭上，是亦主一也。佛家云：「置之一處，事無不辦。」然佛家所要辦之事，只是出家世外之事，只是在山門內事。儒家則須治國平天下，贊天地之化育，便要有許多義理來貫事物，洞古今。此處逼出儒釋修養之不同要點來。二程所說，有些尚只似在由釋返儒之途中，至朱子始是到了家。

語類又云：

釋氏虛，吾儒實。釋氏二，吾儒一。釋氏以事理為不緊要而不理會。（一二六）

外事理於吾心，故是虛，故曰二。

又曰：

釋氏只要空，聖人只要實。釋氏所謂「敬以直內」，只是空豁豁地，更無一物，卻不會「方外」。聖人所謂「敬以直內」，則湛然虛明，萬理具足，方能「義以方外」。（一二六）

「釋氏亦能敬以直內」，此亦明道語。

又曰：

吾儒心雖虛而理則實，若釋氏則一向歸空寂去了。（一二六）
吾以心與理為一，彼以心與理為二。亦非固欲如此，乃是見處不同。彼見得心空而無理，此見得心雖空而萬理咸備也。雖說心與理一，不察乎氣稟物欲之私，是見得不眞，故有此病。大學所以貴格物也。（一二六）

繫心一處，長年累月，只參那「麻三斤」、「乾屎橛」等一句話頭，一旦工夫到，此一話頭像打一箇失落相似，忽然從心中失去，那時恰似千斤擔子落地，一時心空豁豁然無一物，此是禪宗修心境界。但修到此，心空無物，亦無義理。象山主心即理，此是與禪家大本相異處。但不認心中復有氣稟物欲之私，則不知心有不即是理時。且理亦散在天地萬事間，若不細下格物工夫，只謂此心萬理具備，則此心實空，終是與禪家無殊。

孟子或問卷十二有曰：

釋氏之言，偶與聖賢相似者多矣，但其本不同，則雖相似而實相反也。孟子之言，均是行也，而一疾一徐，其間便有堯桀之異，是乃物則民彝自然之實理，而豈人之所能為哉！若釋氏之言，則但能識此「運水搬柴」之物，則雖倒行逆施，亦無所適而不可矣，何必徐行而後可以為堯哉！蓋其學以空為眞，以理為障，而以縱横作用為奇特，故與吾儒之論正相南北至於如此。

此斥禪家作用是性之說也。禪家之學待到悟後，一切任心所行，運水搬柴莫非是性。但運水搬柴一切事皆有理。見理不眞，失於理，即失其性。象山主心即理，若徑任此心，不事於格物窮理，則亦禪家運水搬柴之類也。

禪家得悟後，又常有一種猖妄狂行，無往而不得吾所之樂，因亦有「作用見性」之說。語類云：

告子說「性無善無不善」，意謂這性是不受善不受惡底物事。他說「食色，性也」，便見得他只道是手能持，足能履，目能視，耳能聽，便是性。釋氏說：「在目曰視，在耳曰聞，在手執捉，在足運奔」，便是他意思。（五九）

「作用是性。在目曰見，在耳曰聞，在鼻齅香，在口談論，在手執捉，在足運奔」，即告子「生之謂性」之說也。且如手執捉，若執刀胡亂殺人，亦可為性乎？龜山舉龐居士云「神通妙用，運水搬柴」，以比「徐行後長」，亦坐此病。不知徐行後長乃謂之弟，疾行先長則為不弟。如曰運水搬柴即是妙用，則徐行疾行皆可謂之弟耶？（一二六）

問釋氏「作用是性」。曰：「便只是這性，他說得也是。孟子曰：『形色，天性也。惟聖人然後可以踐形。』便是此性。如口會說話，說話底是誰。目能視，耳能聽，能視聽底是誰。便是這箇。其言曰：『在眼曰見，在耳曰聞，在鼻齅香，在口談論，在手執捉，在足運奔。徧現俱該法界，收攝在一微塵。識者知是佛性，不識喚作精魂。』他說得也好。所以禪家說『直指人心，見性成佛』，他只要你見得，言下便悟，做處便徹，見得無不是此性也。說存養心性，養得來光明寂照無所不遍，無所不通。唐張拙詩云：『光明寂照徧河沙，凡聖含靈共我家。』又曰：『實際理地不受一塵，佛事門中不舍一法。』他箇本自說得是，所養者也是，只是差處便在這裏。吾儒所養者是仁義禮智，他所養者只是視聽言動。儒者則全體中自有許多道理，各自有分別，有是非。降衷秉彝，無不各具此理。他只見得箇渾淪底物事，無分別，無是非，橫底也是，豎底也是，直底也是，曲底也是。非理而視，也是此性。以理而視，也是此性。少間用處都差。所以七顛八倒，無有是處。他只認得那人心，無所謂道心。他也說無所不周，無所不徧，然眼前君臣父子、兄弟夫婦上便不能周遍了。」（一二六）

朱子於明道「善固性也，惡亦不可不謂之性」之說，曾為之委曲解釋，於五峯知言主張性無善惡說，則嚴加駁詰，而特深有取於伊川「性即理也」之語。觀此條，可以知其趣矣。蓋禪學在當時，誠所謂洪水猛獸，苟非好築圈堤以為防衛，則鮮不為之衝捲吞噬而去者。朱子堅持性即理之主張，即針對「作用見性」之禪學而發。

朱子又常以告子「生之謂性」與禪之「作用是性」合說。語類：

問「生之謂性」。曰：「他合下便錯了。他只是說生處精神魂魄凡動用處是也。正如禪家說：如何是佛？曰見性成佛。如何是性？曰作用是性。」（五九）

又曰：

釋氏棄了道心，卻取人心之危者而作用之。遺其精者，取其粗者以為道。如以仁義禮智為非性，而以眼前作用為性是也。此只是源頭處錯了。（一二六）

性若無善惡，則亦無人心道心之別也。

又曰：

釋氏專以作用為性。如某國王問某尊者曰：「如何是佛？」曰：「見性為佛。」「如何是性？」曰：「作用為性。」「如何是作用？」曰云云。禪家又有黠者云：「當來尊者答國王時，國王何不問尊者云：『未作用時性在甚處？』」（一二六）

作用以前不見性，猶謂氣前無理，氣即是理也。
又曰：

性，孟子所言理，告子所言氣。（五九）

朱子所以言氣必兼言理，所以斥象山是禪，又說他是告子，皆可從此等處參入。
語類又云：

徐子融有枯槁有性無性之論，先生曰：「性只是理。有是物，斯有是理。子融錯處是認心為性，正與佛氏相似。只是佛氏磨擦得這心極精細。如一塊物事，剝了一重皮，又剝一重皮，至剝到極盡無可剝處，所以磨弄得這心精光，便認做性。」問：「禪家又有以揚眉瞬目、知覺運動為弄精魂而訶斥之者，何也？」曰：「便只是弄精魂，只是他磨擦得來精細，有光彩，不如此麄糙爾。」問：「彼言一切萬物皆有破壞，惟有法身常住不滅，所謂法身，便只是這箇？」曰：「然。不知你如何占得這物事住？天地破壞，又如何被你占得這物事常不滅？」問：「彼大概欲以空為體，言天地萬物皆歸於空，這空便是它體。」曰：「他也不是欲以空為體。它只

是說這物事裏面本空，着一物不得。」（一二六）

此條言釋氏磨擦此心，剝盡外皮，精光獨露，遂認為性。禪家有斥揚眉瞬目、知覺運動為弄精魂者，其實磨擦此心使露精光，都是弄精魂，其間只有精粗之別而已。又謂釋氏所謂法身，即指此心精光言。天地破壞，此心精光亦不可保。又謂釋氏非以空為體，乃以此心精光為體。在此心精光中，不容着一物，故謂之空。宋明兩代理學家辨釋辨禪無此精湛透闢。所謂「作用是性」之眞實義，及其所欲到達之眞實境界，不過如此。入虎穴而得虎子，自非細讀佛書，自難得此見解。朱子實曾細讀佛書，其生平格物窮理之教，即此可證其不虛。

既主「作用是性」，於是又有「無適非道」之說。

楊通老問中庸或問引楊氏「無適非道」之云，曰：「衣食動作只是物，物之理乃道也。將物便喚做道，則不可。且如這個椅子，有四隻脚，可以坐，此椅之理也。若除去一隻脚，坐不得，便失其椅之理矣。『形而上為道，形而下為器』，說這形而下之器之中便有那形而上之道。若便將形而下之器作形而上之道，則不可。天地中間，有許多日月星辰、山川草木、人物禽獸，此皆形而下之器也。所謂格物，便是要就這形而下之器，窮得那形而上之道理而已。飢而食，渴而飲，日出而作，日入而息，其所以飲食作息者，皆道之所在也。若便謂食飲作息是道，則與龐居士『神通妙用、運水搬柴』之頌一般。須是運得水搬得柴是，方是神通妙用。若運得不是，搬得不是，如何是神通妙用。佛家所謂『作用是性』，便是如此。他都不理會是和非，只認得那衣食作息視聽舉履便是道。說我這箇會說話底，會作用底，叫着便應底，便是神通妙用，更不問道理如何。儒家則須是就這上尋討個道理方是道。」或問：「告子之學便是如此。」曰：「佛家底又高，告子底死殺了，不如佛家底活。而今學者就故紙上理會，也解說得去，只是都無那快活和樂底意思，便是和這佛家底也不曾見得。似他佛家者，雖是無道理，然他卻一生受用，一生快活。」又曰：「凡有一物，便有一理，所以君子貴博學於文。看來博學似個沒緊要物事，然那許多道理便都在這上，都從那源頭上來，所以無精粗小大都一齊用理會過，方無所不盡，方周遍無疏缺處。」（六二）

朱子既盡力闢佛，卻謂而今學者都不曾見到佛家之一生受用，一生快活所在。此如朱子斥象山近禪，卻說象山自有工夫，屢戒人莫要輕肆譏評，該懂得兼取其長也。惟其主性即理，故貴格物窮理。要格物窮理，便貴博學於文。朱子云：「看來博學似個沒緊要物事」，此乃就當時一般人見解言。程門相傳即多不主張博學，象山病朱子之支離，即病其博學也。朱子就性即理一語引伸出格物窮理與博學於文一套主張，在當時理學界中，實是一番無上絕大貢獻。若專講心性義理，不務博學，橫說豎說，各自乘高駕空說去，自然會走上禪學道路。但僅知博學，不知深究心性眞實，則更為朱子所不許。

語類又曰：

異端之學，不察氣質情欲之偏，率意妄行，便謂無非至理，此尤害事。近世儒者之論，亦有流入此者，不可不察。（一二）

既言格物窮理，又言克己復禮，非禮勿視聽言動，便是要對治此氣質情欲之偏。故克己復禮亦是格物博學中所有事。今謂當下即是，宜無是處。

既言博學，自須推擴到外面天地萬物，不貴專就心性上言。

因舉「佛氏之學與吾儒有甚相似處。如云：『有物先天地，無形本寂寥。能為萬象主，不逐四時凋。』又曰：『撲落非它物，縱橫不是塵。山河及大地，全露法王身。』又曰：『若人識得心，大地無寸土。』看他是甚麼樣見識。今區區小儒，怎生出得他手，宜其為他揮下也。此是法眼禪師一派宗旨如此。今之禪家，皆破其說，以為有理路，落窠臼，有礙正當知見。今之禪家多是『麻三斤』、『乾屎橛』之說，謂之不落窠臼，不墮理路。妙喜之說便是如此。然又有翻轉不如此說時。」（一二六）

此處舉出法眼一派之禪來與其他禪家作比，可見朱子於禪，亦非一例呵斥。昔伊川見邵康節，指食桌而問：「此桌安在地上，不知天地安在何處？」康節為之極論其理，以至六合之外。伊川歎曰：「平生惟見周茂叔論至此。」然二程常所稱道於濂溪者，則在尋孔顏樂處，如此而已。又曰十二年後見獵心喜，乃知此心潛隱未發。而生平絕未提及濂溪之太極圖。程門後學，亦只取濂溪通書而不信其太極圖說。象山兄弟亦嘗貽書與朱子相爭。並有人謂濂溪太極圖說即自「有物先天地」一偈而來者。一日雷起，康節謂伊川曰：「子知雷起處乎？」伊川曰：「某知之，堯夫不知也。」康節愕然，曰：「何謂也？」曰：「既知之，安用數推之。以其不知，故待推而知。」康節曰：「子云知，以為何處起？」曰：「起於起處。」康節咥然。晁以道問康節之數於伊川，答曰：「某與堯夫同里巷居三十餘年，世間事無所不問，惟未嘗一字及數。」明道亦言：「堯夫欲傳數學於某兄弟，某兄弟那得工夫。」是二程論學，只重此心，亦重世間事之與心相交者。故曰：「心要在腔子裏。」但似不甚重宇宙造化。要之是重在人文界，不甚重自然界。故曰「喫緊為人」。若學者遊心於天地之先，萬象之外，此亦近是一種玩物喪志，二程當不加許可。又曰：「橫渠立言，誠有過者，乃在正蒙。若西銘，與孟子性善養氣之論同功。」正蒙極論宇宙萬象，乃近濂溪、康節。朱子獨深有取於此三家，正為怕區區小儒出不得法眼之手，終將為他揮下也。然若謂朱子論學，只重道問學，重視了外面事物，不知尊德性，忽略了自己心性，此又大誤。象山自謂直承孟子，然亦喜明道，朱子則曰：「金溪學問眞正是禪。」又曰：「南軒、東萊不看佛書，所以看他不破。」此等處，皆從心性上辨，不從外面事物上辨。苟非於人之心性，有甚深契入，縱多看佛書，亦將不瞭解其是非得失之所在。既曰無往非道，於是而說當下便是。

問「仁內義外」。曰：「告子此說固不是，然近年有欲破其說者，又更不是。謂義專在內，只發於我之先見者便是。如『夏日飲水，冬日飲湯』之類是已。若在外面商量如此，便不是義，乃是義襲。其說如此。然不知飲水飲湯固是內，如先酌鄉人與敬弟之類，若不問人，怎生得知。今固有人素知敬父兄而不知鄉人之在所當先者。亦有人平日知弟之為卑，而不知其為尸之時乃祖宗神靈之所依，不可不敬。若不因講問商量，何緣會自從裏面發出。其說乃與釋氏不得擬議、不得思量、直下便似之說相似，此大害理。」（五九）

從裏面發出，直下便是，此條亦斥象山。

曹叔遠問：「陸子靜教人合下便是，如何？」曰：「公看經書中還有此樣語否？若云便是，夫子當初引帶三千弟子，日日說來說去則甚？何不云你都是了，各自去休也。」（一二四）

此處所辨，互詳朱陸異同散記篇。

既言道無不在，言當下便是，則惟貴能隨事隨處自為認取。故禪宗愛言知覺，又言不昧。

或問「民可使由之，不可使知之」。曰：「聖人只使得人孝，足矣。使得人弟，足矣。卻無緣又上門逐箇與他解說，所以當孝者是如何，所以當弟者是如何。自是無緣得如此。頃年張子韶之論，以為當事親，便當體認取那事親者是何物，方識所謂仁。當事兄，便當體認取那事兄者是何物，方識所謂義。某說，若如此，則前面方推這心去事親，隨手又便去背後尋摸取這箇仁。前面方推此心去事兄，隨手又便着一心去尋摸取這箇義，是二心矣。禪家便是如此。其為說曰：立地便要你究得，坐地便要你究得。他所以撐眉努眼，使棒使喝，都是立地便拶教你承當識認取，所以謂之禪機。」或問：「上蔡愛說箇覺字，便是有此病了。」曰：「然。張子韶初間便是上蔡之說，只是後來又展上蔡之說，說得來放肆，無收殺耳。」或曰：「南軒初間也有以覺訓仁之病。」曰：「大概都是自上蔡處來。」（三五）

此處所辨，已分散詳見於本書各篇中，此不備引。禪家出世，只在山門以內，無世間孝弟治平許多事來干擾，只是日常喫飯屙屎，運水搬柴，教他時時回向內裏自識己心，莫為外面事物侵亂，亦得自在快活。但儒家涉世，不能如謝上蔡說覺便是仁，不能如張無垢說隨事隨處只求體認取此心，亦不能如陸象山說先立乎其大者。古今聖賢只是辨一件事，無兩件事。朱子盡力辨斥禪學，非是要在外面樹立門戶，作儒釋疆界之爭，乃是要在門內指示路徑，教人以治學之方，此亦一不得已也。

問：「昔有一禪僧，每自喚曰：『主人翁惺惺着。』大學或問亦取謝氏『常惺惺法』之語，不知是同是異？」曰：「謝氏之說地步闊，於身心事物上皆有工夫。若如禪者所見，只看得箇主人翁便了，其動而不中理者都不管矣。向曾覽四家錄，有些說話極好笑，亦可駭。說若父母為人所殺，無一舉心動念，方始名為初發心菩薩。他所以叫主人翁惺惺着，正要如此。惺惺字則同，所作工夫則異，豈可同日而語。」（一二六）

此條郭友仁記，在戊午，朱子年六十九。上條沈僩記，在戊午以後，所記略同時。語氣若有異，而實非有異。心是一箇虛明靈覺，朱子並不反對上蔡之言「常惺惺」。常惺惺乃以求仁行仁，非常惺惺即是仁。上蔡言覺，言常惺惺，與橫浦言當下認識取，其間亦有不同。朱子對上蔡、橫浦評語，輕重不同，而實各當其分。禪師們是出家人，孑然一身，此主人翁只惺惺着，自可應付一切。儒家則云中國一人，天下一家，仁者欲求天下萬物一體，此主人翁負擔大，事務多，只常惺惺，還是辦不了也。

語類又云：

舉佛氏語曰：「千種言，萬般解，只要教君長不昧。」「此說極好。」問：「程子曰：『佛氏之言近理，所以為害尤甚。』所謂近理者，指此等處否？」曰：「然。它只是守得這些子光明，全不識道理，所以用處七顛八倒。吾儒之學，則居敬為本，而窮理以充之，其本原不同處在此。」（一二六）

「教君常不昧」，那有不好處。但不能只守得這些子光明，全不識道理。要識道理，下面還有許多事在。

上蔡云：「佛氏所謂性，正聖人所謂心。佛氏所謂心，正聖人所謂意。」心只是該得這理。佛氏元不曾識得這理一節，便認知覺運動做性。只認那能視能聽能言能思能動底便是性。視明也得，不明也得。聽聰也得，不聰也得。言從也得，不從也得。思睿也得，不睿也得。它都不管。橫來豎來，它都認做性。它最怕人說這理，都要除掉了，此正告子「生之謂性」之說。（一二六）

此處又回到「作用是性」之一邊來。「作用是性」，只就內面說。「性即理」，是兼內外說。說到此處，又要說上「心統性情」一語。朱子之辨心性，實是精闢到家，安得謂朱子只知道問學，不知尊德性？

語類又曰：

伊川謂：「釋氏之見如管中窺天，只見直上，不見四旁。」某以為不然。釋氏之見，蓋是瞥見水中天影耳。（九七）

管中窺天，所見亦是天。水中天影，則虛假不實。釋氏所見，只是些子光明。這些子光明亦見有天，但只是天之影，與管中所見天不同。此條辨伊川語極深微，學者當細闡。

語類又云：

「『戒謹不睹，恐懼不聞』，是要切工夫。佛氏說得甚相似，然而不同。佛氏要空此心，道家要守此氣，皆是安排。只是戒謹恐懼，便自然常存，不用安排。」問：「佛氏似亦能謹獨。」曰：「它只在靜處做得，與此不同。佛氏只是占便宜，討閑靜處去。老莊只是占姦，要它自身平穩。」先生又自言：「二三年前，見得此事尚鶻突，為它佛說得相似，近年來方見得分曉。」（一一三）

此條不知在何年，要之是晚歲語。謂佛氏只於靜處做，要空此心，與儒家不出世，以修齊治平為學者大不同。老莊亦不出世，只是占姦，先要自身平穩。著語甚淺，而所見極深。朱子自言到近年來方見得分曉，非窮理格物之功，固不易驟企也。

問：「遺書云：『釋氏於「敬以直內」則有之，「義以方外」則未也。』於此未安。」先生笑曰：「前日童蜚卿正論此，以為釋氏大本與吾儒同，只是其末異。某與言：『正是大本不同。』因檢近思錄有云：『佛有一箇覺之理，可以「敬以直內」矣，然無「義以方外」。其直內者，要之其本亦不是。』這是當時記得全處。前者記得不完也。只無『義以方外』，則連『敬以直內』也不是了。程子謂『釋氏唯務上達而無下學，然則其上達處豈有是邪？』亦此意。」（一二六）

此條所辨，亦散見本書各篇。

或問：「今世士大夫所以晚年都被禪家引去者，何故？」曰：「是他底高似你。你平生所讀許多書，許多記誦文章，所藉以為取利祿聲名之計者，到這裏都靠不得了。所以被他降下。他底是高似你，且是省力，誰不悅而趨之。」（一二六）

因論釋氏，先生曰：「自伊洛君子之沒，諸公亦多聞闢佛氏矣，然終竟說他不下者，未知其失之要領耳。釋氏自謂識心見性，然其所以不可推行者何哉？為其於性與用分為兩截也。聖人之道，必明其性而率之，凡修道之教，無不本於此，故雖功用充塞天地，而未有出於性之外者。釋氏非不見性，及到作用處，則曰無所不可為，故棄君背父無所不至者，由其性與用不相管也。異端之害道，如釋氏者極矣。以身任道者，安得不辨之。如孟子之辨楊墨，正道不明而異端肆行，周孔之教將遂絶矣，譬如火之焚將及身，任道君子豈可不拯救也。」（一二六）

然則朱子亦言作用是性矣。當知性即理，性中自有大作用。若認性是空，則一切作用可以無當於性。

語類又曰：

釋氏之教，其盛如此，其勢如何拗得他轉。吾人家守得一世再世不崇尚他者，已自難得。三世之後，亦必被他轉了。不知大聖人出，「所過者化，所存者神」時，又如何？（一二六）

禪學在當時，其盛如此，雖有伊洛，一兩傳後又被禪家轉去，朱子之所慨歎者深矣。

語類又曰：

近看石林過庭錄載上蔡說，伊川參某僧後有得，遂反之。偷其說來做己使，是為洛學。某也嘗疑，如石林之說固不足信，卻不知上蔡也恁地說，是怎生地？向見光老示及某僧與伊川居士帖，後見此帖乃載山谷集中，後又見文集別本有跋此帖者，乃僧與潘興嗣子真帖。山谷嘗錄其語，而或以為山谷帖也。其差謬類如此。但當初佛學，只是說，無存養底工夫。至唐六祖始

教人存養工夫。當初學者亦只是說，不曾就身上做工夫。至伊川方教人就身上做工夫，所以謂伊川偷佛說為己使。（一二六）

此條某僧指靈源，其與潘淳子眞一帖，人誤謂是與伊川。朱子辨之，亦猶辨江名表語誤為上蔡語，此皆校勘辨僞之功之有益於義理之辨也。然朱子於伊洛偷佛學為己使一語，卻似不甚反對。蓋漢唐諸儒，從政則注重道德事功，治學則用心訓詁考據。於心性精微，修養要端，實微有缺。遂為佛家禪宗乘虛占去。伊洛之興，所謂出入於釋老，歸求之六經而始得之者，亦未免多是把禪宗話回頭來看六經四書，得其相似，更加闡述發揮。故上蔡親受學於二程，乃謂洛學借佛學為己使。伊洛新儒學，其精神意趣，實亦不免偏向於心性修養，而於漢唐諸儒道德事功之實，與夫訓詁考據之博綜，則終亦有缺。朱子繼起，乃有以大振作之。恢使益閎，剖使益細。儒學疆宇，既求保持漢唐以來之舊。而心性之精微，修養之完密，則不僅漢唐諸儒所未窺涉，抑亦非二程相傳儒釋駢肩同途而未能大有所區別者之所得而相擬。此乃朱子對當時儒學之大貢獻。若僅就伊洛傳統，道南一脈，謂三葉相生而有朱子，一若朱子僅為伊洛之肖子孝孫，僅有功於光大伊洛之門楣，則實未深窺於朱子學問之大全，與其精神特出之所在也。

文別集卷八有釋氏論上下篇，惜上篇已殘缺，茲撮錄其字句完整者。上篇云：

或問：「孟子言盡心知性，存心養性，而釋氏之學亦以識心見性為本，其道豈不亦有偶同者耶？」朱子曰：「儒佛之所以不同，正以是一言耳。」曰：「何也？」曰：「性也者，天之所以命乎人而具乎心者也。情也者，性之所以應乎物而出乎心者也。心也者，人之所以主乎身而以統性情者也。故仁義禮智者性也，而心之所以為體也。惻隱、羞惡、恭敬、辭讓者情也，而心之所以為用也。蓋所謂『降衷於民，有物有則』者。……（佛氏之）所以識心者，則必別立一心以識此心。而其所謂見性者，又未嘗覩夫民之衷、物之則也。既不睹夫性之本然，則物之所感，情之所發，……概以為已累而盡絕之。雖至於反易天常殄滅人理而不顧。然則儒釋之所以異，其本豈不在此一言之間乎？」曰：「釋氏之不得為見性，則聞命矣。至於心，則吾曰盡之存之，而彼曰識之，何以不同，而又何以見其別立一心耶？」曰：「心也者，人之所以主於身而統性情者也，一而不二者也，為主而不為客者也，命物而不命於物者也。惟其理有未窮而物或蔽之，故其明有所不照。私有未克而物或累之，故其體有所不存。是以聖人之教，使人窮理以極其量之所包，勝私以去其體之所害。是其所以盡心而存心者，雖其用力有所不同，然皆因其一者以應夫萬，因其主者以待夫客，因其命物者以命夫物，而未嘗曰反而識乎此心，存乎此心也。若釋氏之云識心，則必收視反聽以求識其體於恍惚之中，……此非別立一心而何哉？……而又塊然自守，滅情廢事，以自棄君臣父子之間，則心之用亦息矣。」

此篇辨儒釋心性，大可注意。明道曾言：「善固是性，惡亦不得不謂之性」，直至陽明，亦謂「無善無惡心之體」，惟朱子堅持性必善而非惡，此一也。至曰別立一心以識心而存心，以至於滅情廢事而務求塊然自守，理學家言存養，多不免此弊，而朱子辨之最力，此二也。可見朱子論心性，亦不僅為儒釋辨疆界矣。然文中明標朱子曰云云，則又似非朱子自作。或其門人後學所綜述，而玩其文辭，亦似非其門人高弟所能及。要不失為朱子闢佛之大義，故引以殿斯篇。

朱子論禪學　下

余既根據語類草朱子論禪學上篇，茲復摘錄其散見於文集者為下篇。雖同是闢禪，而所與言之對象有不同。語類皆面對門人弟子，直舉佛說禪學而辨之闢之，其所辨所闢者，為佛說，為禪學。文集則多與時人交游往來書牘，其人或沉浸陷溺於佛說禪學中，朱子隨其所信所疑而加以開導剖析。亦有著述文字流傳，朱子因其染異學，惑正解，而加以糾正。故其所重不在佛說禪學之本身，而在沉浸陷溺於佛說禪學者之所言。而此等所言，亦往往依據孔孟伊洛，而不自知其為佛說禪學也。故朱子之所辨所闢，往往以陽儒陰釋或混同調和之論為主。讀者會合此兩篇觀之，庶可益明朱子之排拒佛說與禪學者，其意果何在也。

文集卷三十答汪尚書有云：

熹於釋氏之說，蓋嘗師其人，尊其道，求之亦切至矣。然未能有得。其後以先生君子之教，校夫先後緩急之序，於是暫置其說，而從事於吾學。其始蓋未嘗一日不往來於心也。以為俟卒究吾說而後求之，未為甚晚耳，非敢遽絀絕之也。而一二年來，心獨有所自安。雖未能即有諸己，然欲復求之外學以遂其初心，不可得矣。然則前輩於釋氏未能忘懷者，其心之所安，蓋亦必有如此者，而或甚焉，則豈易以口舌爭哉！竊謂但當益進吾學以求所安之是非，則彼之所以不安於吾儒之學而必求諸釋氏然後安者，必有可得而言者矣。所安之是非既判，則所謂反易天常殄滅人類者，論之亦可，不論亦可，固不即此以定取舍也。

此書在孝宗隆興元年癸未，朱子年三十四。汪應辰知福州，是年十月，延請李延平至帥治，坐語未終而卒。則汪氏固是依違於儒釋之間，而不能有所抉擇者。此書當尚在延平至福州前。所謂先生君子之教，即指延平。朱子初好禪學，從延平遊，乃始捨棄。黃東發謂「上蔡、龜山雖均略染禪學，而龜山傳之羅仲素，仲素傳之李延平，延平亦主澄心靜坐，反能救文公之幾陷禪學，一轉為大中至正之歸。致知之學，毫釐之辨，不可不精蓋如此」。本篇此下所引，亦黃氏所謂致知之學、毫釐之辨所不可不精者。惟其告汪氏，則未見有所深論，特曰「益進吾學以求所安之是非，則彼之所以不安於吾儒之學而必求諸釋氏然後安者，亦必有可得而言」。此亦朱子之現身說法也。世儒闢佛，每謂其反天常，滅人類，朱子則認為此等可論可不論。人之信佛與否，亦不即此以定取捨。如此闢佛，乃為深至。蓋佛說之迷人，正在此心方寸間也。

文集卷三十九答許順之有云：

聖門之學，以求仁格物為先，所以發處自然見得是非可否，不差毫髮。其工夫到與不到卻在人。今吾友見教，要使天下之人不知有自家，方做得事。且道此一念從何處來？喚做本心，得否？喚做天理，得否？直是私意上又起私意。縱使磨挫掩藏得全不發露，似箇沒氣底死人，亦只是計較利害之私，與聖門求仁格物順理涵養氣象大故懸隔。信知儒釋只此毫釐間，便是繆以千里處，卻望吾友更深思之。

順之乃朱子少壯時故交，亦信佛，因朱子力辨，始再喫肉。此書問「此一念從何處來」，最為喫緊扼要。朱子論學，每從心術精微處認取深入，學者其試深闡之。

文集卷四十三有答陳明仲十六函，明仲亦信佛，朱子所答，大抵不外闢佛闡儒，導其回頭之路。其書有曰：

汪丈每以呂申公為準則，比觀其家傳，所載學佛事，殊可笑。彼其德器渾厚謹嚴，亦可謂難得矣。一溺其心於此，乃與世俗之見無異。又為依違中立之計，以避其名，此其心亦可謂支離之甚矣。顧自以為簡易，則吾不知其說也。

汪丈即指應辰。呂申公者，呂公著晦叔。兩宋儒學大興，而佛教勢力實未衰退，如呂如汪，皆朝廷大臣，世望所繫，而皆溺心釋氏，又好為依違，欲守中立，不因尊釋而排儒，混同和會，此最害事。易啟俗信，而妨道眞，故尤不可以不辨也。

又一函云：

程氏教人以論、孟、大學、中庸為本，須於此數書熟讀詳味，有會心處，方自見得。如其未然，讀之不厭熟，講之不厭煩。非如釋氏指理為障，而兀然坐守無義之語以俟其僥倖而一得也。

此函辨儒釋雙方所從入之門徑與方法之不同，語近而意遠。凡朱子之辨儒釋，此為首要義。

同卷有答李伯諫三函。李亦信佛，朱子謂其「於孔孟則多方遷就以曲求其合，於伊洛則無所忌憚而直斥其非」，朱子既辨儒釋之相異，而又申伊洛與孔孟之相同。三書中所包極廣，茲摘錄其幾節。其書問往復在孝宗隆興甲申朱子年三十五。其一云：

來書云：「形有死生，眞性常在。」熹謂性無僞冒，不必言眞。未嘗不在，不必言在。蓋性即天地所以生物之理，所謂「維天之命、於穆不已」，「大哉乾元、萬物資始」者也。曷嘗不在，而豈有我之所能私乎？釋氏所云眞性，不知其與此同乎否耶？同乎此，則古人盡心以知性知天，其學固有所為，非欲其死而常在也。苟異乎此，而欲空妄心，見眞性，惟恐其死而失之，非自私自利而何？伊川之論，未易遽非，亦未易遽曉。他日於儒學見得一箇規模，乃知其不我欺耳。

朱子主伊川「性即理也」之說，以闢佛家之言性，其辭屢見，持義至精，此函則僅就公私出發點辨之，特粗引其端而已。

又一書云：

來書謂伊川先生所云內外不備者為不然，蓋無有能直內而不能方外者。此論甚當。據此正是熹所疑處。若使釋氏果能敬以直內，則便能義以方外。便須有父子，有君臣，三綱五常，闕一不可。今曰能直內矣，而其所以方外者果何在乎？以此而觀，伊川之語可謂失之恕矣。然其意不然。所謂有直內者，亦謂其有心地一段工夫耳。然五穀之根株，則生五穀之枝葉華實而可食。稊稗之根株，則生稊稗之枝葉華實而不可食。參朮以根株而愈疾，鉤吻以根株而殺人。故明道先生又云：「釋氏惟務上達而無下學，然則其上達處豈有是耶？」

苟無義以方外，即不得謂能敬以直內。不能下學，即無上達。此辨極關重要。當時立說，偏於內而忽外，偏於上而忽下，朱子莫不斥其近禪。至於佛家自有一段心地工夫，則朱子斷不否認。然不能謂其有一段心地工夫，即是與儒無辨也。

又其一云：

來書又謂「釋氏本死生，悟者須徹底悟去，故祖師以來由此得道者多」。熹謂徹底悟去之人，不知本末內外是一是二？二則道有二致，一則死生人事一以貫之，無所不了。不知傳燈錄中許多祖師，幾人做得堯舜禹稷，幾人做得文武周孔，須有徵驗處。

直內方外下學上達，即是本末內外一之也。傳燈錄中諸祖師，有直內，無方外，有上達，無下學，分本末內外而二之，宜其不能做得堯舜周孔人物。朱子言心地工夫，貴能在下學方外上用。若離下學，無方外，則朱子皆斥其近禪。

又其一云：

來書云：「特聖人以中道自任，不欲學者躐等。」熹謂不欲學者躐等，乃是天理本然，非是聖人安排教如此。譬諸草木，區以別矣。且如一莖小樹，不道他無草木之性，然其長須有漸，是亦性也。所謂便欲當人立地成佛者，正如將小樹來噴一口水，便要他立地干雲蔽日，豈有是理？

此與前兩條義仍相貫。不能言人性善，便謂人皆可以為堯舜，不復細下知言養氣工夫。明儒有滿街皆是聖人，端茶童子亦是聖人之說，自朱子言之，皆是近禪學。

又一則云：

愚意此理初無內外本末之間。凡日用間涵泳本原，酬酢事變，以至講說辨論，考究尋繹，一動一靜，無非存心養性變化氣質之實事。但於此顯然處嚴立規程，力加持守，日就月將，不令退轉，則便是孟子所謂深造以道者。蓋其所謂深者，乃工夫積累之深，而所謂道者，則不外乎日用顯然之事也。及其眞積力久，內外如一，則心性之妙無不存，而氣質之偏無不化矣。所謂自得之而居安資深也。豈離外而內，惡淺而深，舍學問思辨力行之實，而別有從事心性之妙也哉？

此書亦如前引三書，其釋孟子「深造以道」四字，一歸之淺近平實，此朱子學風也。厥後清儒所謂訓詁明而後義理明，如朱子釋此深字道字，其事實不止於訓詁，朱子則謂之名義界分，學者其細玩。

又張南軒與朱子書有曰：

蘄州之説，淺陋不足動人，自是伯諫天資低所致。若臨川，其説方熾，此尤可慮者。吾曹惟當勉其在己，果得無一毫滲漏，自是孚信，有非口舌所能遽挽回也。

臨川指象山兄弟，則指陸學為禪，南軒亦有此意。厥後因東萊之介而朱陸會於鵝湖，是亦求為挽回之一端也。

又文集卷四十四答江德功有云：

「曾子有疾」章之指，蓋言日用之間，精粗本末，無非道者。而君子於其間，所貴者在此三事而已。謂其「動容貌，正顏色，出辭氣」，凡此三者，皆其平日涵養工夫至到之驗，而所以正身及物之本也。故君子貴之。若夫「籩豆之事」，則道雖不外乎此，然其分則有司之守，而非君子之所有事矣。蓋平日涵養功夫不至，則動容貌不免暴慢，正顏色不出誠實，出詞氣不免鄙倍。一身且不能治，雖欲區區於禮文度數之末，是何足以為治哉？此乃聖門學問成己成物着實效驗，非如異端揚眉瞬目，妄作空言之比也。所謂道在容貌顏色詞氣者，文意義理皆有所不通，且其氣象狂易恍惚，不近聖賢意味，非區區之所敢聞也。

此條釋論語「曾子有疾」章，猶如上引釋孟子「深造之以道」，當時學者多用佛說解釋語孟經籍。朱子條而辨之，尤為有功。今在八百年後讀朱子語孟集注、學庸章句，若其所言淺近平實，無甚高深奇妙之論出乎其間。不知在朱子時，高深奇妙之論正是充斥瀰漫，朱子辭而闢之，廓如也。此乃朱子所以獨出當時永垂後世之功績所在。謂道在容貌辭氣顏色者，正猶謂運水搬柴是神通也。

又一函云：

古人之所以必由於禮，但為禮當如此，不得不由，豈為欲安吾心而後由之也哉？若必為欲安吾心，然後由禮以接於人，則是皆出於計度利害之私，而非循理之公心矣。大抵近世學者，溺於佛學，本以聖賢之言為卑近而不滿於其意。顧天理民彝有不容殄滅者，則又不能盡叛吾說以歸於彼。兩者交戰於胸中而不知所定，於是因其近似之言以附會而說之。凡吾教之以物言者，則挽而附之於己。以身言者，則引而納之於心。苟以幸其不異於彼，而便於出入兩是之私。至於聖賢之本意，則雖知其不然，而有所不顧也。蓋其心自以為吾之所見已高於聖賢，可以咄嗟指顧而左右之矣。又況推而高之，鑿而深之，使其精神氣象有加於前，則吾又為有功於聖賢，何不可者。而不自知其所謂高且深者，是乃所以卑且陋也。此近世雜學之士，心術隱微之大病，不但講說異同之間而已。

朱子稱附會佛說於儒家言者為雜學，而抉發其心術隱微之病，此亦孟子所謂善知言，詖淫邪遁之辭，各知其所蔽陷離窮也。凡一世之大學者，必能針對時病，開示道要，以納此時代於正趨。朱子之闢禪學，所挽救者非細，不得只以儒釋門戶之見窺之。否則自北宋以來諸儒，皆已欲撤除門戶，破棄藩籬，和會混同，納儒釋於一途，而朱子獨抱頑見，必欲自錮於門戶之內也。大抵當時學者多疑儒釋可相通，其內心所重，則更在釋，不在儒。程門之流入於禪者亦如此，此一風氣之大有轉變，則實在朱子之後。

文集卷二十五答張敬夫有云：

聖賢之言，平鋪放著，自有無窮之味。於此從容潛玩，默識而心通焉，則學之根本於是乎立，而其用可得而推矣。患在立說貴於新奇，推類欲其廣博，是以反失聖言平淡之眞味，而徒為學者口耳之末習。近看論語舊說，其間多此類者。比來尊兄固已自覺其非矣。然近聞發明「當仁不讓於師」之說云：當於此時識其所以不讓者為何物，則可以知仁之義。此等議論，又只似舊來氣象，殊非聖人本意。才如此說，便只成釋子作弄精神意思，無復儒者腳踏實地功夫矣。

南軒乃朱子畏友，然朱子之所懇切告誡，無異於對他人。南軒所解，蓋受上蔡以覺訓仁之影響。朱子深斥上蔡此說近禪，辨以心識心之非，已詳識心篇。

又文集卷五十九答吳斗南有云：

佛學之與吾儒，雖有略相似處，然正所謂貌同心異，似是而非者，不可不審。聖門所謂聞道，聞只是見聞，玩索而自得之之謂道。只是君臣父子日用常行當然之理，非有玄妙奇特不可測知，如釋氏所云豁然大悟，通身汗出之說也。如今更不可別求用力處，只是持敬以窮理而已。參前倚衡，今人多錯說了，故每流於釋氏之說。先聖言此，只是說言必忠信，行必篤敬，念念不忘，到處常若見此兩事，不離心目之間耳。如言見堯於羹，見堯於牆，豈是以我之心還見我心，別為一物，而在身外耶？無思無為，是心體本然，未感於物時事，有此本領，則感而遂通天下之故矣，恐亦非如所論之云云也。所云「禪學悟入，乃是心思路絶，天理盡見」，此尤不然。心思之正便是天理。流行運用，無非天理之發見。豈待心思路絶，而後天理乃見耶？且所謂天理，復是何物？仁義禮智，豈不是天理？君臣、父子、兄弟、夫婦、朋友，豈不是天理？若使釋氏果見天理，則亦何必如此悖亂，殄滅一切，昏迷其本心，而不自知耶？凡此皆近世淪陷邪說之大病，不謂明者亦未能免俗而有此言也。

當時學術界風氣，正相率陷於援釋闌儒之一途而不自覺。朱子發揮儒家經典本義，使儒釋疆界判然分明，則其間之是非得失，亦可不辨而自定。此書首云：「承攝於此，忽已踰年，經界之役，得請後時，不可舉手，少須三五月即復告歸」，當在辛亥朱子在漳州任年六十二歲時。書中所辨，語極明析，不煩申闡，而義旨極關重要。至於斗南來書，則明白提出「心思路絕，天理盡見」。「心思路絕」是禪學工夫，「天理盡見」是儒家標的。以禪學工夫達儒家標的，正是當時學風一趨嚮，固不止斗南一人為然也。

文集卷五十九又有答陳衛道兩書，亦辨儒釋異同，其年不可詳考，而可與上引答吳斗南書相發明。其一曰：

以釋氏所見較之吾儒，彼不可謂無所見，但卻只是從外面見得箇影子，不曾見得裏許眞實道理。所以見處則儘高明脫灑，而用處七顚八倒，無有是處。儒者則要得見此心此理元不相離，雖毫釐絲忽間不容略有差舛。才是用處有差，便是見得不實。非如釋氏見處行處打成兩截也。嘗見龜山先生引龐居士說「神通妙用、運水搬柴」話來證孟子「徐行後長」義，竊意其語未免有病。何也？蓋如釋氏說，則但能搬柴運水，即是神通妙用，此即來喻所謂舉起處其中更無是非。若儒者則須是徐行後長方是，若疾行先長即便不是。所以格物致知，便是要就此等處微細辨別。令日用間見得天理流行，而其中是非黑白各有條理。是者便是順得此理，非者便是逆著此理。胸中洞然，無纖毫疑礙，所以才能格物致知，便能誠意正心，而天下國家可得而理，亦不是兩事也。「天生烝民，有物有則」，只生此民時，便已是命他以此性了。性只是理，以其在人所稟故謂之性，非有塊然一物，可命為性而不生不滅也。蓋嘗譬之，命字如朝廷差除，性字如官守職業。故伊川先生言：「天所賦為命，物所受為性。」其理甚明。故凡古聖賢說性命，皆是就實事上說。如言盡性，便是盡得此君臣父子、三綱五常之道而無餘。言養性，便是養得此道而不害。至微之理，至著之事，一以貫之，略無餘欠，非虛語也。

此書關涉極廣，朱子辨儒釋異同之主要綱宗，大體具是。當時人談心說性，每好遺棄事物而向內求之。朱子則主性即理，此心此理元不相離，必合內外而求，始是體用兼賅而本末一貫。所謂天理流行，乃在日常行用，乃至於治國平天下之大道無不攝盡在內。此始為孔孟相傳儒家大義。非專守一心以為學也。

其又一書云：

今欲為儒者之學，卻在著實向低平處講究踐履，日求其所未至。所謂樂處，卻好且拈向一邊，久遠到得眞實樂處，意又自別。不似此動蕩攪聒人也。性命之理，只在日用間零碎去處，亦無不是，不必著意思想。但每事尋得一箇是處，即是此理之實。不比禪家見處，只在儱侗恍惚之間也。所云「釋氏見處，只是要得六用不行，則本性自見」，只此便是差處。六用豈不是性，若待其不行然後性見，則是性在六用之外別為一物矣。譬如磨鏡，垢盡明見，但謂私欲盡而天理存耳，非六用不行之謂也。又云：「其接人處不妨顛倒作用，而純熟之後卻自不須如此。」前書所譏，不謂如此，正謂其行處顛錯耳。只如絕滅三綱，無父子君臣一節，還可言接人時權且如此，將來熟後，卻不須絕滅否？此箇道理，無一息間斷，這裏霎時間壞了，便無補塡去處也。又云：「雖無三綱五常，又自有師弟子上下名分。」此是天理自然，他雖欲滅之，而畢竟絕滅不得。然其所存者，乃是外面假合得來，而其眞實者卻已絕滅。故儒者之論，每事須要眞實是當，不似異端便將儱侗底影像來此罩占眞實地位也。

此書提出踐履低平處，日用零碎處，著實講究，每事尋得一箇是處，此即朱子平日格物致知之教也，若謂只求見性，見性後此等低平處零碎處可以一切皆是，此乃禪家意見。朱子謂其只是一種儱侗恍惚之見，可以運水搬柴，卻未必能運搬都到是處。至此書謂「六用不行，則本性自見」，正猶吳斗南謂「心思路絕，天理盡見」，皆是欲從釋氏工夫到達儒學理想也。朱子謂私欲盡而天理見，非六用不行之謂，所辨極透切。然此書只言低平處零碎處，卻不是不要高深貫通處。下學上達，本末兼到，則全在乎善學也。

又文集卷三十一答張敬夫有云：

此有李伯聞者，舊嘗學佛，自以為有所見。論辨累年，不肯少屈。近嘗來訪，復理前語。熹因問之：「天命之謂性」，兄以此句為空無一物耶？為萬理畢具耶？若空，則浮屠勝，果實，則儒者是，此亦不待兩言而決矣。渠雖以為實，而猶戀着前見，則請因前所謂空者而講學以實之。熹又告之曰：此實理也，而以為空，則前日之見悞矣。今欲眞窮實理，亦何藉於前日已悞之空見而為此二三耶？渠遂脫然肯捐舊習，而從事於此。

儒釋之辨在虛實。凡踐履低平處，日常零碎處，皆是實，皆有一箇是處可尋，此皆有理。性即理也，不當忽棄此一切，而憑空以求見性，此朱子之旨。

又文集卷五十四答徐彥章有云：

分別體用，乃物理之固然，非彼之私言也。求之吾書，雖無體用之云，然其曰寂然而未發者，固體之謂也。其曰感通而方發者，固用之謂也。且今之所謂一者，其間固有動靜之殊，則亦豈能無體用之分哉？非曰純於善而無間斷，則遂晝度夜思，無一息之暫停也。彼其外物不接，內欲不萌之際，心體湛然，萬理皆備，是乃所以為純於善而無間斷之本也。今不察此，而又不能廢夫寂然不動之說，顧獨詆老釋以寂然為宗，無乃自相矛盾邪？大抵老釋說於靜，而欲無天下之動，是猶常寐不覺，而棄有用於無用，聖賢固弗為也。今說於動而欲無天下之靜，是猶常行不止，雖勞而不得息，聖賢亦弗能也。蓋其失雖有彼此之殊，其倚於一偏而非天下之正理，則一而已。

此書備見朱子持論之平。若一意排拒老釋，不認有所謂體用之辨，動靜之分，此亦朱子所不許。漢儒區區於章句訓詁間，孔孟心性精微忽置不講。於是說體用，說動靜，談心性，談修養，成為老釋之專有，而儒家若無分於斯，則無怪學者之盡趨於老釋也。明道「出入老釋者幾十年，返求諸六經而後得之」，亦得之此而已。自明道以後，儒家乃重自有其一套心性之學，修養之法，故朱子謂孔孟後不生二程不得也。然朱子又謂程子有時說得高了，使後學流入禪去，姑窺朱子意，試舉例說之。如明道云：「堯舜事業只是太虛中一點浮雲過目。」又曰：「不得以天下萬物撓己，己立後，自能了當得天下萬物。」如此等語，易使人輕忽外面事物，認為了得一身即了得一切，並置一切於不了之地，其日用常行低平零碎處，又皆忽置。又如謂「學者須先識仁，識得此理，以誠敬存之而已，更有何事。」曰「識」曰「存」，似乎一切工夫只求向裏，只從自己心上尋覓。此等話，境界雖高，然終若少了下一截工夫。又明道自言，再見茂叔後，吟風弄月，有「吾與點也」之意。學者承之，好言「與點」，朱子矯其流弊，謂樂亦有虛實之辨，不當專從樂處去追尋。伊川享高壽，親見承學之士不能無流弊，立言較明道為加密。然程門諸大弟子下至朱子當時之學者，流入於禪，其勢駸駸不可制。朱子乃遵伊川而益加密焉。其告示學者，與其辨析儒釋，幾於字字而說，句句而求，有若重返漢儒章句訓詁之所為。然使非有如朱子者出，則恐南宋學風終將為禪門掩脅以去。故自儒學傳統言，天生二程以後，亦不生朱子不得也。朱子以後有陸王，若與程朱相敵對，然象山、陽明，皆於伊川有不滿，而皆推尊明道無間言。蓋陸王所諍之對象，主要實為朱子。南宋末，黃東發最反對象山。明末，顧亭林最反對陽明。二人可謂得朱子學術之眞傳也。至朱子此書，不抹摋體字，不抹摋靜字，不抹摋老釋長處，書意已詳，可不重闡。

上引乃朱子與同時學人分辨儒釋之見諸往返書牘者，復有就北宋以來學人著作流傳而加以辯詰者。茲再摘錄如次。

文集卷七十二有雜學辨，其辨蘇氏易解有曰：

> 愚謂蘇氏以性存於吾心則為僞之始，是不知性之眞也。以性之至者非命而假名之，是不知命之實也。如此則人生而無故有此大僞之本，聖人又為之計度隱諱，僞立名字以彌縫之，此何理哉？此蓋溺於釋氏未有天地已有此性之言，欲語性於天地生物之前，而患夫命者之無所寄，於是為此說以處之，使兩不相病焉耳。

其辨蘇黃門老子解有曰：

蘇氏曰：「六祖所云『不思善，不思惡』，即喜怒哀樂之未發也。」愚謂聖賢雖言未發，然其善者固存，但無惡耳。佛者之言，似同而實異，不可不察。

蘇氏又曰：「中者，佛性之異名，而和者，六度萬行之總目也。」愚謂喜怒哀樂皆中節謂之和，「和者，天下之達道也。」「六度萬行」，吾不知其所謂，然毀君臣，絶父子，以人道之端為大禁，所謂達道，固如是耶？

其辨張無垢中庸解有曰：

「率性之謂道」，言道之所以得名者如此，蓋各循其性之本然，即所謂道爾。非以此為學者之事，亦未有戒慎恐懼之意也。「脩道之謂教」，通上下而言之，聖人所以立極，賢人所以脩身，皆在於此，非如張氏之說也。又曰：「深入性之本原，直造所謂天命在我」，理亦有礙。且必至此地然後為人倫之教，則是聖人未至此地之時，未有人倫之教，而所以至此地者，亦不由人倫而入也。凡此皆爛漫無根之言，乃釋氏之緒餘，非吾儒之本指也。

又曰：

張氏曰：「使移詮品是非之心於戒慎恐懼，知孰大焉。」愚謂有是有非，天下之正理，而是非之心人皆有之，所以為知之端也。故詮品是非，乃窮理之事，亦學者之急務也。張氏絶之，吾見其任私鑿知，不得循天理之正矣。然斯言也，豈釋氏所稱「直取無上菩提，一切是非莫管」之遺意耶？嗚呼！斯言也，其儒釋所以分之始與？

又曰：

張氏曰：「使其由此見性，則自然由乎中庸，而向來無物之言，不常之行，皆掃不見迹矣。」愚謂見性本釋氏語，蓋一見則已矣。儒者則曰知性，既知之矣，又必有以養而充之以至於盡。其用力有漸，固非一日二日之功。日用之際，一有懈焉，則幾微之間，所害多矣。然釋氏之徒，有既自謂見性不疑，而其習氣嗜欲無以異於衆人者，豈非恃夫掃不見迹之虛談，而不察乎無物不常之實弊以至此乎？然則張氏之言，其淵源所自，蓋可知矣。

又曰：

張氏曰：「知所以好學者誰，所以力行者誰，所以知恥者誰，則為知仁勇矣。」愚謂好學力行知恥，在我而已，又必求其所以如此者為誰，則是身外復有一身，心外復有一心，紛紛乎果何時而已也。詳求聖人之意，決不如是，特釋氏之說耳。

又曰：張氏曰：「誠既見，己性亦見，人性亦見，物性亦見，天地之性亦見。」愚謂經言「至誠故能盡性」，非曰「誠見而性見」也。見字與盡字意義迥別。釋氏以見性成佛為極，而不知聖人盡性之大，故張氏之言每如此。

又曰：張氏曰：「不見形象而天地自章，不動聲色而天地自變，垂拱無為而天地自成。天地亦大矣，而使之章，使之變，使之成，皆在我。」又曰：「至誠不息，則有不見而章，不動而變，無為而成，天地又自此而造化之妙矣。」愚詳經意，蓋謂至誠之理未嘗形見而自彰著，未嘗動作而自變化，無所營為而自成就。天地之道，一言而盡，亦不過如此而已。張氏乃以為聖人至誠於此，能使天地章明變化於彼，不惟文義不通，而亦本無此理。其曰「天地自此而造化」，語尤險怪。蓋聖人之於天地，不過因其自然之理以裁成輔相之而已。若聖人反能造化天地，則是子孫反能孕育父祖，無是理也。凡此好大不根之言，皆其心術之蔽，又原於釋氏心法起滅天地之意，正蒙斥之詳矣。

其辨呂氏大學解有曰：

呂氏曰：「致知格物，修身之本也。知者良知也，與堯舜同者也。理既窮則知自至，與堯舜同者忽然自見。默而識之。」愚謂致知格物，大學之端，始學之事也。一物格則一知至，其功有漸。積久貫通，然後胸中判然不疑所行，而意誠心正矣。然則所致之知固有淺深，豈遽以為與堯舜同者一旦忽然而見之也哉？此殆釋氏「一聞千悟」、「一超直入」之虛談，非聖門明善誠身之實務也。

呂氏又曰：「草木之微，器用之別，皆物之理也。求其所以為草木器用之理，則為格物。草木器用之理，吾心存為，忽然識之，此為物格。」愚按：伊川先生嘗言：「凡一物上有一理，物之微者亦有理。」又曰：「大而天地之所以高厚，小而一物之所以然，學者皆當理會。」呂氏蓋推此以為說而失之者。程子之為是言也，特以明夫理之所在，無間於大小精粗而已。若夫學者之所以用功，則必有先後緩急之序，區別體驗之方，然後積習貫通，馴致其極。豈以為直存心於一草木器用之間，而與堯舜同者無故忽然自識之哉？此又釋氏「聞聲悟道、見色明心」之說，殊非孔氏遺經、程氏發明之本意也。

朱子雜學辨成於乾道丙戌，年三十有七。時李延平已卒，而尚未作長沙訪南軒之遊。其所辨凡四：一蘇氏易解，二蘇黄門老子解，三張無垢中庸解，四呂氏大學解。蜀洛分黨，蘇氏與二程相抗衡，其文章著述，頗為後人愛重。張九成子韶從學於龜山，以立朝風節顯，學士大夫簦笈雲集，執贄其門。朱子謂其「逃儒以歸於釋」。宗杲語之曰：『左右既得欛柄入手。開導之際，當改頭換面，隨宜說法，使殊塗同歸，則世出世間兩無遺恨矣。然此語亦不可使俗輩知，將謂實有恁麼事也。』」無垢本佛語，子韶用以為别號，故朱子特書張無垢中庸解，明斥其陽儒陰釋也。黄東發曰：「横浦先生憂深懇切，堅苦特立，近世傑然之士也。惟交遊杲老，浸淫佛學，於孔門正學未必無似是之非。學者雖尊其人，而不可不審其說。其有所謂心傳錄者，首載杲老以『天命之謂性』為清淨法身，『率性之謂道』為圓滿報身，『修道之謂教』為千百億化身。影傍虛喝，聞者驚喜。至語孟等說，世亦多以其文雖說經而喜談樂道之。晦菴嘗謂洪适刊此書於會稽，其患烈於洪水夷狄猛獸。豈非講學之要，毫釐必察。其人既賢，則其書盛行，則其害未已，故不得不甚言之以警世哉？蓋上蔡言禪，每明言之，尚為直情徑行。杲老教横浦改頭換面，借儒談禪，而不復自認為禪，是為以僞易眞，鮮不惑矣。」呂氏者，呂本中居仁，少從游定夫、楊龜山、尹和靖遊。朱子謂：「呂氏之先，與二程夫子遊，故其家學最為近正，然未能不惑於浮屠、老子之說，故其末流不能無出入之弊也。」其先指呂公著晦叔。何鎬叔京跋朱子雜學辨云：「二蘇、張、呂，豈非近世所謂貴顯名譽之士乎？新安朱元晦以孟子之心為心，弗顧流俗之譏議，即其書，破其疵繆，鍼其膏肓，使讀者曉然知異端為非而聖言之為正。」如上所摘錄，亦可見當時儒學之士，其流蕩而歸入於佛氏之說者，其汗漫之勢為何如也。

文集卷七十復有記疑一篇，謂：

偶得雜書一篇，不知何人所記，意其或出於吾黨，而於鄙意不能無所疑也。懼其流傳久遠，上累師門，因竊識之以俟君子考焉。

某初見，先生即誨之曰：「人之所以靈於萬物者何也，謂之心，如何是心？謂之性，如何是性？宜思之。」愚謂此固窮理之事，然非所以語初學者。

此文在淳熙丙申，朱子年四十七。茲再摘錄數則以見概要。

心性非所以語初學，此亦朱子講學最要宗趣之一，其由程門轉手處在此，其與陸學分歧處亦在此，其在宋明兩代理學界中最為卓異獨出處亦在此。然其於辨禪闢佛之精到處，則亦莫不於心性方面有關。

然則當時學人正為其不識心性之精微，故亦不知其非所以語初學耳。

「知性即明死生之說，性猶水也。」愚謂性即理也，其目則仁義禮智是已。今不察此，而曰「知性即明死生之說」，是以性為一物而往來出沒乎生死之間也，非釋氏之意而何哉？

性即理，非我所得私，朱子屢辨之。

或問儒佛同異。先生曰：「公本來處還有儒佛否？」愚謂天命之性，固未嘗有儒佛也。然儒佛是非之理則已具矣。必以未嘗有者為言，則奚獨儒佛也？固亦未嘗有堯桀也。然堯之所以為堯，桀之所以為桀，則豈可以莫之辨哉？今某子之言乃如此，是欲以夫本來無有者混儒佛而一之也。此禪學末流淫遁之常談，俗學之士從風而靡，有不足怪。獨某子自謂親承有道，而立言如此，則為不可解耳。

問：「盡心知性知天，是知之；存心養性事天，是養之。」先生曰：「不然。昔嘗問伊川：『造得到後還要涵養否？』伊川曰：『造得到後，更說甚涵養。』盡心知性，知之至也。知之至則心即性，性即天，天即性，性即心，所以生天生地，化育萬物。其次則欲存心養性以事天。」愚按，問者之言，於孟子之文義得之矣。某子所引程子之言，乃聖人之事，非為衆人設也。程子所謂「造得到」者，正謂足目具到，無所不盡耳。而某子乃獨以知之為說，而又通之衆人，豈其本發問之時所謂「造得到」者已如今之所謂，而程子不之察耶？又云：「心即性，性即天，天即性，性即心」，此語亦無倫理。且天地乃本有之物，非心所能生也。若曰心能生天之形體，是乃釋氏想澄成國土之餘論，張子嘗力排之矣。

此辨極平實，亦極精微。所謂造得到，須足目具到，不當專就知之言。知之而不能行，是猶未知也。雖曰聖人與我同類，然衆人之事不能即謂與聖人之事無異。朱子論學，主要在使衆人知聖人之事而漸企於能之，其間有階級層次，未可躐等而冀也。

朱子所辨此一編雜書，乃周憲所記之震澤記善錄。宋元學案卷二十九震澤學案王蘋信伯，師事伊川，於同門楊龜山輩為後進，而龜山許之，以為師門後來成就者惟信伯。葉紹翁四朝聞見錄云：「震澤少師事龜山，以布衣入中祕，制曰：『爾學有師承，親聞道要。』又曰：『勉行爾志，毋負師言。』蓋謂龜山也。」黃梨洲以未能見信伯之著作語錄為恨，而全謝山獲見之，節取其震澤記善錄二十五條，震澤文集兩條。余以朱子記疑篇所載考之，知其即是一書。茲再加鈔錄訂記如次。

朱子記疑第一條云：

先生言於上曰：「先聖後聖，若合符節，非傳聖人之道，傳聖人之心也。非傳聖人之心，傳己之心也。己之心無異聖人之心，廣大無垠，萬善皆備。欲傳聖人之道，擴充此心焉耳。」

朱子疑之曰：

此言務為高遠，而實無用力之地。夫學聖人之道，乃能知聖人之心。知聖人之心以治其心，而至於與聖人之心無以異焉，是乃所謂傳心者也。豈曰「不傳其道而傳其心，不傳其心而傳己之心」哉？不本於講明存養之漸，而直以擴充為言，則亦將以何者為心之正而擴充之耶？夫進言於君，而其虛夸不實如此，是不惟不能有所裨補，而適所以啟其談空自聖之弊。後之學者，尤不可以不戒。

震澤學案：金師既退，信伯應詔陳言奏三事。上嘉納。又奏曰云云，即此條語。蓋此條既見於文集，又見於記善錄也。全謝山曰：「予讀信伯集，頗啟象山之萌芽」，「其後陽明又最稱之」。即據朱子此條所疑，可見朱陸講學之根本違異處。

記疑又一條云：

某問：「楊文靖公云：『聞之伊川：不偏之謂中，不易之謂庸。』如何？」先生曰：「是非先生之言，不然，則初年之説也。昔伊川親批呂與叔中庸説曰：『「不倚之謂中」，其言未瑩。』吾親問伊川，伊川曰：『中無倚著。』某未達，先生曰：『若説不倚，須是有四旁，方言不倚得。不倚者，中立不倚也。』

朱子疑之曰：

不偏者，明道體之自然，即無所倚著之意也。不倚則以人而言，乃見其不倚於物耳。故程子以不偏名中，而謂不倚者爲未瑩。今以不倚者之未瑩，乃欲舉不偏者而廢之，其亦誤矣。

此條亦見謝山所錄記善錄，故知朱子所疑即此書也。信伯親問之於伊川，而疑以不偏訓中非伊川語。朱子則仍信龜山而疑信伯，謂伊川確是以不偏訓中，有親炙未必是，而私淑轉得之者。朱子崛起於二程四傳之後，其於程門大弟子如上蔡、龜山所闡述，尚多疑難。信伯此條，因伊川言不倚下語未瑩，而遂疑不偏不得訓中，是殆信伯當時問之未切，思之未深，遂有此誤。師弟子之間猶如此，則何況古聖賢人，苟不從書本文字上深切體會，乃謂己心即古聖賢之心，六經皆是我注腳，能擴充己心即得，又何逃於談空自聖之弊乎？

記疑又一條云：

問：「伊川先生答鮮于侁之問曰：『若顏子而樂道，則不足為顏子。』如何？」曰：「心上一毫不留。若有心樂道，即有著矣。」

朱子疑之曰：

程子之言，但謂聖賢之心與道為一，故無適而不樂。若以道為一物而樂之，則心與道二，而非所以為顏子耳。某子之云，乃老佛緒餘，非程子之本意也。

此亦見謝山所錄，而文字詳略有異。據謝山錄，「心上一毫不留」下，乃曰：「若有所樂，則有所倚。功名富貴固無足樂，道德性命亦無可樂。莊子所謂『至樂無樂』。」則所謂尋孔顏樂處，即道德性命亦所無當，誠將於何尋之。

記疑又一條云：

問「浩然之氣塞乎天地之間」。曰：「孟子且如此說耳。論其洞達無間，又豈止塞乎天地而已哉？」

朱子疑之曰：

愚嘗深患近世學者躐等之弊，發言立論，不問其理之當否，而惟恐其說之不高。今讀此書，乃知前輩之言既有以啟之矣。養氣之說，學者且當熟講其方而實用力焉，至於事皆合義而無不慊於心，則是氣浩然，充塞天地，蓋不待言而自喻矣。今不論此，而遽為浩蕩無涯之說以求出乎孟子之上，其欺己而誣人，亦甚矣哉！

此條亦見謝山所錄。

記疑又一條云：

某問如何是「萬物皆備於我」，先生正容曰：「萬物皆備於我。」某言下有省。

朱子疑之曰：

愚觀古今聖賢問答之詞，未有如此之例，其學者亦未有如此遽有得者。此皆習聞近世禪學之風而習效之，不自知其相率而陷於自欺也。

此條亦見謝山所錄。以上凡言「某問」，疑是周憲所問。「先生」則指信伯。

記疑又一條云：

或云：「天下歸仁，只是物物皆歸吾仁。」先生指窗問曰：「此還歸仁否？」或人默然。某人有詩云：「大海因風起萬漚，形軀雖異暗周流。風漚未狀端何若，此處應須要徹頭。」

朱子疑之曰：

此詩之說，近世禪學之下者類能言之，豈孔顏所以相傳之實學哉？

此條見震澤學案之附錄，乃由記善錄移入也。其文云：

先生昔在洛中，晚坐，張思叔誦「逝者如斯夫」，范元長曰：「此即是道體無窮。」思叔曰：「如是說便不好。」先生曰：「道須涵泳，方有自得。」范伯達云：「天下歸仁，只是物物皆歸吾仁。」先生指窗問曰：「此還歸仁否？」范默然。

朱子略去前段，謝山未錄後節某人之詩。記疑又一條云：「學者須是下學而上達」，此下略去未錄，而謝山學案全錄之。此外見於朱子記疑，而謝山或未錄，謝山所錄，而朱子記疑篇所未及者，亦多有之。要之朱子記疑一篇所辨，即為王信伯語錄，則斷無疑。

又文集卷七十讀大紀有曰：

釋氏所以為學之本心，正為惡此理之充塞無間，而使己不得一席無理之地以自安。厭此理之流行不息，而使己不得一息無理之時以自肆。是以叛君親，棄妻子，入山林，捐軀命，以求其所謂空無寂滅之地而逃焉。其量亦已隘，而其勢亦已逆矣。然以其立心之堅苦，用力之精專，亦有以大過人者，故能卒如所欲而實有見焉。但以其言行求之，則其所見，雖自以為至玄極妙，有不可以思慮言語到者，而於吾之所謂窮天地，亙古今，本然不可易之實理，則反瞢然其一無所覩也。雖自以為「直指人心」，而實不識心。雖自以為「見性成佛」，而實不識性。至其為說之窮，乃有「不舍一法」之論，則似始有為是遁辭以蓋前失之意。然亦其秉彝之善有終不可得而殄滅者，是以剪伐之餘而猶有此之僅存。又以牽於實見之差，是以有其意而無其理，能言之而卒不能有以踐其言也。凡釋氏之所以為釋氏者，不過如此。然以其有空寂之說而不累於物欲也，則世之所謂賢者好之矣。以其有玄妙之說而不滯於形器也，則世之所謂智者悅之矣。以其有生死輪迴之說而自謂可以不淪於罪苦也，則天下之傭奴爨婢黥髡盜賊亦匍匐而歸之矣。此其為說，所以張皇輝赫震耀千古，而為吾徒者，方且蠢焉鞠躬，為之奔走服役之不暇也。

觀此，見朱子當時佛學之盛行，其得尊信於一般社會及學術界者，實與韓愈、歐陽修時無大差異。後人每謂自伊洛理學之興，而佛說即熸不復熾，不足與儒為敵，實不如是之易易也。苟非朱子繼起，則逃儒入釋者，與夫混儒釋而一之者，以及夫陽儒陰釋者，方駢肩接迹，而儒學之確立，猶不知復待何時也。

文集卷四十一有答連嵩卿書，四十五有答廖子晦書，皆詳論死生之說，此亦與辨儒釋有大關係，茲復節引以終吾篇。其答連書曰：

所謂「天地之性即我之性，豈有死而遽亡之理」，此說亦未為非。但不知為此說者，以天地為主耶？以我為主耶？若以天地為主，則此性自是天地間一箇公共道理，更無人物彼此之間，死生古今之別。雖曰死而不亡，然非有我之得私矣。若以我為主，則只是於自己身上認得一箇精神魂魄有知有覺之物，即便目為己性，把持作弄，到死不肯放舍，謂之死而不亡，是乃私意之尤者。尚何足與語死生之說，性命之理哉？釋氏之學本是如此，今其徒之黠者，往往自知其陋而稍諱之，卻去上頭別說一般玄妙道理。雖若滉漾不可致詰，然其歸宿實不外此。若果如此，則是一箇天地性中，別有若干人物之性，每性各有界限，不相交雜，改名換姓，自生自死，更不由天地陰陽造化，而為天地陰陽者亦無所施其造化矣。是豈有此理乎？

此辨以天地為主與我為主，即辨儒釋也。朱子論學，於二程外必深有取於濂溪、橫渠、康節，此亦其論學重以天地為本之旨。

其答廖書云：

死生之論，近答嵩卿書論之尤詳。既承不鄙，又不得不有以奉報。幸試思之。賢者之見，所以不能無失者，正坐以我為主，以覺為性爾。夫性者理而已矣。乾坤變化，萬物受命，雖所稟之在我，然其理則非有我之所得私也。所謂「反身而誠」，蓋謂盡其所得乎己之理，則知天下萬物之理初不外此，非謂盡得我此知覺，則眾人之知覺皆是此物也。性只是理，不可以聚散言。其聚而生散而死者氣而已矣。所謂精神魂魄有知有覺者，皆氣之所為也。但有是理則有是氣，苟氣聚乎此，則其理亦命乎此耳，不得以水漚比也。鬼神便是精神魂魄，程子所謂「天地之功用，造化之迹」，張子所謂「二氣之良能」，皆非性之謂也。故祭祀之禮，以類而感，以類而應，若性則豈有類之可言耶？然氣之已散者，既化而無有矣，其根於理而日生者，則固浩然而無窮也。豈曰一受其成形，則此性遂為吾有，雖死而猶不滅，截然自為一物，藏乎寂然一體之中，以俟夫子孫之求，而時出以饗之耶？必如此說，則其界限之廣狹，安頓之處所，必有可指言者。且自開闢以來，積至於今，其重併積疊計已無地之可容矣，是又安有此理耶？且乾坤造化如大洪鑪，人物生生，無少休息，是乃所謂實然之理，不憂其斷滅也。今乃以一片大虛寂目之，而反認人物已死之知覺謂之實然之理，豈不誤哉？又聖賢所謂歸全安死者，亦曰無失其所受乎天之理，則可以無媿而死耳，非以為實有一物可奉持而歸之，然後吾之不斷不滅者，得以晏然安處乎冥漠之中也。「夭壽不貳，修身以俟之」，是乃無所為而然者，與異端為「生死事大、無常迅速」然後學者，正不可同日而語。今乃混而言之，以彼之見為此之說，所以為說愈多而愈不合也。

此兩書，由人生縱論及於宇宙。盈宇宙一氣也，氣則必有聚散生滅。人物心知皆屬氣，故亦必有死亡散滅而不可以常存。有此氣則必有此理。氣有聚散生滅，斯必有聚散生滅之理。成為人物，形為心知，又必有人物心知之理。理則不隨氣為聚散存亡也。然亦因是氣乃見有此理，理氣相與而為一。蓋氣者形而下，指其然，理者形而上，指其所以然。故盈宇宙者一氣，亦即一理也。性即理，非別為一物。有生命，有心知，則必有性可見。然性非生命，亦非心知。凡以生與覺言性，則皆朱子所不取。朱子論理氣心性，大旨如此，為其辨儒釋異同之大節目所在。其詳具於理氣、心性諸篇，此不贅。

又文集卷七十四孟子綱領有曰：

「謝氏心性之說如何？」曰：「性，本體也。其用，情也。心則統性情，該動靜而為之主宰也。故程子曰：『心一也，有指體而言者，有指用而言者』，蓋謂此也。今直以性為本體而心為之用，則情為無所用者，而心亦偏於動矣。且性之為體，正以仁義禮智之未發者而言，不但為視聽作用之本而已也。明乎此，則吾之所謂性者，彼佛氏固未嘗得窺其彷彿，而何足以亂吾之眞哉？」

此文分辨心性情三者，性情相為體用，心又自有體用。蓋性即理，為寓於氣之所以然。心屬氣，屬於生命，而為生命中之主宰，與所以然又不同。朱子論「作用非性」當互參。

朱子論禪學拾零

既為朱子論禪學上下篇，然尚有其他闢佛語，未盡收入，重為斯篇。蓋佛學之流衍中國，禪學成為其最後歸宿，亦為在當時最盛行之一宗，故朱子特所深究。其他佛書，朱子僅瀏覽及之。議論所到，不免粗疏，不求詳備。亦有揭發未精到，剖析未深入。匯而列之，以見梗概。若專據此中一二小節，便謂朱子於佛學未有甚深瞭解，則朱子本非一佛徒，其論學宗旨亦不專為闢佛。毛舉細節，斷為無當矣。

語類有云：

或問「子在川上」。曰：「此是形容道體。」問：「明道云：『自漢以來，諸儒皆不識此。』如何？」曰：「此事除了孔孟，猶是佛老見得些形象。譬如畫人一般，佛老畫得些模樣。後來儒者於此全無相着。」或曰：「只為佛老從心上起工夫，其學雖不是，然卻有本。」曰：「彼所謂心上工夫本不是，然卻勝似儒者多。公此說卻是。」（三六）

此處卻是參考佛老說論語此章，此為理學家與漢儒相異處。

又曰：

佛家於心地上煞下工夫。（一二五）

漢儒則少能知在心地上用工夫者。此亦理學家參酌佛學，而與漢儒相異處。

又曰：

「斐然成章」，也是自成一家了。眞箇了得一箇狂簡地位，已自早不易得。釋老雖非聖人之道，卻被他做得成一家。（二九）

此朱子明謂釋老於聖門外自成一家也。

又曰：

佛家說心處儘有好處。前輩云：「勝於楊墨。」（五）

或云：「某雖不曾理會禪，然看來聖人之說皆是實理，釋氏所見偏，只管向上去，只是空理流行爾。」曰：「他雖是說空理，然眞箇見得那空理流行。自家雖是說實理，然卻只是說，初不曾眞箇見得那實理流行。釋氏空底卻做得實，自家實底卻做得空。緊要處只爭這些子。」（六三）

朱子以虛實辨儒釋，然以一輩徒知闢佛者言，則虛實之辨又成倒轉。此所剖析，大可玩味。

又曰：

佛家一向撤去許多事，只理會自身己。其教雖不是，其意思卻是要自理會，所以它那下常有人。自家這下自無人。今世儒者能守經者，理會講解而已；看史傳者，計較利害而已。那人直是要理會身己，從自家身己做去。不理會自身己，說甚別人長短。（八）某嘗歎息，天下有些英雄人，都被釋氏引將去，甚害事。（一三二）

南北朝隋唐以來，英雄人為釋氏引去者何限，此則理學興起之終為不可已也。

又曰：

昔林艾軒在臨安，曾見一僧，與說話。此僧出入常頂一笠，眼視不曾出笠影外。某所以常道，

它下面有人，自家上面沒人。（一二）

又論傅子淵，因曰：

彼一般說話，雖是說禪，卻能鞭逼得人緊。後生於此邊既無所得，一溺其說，便把做件事做，如何可回。終竟他底不是，愈傳愈壞了人。（一一六）

此可謂慨乎言之矣。他那下有人，自家這下無人，連及象山門下，朱子雖辨其學術之非，卻亦欣愛其人物之有超卓者。但學術不正，人物誤入歧途，即如傅子淵是也。朱子用心如此，烏得以門戶之見目之。

又曰：

僧家尊宿，得道便入深山中，草衣木食，養數十年。及其出來是甚次第。自然光明俊偉。世上人所以只得叉手看他。（一二六）

又曰：

某見名寺中所畫諸祖師人物，皆魁偉雄傑，宜其傑然有立。今時學者卻不如此。且如瑞巖和尚，每日間，常自問：「主人翁惺惺否？」又自答曰：「惺惺。」（一二）

或言：「嘗思欲做一小學規，使人自小教之便有法。」先生曰：「只做禪苑清規樣做亦自好。」（七）

朱子之深讚佛門修養有如此。

「妙喜贊某禪師有曰：『當初若非這箇，定是做箇渠魁。』觀之信然。其氣貌如此，則世之所謂富貴利達，聲色貨利，如何籠絡得他住，他視之亦無足以動其心者。」或問：「若非佛氏收拾去，能從吾儒之教，不知如何？」曰：「他又也未是那『雖無文王猶興』底。只是也須做箇特立獨行底人，所為必可觀。若使有聖人收拾去，可知大段好。只是當時吾道黑淬淬地，只有些章句詞章之學，他如龍如虎，這些藝解，都束縛他不住，必決去無疑。也煞被他引去了好人，可畏可畏。」（四）

嘗見畫底諸祖師，其人物皆雄偉，故杲老謂臨濟若不為僧，必作一渠魁也。又嘗在廬山見歸宗

像，尤為可畏。若不為僧，必作大賊矣。（一二六）不帶性氣底人，為僧不成，做道不了。（八）

又曰：

吾儒與老莊，學皆無傳。惟有釋氏常有人。蓋他一切辦得不說，都待別人自去敲榼，自有箇通透處。只是吾儒又無這不說底。（一四）

朱子之欣賞於佛門人物者又如此。可見朱子於佛學，亦確認其長處，認其於心地上煞下工夫，認其能撤出許多事，只理會自身己。認其能做得成一家。而尤要在肯認佛門有人，又皆是有性氣雄偉底人，非世俗所能籠絡，故能把空的都做得實了。

又曰：

楊墨只是硬恁地做，佛氏最有精微動得人處。本朝許多極好人，無不陷焉。如李文靖、王文正、謝上蔡、楊龜山、游先生諸人。（二四）

楊墨為我、兼愛，做出來也淡而不能惑人。只為釋氏最能惑人。初見他說出來自有道理，從他

說愈深，愈是害人。（二四）

佛氏近理，所以惑人。此事難説。觀其書可見。（二四）

若自家學有定止，去看他病痛卻得，也是自家眼目高方得。如後來士大夫末年皆流入佛氏者，緣是把自家底做淺底看，便沒意思了，所以流入他空寂玄妙之説去。（二四）

學者固當尋向上去，只是向上去便怕易差。只吾儒與禪家説話，其深處止是毫忽之爭。（四〇）

老佛亦儘有可取處，但歸宿門戶都錯了。（一二五）

釋氏之學高過於大學而無用。吾儒更着讀書，逐一就事物上理會道理，他便都掃了這箇，他便恁地空空寂寂。恁地便道事都了，只是無用德行道藝。藝是一箇至末事，然亦皆有用。釋氏若將些子事付之，便都沒奈何。（一四）

佛家一切經典，縱最高，亦只是講一箇空寂之理，非是逐一講事物之理，則縱讀盡三藏四部，亦復何用。故有得於佛學者，都重心地工夫而無用。

又曰：

無極是有理而無形，如性何嘗有形。太極是五行陰陽之理皆有，不是空底物事。若是空時，如釋氏説性相似。釋氏只見得箇皮殼，裏面許多道理他卻不見。他皆以君臣父子為幻妄。（九四）

此處以濂溪無極太極與釋氏相較。釋氏只見一皮殼，裏面許多道理盡不見，則成為一空寂之無。但漢儒只論有，不論無，濂溪始提出一有理無形之無極來。若不能從此深究，君臣父子亦屬形而下。尋向上去，又易差入釋氏去。朱子論學一番斟酌苦心，於此可見。

又曰：

佛與吾道不合者，蓋道乃無形之物，所以有差。至如樂律，則有數器，所以合也。（九二）

此條乃因討論隋書文帝時鄭譯得蘇祇婆自西域傳來雅樂一事而牽連說及。樂有器數，亦是形而下者，格物窮理，理無二致，則中國西域可以相通。若道即是形而上，釋氏越過事物，憑空求道，所以有不合。

或曰：「吾儒所以與佛氏異者，吾儒則有條理，有準則，佛氏則無。」曰：「吾儒見得箇道理如此了，又要事事都如此。佛氏則說『便如此做也不妨』，其失正在此。」（五二）

儒者由事見理，見得箇道理了，又能要事事都如此。佛家越事見理，故事與理不相應。忽視於事，謂便如此做也不妨，此必有害於事。朱子謂此乃佛氏之失，語極平實，卻無可否認。

又曰：

今之闢佛者，皆以義利辨之，此是第二義。佛以空為見，其見已錯，所以都錯。義利又何足以為辨。舊嘗參究，後頗疑其不是。及見李先生之言，初亦信未及。亦且背一壁放，且理會學問看如何。後年歲間，漸見其非。（一二六）

佛見空，儒見實，此乃一大辨。朱子自述舊嘗參究佛說，後乃漸見其非，則自李延平啟之。至論義利，則釋氏一切割捨，不能謂其為利。故曰此是第二義，不足以為辨也。

或問：「崇正辯如何？」曰：「亦好。」又問：「今禪學家亦謂所辯者皆其門中自不以為然。」曰：「吾儒守三綱五常，若有人道不是，亦可謂吾儒自不以為然否？」又問：「此書只論其迹。」曰：「論其迹亦好。伊川曰：『不若只於迹上斷。畢竟其迹是從那裏出來。』胡明仲說得明白。」（一〇一）

其徒見吾儒所以攻排之說，必曰此吾之迹耳，皆我自不以為然者。如果是不以為然，當初如何卻恁地撰下。（一二六）

佛家理事分，儒家理事合，故即就事迹實處，便可見佛家說理之落虛，未臻於圓通周到。朱子辨伊川靈源故事，嘗謂禪與伊洛同有向上一路，今只於迹上斷，則見其起腳已差也。

語類又曰：

今年往莆中弔陳魏公，迴途過雪峯，長老升堂說法，且鶻突過。及至接人卻甚俗。只是一路愛便宜。纔說到六七句，便道仰山大王會打供，想見宗杲也是如此。（一二六）

禪僧自云有所得，而作事不相應。觀他又安有睟面盎背氣象。只是將此一禪橫置胸中，遇事將出，事了又收。大抵只論說，不論行。（一二六）

此皆就迹上求也。即其說，就迹而論，便見多說不通處。

又曰：

佛家初說剔除髭髮，絕滅世事。後其說窮，又道置生產業，自無妨礙。（五二）

佛學者初有「桑下一宿」之說，及行不得，乃云種種營生無非善法。皆是遁也。（五二）

釋氏論理，其初既偏，反復譬喻，其辭非不廣，然畢竟離於正道，去人倫，把世事為幻妄，後

來亦自行不得。到得窮處，便說走路，如云治生產業皆與實相不相違背，豈非遁辭。（五二）

佛氏本無父母，卻說父母經，皆是遁辭。（五二）

此等皆從最平實處闢佛，韓愈、歐陽修皆然。但朱子能從最平實處推闡到最深微處，又能從最深微處轉歸到最平實處，此則二程亦有所未逮。

又曰：

佛老之學，它非無長處，但它只知得一路。其知之所及者，則路逕甚明，無有差錯。其知所不及處，則皆顛倒錯亂，無有是處，緣無格物工夫也。（一五）

朱子每能承認佛老長處，但謂其「只知得一路」，語極精微，可資深闡。

又曰：

有人自是其心全無邪，而卻不合於正理。如「賢智者過之」，其心豈曾有邪，卻不合正理。佛氏亦豈有邪心者。（七一）

「佛氏之學，超出世故，無足以累其心，不可謂之有私意。然只見他空底，不見實理。」或曰：

「佛氏雖無私意，然源頭是自私其身，便是有箇大私意。」曰：「他初間也未便盡是私意，但只是見得偏了。」（四一）

朱子每說佛學非邪非私，只是見得偏。亦即謂其只知得一路也。

又曰：

佛家儘有能克己者，雖謂之無己私可也，然卻不曾復得禮。（四一）

釋氏之學，只是克己，更無復禮工夫。（四一）

「昨日說『戒謹不覩，恐懼不聞』，是要切工夫。佛氏說得甚相似，然而不同。佛氏要空此心，道家要守此氣，皆是安排，只是戒謹恐懼便自然常存，不用安排。」問：「佛氏似亦能謹獨？」曰：「它只在靜處做得，與此不同。」（一一三）

凡屬宗教，同有關於心地一番戒定持養工夫，而佛教於此更為精至。其來中國，道家襲取以為養生。故朱子曰：「佛氏空此心，老氏守此氣。」孔孟本亦講心性修養。秦漢以下儒者致力於訓詁章句，於此方面漸失重視。朱子剖辨儒釋，謂戒謹恐懼，佛氏說得相似；又謂釋氏能克己，卻無復禮工夫；又謂釋氏能持敬，卻無集義工夫。後人乃謂宋儒源自方外，陽儒陰釋，此非淺見，即是激論，實非持平之正見。此條黃義剛錄，在朱子年六十四以後，朱子闢禪，固自艱苦中來，非率爾排拒也。

又曰：

> 人心是箇無揀擇底心，道心是箇有揀擇底心。佛氏也不可謂之邪，只是箇無揀擇底心。（一二）

惟其無揀擇，故曰便如此做也不妨。如此則成心空理空。

又曰：

> 說得孤單，入禪學去。（一一七）
> 又不可一向去無形迹處尋，更宜於日用事物，經書指意，史傳得失上做工夫，即精粗表裏，融會貫通，而無一理之不盡矣。（九）

孤單是只知得一路，與無一理不盡有大差別。此兩條辨儒釋極重要，當細翫。

又曰：

> 「聖人所謂敬、義處全是天理。今釋老能立箇門戶恁地，亦是它從旁窺得近似。他所謂敬時，

亦卻是能敬。」更有笠影之喻。（一一六）

此條直認釋老亦能敬，然撤去許多事，多只知在一路上，則伊川所謂「卻成都無事也」。

又曰：

先生曰：「公向道甚切，也曾學禪來。」曰：「非惟學禪，如老莊及釋氏教典，亦曾涉獵。」自說法華經至要處，乃在「是法非思量分別之所能解」一句。先生曰：「我這裏正要思量分別，方有豁然貫通之理。未能博學，便要約禮，窮理處不曾用工，守約處豈免有差？若差之毫忽，便有不可勝言之弊。」（一一六）

不能博文，即成孤單。便都向無形迹處尋，自不須思量，亦無可思量也。

又曰：

釋氏只說上達，更不理會下學。然不理會下學，如何上達。（四四）

如釋老等人卻是能持敬。但是它只知得那上面一截事，卻沒下面一截事。覺而今恁地做工夫，卻是有下面一截，又怕沒那上面一截。那上面一截卻是箇根本底。（一二）

是只知下面一截，卻有反不如釋老者。朱子評婺學不如陸學，亦在此。

又曰：

釋氏所謂「敬以直內」，只是空豁豁地更無一物，卻不會「方外」。聖人所謂「敬以直內」，則湛然虛明，萬理具足，方能「義以方外」。（一二六）

它只是守得這些子光明，全不識道理，所以用處七顛八倒。吾儒之學，則居敬為本而窮理以充之，其本原不同處在此。（一二六）

惟其無理，是以為空。（一二六）

「釋氏見得高底儘高。」或問：「他何故只說空？」曰：「說玄空，又說眞空。玄空便是空無物，眞空卻是有物，與吾儒說略同。但是它都不管天地四方，只是理會一箇心。」（一二六）

釋氏所謂盡心知性，皆歸於空虛。其所存養，卻是閉眉合眼，全不理會道理。（六〇）

佛氏以絕滅為事，亦可謂之「夭壽不貳」；然「修身以俟」一段，全不曾理會。（六〇）

吾儒只是要理會這道理，佛家卻說，被這理勞攘百端，費力要掃除這理，教無了。（二六）

吾儒心雖虛而理則實，若釋氏則一向歸空寂去了。（一二六）

「庶民去之，君子存之」，須是存得這異處，方能自別於禽獸。不可道蠢動含靈，佛皆有性，與

自家都一般。（五九）

釋氏於天理大本處見得些分數，然卻認為己有，而以生為寄。故要見得父母未生時面目。既見，更不認作衆人公共底，須要見得為己有，死後亦不失，而以父母所生之身為寄寓。譬以舊屋破倒，即自跳入新屋。故黃蘗一僧有偈與其母云：「先曾寄宿此婆家。」其無情義，絕滅天理可知。（一二六）

釋氏自謂識心見性，然其所以不可推行者，為其於性與用分為兩截也。聖人之道必明其性而率之。雖功用充塞天地，而未有出於性之外者。釋氏非不見性，及到作用處，則曰無所不可為，故棄君背父無所不至者，由其性與用不相管也。（一二六）

釋氏棄了道心，卻取人心之危者而作用之，遺其精者，取其粗者，以仁義禮智為非性，而以眼前作用為性。此只是源頭處錯了。（一二六）

上引皆辨儒釋異同。朱子意非輕佛，然必加以闢拒。每一辨析，俱屬大義所在，學者所應深體。語類又曰：

聖人但看義如何，佛老則皆不睹是，我要道可便是可，要道不可便是不可，只由在我說得。（二六）

吾儒一句言語，佛家只管說不休。今人與佛辨，最不得便宜。如橫渠正蒙，乃是將無頭事與人作言語。（五二）

前日正與學者言佛經云：「我佛為一大事因緣出現於世。」聖人亦是為一大事出現於世。上至天，下至地，中間是人。塞於兩間者，無非此理。須是聖人出來，左提右挈，原始要終，無非欲人有以全此理而不失其本然之性。聖人以其先得諸身者與民共之，只是為這一箇道理。如老佛窺見這箇道理，莊子「神鬼神帝，生天生地」，釋氏所謂「能為萬象主，不逐四時凋」，它也窺見這箇道理，只是它說得驚天動地。聖人之學，則其作用處與它全不同。聖人之學則至虛而實實，至無而實有。有此物則有此理，須一一與它盡得。佛氏則只見得如此便休了，所以不同。（一三）

誨諸生曰：「和尚問話，只是一言兩句，稊稗之熟者也。儒者明經，若通徹了，不用費辭，亦一言兩句義理便明白。否則卻是五穀不熟，不如稊稗。」（五九）

以上論儒釋言談之異，亦復有甚深義趣，可供玩味。

又曰：

某嘗說，佛老也自有快活，得人處是那裏，只緣他打併得心下淨潔。所以本朝如李文靖、王文

正、楊文公、劉元城、呂申公，都是恁麼地人，也都去學他。（八四）

某嘗歎息，天下有些英雄人，都被釋氏引將去。且如昔日老南和尚，他後生行脚時，已有六七十人隨着他，參請於天下叢林尊宿，無不徧謁。無有可其意者。只聞石霜楚圓之名，不曾得去，遂特地去訪他。及到石霜，頗聞其有不可人意處。南大不樂，徘徊山下，數日不肯去見。後來又思量：既到此，須一見而決。如是又數日，不得已，隨衆入室。揭簾欲入，又舍不得拜他。如是者三，遂奮然曰：「為人有疑不決，終非丈夫。」遂揭簾徑入。才交談，便被石霜降下。他這般人，立志勇決如此，觀其三四揭簾而不肯入，他定不肯詭隨人。某常說，怪不得今日士大夫，是他心裏無可作做，無可思量，飽食終日，無所用心，自然是只隨利欲走。間有務記誦為詞章者，又不足以拔其本心之陷溺。所以箇箇如此，只緣無所用心。前輩多有得於佛學，當利害禍福之際而不變者。蓋佛氏勇猛精進、清淨堅固之說，猶足以使人淡泊有守，不為外物所移也。（一三二）

「本朝士大夫好佛者，始初楊大年，後來張無盡。」又說：「張無垢參杲老，汪玉山被他引去，後來亦好佛。」（一二六）

禪學一喝一棒，都掀翻了，也是快活。卻看二程說話，可知道不索性。豈特二程，便夫子之言亦如此。「學而時習之，不亦說乎？」看得好支離。（一二六）

某舊來愛問參禪底，其說只是如此。其間有會說者，卻吹噓得大。如杲佛日之徒，自是氣魄

大，所以能鼓動一世。如張子韶、汪聖錫輩皆北面之。（一二六）

先王之道不明，卻令異端橫出豎出。（一二六）

此皆言當時士大夫之叛儒歸釋，雖言之感慨，而亦平實，於釋家長處亦不掩沒。

朱子又分辨老釋長短，語類有曰：

問：「佛氏之空與老子之無一般否？」曰：「不同。佛氏只是空，豁豁然，和有都無了。所謂『終日喫飯，不曾咬破一粒米。終日着衣，不曾掛著一條絲』。若老氏猶骨是有，只是清淨無為，一向恁地深藏固守，自為玄妙，教人摸索不得，便是把有無做兩截看了。」（一二六）

老氏依舊有，如所謂「無欲觀其妙，有欲親其徼」是也。若釋氏則以天地為幻妄，以四大為假合，則是全無也。（一二六）

厭薄世故，而欲盡空了一切者，佛氏之失也。機關巧便，盡天下之術數者，老氏之失也。（一二六）

禪學最害道。莊老於義理絕滅猶未盡，佛則人倫已壞，至禪則又從頭將許多義理掃滅無餘。（一二六）

莊子不知他何所傳授，卻自見得道體。自孟子之後，荀卿諸公，皆不能及。後來佛氏之教有說

得好處，皆出於莊子。但其知不至，無細密工夫，少間都説得流了，所謂「賢者過之」也。（一一六）

庚桑楚一篇都是禪，其他篇亦自有禪話，但此篇首尾都是。（一二五）

釋氏之説易窮，大抵不過如道家陰符經所謂「絶利一源」，便到至道。（一二六）

遠師諸論，皆成片盡是老莊意思。直至達摩入來，然後一切被他掃蕩，直指人心。（一二六）

遠、肇法師之徒，只是談莊老。後來人亦多以莊老助禪。（一二六）

佛家偷得老子好處，後來道家卻只偷得佛家不好處。譬如道家有箇寶藏，被佛家偷去。後來道家卻只取得佛家瓦礫，殊可笑。（一二六）

道家所謂三清，蓋傚釋氏三身而為之。佛氏謂法身，釋迦之本性也；報身，釋迦之德業也；肉身，釋迦之眞身而實有之人也。今之宗其教者，遂為三像而駢列之，旣失其指矣。道家之徒，遂尊老子為三清：元始天尊、太上道君、太上老君；而昊天上帝反坐其下。悖戾僭逆，莫此為甚。（一二五）

老子之學，大抵以虛靜無為、冲退自守為事。故其為説，常以懦弱謙下為表，以空虛不毀萬物為實。其為治，雖曰「我無為而民自化」，然不化者則亦不之問也。其為道每每如此，非特「載營魄」一章之指為然也。若曰：「旁日月，扶宇宙，揮斥八極，神氣不變」者，是乃莊生之荒唐。其曰：「光明寂照，無所不通，不動道場，徧周法界」者，則又瞿曇之幻語，老子則

初昺嘗有是。今世人論老子者，必欲合二家之似而一之，以為神常載魄而無所不之，則是莊釋之所談，而非老子之意矣。（一二五）

宋景文唐書贊說佛多是華人之譎誕者攘莊周、列禦寇之說佐其高，此說甚好。（一二六）

朱子分別老釋，又分別莊與老、釋與禪，皆有極精闢之見解。又謂中國僧人頗有采莊老之說以相附益者。凡所徵引，見朱子瀏覽佛書之廣泛。惟謂佛家先偷列子書則誤。朱子特精於辨僞，顧於列子一書加推信，亦一失也。

語類又曰：

大般若經卷帙甚多，自覺支離，故節縮為心經一卷。楞嚴經只是強立一兩箇意義，只管疊將去，數節之後全無意味。圓覺經本初亦能幾何，只鄙俚甚處便是，其餘增益附會。（一二六）

楞嚴經是唐房融訓釋，故說得如此巧。（一二六）

楞嚴經前後只是說咒，中間皆是增入。蓋中國好佛者覺其陋而加之。（一二六）

圓覺經只有前兩三卷好，後面便只是無說後強添。如楞嚴經，當初只有那阿難一事，及那燒牛糞時一咒。其餘底皆是文章之士添。（一二六）

釋氏書，其初只有四十二章經，所言甚鄙俚。後來日添月益，皆是中華文士相助撰集。如晉宋間自立講師，孰為釋迦，孰為阿難，孰為迦葉，各相問難，筆之於書。大抵多是剽竊老子、列子意思，變換推衍以文其說。支蔓既甚，達摩遂脫然不立文字，只是默然端坐，使心靜見理。此說一行，前面許多皆不足道，老氏亦難為抗衡。（一二六）

或問金剛經大意。曰：「他大意只在須菩提問『云何住』，『云何降伏其心』兩句上。故說『不應住法生心，不應住色生心，應無所住而生其心』，此是答『云何住』。又說，『若胎生，若卵生，若濕生，若化生，我皆令入無餘涅槃而滅度之』，此是答『云何降伏其心』。彼所謂降伏者，非謂欲遏伏此心，謂盡降收世間眾生之心入它無餘涅槃中滅度。都教你無心了方是。只是一箇無字，自此以後只管纏去，只是這兩句。如這桌子，則云若此桌子，非名桌子，是名桌子。『若見諸相非相，則見如來』；離一切相，即名佛。皆是此意。要之只是說箇無。」（一二六）

佛書中說六根、六塵、六識、四大、十二緣生之類，皆極精巧。故前輩學佛者，謂此孔子所不及。今學者且須截斷。必欲窮究其說，恐不能得身己出來。（一二六）

他底四大，即吾儒所謂魂魄聚散。十二緣生，在華嚴合論第十三御卷。佛說本言盡去世間萬事，其後黠者出，卻言「實證理地不染一塵，萬事門中不舍一法」。（一二六）

華嚴合論精密。（一二六）

華嚴合論其言極鄙陋無稽，不知陳了翁一生理會這箇是有甚麼好處。可惜極好底秀才，只恁地被它引去了。（一二六）

其言旁引廣諭，說神說鬼，只是一箇天地萬物皆具此理而已。經中本說得簡徑白直，卻被注解得越沒收殺。（一二六）

凡此皆見朱子於禪宗語錄外，其他佛書亦多涉獵，並多有在晚年者。

語類又云：

先生問壽昌曰：「子好說禪，何不試說一上？」壽昌曰：「明眼人難謾。」先生曰：「我則異於是，越明眼底，越當面熱謾他。」（一一八）

先生問壽昌：「子見疎山，有何所得？」對曰：「那箇且拈歸一壁去。」曰：「是會了拈歸一壁，是不會了拈歸一壁？」壽昌欲對云：「總在裏許。」然當時不敢應。會先生為壽昌題手中扇云：「長憶江南三月裏，鷓鴣啼處百花香。」執筆視壽昌曰：「會麼？會也不會？」壽昌對曰：「總在裏許。」（一一八）

吳壽昌所錄在丙午，朱子年五十七。時方閒居，想見當時心情逸暢，四無拘礙，隨意流露，亦自有一番禪悅也。

又一條云：

先生戲引禪語云：「一僧與人讀碑，云：『賢讀著總是字，某讀著總是禪。』溈山作一書戒僧家整齊，有一川僧最蠢苴，讀此書云：『似都是說我。』善財五十三處見善知識問皆如一，云：『我已發三藐三菩提心，而未知如何行菩薩行，成菩薩道。』」（一一）

此條陳淳所錄，不知係在庚戌，朱子年六十一時，抑在己未，朱子年七十時。要之在上引一條之後。是知朱子雖闢禪，及其晚年，於禪學猶時喜引述。

又一條云：

「惠施、鄧析之徒，與夫『堅白異同』之論，是甚麼學問？」或云：「他恐是借此以顯理。」曰：「便是禪家要如此。凡事須要倒說。如所謂『不管夜行，投明要到』；如人上樹，口銜樹枝，手足懸空，卻要答話。皆是此意。」（一二五）

此條輔廣錄甲寅朱子六十五以後語。

因舉釋子偈有云：「世間萬事不如常，又不驚人又久長。」曰：「便是它那道理也有極相似處，只是說得來別。故某於中庸章句序中着語云：『至老佛之徒出，則彌近理而大亂眞矣。』須是看得它那彌近理而大亂眞處始得。」（六二）

此條亦輔廣錄，是朱子所闢，乃佛之亂眞處，然亦稱述其近理處也。

語類又曰：

維摩詰經，舊聞李伯紀之子說是南北朝時一貴人如蕭子良之徒撰。渠云載在正史，然檢不見。（一二六）

傳燈錄極陋，蓋眞宗時一僧做上之，眞宗令楊大年删過，故出楊大年名，便是楊大年也曉不得。（一二六）

「昔日了老專教人坐禪，杲老以為不然，著正邪論排之。其後杲在天童，了老乃一向師尊禮拜。杲遂與之同。及死，為之作銘。」問：「渠既要清靜寂滅，如何不坐禪？」曰：「渠又要得有悟。杲舊甚喜子韶。及南歸，貽書責之，以為與前日不同。今其小師錄杲文字，去正邪論，與子韶書亦節却。」（一二六）

是朱子於釋氏書，禪語錄，亦時加考訂工夫，並亦時時披閱，故能備言其首尾也。

問：「『活潑潑地』是禪語否？」曰：「不是禪語，是俗語。今有儒家字為佛家所竊用，而後人反以為出於佛者。如寺、精舍之類不一。」（一二六）

或問：「『性與天道』，舊時說便在這『文章』裏。文章處即是天道。」曰：「此學禪者之說。若如此，孟子也不用說性善，易中也不須說『陰陽不測之謂神』。這道理也着知。子貢當初未知得，到這裏方始得聞耳。」（二八）

此皆朱子之隨時不離考據工夫也。

如此等處，最見工夫。若非精熟禪理，何以知此乃學禪者之說。又若非精研孔孟本義，亦何以知此說之無當。上引為吳壽昌書扇，「長憶江南三月裏，鷓鴣啼處百花香」，壽昌會為「總在裏許」。然人莫不飲食，鮮能知味。味總在飲食裏，然有飲食而不知其味者。壽昌只悟到「總在裏許」，則猶未達一間。

又一條云：

吳琮問：「昨看南軒為先生作韋齋記，其間說『觀過知仁』一段，以所觀在己。及洙泗言仁論，又以所觀在人。不知二說先生孰取？」曰：「觀人底是。記曰：『與仁同功，其仁未可知也。與仁同過，然後其仁可知也。』即是此意。」又問：「不知此語還是孔子說否？」曰：「固不可知，只是有此理。」曰：「以琮觀之，不如觀己底穩貼。」曰：「此禪話也。」曰：「琮不識禪話，但據己見思量。若所觀在人，謂君子常過於厚，小人常過於薄。小人於其黨類，亦有過於厚處。恐君子小人之過，於厚薄上分別不開，故謂不如只作觀己說。」曰：「有觀字，有過字，有知字，不知那箇是仁？或謂觀便是仁，事在那裏？」曰：「如琮鄙見，觀字、過字、知字皆不是仁。仁字政與過字相對。過則不仁，仁則不過。蓋黨是己私，仁是天理。識得過底是己私，便識得不過底是天理。」曰：「如此則卻常留箇過與己私在傍邊作甚？」琮曰：「此是聖人言知仁處，未是言為仁處。」曰：「此是禪學下等說話。禪門高底也自不肯如此說。一部論語，何嘗只說知仁，便須有下手處。請自思量，別處說仁，還有只言知仁底意思否？」（二六）

此條吳琮自言不識禪語，而朱子謂其是禪語。蓋是時禪學流行，縱不識禪語，亦易落入禪之圈套中。不僅如此，朱子又謂「此是禪學下等說話，禪門高底自不肯如此說」，則是僅得禪之外皮，未涉禪之深處也。朱子又謂「常留箇過與己私在旁邊做甚」，此語極富禪門機趣。可知朱子之涉於禪者深矣。學者不深思明辨，認為理學家闢禪僅是一種門戶之見，或則謂理學只是以禪說儒，此皆未識儒釋疆界所在。

語類又曰：

後世之解經者有三，一儒者之經；一文人之經，東坡、陳少南輩是也；一禪者之經，張子韶輩是也。（一一）

禪家之經，一味以禪說儒，易於識破。如前舉兩例，誤涉於禪，亦是一種陽儒陰釋而不自知，則尤難剖辨。

問：「呂與叔云：『痒痾疾痛，舉切吾身』，不知此語說『天下歸仁』如何？」曰：「聖人尋常不曾有這般說話。近來人被佛家說一般大話，他便做這般話去敵他。此『天下歸仁』與『在邦無怨，在家無怨』一般，此兩句便是歸仁樣子。」（四一）

此又是受了佛家影響而誤說儒義之一例，朱子所辨，如水銀瀉地，無空不入。

問：「或問深論克己銘之非，何也？」曰：「克己之己，未是對人物言，只是對公字說，猶曰私耳。呂與叔極口稱揚，遂以『己既不立，物我並觀』，則雖天下之大，莫不皆在於吾仁之中，

說得來恁大，故人皆喜其快。纔不恁說，便不滿意。殊不知未是如此。」（四一）

朱子引揚子雲「勝己之私之謂克」，解克己為克去己私，此解極平實，又有西漢人語可證。呂與叔以「己既不立」說克己，顯屬透過一層，失了本義。清儒乃謂克己乃勝己，即由己意，不認己有私義，欲求更平實而更失之。朱子中道而立，獨得其正。

又曰：

某見前輩一項議論，說忒高了，不只就身上理會，便說要與天地同其體，同其大，安有此理。（四一）

有幾處被前輩說得來大，今收拾不得。謂如「君子所過者化」，本只言君子所居而人自化。「所存者神」，本只言所存主處便神妙。橫渠卻云：「性性為能存神，物物為能過化。」至上蔡便道：「唯能所存者神，是以所過者化。」此等言語，人皆爛熟，以為必須如此說。纔不如此說，便不快意矣。（四一）

此條皆因呂與叔克己銘牽連而來。宋代佛學流行，能闢佛者推橫渠，然如此條引橫渠語，則於儒義原本已有失。上蔡則從二程折入於禪，所說更高更虛。與叔乃橫渠大弟子，病亦不免。朱子之辨析儒釋，有功理學，從此等處皆可見。

又曰：

今說求放心，說來說去，卻似釋老說入定一般，但彼到此便死了，吾輩卻要得此心主宰得定，方賴此做事業，所以不同。（一二）

所謂道，不須別去尋討，只是這箇道理，非是別有一箇道被我忽然看見，攫拏得來，方是見道。只是如日用底道理，恁地是，恁地不是。事事理會得箇是處便是道也。近時釋氏便有箇忽然見道底說話，道又不是一件甚物可撲得入手。（一三）

所謂求放心，所謂見道，皆為當時理學家所重，說來乃與禪學絕相似。朱子要言不煩，剖析得儒釋疆界分明。學者能循此等求之，則可知矣。

問「為人謀而不忠，與朋友交而不信」。曰：「人之本心，固是不要不忠信，但才見是別人事，便自不如己事切了。若是計較利害，猶只是因利害上起，這箇病猶是輕。惟是未計較利害時，已自有私意，這箇病卻最重。往往是才有這箇軀殼了便自私了。佛氏所謂『流注想』者是也。所謂流注者，便是不知不覺流射做那裏去。但其端甚微，直是要省察。」（二一）

伊川云：「人才有形，便有彼己，所以難與道合。」釋氏所謂「流注想」，如水流注下去。才有形，便有此事，這處須用省察。（二一）

此兩條引釋氏語說論語，可見大賢用心之豁達無拘礙，亦可與辨人心道心章合參。

朱子評述孔門以下歷代諸儒並附其論莊老

朱子對於北宋理學諸大儒之評述，如濂溪、康節、橫渠、二程，已一一詳著於篇。茲復采其評述古今諸儒，上自孔門，下逮朱子並世，雖一鱗片爪，彙而觀之，亦可以見朱子論學之意。

語類有曰：

問，程子說「孟子雖未敢便道他是聖人，然學已到聖處」。曰：「顏子去聖人尤近。」或云：「某於『克己復禮』、『動容貌』兩章卻理會得。若是『仰高鑽堅，瞻前忽後』，終是未透。」曰：「此兩章只說得一邊，是約禮底事。到顏子，便說出兩腳來。聖人之教學者，不越博文約禮兩事爾。博文是道問學之事，於天下事物之理皆欲知之。約禮是尊德性之事，於吾心固有之理無一息而不存。今見於論語者，雖只有『問仁』、『問為邦』兩章，然觀夫子之言有曰：『吾與回言終日』，想見凡天下之事，無不講究來。自視聽言動之際，人倫日用當然之理，以至夏之時、商之輅、周之冕、舜之樂，歷代之典章文物，一一都理會得了，故於此舉其大綱以語之，而顏子便能領略得去。若元不曾講究，則於此必疑問矣。蓋聖人循循善誘人，才鑽到那有滋味處，自然住不得，故曰『欲罷不能，既竭吾才，如有所立卓爾』。卓爾是聖人之大本，立於此以酬酢萬變處。顏子亦見得此甚分明，只是未能到此爾。又卻鑽逼他不得，他亦大段用力不得。易曰：『精義入神，以致用也。利用安身，以崇德也。過此以往，未之或知也。窮神知化，德之盛也。』只是這一箇德，非於『崇德』之外別有箇『德之盛也』。做來做去，做到徹處便是。」（二四）

唐以前稱周孔，宋以後稱孔孟。孟子配享，乃王荊公所請，見語類卷九〇。濂溪通書，言「志伊尹之所志，學顏子之所學」，其告二程，則曰學孔顏樂處。是濂溪心中顏子地位，殆猶在孟子之上。語類此條，問者舉程子語推尊孟子，謂「已到聖處」，而朱子卻云「顏子去聖人尤近」。此一軒輊，特可注意。從來推崇顏子，如勿遷怒、勿貳過，都側重尊德性一邊。此條獨曰「到顏子便說出兩腳來」。此層更可注意。朱子據「問為邦」一章，謂顏子於天下事無不講究，而盛稱其道問學一邊，此實朱子論學宗旨所在。可謂與從來論顏子者，遠異其趣矣。然朱子於顏子尊德性一邊，亦復有甚深之發揮，語詳克己篇，故曰顏子說出兩腳，卻莫誤會顏子重在道問學也。此條輔廣錄甲寅朱子六十五以後所聞，是朱子晚年語也。

問：「顏淵問為邦，此事甚大，不知使其得邦家時，與聖人如何？」曰：「終勝得孟子，但不及孔子些。」（四五）

且如四代之禮樂，惟顏子有這本領，方做得。若無這本領，禮樂安所用哉？所謂行夏時，乘商輅，服周冕，舞韶樂，亦言其大略耳。（四五）

此兩條，林恪錄癸丑所聞，朱子年六十四。在輔廣一條前，是亦朱子晚年語。隨處推顏子在孟子之上。孟子論心性仁義，理學家羣所崇重。顏子所學，尤在禮樂邦家，除朱子外，理學家中知注重及此者則鮮矣。

又曰：

他這箇問得大，答得大，皆是大經大法。莊周說顏子坐忘，是他亂說。（四五）

顏子之學，自莊子、易傳下及東漢，皆說得偏在一邊，而猶有失之。不知濂溪所謂學顏子之學者何指，然恐亦是「主靜立人極」一邊。獨朱子具千古隻眼，其推崇顏子之意，誠不可不特加注意也。此條潘植記，亦在癸丑。

又曰：

如今人多將顏子做箇柔善底人看，殊不知顏子乃是大勇，反是他剛果得來細密不發露，如箇有大氣力底人，都不使出，只是無人抵得他。孟子則攘臂扼腕，盡發於外。論其氣象，則孟子麄似顏子，顏子較小如孔子。孔子渾然無迹，顏子微有迹，孟子其迹盡見。然學者則須自粗以入細，須先剛硬有所卓立，然後漸漸加功，如顏子、聖人也。（五二）

從來說顏子，都似偏在陰柔一邊人物，朱子獨說顏子剛果大勇，只是孟子較麄，顏子較細。陽剛大勇，有大氣力，又是朱子論學要旨。

問：「程氏教人，云當學顏子之渾厚。」曰：「顏子卻是渾厚，今人卻是聶夾，大不同。且如當官必審是非，明去就，今做事至於危處卻避禍，曰吾為渾厚，可乎？」問：「如陳寔弔宦官之喪，是太要渾厚。」曰：「然。」問：「如范滂之徒太甚。」曰：「只是行其職。大抵義理所在，當為則為，無渾厚，無矯激，如此方可。」（一一八）

程子稱顏子之渾厚，朱子則曰渾厚不同聶夾。又曰：「義理所在，無渾厚無矯激方可。」此亦朱子之緩辭，蓋不甚以程子單以渾厚稱顏子為然也。

朱子論德性，貴剛不貴柔，求大不求小，乃謂時人所講尊德性只在占便宜，計作箇自了漢。其論顏子大勇，無人抵得他，可謂獨具隻眼。後世論宋學，當從此等處窺入。至少研求朱子學者，必當由此窺入也。此條沈僩記，戊午朱子年六十七以後語，則誠朱子晚年語也。

或問：「曾子能守約，故孔子以一貫語之。」曰：「非也，曾子又何曾守約來。只如禮記曾子問一篇，他甚底事不曾理會，卻道他守約。只緣孟子論三子養勇，將曾子比北宮黝與孟施舍，則曾子為守約者爾。後世不悟，卻道曾子之學專一守約，别不理會他事，如此則成甚學也。」（二七）

問顏曾之學，曰：「顏子大段聰明，曾子遲鈍，直是辛苦而後得之。故聞一貫之說，忽然猛省，謂這箇物事元來只是恁地。如人尋一箇物事不見，終歲勤動，一旦忽然撞着，遂至驚駭。到顏子只是平鋪地便見，沒恁地差異。」（二七）

是則朱子論顏曾，敏鈍雖異，其為必從事於道問學，必由博而返約，則一也。

又曰：

今人只見曾子唯一貫之旨，遂得道統之傳，此雖固然。但曾子平日是箇剛毅有力量，壁立千仞底人。觀其所謂「士不可以不弘毅」，「可以託六尺之孤，可以寄百里之命，臨大節而不可奪」，「晉楚之富不可及也，彼以其富，我以吾仁，彼以其爵，我以吾義，我何慊乎哉」底言語，可見。雖是做工夫處比顏子覺麤，然緣他資質剛毅，先自把捉得定，故得卒傳夫子之道。後來有子思、孟子，其傳亦永遠。（一三）

此以資質剛毅說曾子，與說顏子大勇一例。苟非剛毅大勇之人，則無以負此道統之傳。顏曾思孟，自朱子言之，皆是剛毅有力量者，此可謂對孔門傳統一特出之新看法。

又曰：

聖人言語自渾全溫厚，曾子便有圭角。如「士不可以不弘毅」，如「可以託六尺之孤」云云，見得曾子直是恁地剛硬。孟子氣象大抵如此。（三五）

曾子之學，大抵如孟子之勇。若不勇，如何主張得聖道住。如論語載曾子之言，先一章云：「以能問於不能」，則見曾子弘處。又言「臨大節不可奪」，則見他毅處。若孟子只得他剛處，卻少弘大底氣象。（三五）

弘而不毅，如近世龜山之學者，其流與世之常人無以異。毅而不弘，如胡氏門人，都恁地撑腸拄肚，少間都沒頓着處。（三五）

朱子極重學者須有剛性勇氣，其語幾乎隨處而見。然固貴其有守，尤貴其能弘。博學有用，所以見其弘，亦豈僅剛毅自守而已足乎。論孟子少弘大氣象，幾是無人道過。

又曰：

聖人之道，大段用敏悟，曉得時方擔荷得去。如子貢，雖所行未實，然他卻極是曉得，所以孔子愛與他說話。緣他曉得，故可以擔荷得去。雖所行有未實，使其見處更長一格，則所行自然又進一步。聖門自曾顏而下，便用還子貢。如冉閔非無德行，然終是曉不甚得，擔荷聖人之道不去。所以孔子愛呼子貢而與之語，意蓋如此。(二八)

此條沈僩記，亦朱子晚年語也。當時學人以子貢不在德行之科，故疑其地位在冉閔之下，沈僩以此為問，而朱子答以孔門自顏曾而下首推子貢，為其知曉，冉閔非無德行，終是曉不甚得，擔荷聖人道不去，此亦朱子論學深旨所寄。學者當兼上引論顏曾各條合參。又朱子論聖人篇，極重聖人之聰明，知曉即是聰明也。

問：「原憲也不是箇氣昏力弱底人。」曰：「他直是有力。看他孤潔節介，卒未易及。只是見識自如此。教原憲去為宰從政，未必如子路、冉求之徒。若教子路、冉求做原憲許多孤介處，也做不得。孟子曰：『人有不為也，而後可以有為。』原憲卻似只要不為，卻不理會有為一節。」（四四）

憲是箇狷者，傳中說憲介狷處亦多。（四四）

朱子論學，教人理會孟子有為一節。不當專言尊德性，更須道問學，有聰明，有知曉，有見識，故惟顏、曾、子貢最所推許。原憲則許其孤介有守，亦是一有力量人，但能不為，不能理會有為，終是缺處。

又曰：

「君子不器」，是不拘於一，所謂「體無不具」。子貢瑚璉，只是廟堂中可用，移去別處便用不得。如原憲只是一個喫菜根底人，邦有道，出來，也做一事不得。邦無道，也不能撥亂反正。夷清、惠和，亦只做得一件事。（二四）

學者不該只能做一件事。邦無道，須能撥亂反正。至於做一事也不得，則縱是有守，亦已等而下之矣。朱子之衡量孔門人物，或進或退，大值尋索。

問：「德行不知可兼言語、文學、政事否？」曰：「不消如此看。自就逐項上看。如顏子之德行，固可以備，若他人固有德行而短於才者。」因云：「冉伯牛、閔子之德行，亦不多見。子夏、子游兩人，成就自不同。胡五峯說，不知集注中載否，他說子夏是循規守矩細密底人，子游卻高朗，又欠細密工夫。」或又云：「如子游能養而不能敬，子夏能敬而少溫潤之色，皆見二子氣象不同處。」曰：「然。」（三九）

有有德行而缺於知、短於才者。徒言尊德性，不能如顏子之備，則皆非學之至。

又曰：

德行是箇兼內外，貫本末，全體底物事。那言語、政事、文學三件，各是一物見於用者也。（三九）

德行，得之於心，而見於行事者也。（三九）

以上前一條告葉賀孫，後二條告呂燾，呂錄在己未，朱子年七十，此誠朱子晚年語。朱子論德行，必兼內外，貫本末，得於心而見於行。葉賀孫所問，朱子答以不消如此看。蓋德行亦有僅做得一件事者，如夷清惠和。偏在此上，易有重內輕外，重本輕末之弊，故朱子戒之。然亦不得謂必有外末之用，始謂之德行也。

問：「或以夫子教子夏為大儒，毋為小儒，如何？」曰：「不須說子夏是大儒小儒，且要求箇自家使處。聖人為萬世立言，豈專為子夏設。」（三二）

子夏是箇細密謹嚴底人。中間忒細密，於小小事上不肯放過，便有委曲周旋人情投時好之弊，所以能流入於小人之儒也。子游與子夏絕不相似。子游高爽疎暢，意思闊大，似箇蕭散底道人，觀與子夏爭「灑掃應對」一段可見。他對子夏說：「本之則無，如之何？」他資稟高明，須是識得這些意思，方如此說。（三二）

朱子於子夏教門人以灑掃應對一節，曾大費研思，並亦深以為是。然於子游所謂「本之則無」之說，則終是加以讚許。此即德行須兼內外貫本末之意。然恐當時學者鄙外輕末，疑子夏為小儒，故又告以聖人立言為萬世，不專為子夏一人。讀語類當就相近諸條兼觀會通，乃可得其意旨所在。又朱子論學，重道問學兼游夏得孔門文學之傳，然朱子於此二人乃亦未見深許。又於兩人間各有評騭，讀者皆當細參。

又曰：

孔門除曾子外，只有子夏守得規矩定，故教門人皆先灑掃應對進退。所以孟子說：「孟施舍似曾子，北宮黝似子夏。」（四九）

子夏只是弱。（四九）

又曰：

曾子、子夏皆能不輕細末，得下學之意。但曾子弘毅，子夏弱，又忒細密，則不足以任道。

又曰：

孔門學者，亦有志不立底，如宰予、冉求是也。顏子固不待說。如「子路有聞，未之能行，惟恐有聞」，豈不是有志。如漆雕開、曾點皆有志。孔子在陳，思魯之狂士，狂士何足思？蓋取其有志。得聖人而師之，皆足為君子。（一一八）

又曰：

其人有志，斯足以為君子。能剛而弘，斯能任傳道之重。宰予、冉求非不多能，然志不立則無足取矣。

論語一書，當時門人弟子記聖人言行，動容周旋，揖遜進退，至為纖悉。如鄉黨一篇可見。當時此等禮數皆在。至孟子時則漸已放棄。如孟子一書，其說已寬，亦有但論其大理而已。（一五）

孟子只論大理，朱子說其麄。論語載孔子言行纖悉皆備。議論之外，又見禮數。朱子在當時理學家中獨重經學，獨重禮，而於孟子微若有不滿。上達必兼下學，下學須能上達，上下一貫，始為得之也。

或曰：「孟子說得恁他，想見做出來，應是新人耳目。」曰：「想亦只是從『五畝之宅，樹之以桑』起。看他三四次只恁地說。如那『如其禮樂，以俟君子』意思，孟子都無，便是氣麄處。」又曰：「未見得做得與做不得，只說着教人歡喜。」（七三）

朱子說孟子麄，又說孟子少弘大氣象，其意在此。然稱孟子說話能教人歡喜。宋儒中，朱子惟稱程明道、陸象山能說話，此兩人亦能說着教人歡喜，而此兩人皆重孟子，亦其學脈相近也。

又曰：

「孟子才高，學之無可依據。」為他原來見識自高。顏子才雖未嘗不高，然其學卻細膩切實，所

以學者有用力處。孟子終是麁。（九五）

伊川曰：「學者須是學顏子。」孟子說得麁，不甚子細，只是他才高，自至那地位。若學者學他，或會錯認了他意思。若顏子說話，便可下手做。孟子底便須解說方得。（九五）

「顏子細，孟子麁」，伊川已有此說，而朱子承之。明道、伊川相異處亦在此。然此「顏子細孟子麁」六字所指，伊川、朱子二人間，亦復容有相歧。朱子意並重事功幹濟，學者由四代禮樂學顏子，自可便下手做。從性命仁義學孟子，則具體下手處，仍會錯認。此似是朱子意，而伊川似不然。姑識於此，以待學者之再認。

又曰：

孟子說五年七年可為政於天下，不知如何做。孔子不甚說出來。孟子自擔負不淺，不知怎生做。（八三）

又曰：

孔子體面大，不用恁地說，道理自在裏面。孟子多是就發見處盡說與人，終不似夫子立得根本

住。所以程子謂「其才高，學之無可依據」。要之夫子所說包得孟子，孟子所言卻出不得聖人疆域。（一九）

自後世觀之，孔顏便是漢文帝之躬修玄默，而其效至於幾致刑措。孟子便如唐太宗，天下之事無所不為，極力去做，而其效亦幾致刑措。（一九）

可見朱子所謂工夫，一面是要立得根本住，一面則要推見出績效。其工夫中尚有道問學，不專在尊德性。宋儒言理學，則似專要學漢文帝之躬修玄默，卻不問其下面能幾致刑措否？至如浙東學派，則知有唐太宗，不知有漢文帝，相去益遠。至於分辨論語所說在根本上，孟子所說在發見處，此義深邃，學者須就此一分辨自去細究論孟兩書，更不容輕易瞭得也。

又曰：

孔子說得細膩，說不曾了。孟子說得麄，疎略，只是說「成之者性」，不曾從原頭推說來。然其界分，自孟子方說得分曉。（一一六）

孟子說性，亦有說得細處，但只說箇性，無道問學許多禮數，故謂之粗。又孟子只說性之已成，卻未推向原頭去，故於宇宙萬物生成之理，亦所不及。朱子論學，固亦一本之於人之心性，然上自宇宙，旁及萬物，細及日常人生一切禮數皆所究心，此即其格物致知之精神也。

因言：「程先生說：『孔子為乘田則為乘田，為委吏則為委吏，為司寇則為司寇，無不可者。至孟子則必得賓師之位，方能行道。』此便是他能大而不能小處。惟聖人則無不遍，大小方圓無所不可。」又曰：「如孟子說：『諸侯之禮，吾未之學也。』此亦是講學之有闕。蓋他心量不及聖人之大，故於天下事有包括不盡處。」（五五）

此亦朱子重視道問學之意。凡偏主尊德性而忽道問學者，皆其德性之未弘，心量包括不盡，能大而不能小，不知此即不能成其大也。

又曰：

孟子好辯，於當時，只在私下恁地說，所謂楊墨之徒也未怕他。到後世，卻因其言而知聖人之道為是，知異端之學為非，乃是孟子有功於後世。（五五）

孟子發明四端，乃孔子所未發。人只道孟子有闢楊墨之功，殊不知他就人心上發明大功。（五三）

問浩然之氣。曰：「孟子本說得來麤。他做工夫處雖細膩，然其成也，卻只似箇麤豪之氣，但

非世俗所謂麄豪者耳。」（五二）

問，橫渠云「意必固我四者既亡，則『以直養而無害』」。曰：「此直字說得重了。觀孟子所說處說得觕，直只是『自反而縮』。後人求之太深，說得來忒夾細了。」（三六）

以上諸條，言孟子發明人心，拒楊墨，有大功。其言浩然之氣，謂其只似箇麄豪之氣者，此非輕貶之意。朱子特疑孟子於言事功績效上未入細，於道問學工夫上有闕，故其謂孟子麄，雖承用伊川語，而如上所分析，則其用意所在，似與伊川有不同。

又曰：

聖人說話，無不子細，磨稜合縫，盛水不漏。如說「以德報怨」，如說「一言興邦」，須是恁地子細說方休。如孟子說得便粗。如「今之樂猶古之樂」，大王、公劉好色好貨之類。故橫渠說：「孟子比聖人自是粗，顏子所以未到聖人，亦只是心尚粗。」（四三）

橫渠亦言孟子粗，如此條所舉，誠見孟子粗處。但若橫渠「以直養而無害」說得夾細，亦為朱子所不許。又可見橫渠、伊川與朱子皆以孟子為麄，而意指各不同。

又曰：

又曰：

子壽言：「論語所謂『興於詩』，又云『詩可以興』。蓋詩者，古人所以詠歌情性。當時人一歌詠其言，便能了其義，故善心可以興起。今人須加訓詁，方理會得，又失其歌詠之律，如何一去看着便能興起善意。以今觀之，不若熟理會論語，方能興起善意也。」（三五）

又曰：

孟子較感發得粗。（三五）

以上就感發興起人善意言，亦見孟子粗，不如論語。此皆所辨深入，貴於細研密玩，心體神會而後可知也。

又曰：

人有言，理會得論語，便是孔子。理會得七篇，便是孟子。子細看，亦是如此。蓋論語中言語，眞能窮究極其纖悉，無不透徹，如從孔子肚裏穿過，孔子肝肺盡知了，豈不是孔子。七篇中言語，眞能窮究透徹，無一不盡，如從孟子肚裏穿過，孟子肺肝盡知了，豈不是孟子。（一

九）

此條見朱子讀書工夫之細密，二程似無此境界。

又曰：

論語多門弟子所集，故言語時有長長短短不類處。孟子疑自著之書，故首尾文字一體，無些子瑕疵。不是自下手，安得如此好。若是門弟子集，則其人亦甚高，不可謂「軻死不傳」。（一九）

孟子之文，恐七篇是一人作，又疑孟子親作。不然，何其妙也。豈有如是人出孟子之門，而沒世不聞耶？（一九）

「浩然之氣」章，公孫丑善問，問得愈密，盛水不漏。若論他會恁地問，則不當云『軻之死不得其傳』。不知後來怎生，不可曉。或是孟子自作此書，潤飾過，不可知。（五二）

此見朱子對孟子七篇賞玩之深細。

又曰：

孟子說義理，說得來精細明白，活潑潑地。如荀子空說許多，使人看着，如喫糙米飯相似。（一

三七）

謂孟子粗，乃以較之孔顏而言。若以較之荀子，又不然。

或曰：「看得荀子資質，也是箇剛明底人。」曰：「只是麄。他那物事皆未成箇模樣，便將來說。」（一三七）

或言性，謂荀卿亦是教人踐履。先生曰：「須是有是物，而後可以踐履。今於頭段處既錯，又如何踐履。」（一三七）

荀子似主道問學，似主下學踐履，後人乃疑朱子似荀卿。此等見識，皆未足與論學。

又曰：

荀子儘有好處，勝似揚子。（一三七）

揚子說到深處，止是走入老莊窠窟裏去，如清靜寂寞之說皆是。又如玄中所說靈根之說云云，亦只是莊老意思，止是說那養生底工夫爾。（一三七）

太玄亦自莊老來，「惟寂惟寞」可見。（六七）

不須理會荀卿，且理會孟子性善。渠分明不識道理。荀揚不惟說性不是，從頭到底皆不識。韓退之謂荀揚大醇而小疵，伊川曰：「韓子責人甚恕。」自今觀之，他不是責人恕，乃是看人不破。（一三七）

問荀揚王韓四子。曰：「凡人著書，須自有箇規模，自有箇作用處。且如王通，這人於世務變故、人情物態、施為作用處，極見得分曉。只是於這作用曉得處卻有病。韓退之則於大體處見得，而於作用施為處卻不曉。如原道一篇，自孟子後無人似他見得。『郊焉而天神格，廟焉而人鬼享，以之為人則愛而公，以之為心則和而平，以之為天下國家，無所處而不當』。說得極無疵。只見空見得箇本原如此，下面工夫都空疏，更無物事撐拄襯簟，所以於用處不甚可人意。緣他費工夫去作文，所以讀書者，只為作文用。自朝至暮，自少至老，只是火急去弄文章，而於經綸實務，不曾究心，所以作用不得。每日只是招引得幾箇詩酒秀才和尚度日。有些工夫，只了得去磨煉文章，所以無工夫來做這邊事。兼他說，我這箇便是聖賢事業了，自不知其非。」（一三七）

荀卿全是申韓，觀成相一篇可見。其要卒歸於明法制，執賞罰。他那做處麄，如何望得王通。揚雄最無用，眞是一腐儒。他到急處，只是投黃老。他見識全低，語言極獃，甚好笑。荀、揚二人，自不可與王、韓同日語。（一三七）

世人說阬焚之禍起於荀卿。荀卿著書立言，何嘗教人焚書阬儒，只是觀他無所顧藉，敢為異論，則其末流，便有阮焚之理。王通比荀、揚又夐别。王通極開爽，説得廣闊。緣他於事上講究得精，故於世變興亡、人情物態、更革沿襲、施為作用，先後次第都曉得。識得箇仁義禮樂都有用處。若用於世，必有可觀。只可惜不曾向上透一着，於大體處有所欠闕，所以如此。只細看他書，便見他極有好處，非特荀、揚道不到，雖韓退之也道不到。韓退之只曉得箇大綱，下面工夫都空虚，要做更無下手處。其作用處全疏，如何敢望王通。然王通所以如此者，其病亦只在於不曾子細讀書。他只見聖人有箇六經，便欲别做一本六經，將聖人腔子塡滿裏面。若是子細讀書，知聖人所説義理之無窮，自然無工夫閑做。他死時極後生，只得三十餘歲，他卻火急要做許多事。」或云：「若少假之年，必有可觀。」曰：「不然。他氣象局促，只如此了。」（一三七）

上引論荀揚王韓四子，乃自沈僩記一長條中節錄。此亦朱子晚年議論。凡朱子論學，一曰立根本，一曰從道問學處推擴，一曰從施用處見實績。其進退上下於四子者，與其辨顏孟高下無殊。

又曰：

或流於申韓，或歸於黃老，或有體而無用，或有用而無體，不可一律觀。（一三七）

後世儒者，求其一本於孔孟，而又能體用兼賅，則洵可謂戞戞乎其難矣。

又論漢儒董、劉、賈、馬四家之優劣。曰：

漢儒董仲舒較穩，劉向雖博洽而淺，然皆不見聖人大道。賈誼、司馬遷皆駁雜，大意是說權謀功利，說得深了，覺見不是，又說一兩句仁義。然權謀已多了，救不得。（一三五）

後人因見董仲舒表彰六經，又取其「正道不謀利，明義不計功」之語，遂高抬仲舒。然朱子明謂其不見聖人大道，固未取以與荀揚王韓並擬。若其言有取，則朱子之有取於莊老禪釋者亦多矣。若論學術大體，則輕重固別有在。

又論宋代道學，曰：

本朝道學之盛，亦有其漸。自范文正以來，已有好議論。如山東有孫明復，徂徠有石守道，湖州有胡安定。到後來遂有周子、程子、張子出。故程子平生不敢忘此數公，依舊尊他。（一二九）

前輩如李泰伯門議論，只說貴王賤伯。張大其說，欲以劫人之聽，卻是矯激，然猶有以使人奮起。今日須要作中和，將來只便委靡了。如范文正公作子陵祠堂記云：「先生之心，出乎日月之上，光武之器，包乎天地之外。微先生不能成光武之大，微光武豈能遂先生之高。」胡文定公極喜此語。大抵前輩議論麤而大，今日議論細而小，不可不理會。（一二九）

朱子曾屢言孟子之粗，又竭力發揚中和之義，然讀者當就其所言分別而觀，又會合而參之。若漫拈單辭片語，用來為自己立說張本，則不僅失人言，亦不足以樹己說也。朱子與陳龍川極辨王霸，然亦不甚欣賞李泰伯。

又曰：

李覯也要罵孟子，不知只管要與孟子做頭抵做甚。你且揀箇小底來罵也得。（一一九）

同條又說及晁以道、諸葛誠之、楊子直諸人皆非議孟子，而朱子皆深呰之。辨論學術異同，進退人物，其事誠不易也。

又曰：

五峯疑孟之說，周遮全不分曉。若是恁地分疏，孟子剗地沉淪，不能得出。（二九）

「久假不歸，惡知其非有？」舊解多謂使其能久假而不歸，烏知終非其有？諸家多如此說，遂

引惹得司馬溫公、東坡來闢孟子。（六〇）

文集卷七十三有讀余隱之尊孟辨一篇，其中涉及溫公疑孟，李公常語，及鄭公藝圃折衷三書。北宋學者多疑孟，朱子一一辭而闢之。朱子極稱五峯，謂其能為精義之學，然於五峯疑孟則頗不謂然。象山最推尊孟子，而朱子卻斥象山為禪，可見衡評一家學術之不易。

以上歷引朱子評騭諸儒，自孔顏以來，迄於近代，其是非抑揚之間，學者可以由此以窺朱子論學之大旨，固非專為於前儒有所高下進退也。

朱子又論歐、王、二蘇之學，文集卷三十答汪尚書有云：

歐陽、司馬之學，其於聖賢之高致，固非末學所敢議者。然其所存所守，皆不失儒者之舊，特恐有所未盡耳。至於王氏、蘇氏，則皆以佛老為聖人，既不純乎儒者之學矣，而王氏支離穿鑿，尤無義味。至於甚者，幾類俳優。本不足以惑眾，徒以一時取合人主，假利勢以行之，至於已甚，故特為諸老先生之所排詆。在今日，則勢窮禍極，故其失人人得見之。至若蘇氏之言，高者出入有無，而曲成義理。下者指陳利害，而切近人情。其智識才辨，謀為氣概，又足以震耀而張皇之，使聽者欣然而不知倦，非王氏之比也。然語道學，則迷大本。論事實，則尚權謀。衒浮華，忘本實。貴通達，賤名檢。此其害天理，亂人心，妨道術，敗風教，亦豈盡出王氏之下也哉。但其身與其徒，皆不甚得志於時，無利勢以輔之，故其説雖行，而不能甚久。凡此患害，人未盡見。故諸老先生得以置而不論。使其行於當世，亦如王氏之盛，則其為禍，不但王氏而已。主名教者亦不得恝然而無言也。蓋王氏之學，雖談空虛而無精采，雖急功利而少機變。其極也，陋如薛昂之徒而已。蔡京雖名推尊王氏，然其淫侈縱恣，所以敗亂天下者，不盡出於金陵也。若蘇氏，則其律身已不若荆公之嚴。其為術要未忘功利，而詭祕過之。其徒如秦觀、李廌之流，皆浮誕佻輕，士類不齒。相與扇縱横揣闔之辨以持其説，而漠然不知禮義廉恥之為何物。雖其勢利未能有以動人，而世之樂放縱、惡拘檢者，已紛然向之。使其得志，則凡蔡京之所為，未必不身為之也。世徒據其已然者論之，是以蘇氏猶得在近世名卿之列。而君子樂成人之美者，亦不欲逆探未形之禍以加譏貶。至於論道學邪正之際，則其辨有在毫釐之間者，雖欲假借而不能私也。今乃欲專貶王氏而曲貸二蘇，道術所以不明，異端所以益熾，實由於此。愚恐王氏復生，未有以默其口而厭其心也。

又一書云：

蘇學邪正之辨，熹前日所陳，乃論其學儒不至，而流於詖淫邪遁之域。其始之闢禪學也，豈能明天人之藴，推性命之原，以破其荒誕浮虛之説而反之正哉？如大悲閣中和院記之屬，直掠彼之粗以角其精，據彼之外以攻其內。是乃率子弟以攻父母，信枝葉而疑本根，亦安得不為之詘哉？近世攻釋氏者，如韓、歐、孫、石之正，龜山猶以為一杯水救一車薪之火。況如蘇氏，以邪攻邪，是束縕灌膏而往赴之也，直以身為燼而後已耳。熹竊謂學以知道為本，知道則學純而心正。見於行事，發於言語，亦無往而不得其正焉。如王氏者，其始學也，蓋欲凌跨揚韓，掩迹顏孟，初亦豈遽有邪心哉？特以不能知道，故其學不純。而設心造事，遂流入於邪。又自以為是，而大為穿鑿附會以文之，此其所以重得罪於聖人之門也。蘇氏之學，雖與王氏若有不同者，然其不知道而自以為是，則均焉。學不知道，其心固無所取則以為正，又自以為是而肆言之，其不為王氏者，特天下未被其禍而已。

此兩書當在戊子，朱子年三十九，猶在壯年。其評北宋諸儒，分歐陽、司馬與王、蘇為二。其於王、蘇兩家，離合高下，凡所持論，亦嚴亦恕。南渡以來，多有祖蘇學者，朱子之辨，亦所謂不得已也。

朱子於及身朋友間，辨論學術，除張南軒、呂東萊二人外，惟復齋、象山兄弟。其次尚有陳龍川，朱子於此諸人之評騭，皆已分別散見。此外尚有葉水心，亦有往復。文集卷五十六有答葉正則書凡四，茲錄其一如次。書曰：

向來相見之日甚淺，而荷相與之意甚深。中間寓舍並坐移晷。觀左右之意，若欲有所言者，而竟囁嚅不能出口。前後書疏往來，雖復少見鋒穎，而亦未能彼此傾倒，以求實是之歸。但見士子傳誦所著書，及答問書尺，類多籠罩包藏之語。不惟他人所不解，意者左右亦自未能曉然於心而無所疑也。世衰道微，以學為諱，上下相徇，識見議論，日益卑下。彼既不足言矣。而吾黨之為學者，又皆草率苟簡，未曾略識道理規模，工夫次第，便以己見摶量湊合，撰出一般說話，高自標置，下視古人。及考其實，則全是含糊影響之言，不敢分明道著實處。竊料其心豈無所疑，只是已作如此聲勢，不可復謂有所不知。遂不免一向自瞞，強作撐柱，且要如此鶻突將去，究竟成就得何事業？未論後世，只今日旁觀，便須有人識破。未論他人，只自家方寸，如何得安穩耶？如來書所謂在荆州無事，看得佛書，乃知世外瓌奇之說，本不能與治道相亂。所以參雜辨爭，亦是讀者不深考爾。此殊可駭，不謂正則乃作如此語話也。中間得君舉書，亦深以講究辨切為不然。此蓋無他，只是自家不曾見得親切端的，不容有毫釐之差處，故作此見耳。欲得會面，相與劇談，庶幾彼此盡情吐露，尋一箇是處。大家講究到底。大開眼看覷，大開口說話，分明去取，直截剖判，不須得如此遮前掩後，似說不說，做三日新婦子模樣，不亦快哉？孟子自許，雖行霸王之事而不動其心，究其根原，乃只在識破詖淫邪遁四種病處。今之學者，不惟不能識此，而其所做家計窠窟，乃反在此四種病中。便欲將此見識，判斷古今，議論聖賢，豈不誤哉！相望千里，死亡無日，因書聊復一言，不審明者以為如何。然勿示人，恐又起鬧，無益而有損也。

文集卷五十四答項平父有云：

謂不必先分儒釋者，此非實見彼此皆有所當取而不可偏廢也。乃是不曾實做自家本分功夫，故亦不能知異端詖淫邪遁之害，茫然兩無所見，而為是依違籠罩之說，以自欺而欺人耳。今所謂「心無不體之物，物無不至之心」，又似只是移出向來所守之心，便能日間所接事物上比較耳，其於古今聖賢指示剖析，細密精微之蘊，又未嘗入思議也。其所是非取舍，亦據己見為定耳，又何以察夫氣稟之偏，物欲之蔽，而得其本心正理之全耶？便謂「存誠愈固，養氣愈充」，吾恐其察之未審，而自許過高，異日忽逢一夫之說，又將為所遷惑而不能自安也。中間得葉正則書，亦方似此依違籠罩，而自處甚高，不自知其淺陋，殊可憐憫。以書告之，久不得報，恐未必能堪此苦口也。

此謂以書告之，殆即前引書也。

年譜有云：

先生嘗曰：海內學術之弊，不過兩說。江西頓悟，永康事功。若不極力爭辨，此道無由得明。

語類亦曰：

陳同甫學已行到江西，浙人信向已多。家家談王霸，不說蕭何、張良，只說王猛。不說孔孟，只說文中子。可畏可畏。（一二三）

蓋永嘉與永康，其學聲息相通，故朱子於水心、止齋，皆欲得一彼此暢辨之機會，以求歸於一是。水心年輩較晚，其所為習學記言，思辨甚銳，惜其不克與朱子暢相往復也。

文集卷三十八又有答陳君舉四書，其一云：

若熹之愚，自信已篤。向來之辯，雖至於遭讒取辱，然至於今日，此心耿耿，猶恨其言之未盡，不足以暢彼此之懷，合異同之趣，而不敢以為悔也。不識高明何以教之。惟盡言無隱，使得反復其說，千萬幸甚。老病幽憂，死亡無日，念此一大事，非一人私說，一朝淺計，而終無面寫之期，是以冒致愚悃，鄉風引領，不勝馳情。

又一書云：

前書所云，未蒙開示，敢丐高明，少垂采擇。其未然者，痛剖擊之，庶有以得其眞是之歸。上不失列聖傳授之統，下使天下之為道術者得定於一，非細事也。惟執事圖之。

陳君舉與朱子書，頗不以講究辨切為然。龍川有與君舉一書，謂：

亮與元晦所論，本非為三代漢唐設，且欲見此道在天地間，如明星皎月，閉眼之人開眼即是，安得有所謂暗合者。天理人欲，豈是同出而異用，只是情之流乃為人欲耳。人欲如何主持得世界？而尊兄乃名以跳踉叫呼，擁戈直上。元晦之論，只是與二程主張門戶，而尊兄乃名之以正大，且地步平正。嗚呼冤哉！吾兄以一世儒者巨擘，其論如此，亮便應閉口藏舌，不復更下注腳。

則似君舉於朱陳之爭，頗不以龍川為是。然自朱子言之，則君舉亦仍似未得夫眞是之歸。浙學本原，在於東萊，文集卷三十三答呂伯恭有云：

論治固有序，然體用亦非判然各為一事，無今日言此而明日言彼之理。如孟子論愛牛制產，本末雖殊，然亦罄其說於立談之間。大抵聖賢之言，隨機應物，初無理事精粗之別。其所以格君心者，自其精神力量有感動人處，非為恐彼逆疑吾說之迂，而姑論無事之理以嘗試之也。若必如此，則便是世俗較計利害之私，何處更有聖賢氣象耶？愚見如此，更惟精思而可否之。區區之論，所以每不同於左右者，前後雖多，要其歸宿，只此毫釐之間。講而通之，將必有日矣。

永康、永嘉之學，皆從此毫釐間差歧，朱子之所力辨於浙學者，亦皆在此毫釐間爭持也。

朱子評騭歷代及其當世諸儒，略舉梗概如上。其評老莊，已散見各篇，茲再摘錄一二節如次：

問：「老子與鄉愿如何？」曰：「老子是出人理之外。不好聲，不好色，又不做官。然害倫理。鄉愿猶在人倫中，只是箇無見識底好人。」（一二五）

人皆言孟子不排老子，老子便是楊氏。（一二五）

問：「楊氏愛身，其學亦淺近，而舉世崇尚之，何也？」曰：「其學也不淺近，自有好處，便是老子之學。今觀老子書，自有許多說話，人如何不愛。」（一二五）

莊子亦只是楊朱之學。（一二五）

「莊周曾做秀才，書都讀來，所以他說話都說得也是。但不合沒拘檢。」或問：「康節近似莊周？」曰：「康節較穩。」（一二五）

莊子比邵子見較高，氣較豪，他是事事識得，又卻蹴踏了，以為不足為。邵子卻有規矩。（一二五）

老子極勞攘，莊子得些，只也乖。莊子跌蕩，老子收斂，齊腳斂手。莊子卻將許多道理掀翻說，不拘繩墨。（一二五）

老子猶要做事在。莊子都不要做了，又卻說道他會做，只是不肯做。（一二五）

莊子是箇轉調底老子。（一二五）

精神發出來麄。（一二五）

孟子、莊子文章皆好。（一二五）

莊子文章，只信口流出，煞高。列子說得困弱，不如莊子。老子又較深厚。（一二五）

莊子、老子不是矯時。夷、惠矯時，亦未是。（一二五）

易不言有無，老子言「有生於無」，便不是。（一二五）

康節嘗言：「老氏得易之體，孟子得易之用。」非也。老子自有老子之體用。（一二五）

老子之學，大抵以虛靜無為、冲退自守為事。故其為說常以懦弱謙下為表，以空虛不毀萬物為實。若曰「旁日月，扶宇宙，揮斥八極，神氣不變」者，是乃莊生之荒唐。其曰「光明寂照，無所不通，不動道場，徧周沙界」者，則又瞿曇之幻語。老子則初曷嘗有是哉？今世人論老子者，必欲合二家之似而一之，以為神常載魄而無所不之，則是莊釋之所談，而非老子之意矣。

（一二五）

此以莊釋並稱，而謂老子不同，自來論道釋者，少見及此。

語類又云：

「程先生謂：『莊生形容道體之語儘有好處。老氏「谷神不死」一章最佳。莊子云：「嗜慾深者天機淺」，此言最善。』又曰：『謹禮不透者深看莊子。』然則莊老之學未可以為異端而不講之耶？」曰：「言有可取，安得不取？如所謂『嗜慾深者天機淺』，此語甚的當，不可盡以為虛無之論，而妄訾之也。」曰：「平時慮為異教所汩，未嘗讀莊老等書，今欲讀之，如何？」曰：「自有所主，則讀之何害。要在識其意所以異於聖人者如何爾。」（九七）

明道每有取於莊老道家言，惟濂溪、橫渠深於易，所取不在此，而在秦漢以下道家與易相通之處，極論宇宙生成陰陽變化，朱子則又兩取之。惟明道不廢觀釋老書，而伊川一切屏除，雖莊、列亦不看。後人每謂朱子近伊川，單就此一節言，朱子顯近明道。此皆見朱子之博取而善擇。

朱子論讀書法　上

後儒彙集朱子語為朱子讀書法者，不止一家。茲篇亦仿其例。惟取捨編排，與加闡說語，則不必與前人相同。

朱子教人為學，必教人讀書。朱子教人格物窮理，讀書亦是格物窮理中一重要項目。朱子教人讀書法，平實周詳，初視若大愚大拙，實啟大巧大智之鍵。初視若至鈍至緩，實蘊至捷至利之機。學者苟不潛心於此，而徒驚其學問之淵深廣博，與其思理之縝密閎偉，而歎以為不可及。是猶臨淵羨魚，不知歸而結網，亦終無門徑階梯之可尋矣。語類卷十、卷十一兩卷所收，專屬讀書法一項。茲不避重複，專集其散見於文集者為上篇，而以載語類者摘錄為中下篇，備有志治朱子學者之玩索焉。

當朱子時，理學風氣率多高談心悟，輕視讀書，朱子力矯其弊。文集卷四十二答吳晦叔有云：

近者竊讀舊書，每恨向來講說，常有過高之弊。如「文武之道未墜於地」，此但謂周之先王所以制作傳世者，當孔子時未盡亡耳。「夫子焉不學，而亦何常師之有」，此亦是子貢眞實語。如孔子雖是生知，然何嘗不學，亦何所不師。但其為學，與他人不同。如舜之聞一善言，見一善行，便若決江河，莫之能禦耳。然則能無不學，無不師者，是乃聖人之所以為生知也。若向來則定須謂道體無時而亡，故聖人目見耳聞，無適而非學，雖不害有此理，終非當日答問之本意矣。

此書辨析極為深微。為學雖不專在讀書，而不能廢讀書則斷可知。孔子雖生知，而孔子之不廢讀書亦可見。

其又一書云：

蒙教以勿恃簡策，須是自加思索，超然自見無疑，方能自信。此又區區平日之病，敢不奉承。然此一義，向非得之簡策，則傳聞襲見，終身錯認聖賢旨意必矣。又況簡策之言，皆古先聖賢所以加惠後學，垂教無窮，所謂先得我心之同然者，將於是乎在。雖不可一向尋行數墨，然亦不可遽舍此而他求也。

又曰：

凡吾心之所得，必以考之聖賢之書。脫有一字之不同，則更精思明辨，以益求至當之歸。毋憚一時究索之勞，使小惑苟解，而大礙愈張也。

此書乃朱子教人讀書最大理據所在。我心與聖賢心本無二致，聖賢之心見於方策，我之讀書，正為由書以求聖賢之心，亦不啻自求我心也。

同卷答石子重有云：

人之所以為學者，以吾之心未若聖人之心故也。心未能若聖人之心，是以燭理未明，無所準則，隨其所好，高者過，卑者不及，而不自知也。若吾之心即與天地聖人之心無異矣，則尚何學之為哉。故學者必因先達之言以求聖人之意，因聖人之意以達天地之理。求之自淺以及深，至之自近以及遠。循循有序，而不可以欲速迫切之心求也。夫如是，是以浸漸經歷，審熟詳明，而無躐等空言之弊。馴致其極，然後吾心得正，天地聖人之心不外是焉。非固欲畫於淺近而忘深遠，舍吾心以求聖人之心，棄吾說以徇先儒之說也。

同時陸象山有言，東海、西海、南海、北海有聖人出，此心同，此理同，此就聖人而言也。若學者，固不當遽自認為是聖人，則安得謂己心即是聖人之心，己心所見之理，即同聖人所見之理乎？如是則讀書為學，烏可以已。

文集卷四十三答陳明仲有曰：

上古未有文字之時，學者固無書可讀。而中人以上，固有不待讀書而自得者。但自聖賢有作，則道之載於經者詳矣，雖孔子之聖，不能離是以為學也。

此若即針對象山所謂「堯舜以前曾讀何書來」之問而發。朱子主張為學不廢讀書，其理固無可疑，其事亦古今未嘗不然。而在當時，竟引起學術上一大爭辨，是誠治當時學術史者所當深玩也。

卷五十五答劉定夫有云：

鄙意且要學者息卻許多狂妄身心，除卻許多閑雜說話，著實讀書。初時儘且尋行數墨，久之自有見處。最怕人說學不在書，不務佔畢，不專口耳，下梢說得張皇，都無收拾，只是一場大脫空，直是可惡。

此見當時實有高論謂學不在書者，陸學即其一例，故朱子如是云云也。昔明道教上蔡云：「賢讀書慎不要尋行數墨。」朱子則曰：「初時儘且尋行數墨。」又曰：「雖不可一向尋行數墨，然亦不可遽捨此而他求。」此亦朱子教人從程門轉手處。

又文集卷五十八答王欽之有云：

來書謂「窮理不必泥古人言句」，固是也。然亦豈可盡捨古人言句哉？若欲盡捨去古人言句，道理之不明，是非之不別，泛然無所決擇。雖欲惟出處語默之察，譬之適越者不知東西南北之殊，而僕僕然奔走於途，其不北入燕，則東入齊西入秦耳。

窮理不必泥古人言句，即猶言學不在書，故朱子深斥之。

卷六十答曾擇之有云：

大抵彼中朋友看得文字疏略，不肯依傍先儒成說反覆體驗，而便輕以己意著字下語。正使得其大意，中間亦不免有空闕處，相接不著。欲革此弊，莫若凡百放低，且將先儒所說正文本句，反覆涵泳，庶幾久久自見意味也。

當時風氣既有主張學不在書、窮理勿泥古人言句，故雖不廢讀書，終不免看文字疏略。朱子為救此弊，教人凡百放低，且將先儒所說反覆涵泳，此乃朱子教人讀書最平實亦最喫緊之語。伊川云：「善學者要不為文字所拘，故文義雖解錯，而道理可通行者不害。」又曰：「解義理，若一向靠書冊，何由得居之安，資之深？不惟自失，兼以誤人。」此與朱子教人讀書之意微有不同，讀者其深玩之。

卷六十一答歐陽希遜有云：

所謂「徒守紙上語，擬規畫圓，模矩作方」，此初學之通病。然尚有不能守紙上之語，雖擬規矩而不能成方圓者。以愚計之，但且謹守規矩，朝夕模之不暫廢輟，積久純熟，則不待模擬而自成方圓矣。切不可轉萌妄念，求之於言語文字之外也。

此亦所謂放低言之。勿徒守紙上語擬規畫圓，模矩作方，此等議論，豈不高明可喜，然無奈為學之不能若是以幾也。

語類亦云：

甲寅八月三日，于長沙郡齋，是晚請教者七十餘人。或問：「向蒙見教，讀書須要涵泳，須要浹洽。因看孟子，千言萬語，只是論心。七篇之書如此看，是涵泳工夫否？」曰：「某為見此中人讀書大段鹵莽，所以說讀書須當涵泳，只要子細尋繹，令胸中有所得爾。如吾友所說，又襯貼一件意思，硬要差排，看書豈是如此。」又一士友曰：「先生涵泳之說，乃杜元凱『優而柔之』之意。」曰：「固是如此，亦不用如此解說。所謂涵泳者，只是子細讀書之異名也。大率與人說話便是難。某只說一箇涵泳，一人硬來差排，一人硬來解說。此是隨語生解，支離延蔓，閑說閑講。少間展轉，只是添得多，說得遠。如此讀書，如此聽人說話，全不是自做工夫，全無巴鼻，可知是使人說學是空談。此中人所問，大率如此。好理會處不理會，不當理會處卻支離去說，說得全無意思。」（一一六）

此條說涵泳二字極為明切。既不要求之言語文字之外，亦戒人勿只在言語文字上求。此非依着朱子語實下工夫，恐亦終不能瞭解到朱子語之意義所在。

文集卷四十九答王子合有云：

近覺講學之功，不在向前，只在退後。若非溫故，不能知新。蓋非惟不能知新，且并故者亦不記得。日用之間，便成相忘。雖欲不放其良心，不可得矣。此事切宜自警，并以提撕學者為佳。若得他就此得些滋味趣向，立得一箇基址，即向後自住不得。若都茫然無本可據，徒然費人詞說，久遠成得甚事。切望於此留意。

主退後，猶如其言放低，皆為力反一時高遠之浮談而發。讀書退後，是教人溫故。溫故而不能知新者固有之，然非溫故，則又焉能知新。新者不能知，故者又不溫，豈不成忘了。茫然無本，何以言學。

卷四十八答呂子約有云：

只且做一不知不會底人，虛心看聖賢所說言語，未要便將自家許多道理見識與之爭衡。退步久之，卻須自有箇融會處。蓋自家道理見識未必不是，只是覺得太多了，卻似都不容他古人開口，不覺蹉過了他說底道理耳。至如前人議論得失，今亦何暇為渠分疎，且救取自家目今見處，是要切事。若舍卻自己，又救那一頭，則轉見多事，不能得了矣。

此書所言，可謂放低之至，退後之至。先要自己做一不知不會底人，虛心聽書中古人說他道理，也莫與他爭衡，也莫為他分疏，只求救取自己那一頭，此須何等低退之意，謙遜之德，始克覬此境界。然非如此，又何得稱為學者？

同卷又一書云：

讀書如論孟，是直說日用眼前事，文理無可疑。先儒說得雖淺，卻別無穿鑿壞了處。如詩、易之類，則為先儒穿鑿所壞，使人不見當來立言本意。此又是一種功夫，直是要人虛心平氣，本文之下打疊交空蕩蕩地，不要留一字。先儒舊說，莫問他是何人所說，所尊所親，所憎所惡，一切莫問，而惟本文本意是求，則聖賢之指得矣。若於此處先有私主，便為所蔽，而不得其正。此夏蟲井蛙，所以卒見笑於大方之家也。

此書說來又見放低退後之至。然而此等境界正是難可企及。要人在書上「本文之下打疊教空蕩蕩地」，此乃虛之至，平之至。虛心平氣，即是一大修養。如此乃可來讀書。亦復在讀書上可得此修養。朱子於詩、易均所潛心，自己是過來人，故能道出此中甘苦。至如論孟，如朱子說法，固是易讀。朱子常教人先讀此兩書。然朱子畢生化費在此兩書上之工夫，實遠較其化費在詩、易兩書上者為既大且深。孔子以下，惟朱子乃為千古一最善讀書人，此語當不為誣。

文集卷五十三答劉季章有云：

讀書且要虛心平氣，隨他文義體當，不可先立己意，作勢硬說，只成杜撰，不見聖賢本意也。

又一書有云：

讀書只隨書文訓釋玩味，意自深長。今人卻是背卻經文，橫生他說，所以枉費工夫，不見長進。蓋理無不具，一事必有兩途。今纔見彼說晝，自家便尋夜底道理反之。各說一邊，互相逃閃，更無了期。今人問難，往往類此，甚可笑也。

先立己意，橫生他說，皆是心不虛，氣不平，不肯退後，先蹉過了別人的，急要表曝自己的。如此讀書，並不是在學問，宜其不會有長進。只是憑着書本，橫添出自己許多話頭而已。

卷五十五答李守約有云：

讀書之法無他，惟是篤志虛心，反復詳玩，為有功耳。近見學者多是率然穿鑿，便為定論。或即信所傳聞，不復稽考。所以日誦聖賢之書，而不識聖賢之意。其所誦說，只是據自家見識撰成耳，如此豈復能有長進。

又卷三十九答范伯崇有云：

文定云：「好解經而不喜讀書，大抵皆是捉住一箇道理，便橫說豎說，都不曾涵泳文理，極有說不行處。」

又一書云：

務以智力探取，全無涵養之功，所以至此，可以為戒。

不能虛心涵泳文理，認取書中古人意見，只憑自己智力來探取，實則是憑自己意見來杜撰穿鑿，如此則永遠是他自己原有見識，何從而得長進。有意提高，終是提不高。有意向前，終是上不前。何如且放低，且退後，先虛己心，篤志研玩，先使有一入處之為安穩貼當乎？所謂溫故知新，其實只是如此。

卷六十二答張元德有云：

大抵讀書須且虛心靜慮，依傍文義，推尋句脈，看定此句指意是說何事，略用今人言語襯帖替換一兩字，說得古人意思出來，先教自家心裏分明歷落，如與古人對面說話，彼此對答，無一言一字不相肯可，此外都無閑雜說話，方是得箇入處。怕見如此，棄卻本文，肆為浮說，說得郎當，都忘了從初因甚話頭說得到此，此最學者之大病也。

又一書云：

大抵讀書求義，寧略毋詳，寧疏毋密，始有餘地。但於所讀之書，經文注腳，記得首尾通貫浹洽，方有可玩繹處。如其不然，泛觀雜論，徒費日月，決無所益也。

此兩書教人讀書，可謂平實之至，詳密之至，亦是放低退後之至。學者怕見如此，則讀書永無入處。又況其好為穿鑿，好為違反，競申己見，則一切書亦將無奈我何也。伊川則曰：「學者多蔽於解釋注疏，不須用功深。」又曰：「學者須是玩味，若以語言解著，意便不足。」此處見伊川與朱子兩人間對於教人讀書方法，意向輕重微有不同。伊川為怕人困於解釋注疏，戒人勿在此深下工夫。伊川為不喜前人解釋注疏，乃教人須是玩味，勿以言語去解。是則留情傳注，著意精微，伊川已早戒之。朱子則教人讀書須依傍文義，推尋句脈，雖不是要人留情傳注，但傳注亦自有不可忽處。朱子又教人略用今人言語襯帖替換出書上一兩字來，好說得古人意思出，好使自家心裏分明歷落，此又與只是玩味，不以言語解著者有別。此乃朱子深見程門以下迄其當時之學風流弊而思有以矯之。抑且不僅為矯時弊，讀書正法固當如是，亦非朱子之必欲求異於程門也。讀者由此細闡，乃可見朱子之學風。但若一意只在依傍文義，推尋句脈上，則又決非朱子所許。

卷五十四答陳抑之有云：

玆承枉書，陳義高遠，熹之愚，何敢當之。然曩亦嘗有聞於先生長者矣。勤勞半世，汩沒於章句訓詁之間，黽勉於規矩繩約之內，卒無高奇深眇之見，可以驚世而駭俗者。獨幸年來，於聖賢遺訓，粗若見其坦易明白之不妄而必可行者。私竊以為儻得當世明達秀穎之士，相與講之，抑彼之過，彊此之不及，吾道庶其明且行乎？

此處自謂汩沒於章句訓詁之間，其實正是朱子教人讀書工夫主要所在。讀者試通觀上引各書，自可識其意趣。

卷五十二答吳伯豐有云：

近日看得讀書別無他法，只是除卻自家私意，而逐字逐句，只依聖賢所說，白直曉會。不敢妄亂添一句閑雜言語，則久久自然有得。凡所悟解，一一皆是聖賢眞實意思。如其不然，縱使說得寶花亂墜，亦只是自家杜撰見識也。

此處提出「白直曉會」四字，切當體究。此乃虛心之極，能除卻自己私意，只於章句訓詁細下工夫，乃始可得此白直之曉會也。

卷六十四答謝與權有云：

熹學晚無似，徒以少日習聞父兄師友之訓，稍知用力於句讀文義之間。區區自守，固不敢坐談玄奥，驚世駭俗，以負所聞也。

苟非先用力於句讀訓詁文義，而自立己意，橫生他說，穿鑿杜撰，坐談玄奥，以求驚世駭俗，斯何得有白直之曉會乎？

語類有一條云：

某如今看來，惟是聰明底人難讀書，難理會道理。蓋緣他先自有許多一副當，聖人意思自是難入。（一三九）

朱子可謂自古一大聰明人，其言如此，凡聰明人皆當警惕。

又文集卷五十二答吳伯豐有云：

若看大學，則當且專看大學，如都不知有它書相似。逐字逐句，一一推窮。逐章反覆，通看本章血脈。全篇反覆，通看一篇次第。終而復始，莫論遍數。令其通貫浹洽，顛倒爛熟，無可得看，方可別看一書。今方看得一句大學，便已說向中庸上去，如此支離蔓衍，彼此迷暗，互相連累，非惟不曉大學，亦無功力別可到中庸矣。況所比較，初無補於用力之意，徒然枉費心力，閑立議論，翻得語言轉多，卻於自家分上轉無交涉，不可不察也。

朱子教人讀書，主要在從書中識得古人意思，故首要虛心，次要從書中文字白直曉會，三則要專一。如聽人說話，須聽一人說後，再聽別一人。如東聽一句，西聽一句，何從聽得說話人意思所在。

卷五十四答劉仲則有曰：

讀書惟虛心專意，循次漸進，為可得之。如百牢九鼎，非可以一嘬而盡其味也。

此「虛心專意、循次漸進」八字，可謂是朱子教人讀書最扼要語。抑朱子教人讀書，亦非專務記誦，此則亦當善會。

卷四十六答黃仁卿有曰：

不論看書與日用功夫，皆要放開心胸，令其平易廣闊，方可徐徐旋看道理，浸灌培養。切忌合下便立己意，把捉得太緊了，即氣象急迫，田地隘隘，無處著功夫。此非獨是讀書法，亦是仁卿分上變化氣質底道理也。

然則讀書即是一種日用工夫，浸灌培養，可以變化氣質。此須放開心胸，非專意為讀書者可知，亦非急迫以求效者可能。

卷四十五答胡寬夫有云：

示喻數條，足見別後進學之篤。大概如此看，更須從淺近平易處理會，應用切身處體察，漸次接續，勿令間斷，久之自然意味浹洽，倫類貫通。切不可容易躁急，厭常喜新，專揀一等難理會無形影底言語，暗中想像，杜撰穿鑿，枉用心神，空費日力。更勿與人辨論釋氏長短。自家未有所見，判斷它不得。況廢卻自家合做底緊切功夫，卻與人爭一場閑口舌，有損無益，尤當深戒。

又曰：

學者之患，在於好談高妙，而自己脚根卻不點地，正所謂「道在邇而求諸遠，事在易而求諸難」也。千萬息卻此心，且就日課中逐些理會，慤實踐履，方有意味。

讀書固不當先與書中人意見違反爭辯，但亦勿與其他人辨長論短。自家先做緊切工夫，確立基址，此亦日常踐履之一端。

卷四十四答江德功有曰：

今日德功病痛，卻是日用之間，自己分上，更不曾實下功夫，而窮日夜之力以為穿鑿附會之計，此是莫大之害。正使撰得都是，亦無用處，不得力，況其乖戾日甚一日，豈不枉費功夫，虛度光陰，不惟無益，而反有害乎？熹之鄙意，竊願德功放下日前許多玄妙骨董，即就日用存主應接處實下工夫，理會箇敬肆義利是非得失之判。若要讀書，即且讀語孟詩書之屬，就平易明白，有事迹可按據處，看取道理體面，涵養德性本原，久之漸次踏著實地。即此等說話，須自見得黑白，不須如此勞心費力矣。

朱子教人讀書，固是針對當時學弊。然此種學弊，亦不盡於當時而已，乃亦時時有之，此貴讀朱子書者之善自警惕也。

又一書曰：

學者以玩索踐履為先，不當汲汲於著述。既妨日用切己工夫，而所說又未必是，徒費精力。此區區前日之病，今始自悔，故不願賢者之為之也。

又一書曰：

方纔撥冗看得一過，便敢遽然立論，恐不但解釋文義有所差錯，且是氣象輕淺，直與道理不相似。願且放下此意思，將聖賢言語反覆玩味，直是有不通處，方可權立疑義，與朋友商量，庶幾稍存沉浸醲郁氣象，所繫實不輕也。

遽然立論，汲汲著述，此即先立己意，橫生他說，穿鑿杜撰，馳心高妙，務為驚世駭俗者之所為，非真有意於讀書求長進者所宜爾也。

文集卷五十八答王欽之有云：

所須問目，竊謂不必如此。但取一書，從頭逐段子細理會，久之必自有疑有得。若平時泛泛，都不着實循序讀書，未說義理不精，且是心緒支離，無箇主宰處，與義理自不相親。又無積累功夫，參互考證，驟然理會一件兩件，若是小小題目，則不足留心。擇其大者，又有躐等之弊，終無浹洽之功。

是則不論義理與考證，皆當以逐一書着實循序讀之為基礎。

文集卷四十九答林伯和有云：

人心之病，不放縱即昏惰。如賢者必無放縱之患，但恐不免有昏惰處。若日用之間，務以整齊嚴肅自持，常加警策，即不至昏惰矣。講學莫先於語孟，而讀論孟者，又須逐章熟讀，切己深思。不通，然後考諸先儒之說以發明之。如二程先生說得親切處，直須看得爛熟，與經文一般，成誦在心，乃可加省察之功，蓋與講學互相發明。但日用應接思慮隱微之間，每每加察。其善端之發，慊於吾心而合於聖賢之言，則勉厲而力行之。其邪志之萌，愧於吾心而戾於聖賢之訓，則果決而速去之。大抵見善必為，聞惡必去，不使有頃刻悠悠意態，則為學之本立矣。異時漸有餘力，然後以次漸讀諸書，旁通當世之務，蓋亦未晚。今不須預為過計之憂，以失先後之序也。

此書所云，剴切明白。其教人讀書，莫先於以語孟為主，以身心日用踐履涵養為要。待其於義理有體會，於德性有基礎，然後再求擴大旁通，以及於經世幹濟。本末次第，循序漸進。朱子自身為學，便是一好榜樣。固非好為高妙，或隨世同俗之比。

卷五十六答陳師德有云：

讀書之法，要當循序而有常，致一而不懈。從容乎句讀文義之間，而體驗乎操存踐履之實。然後心靜理明，漸見意味。不然，則雖廣求博取，日誦五車，亦奚益於學哉？

此書前四句，可懸為朱子教人讀書之格言。朱子屢以博學教人，然博學亦有次第，試於此書細參。

又卷四十答程允夫有云：

吾弟明敏，看文字不費力，見得道理容易分明。但似少卻玩味踐履功夫，與自家身心無干涉，所以滋味不長久，纔過了便休。反不如遲鈍之人，多費工夫，方看得出者，意思卻久遠。此是本原上一大病，非一詞一義之失也。記得向在高沙，因吾弟說：覺得如此講論都無箇歸宿處。曾奉答云：「講了便將來踐履，即有歸宿。」此語似有味，更告思之。

朱子教人讀書，屢言玩味踐履，此書可細參。

卷五十四答路德章云：

大抵是日前為學，只是讀史傳，說也變，其治經亦不過是記誦篇節，向外意多。而未嘗反躬內省，以究義理之歸。故其身心放縱，念慮粗淺，於自己分上無毫髮得力處，此亦從前師友與有責焉。

又卷四十七答呂子約有云：

孟子言學問之道惟在求其放心，程子亦言「心要在腔子裏」。今一向耽著文字，令此心全體都奔在冊子上，更不知有己，便是箇無知覺不識痛癢之人。雖讀得書，亦何益於吾事耶？

此於徒務記誦，泛覽博觀之害，亦已告誡叮嚀。然主要能側重於玩味踐履，則固不患有所謂支離陸沉之病。此書陽明錄入晚年定論，然考朱子所自言者，其晚年實專務教人子細讀書，語詳本篇下。不讀書與子細讀書其間實有一大界劃，不可不細辨也。

又卷三十九答柯國材有云：

學者患在不明此理而取決於心。夫心，何常之有。好高者已過高矣，而猶患其卑。滯於近者已太近矣，而猶病其遠。此道之所以不明不行，而學者所以各自為方而不能相通也。前此以陳、許二友好為高奇，喜立新說，故常因書箴之。蓋因其病而藥之，非以為凡講學者皆當畫於淺近而遂止也。然觀聖賢之學，與近世諸先生長者之論，則所謂高遠者，亦不在乎創意立說之間。伊川云：「吾年二十時，解釋經義，與今無異，然思今日意味，覺得與少時自別。」又尹和靖門人稱：「尹公於經書不為講解，而耳順心得，如誦己言。」此豈必以創意立說為高哉！大概讀書，且因先儒之說，通其文義而玩味之，使之浹洽於心，自見意味可也。如舊說不通，而偶自見得別有意思，則亦不妨。但必欲於傳注之外別求所謂自得者，而務立新說，則於先儒之說，或未能究而遽舍之矣。如此則用心愈勞，而去道愈遠。恐駸駸然失天理之正，而陷於人欲之私，非學問之本意也。且謂之自得，豈可彊求。今人多是認作獨自之自，故不安於他人之說，而必己出耳。

此書所言，極為剴切明白。朱子意中，自有對讀書一番高遠境界，乃在能將書中義理浹洽於心，此始是自得，而非創意立說之謂。伊川言：「學莫貴於自得。」非在外也，故曰自得。所得固在內，而所從得之則有不盡在內者。當時學者乃欲盡摒外面一切以務求其自得，陸學教人亦有此意，故曰「留情傳注飜榛塞」也。書首辨心即理，可謂要言不煩。

同卷答許順之有云：

大抵文義，先儒盡之。古今人情不相遠，文字言語只是如此。但有所自得之人，看得這意味不同耳。其說非能頓異於衆也。不可只管立說求奇，恐失正理，卻與流俗詭異之學無以異也。

又卷五十二答吳伯豐有云：

此亦有十數朋友，然極少得會看文字者。不免令熟看註解，以通念為先，而徐思其義。只尋正義，毋得支蔓，似方略有頭緒。然卻恐「變秀才為學究」，又不濟事耳。

此則所謂「扶得醉人東來西又倒」，朱子亦非不知。然大匠不為拙工改廢繩墨，羿不為拙射變其彀率；君子中道而立，能者從之。此在乎學者之自勉。

文集卷七十四有讀書之要一篇，提出「循序漸進、熟讀精思」八字，其言「循序漸進」則曰：

以論孟二書言之，則先論而後孟，通一書而後及一書。以一書言之，則其篇章文句首尾次第，亦各有序，不可亂也。量力所至，約其程課而謹守之，字求其訓，句索其旨。未得乎前，則不敢求其後。未通乎此，則不敢志乎彼。如是循序而漸進焉，則意定理明，而無疏易凌躐之患矣。是不惟讀書之法，是乃操心之要，尤始學者之不可不知也。

其言「熟讀精思」則曰：

論語一章不過數句，易以成誦。成誦之後，反復玩味於燕閒靜一之中，以須其浹洽可也。孟子每章或千百言，反復論辨，雖若不可涯者；然其條理疏通，語意明潔，徐讀而以意隨之出入，往來以十百數，則其不可涯者，將可有以得之於指掌之間矣。大抵觀書先須熟讀，使其言皆若出於吾之口，繼以精思，使其意皆若出於吾之心，然後可以有得爾。至於文義有疑，衆說紛錯，則亦虛心靜慮，勿遽取舍於其間。先使一說自為一說，而隨其意之所之以驗其通塞，則其尤無義理者，不待觀於他說而先自屈矣。復以衆說互相詰難，而求其理之所安，以考其是非，則似是而非者，亦將奪於公論而無以立矣。大抵徐行却立，處靜觀動，如攻堅木，先其易者，而後其節目。如解亂繩，有所不通，則姑置而徐理之，此讀書之法也。

又文集卷五十四答郭希呂有云：

知讀論孟不廢，甚善。且先將正文熟讀，就自己分上看，更考諸先生說有發明處者，博觀而審取之。凡一言一句有益於己者，皆當玩味。未可便恐路徑支離，而謂有所不必講也。

凡朱子教人讀書之法，率具如此矣。故曰：初視若為大拙大愚，而實啟大巧大智之鍵；初視若為至鈍至緩，而實蘊至利至捷之機也。朱子本人學問思想之所造詣，正足為其最堅強之證明。然朱子此等所教，苟非其人俱備種種心德，即難信守奉行。此諸心德，曰虛，曰平，曰專，曰恆，曰無欲立己心，無求速效心，無好高心，無務外心，無存驚世駭俗心，能放低，能退後，能息狂妄，能警昏惰。要之非俱此諸心德，即難信守朱子之所教。然朱子之教，亦即由此以期人之能自俱備此諸心德耳。故曰讀書與涵養踐履一以貫之也。

又文集卷五十二答吳伯豐有云：

元來道學不明，不是上面欠卻工夫，乃是下面元無根腳。若信得及，腳踏實地，如此做去，良心自然不放，踐履自然純熟，非但讀書一事也。

則讀書之與踐履涵養，本是一事。固不必廢書不讀，乃能眞實從事於踐履涵養也。

文集卷五十六答徐居厚有曰：

大病新復，正要將護。讀書度未能罷，且歇得數月亦佳。將來看時，亦且適意遮眼，自有意味。正不必大段著力記，當損人心力，使人氣血不舒，易生疾病。況古人之學，自有正當用力處。此等只是隨力隨分，開廣規模。若專恃此，亦成何等學問耶？

為學固不當廢讀書，但亦非專恃讀書以為學。清儒顏習齋謂朱子教人讀書，痿弱人身體，耗損人精神，其實朱子正亦以此戒人。習齋亦曾讀朱子書，而必立己見，創高論，不知其於垂教淑世，固是有當否耳。

又卷四十六答潘叔昌有云：

示喻天上無不識字底神仙，此論甚中一偏之弊。然亦恐只學得識字，卻不曾學得上天，即不如且學上天耳。上得天了，卻旋學上大人，亦不妨也。中年以後，氣血精神能有幾何，不是記故事時節。熹以目昏，不敢着力讀書，閒中靜坐，收斂身心，頗覺得力。間起看書，聊復遮眼。遇有會心處，時一喟然耳。

朱子同時如陸象山，朱子後世如顏習齋，皆對朱子教人讀書力加深斥。然自朱子言之，則如象山、習齋，乃是先教人上天，亦自不妨。惟教人上天後，亦不妨旋學上大人。故朱子包得象山、習齋，象山、習齋卻包不得朱子。

又卷四十四答江德功有云：

絶學捐書，是病倦後看文字不得。正緣前日費力過甚，心力俱衰，且爾休息。然亦覺意思安靜，無牽動之擾，有省察之功，非眞若莊生所謂也。

又卷四十六答潘叔度有曰：

熹衰病，今歲幸不至劇，但精力益衰，目力全短，看文字不得。瞑目閒坐，卻得收拾放心。覺得日前外面走作不少，頗恨盲廢之不早也。

又文續集卷一答黃直卿有云：

目疾不觀書，緣此看得道理亦漸省約，不成不讀書後便都無道理也。

上引與潘叔昌、叔度兩書，陽明皆録入朱子晚年定論，認為是朱子自悔所學，折從金溪之證。然此乃朱子晚年衰病中所言。若朱子主張自始即如此為學，則試問其人究將學成箇甚麼？

又文集卷四十一答程允夫有云：

若果有志，無書不可讀。但能剖析精微，翫味久熟，則眾說之異同，自不能眩，而反為吾磨礪之資矣。

又文續集卷二答蔡季通有云：

近覺讀書損耗心目，不如靜坐省察自己為有功，幸試為之。

此兩書意味若相反。前一書在早年，故云若果有志，無書不可讀。後一書在晚年衰病中，故云讀書耗損心目，不如靜坐。此亦隨分隨力之意。若壯歲專務靜坐省察，恐規模不能弘大。若晚節仍必以日誦五車為課業，此又豈朱子平日教人讀書之意。明道有言，「博觀泛濫，亦自為害」。若專拈此語立論，則象山應較朱子為尤近程門也。而朱子於兩宋理學家中所以獨為特出者亦在此。

又文集卷十四行宮便殿奏劄二有云：

為學之道，莫先於窮理。窮理之要，必在於讀書。讀書之法，莫貴於循序而致精。而致精之本，則又在於居敬而持志。此不易之理也。天下之事莫不有理，有以窮之，則自君臣之大，以至事物之微，莫不知其所以然，與其所當然，而無纖芥之疑。善則從之，惡則去之，而無毫髮之累。此為學所以莫先於窮理也。至論天下之理，則要妙精微，各有攸當。亘古亘今，不可移易。唯古之聖人為能盡之。而其所行所言，無不可為天下後世不易之大法。其餘則順之者為君子而吉，背之者為小人而凶。吉之大者，則能保四海而可以為法。凶之甚者，則不能保其身而可以為戒。是其粲然之跡，必然之效，蓋莫不具於經訓史冊之中。欲窮天下之理，而不即是而求之，則是正牆面而立爾。此窮理所以必在乎讀書也。若夫讀書，其不好之者，固怠忽間斷而無所成矣。其好之者，又不免乎貪多而務廣。往往未啟其端，而遽已欲探其終。未究乎此，而忽已志在乎彼。是以雖復終日勤勞，不得休息，而意緒匆匆，常若有所奔趨迫逐，而無從容涵泳之樂。是又安能深信自得，常久不厭，以異於彼之怠忽間斷而無所成者哉！孔子所謂欲速則不達，孟子所謂進銳者退速，正謂此也。誠能鑒此而有以反之，則心潛於一，久而不移。而所讀之書，文意接連，血脈通貫，自然漸漬浹洽，心與理會。而善之為勸者深，惡之為戒者切矣。此循序致精，所以為讀書之法也。若夫致精之本，則在於心。而心之為物，至虛至靈，神妙不測，常為一身之主，以提萬事之綱，而不可有頃刻之不存者也。一不自覺，而馳鶩飛揚以徇物欲於軀殼之外，則一身無主，萬事無綱，雖其俯仰顧盼之間，蓋已不自覺其身之所在，而況能反覆聖言，參考事物，以求義理至當之歸乎？孔子所謂「君子不重則不威，學則不固」，孟子所謂「學問之道無他，求其放心而已矣」者，正謂此也。誠能嚴恭寅畏，常存此心，使其終日儼然，不為物欲之所侵亂，則以之讀書，以之觀理，將無所往而不通。以之應事，以之接物，將無所處而不當矣。此居敬持志所以為讀書之本也。此數語者，皆愚臣平生為學艱難辛苦已試之效，竊意聖賢復生，所以教人，不過如此。不獨布衣韋帶之士所當從事，蓋雖帝王之學，殆亦無以易之。

甲寅，朱子年六十五。是年秋，光宗內禪，寧宗即位。寧宗在潛邸時，即聞朱子名，恨不得其為本宮之講官。至是乃內召，此劄備論讀書之道。朱子之告寧宗，與其告從學之徒，韋布之士，無以異也。此乃朱子晚年語，所謂「平生為學艱難辛苦已試之效」，言之剴切明白，誠凡學者所當深切體玩，服膺弗失也。

論語：子曰：「述而不作，信而好古，竊比於我老彭。」集注說之曰：

述，傳舊而已。作則創始也。故作非聖人不能，而述則賢者可及。竊比，尊之之辭。我，親之之辭。孔子刪詩書，定禮樂，贊周易，修春秋，皆傳先王之舊，而未嘗有所作也。故其自言如此。蓋不惟不敢當作者之聖，而亦不敢顯然自附於古之賢人。蓋其德愈盛而心愈下，不自知其辭之謙也。然當是時，作者略備。夫子蓋集羣聖之大成而折衷之。其事雖述，而功則倍於作矣。此又不可不知也。

此一段話，不啻乃朱子之自道。蓋孔子集古聖之大成，而朱子實集孔子以下諸賢之大成。學者必明其教人為學之意，乃可以明其教人讀書之法。凡鄙於述而必求為作者，皆未足以語夫此。

朱子論讀書法　中

在中國學術史上，博大精微兼而盡之，孔子以下，惟有朱子。孔子大聖，不當僅以學者論。抑且時代遠，其成學經過，已無法詳考。朱子時代近，其治學經過，猶可詳考而知。語類有讀書法兩卷，乃考論朱子治學經過一項至重要之材料。余既為朱子讀書法上篇，茲專拈語類中精要語，續為斯篇。

一

或曰：「讀書須是有精力。」至之曰：「亦須是聰明。」曰：「雖是聰明，亦須是靜，方運得精神。蓋靜則心虛，道理方看得出。」

讀書須精力，又須聰明，此義盡人皆知。朱子特提出一精神條件，即如何善為運用我之聰明與精力之條件，則曰靜。靜則心虛，更喫緊是在心虛上。

問：「易如何讀？」曰：「只要虛心以求其義，不要執己見。讀他書亦然。」

又曰：

心虛只是不執己見。若執己見讀書，所見將依然是己見，不會看出書中道理，於己無益。

看書不可將己見硬參入去。須是除了自己所見，看他冊子上古人意思如何。大抵義理須是且虛心，隨他本文正意看。

「且」字重要，「隨」字重要，「本文正意」四字更重要。如此讀書，看易實難。莊子云：「吾與之虛而委蛇。」心既虛，又要隨他書中曲折。

又曰：

近日看得後生，只是教他依本子識得訓詁文義分明為急。自此反復不厭，日久月深，自然心與理會，有得力處。

識得書上訓詁文義分明，又要反復不厭，此是讀書至要法門。

又曰：

從頭熟讀，逐字訓釋，逐句消詳，逐段反復，虛心量力，且要曉得句下文意，未可便肆己見，妄起浮論。

看前人文字，未得其意，便容易立說，殊害事。

凡讀書，先須曉得他底言詞了，然後看其說於理當否。今人多是心下先有一個意思了，卻將他人說話來說自家底意思。其有不合者，則硬穿鑿之使合。

讀書如問人事一般，欲知彼事，須問彼人。今卻不問其人，只以己意料度，謂必是如此。

又曰：

讀書若有所見，未必便是，不可便執着。且放在一邊，益更讀書，以來新見。

讀書縱有得，便執着，又成己見，心不虛。讀書工夫便於此截止。所謂新見，仍是反復再讀，或另讀一書時，有所見而已。反復有得有見，此始是自己學問長進。

又曰：

學者不可只管守從前所見，須除了方見新意。如去了濁水，然後清者出焉。

又曰：

濯去舊聞，以來新見。

上舉，乃朱子教人讀書最大主要綱領所在。以下再逐層分析反覆說之。

二

聖人言語，皆天理自然，本坦易明白在那裏。只被人不虛心去看，只管外面捉摸。及看不得，便將自己身上一般意見說出，把做聖人意思。

書上本文正意，本是坦白易明。不隨本文正意看，外面捉摸，何從見書中本意。

又曰：

牽率古人言語，入做自家意中來，終無進益。

牽率古人語，入做自家意中來，似乎自家意見更圓成。其實仍是自家意見，並無進益。只把古人書中本意忽略誤解了。

又曰：

讀書別無法，只管看，便是法。正如𢾺人相似，捱來捱去，自己卻未要先立意見，且虛心，只管看。看來看去，自然曉得。

讀書不能一看便曉。且再看，再反復看，舍此更無別法。

又曰：

須是胸次放開，磊落明快，恁地去。第一不可先責效。纔責效，便有憂愁底意。只管如此，胸中便結聚一餅子不散。今且放置閒事，不要閒思量，只專心去玩味義理，便會心精。心精便會熟。

讀書先責效，是大病。駿快者，讀一書未透，早已自立說，自謂讀書見效，其實是無所得。篤厚者，未肯遽立說，卻謂讀書不見效，反增愁憂，此是心不寬。主要在懂得先虛心，第一不要搶立說，第二不要問效驗。就書看書，只辨此一條心，故謂之心精。心精便是只有此一心。心精了，書自熟。看來看去，自然曉得。此法好像笨，如獃人相似。然看書，卻只此一法，只此一門，所謂大巧若拙。最獃最笨的，卻最聰明，最易見效。有志者，千萬莫忽此義。

又曰：

寬着心，以他說看他說。以物觀物，無以己觀物。

讀書須心靜，心寬，心虛，心精，其實只此一心。朱子讀書法，即是朱子格物法。就書看書，隨物格物，以他說看他說。如此看書，自明得書中道理。如此格物，也易明得物理。

或問：「讀書未知統要。」曰：「統要如何便會知得？近來學者，有一種則舍去冊子，卻欲於一言半句上便見道理。又有一種，則一向汎濫，不知歸着處。此皆非知學者。須要熟看熟思，久久之間，自然見個道理，四停八當，而所謂統要者，自在其中矣。」

心急要求統要，此是心不寬。有些人，求於一言半句上即見出統要來。此如初格一物，便要明盡天理。其實只是己見。但放開心，不責效，又易泛濫，一書看了又一書，一物放過又一物，到底還是無所得。須熟看熟思，儘在此書上多捱，捱得自然有得也。

又曰：

大凡人讀書，且當虛心一意，將正文熟讀，不可便立見解。看正文了，卻着深思熟讀，便如己說，如此方是。今來學者，一般是專要作文字用，一般是要說得新奇，人說得不如我說得較好。此學者之大病。譬如聽人說話一般，且從他說盡，不可勦斷他說，便以己意見抄說。若如此，全不見得他說是非，只說得自家底，終不濟事。須如人受詞訟，聽其說盡，然後方可決斷。近日看得讀書別無他法，只是除卻自家私意，而逐字逐句只依聖賢所說，白直曉會。不敢妄亂添一句閒雜言語，則久久自然有得。

此條「白直」兩字最緊要。不要妄添注腳，不要曲折生解。書上如何說，便依他如何說，這是白直。只有如此，纔有真曉會。

上引諸條，是朱子教人讀書第一步。讀書須先知曉書中說些什麼，便是學問有得，便是我增長了一番知識也。

三

又曰：

讀書且就那一段本文意上看，不必又生枝節。看一段，須反復看來看去，要十分爛熟，方見意味，方快活。令人都不愛去看別段，始得。人多是向前趲去，不曾向後反復。只要去看明日未讀的，不曾去紬繹前日已讀底。須翫味反復始得。用力深，便見意味長，意味長便受用牢固。

讀書先要白直曉會，此事看易實難。既須靜心、寬心、虛心、精心，又須紬繹反復，翫味爛熟，乃得。讀書如交友，交友熟，自然意味深，緩急有所恃。人遇熟友，自然心下快活。只想向前趲，亦是心不靜。懂得向後反復，纔有基址可守，纔有業績可成。朱子此一段話，眞值深深玩味。

又曰：

看文字，須子細。雖是舊曾看過，重溫亦須仔細。每日可看三兩段。不是於那疑處看，正須於那無疑處看，蓋工夫都在那上也。

讀書貴白直曉會，又貴能不旁生枝節，又貴能於無疑處仔細用工。此等情況，都當向自己心上求。此即是修心養性，讀書做人，打成一片也。朱子教人讀書，同時教了人如何修心做人，亦所謂吾道一以貫之。

又曰：

只是要人看無一字閒。那個無緊要底字，越要看。自家意裏說是閒字，那個正是緊要字。

此條意義深長。如此纔能白直曉會到極深處，纔能受用牢固。

又曰：

讀書須讀到不忍舍處，方是見得眞味。若讀之數過，略曉其義，即厭之，欲別求書看，則是於此一卷書，猶未得趣也。

讀書不要只顧自己發意見。朱子教人讀書，只重在教人曉了別人意見，趣味自長。未得眞趣味，則不會有不忍捨之一境。

又曰：

某舊日讀書，方其讀論語時，不知有孟子。方讀學而第一，不知有為政第二。今日看此一段，明日且更看此一段。看來看去，直待無可看，方換一段看。如此看久，自然洞貫，方為浹洽。時下雖是鈍滯，便一件了得一件，將來卻有盡理會得時。若撩東劄西，徒然看多，事事不了。日暮途遠，將來慌忙，不濟事。李先生云：「一件融釋了後，方更理會一件。」

此處朱子教人以最鈍滯法，實是最快捷最聰明法。朱子讀書最多，學問最廣，事事理會，件件精通，融釋浹洽，無不洞貫。此是過來人以金針度人也。

又曰：

讀書不貴多，只貴熟。

今試為朱子此條下一轉語，讀書能熟自能多。如朱子本人便是一好例。若一向貪多，不求熟，則到頭茫然，只如一書未讀。

又曰：

泛觀博取，不若熟讀而精思。

讀十通，與讀一通時終別。讀百通，與讀十通終自不同。

讀書須是窮究道理徹底。如人之食，嚼得爛，方可嚥下，然後有補。

如喫飯，便將此口飯反復咀嚼，自然有味也。輕易吞下，不僅少味，抑且病胃，從此再不喜食。

又曰：

大凡看文字，少看熟讀，一也。不要鑽研立說，但要反復體驗，二也。埋頭理會，不要求效，三也。

此為朱子教人讀書三大綱。

又曰：

少看熟讀，反復體驗，不必想像計獲。只此三事，守之有常。

讀書不可貪多，常使自家力量有餘。須看得一書徹了，方再看一書。

看得一書徹，是我力量能到處。時時只看一書看得徹，自會覺得力量有餘。若遽要博極羣書，遽要學窮精微，便心慌意亂。當知只有看得一書徹，纔是博極羣書法，亦纔是學窮精微法。一書都看不徹，遑論其他。

又曰：

凡讀書，且須從一條正路直去。四面雖有可觀，不妨一看，然非是緊要。

一條正路直去，便是對此書求白直曉會也。不善讀書者，逐步四處分心。譬如行路，東眺西望，不直向前。如此讀書，便是心下不靜，慌張跳動，意見橫出，趣味索然矣。

又曰：

東坡教人讀書，每一書皆作數次讀之。當如入海，百貨皆有，人之精力，不能兼收盡取，但得其所欲求者爾。故願學者每次作一意求之。如欲求古今興亡治亂，聖賢作用，且只作此意求之，勿生餘念。又別作一次求事迹文物之類，亦如之。他皆放此。若學成，八面受敵，與慕涉獵者不可同日而語。

又曰：

慕涉獵，只是浮光掠影。處處周到，乃能八面受敵。此甚不同。

學記曰：「善問者如攻堅木，先其易者，後其節目。」所謂「攻瑕則堅者瑕，攻堅則瑕者堅」。不知道理好處，又卻多在平易處。

如此讀書，眞是平易，人人盡能。然其陳義之深美，卻使人終身研玩不盡。即做人亦然，最美好處，總在最平易處。

又曰：

讀書不可以兼看未讀者，卻當兼看已讀者。

此所謂兼，謂方讀一書，旁及他書，同時兼讀。兼讀已讀書，有受用。兼讀未讀書，只是分心。

又曰：

讀書只要將理會得處反復又看。

讀書不貴多，貴使自己精力有餘，貴能於自己理會得處反復又看，貴能於那無疑處看，貴在自己看若無緊要處閒處用工夫，貴先其易者，貴兼看已讀過的書，卻不宜兼看未讀過的書。此等皆朱子教人讀書祕訣。可謂金針度盡，風光狼藉，更無餘蘊矣。

上引諸條，可謂朱子教人讀書之第二步。若學者先辨得一片虛心，又能少讀熟讀，漸得趣味，到不忍舍處，此即是學問正確入門也。

四

或問：「看文字，為眾說雜亂，如何？」曰：「且要虛心，逐一說看去。看得一說，卻又看一說。看來看去。是非長短，皆自分明。」

眾說雜亂，已是讀書漸多後始知之。然仍只有虛心，逐說理會，更無他法。若眞能虛心逐說理會，自見眾說各有是非長短，此非自己立說，將己見硬參入去之謂。學者到此境界，當自辨之。

又曰：

讀書須看上下文意，不可泥著一字。如揚子「於仁也柔，於義也剛」，到易中又將剛配仁，柔配義。如論語：「學不厭，智也。教不倦，仁也。」到中庸又謂：「成己，仁也。成物，智也。」此等，須是各隨本文意看，便自不相礙。

眾說雜亂，只各隨本文意看，使其不相礙。到此，心胸自開，意味自長。若硬要將自己意見參入，孰是孰非，執一廢百，只增長了自己意氣，於學問無涉。

又曰：

且依文看，逐處各自見個道理，久之自然貫通。

能逐處各依文看之，便見各自有個道理。不僅不相礙，久之自會通。此是自己學問長進，卻非先出己見來判斷衆說。

又曰：

凡看文字，諸家說有異同處，最可觀。如甲說如此，且撏扯住甲，窮盡其詞。乙說如此，且撏扯住乙，窮盡其詞。兩家之說既盡，又參考而窮究之，必有一眞是者出矣。

又曰：

讀書至是，不容得讀者不拿出眞見來。然仍是虛心逐一書白直曉會後，眞見自出。非是外面捉摸，不徹了書中本意，卻硬把己意牽說曲說。

又曰：

「學者讀書，須是於無味處當致思焉。至於羣疑並興，寢食俱廢，乃能驟進。」因歎：「驟進二字最下得好，須是如此。若進得些子，或進或退，若存若亡，不濟事。如用兵相殺，爭得些兒，小可一二十里地，也不濟事。須大殺一番，方是善勝。」

正因不先立己見，故至羣疑並興；正因羣疑並興，故須苦苦大殺一番。若一向以己意衡評一切，信己不信人，如入無人之境，將不見有敵，何待有廝殺？學者當善體此意。莫謂不管事情曲折，不辨義理精微，只肆意一口罵盡古人，便是大殺善勝也。

又曰：

看文字須是如猛將用兵，直是鏖戰一陣。如酷吏治獄，直是推勘到底。決是不恕他方得。

若眞是不恕他，便須將他書中所説，細看熟看，連無疑處，無味處，不緊要處，閒處，逐一依他睚，睚來睚去方得。所謂猛將酷吏，前面必有難勝強敵，難斷疑獄，始見本領。初學人驟難到此境界，萬勿輕肆己見，遽自認為如猛將酷吏也。

又曰：

看文字如捉賊，須知道盜發處，自一文以上，贓罪情節，都要勘出。若只描摸個大綱，縱使知道此人是賊，卻不知何處做賊。

學問至此，義理考據，一以貫之矣。近代學者，未讀宋儒書，便謂宋儒只講義理，不務考據。其所講義理，只憑主觀，不求客觀。此正如判人作賊，卻全不勘其贓罪情節。

又曰：

今世上有一般議論，成就後生懶惰。如云不敢輕議前輩，不敢妄立論之類，皆中怠惰者之意。前輩固不敢妄議，然論其行事之是非何害？固不可鑿空立論，然讀書有疑，有所見，自不容不立論。其不立論者，只是讀書不到疑處耳。

讀書先貴徹了，徹了多後自會疑，疑後自有見。有所見，自不容不立論。此是讀書循序漸進必有之境界。朱子教人讀書且虛心，並非要人讀書老是無主見。今世上卻另有一般議論，成就後生惰懶。如云：莫讓人牽著鼻子走，莫輕信前人，須自出手眼之類。此亦中怠惰者之意。因此可以不細心讀書，縱我對此書未徹了，不妨對此書作批評也。

又曰：

讀書無疑者，須教有疑。有疑者卻要無疑。到這裏，方是長進。

自無疑到有疑，是一進。自有疑到無疑，又是一進。如此循環，乃可進進不休。

又曰：

讀書須是看着他那縫罅處，方尋得道理透徹。若不見得縫罅處，無由入得。看見縫罅時，脈絡自開。

又曰：

此條教人用心，在求對此書道理透徹。今人教人看書中罅縫，卻是教人專尋書中破綻，並不教人對此書透徹。此中大有辨。

又曰：

看文字，且依本句，不添字。那裏原有縫罅，如合子相似，自家只去抉開。不是渾淪底物硬去鑿。亦不可先立說，牽古人意來湊。

讀書覓罅縫，略如今人所謂之分析。先立說，硬去鑿，只是己見，與書不相涉。

又曰：

學者初看文字，只見個渾淪物事。久久看作三兩片，以至於十數片，方是長進。

此即看出罅縫也。看出罅縫，只如打開合子，看出那書中所蘊義理體統，脈絡分明，則道理透徹矣。

此是求瞭解，不是求推翻打倒。

又曰：

> 熟讀後，自有窒礙不通處，是自然有疑，方好較量。今若先去尋個疑，便不得。

讀書生疑，乃自虛心熟讀來。今要人先抱了疑再去讀那書，自謂莫給他牽着我鼻子走，譬如先疑心他是賊，再來和他打交道。如此讀書，深閉固拒，永無進益，又何苦來。

又曰：

> 大抵今人讀書不廣，索理未精，乃不能致疑，而先務立説，此所以徒勞苦而少進益也。學者須是多讀書，使互相發明，事事窮到極致處。

朱子教人讀書不貴多，卻又怪人讀書不廣。朱子教人讀書須白直曉會，卻又怪人索理未精。此等處，大可深味。是亦朱子語中罅縫處，讀者正貴由此生疑，由此透入。但不是教我們先疑了他話，又如何體會到他話中之深意？

上引諸條，可謂朱子教人讀書之第三步。學者至此，讀書廣，索理精，殆已達於成學階段矣。

五

又曰：

讀書之法，須是用工去看。先一書費許多工夫，後則無許多矣。始初一書，費十分工夫，後一書費八九分，後則費六七分，又後則四五分矣。

又曰：

讀書須用獃人揑法，到後卻博學多通，成為唯一捷徑。

文字大節目，痛理會三五處，後當迎刃而解。學者所患，在於輕浮，不沉着痛快。

輕浮故不沉着，不沉着故不痛快。今之狂昧者，又誤以輕浮為痛快，因此終身無入頭處。是皆不肯先虛心痛理會之過。

又曰：

讀書須是徧布周滿。某嘗以為寧詳毋略，寧下毋高，寧拙毋巧，寧近毋遠。

此又是朱子教人讀書四大綱。若眞能詳能下能拙能近，自然沉着痛快矣。縱使後面迎刃而解，仍當普遍周滿，不許有些小輕浮。

又曰：

讀書而不能盡知其理，只是心粗意廣。

心粗意廣便輕浮。縱有聰明精力，皆無所運使。心粗便意廣，意廣便心粗，兩者亦互為因果。

又曰：

今人看文字，多是以昏怠去看，所以不仔細。故學者且於靜處收拾，教意思在裏，然後虛心去看，則其義理未有不明者也。

昏是不聰明，怠是無精力。實則是心粗意廣，輕浮，不沉着，故使聰明精力無處使，遂成昏怠。先於靜處收拾，讓自己意思在裏面了，再去看書。此仍是「靜則心虛，道理方看得出」之意。

又曰：

今人所以讀書苟簡者，緣書皆有印本，多了。

讀書苟簡之病，愈後愈甚。苟簡了，則聰明精力皆退。苟簡引起昏怠，昏怠亦引起苟簡，亦仍是互為因果。然近世書皆有印本，多了，是一事。讀書苟簡，是另一事。幸學者勿以朱子此條自恕。

又曰：

看文字，須大段著精采看，聳起精神，樹起筋骨，不要困，如有刀劍在後一般。

著精采看，便是聰明精力齊用。若懂得寧詳寧下寧拙寧近，自然能著精采。能著精采看，自能不輕浮，不苟簡，不昏怠，而聰明精力汩汩然俱來矣。此等處，須學者善體。

又曰：

人言讀書當從容翫味，此乃自怠之一說。譬之煎藥，須是以大火煑滾，然後以慢火養之，卻不妨。

讀書須先懂得大火煑，待滾後，然後可用慢火養。此是至要法門。如何是大火煑，如何是慢火養，讀者細參上引各條，當自知之。

又曰：

某最不要人摘撮看文字，須是逐一段一句理會。

今人讀書多是摘撮，不肯逐段逐句理會，此屬大病。犯了此一病，上述朱子教人讀書法，種種都用不上，可歎。

又曰：

編次文字，須作草簿抄記項頭，如此則免得用心去記他。

鈔寫筆記與讀書是兩項工夫，然亦非摘撮看文字。今人誤以鈔寫筆記當作讀書工夫，又以摘撮當編次，便永是苟簡，決不能沉着痛快。

又曰：

寬着期限，緊着課程。

此是朱子教人讀書最要工夫。須通參本篇前後所引各條，乃可曉會。

又曰：

須是緊着工夫，不可悠悠。又不須忙。只常抖擻得此心醒，則看愈有力。

朱子教人讀書工夫，即是養心工夫，又即是處事工夫也。養得此心，自能讀書，自能處事。然此心又須在讀書處事上養。所謂内外交相養，吾道一以貫之也。

又曰：

小作課程，大施工力。

此又是朱子教人讀書最要工夫。課程縮小，便不犯意廣之病。工力加緊，便不犯昏怠之病。大施工力，便不心粗。寬着期限，便不苟簡。

又曰：

如會讀得二百字，只讀得一百字，卻於百字中猛施工夫理會，子細讀誦教熟。

如此讀書，則斷無聰明不够，精力不足之患。自然著精采，自然長意味，自然生理解。此即所謂「寬着期限，緊着課程」，「小作課程，大施工力」也。

又曰：

如今日看得一板，且看半板，將那精力來更看前半板。

此是讀書祕訣，盼天下聰明人切記。

又曰：

如射弓，有五斗力，且用四斗弓，便可拽滿，己力欺得他過。

讀書人千萬莫將自己意見淩駕在書本上，但卻不要將自己聰明精力遠落在書本後。能循此求之，讀一書，必有一書之得。一書既得，便可漸及羣書。

上引諸條，乃是朱子教人讀書，如何運用自己聰明精力處，亦是如何養心，如何格物窮理處。可以小做，可以大成。徹始徹終，都使用得。學者當以此入門下手，亦即以此到達終極境界，無二訣也。

六

又曰：

曾見有人說詩，問他關雎篇，於其訓詁名物全未曉，便說「樂而不淫，哀而不傷」。某因說與他道，公而今說詩，只消這八字，更添「思無邪」三字，共成十一字，便是一部毛詩了。其他三百篇，皆成渣滓矣。因憶頃年見汪端明，說沈元用問和靖：「伊川易傳何處是切要？」尹云：「『體用一源，顯微無間』，此是切要處。」後舉似李先生。先生曰：「尹說固好，然須是看得六十四卦三百八十四爻都有下落，方始說得此話。若學者未曾仔細理會，便與他如此說，豈不誤他！」某聞之悚然。始知前日空言無實，不濟事。自此讀書益加詳細云。

此條極重要，近人尤多犯此病。譏宋儒空洞，不憑考據，空談義理，其實宋儒何嘗如此，而近人卻自多犯了高心空腹，游談無根之病。批評中西文化思想，其實多是空洞，不憑考據，自發議論，其病遠超宋儒之上。論其病根，則正在讀書方法上。朱子此條，更是倍見重要。

又曰：

讀六經時，只如未有六經，只就自家身上討道理，其理便易曉。

此條尤喫緊。不要把自家意見硬參入書上去，卻要把書上說話反就自家身上討道理。宋儒尊經，亦為近人詬病，然朱子教人讀六經時只如未有六經，此說近人便多不理會。至如反就自家身上討道理之說，則更不易為近人接受。

又曰：

經之有解，所以通經。經既通，自無事於解。借經以通乎理耳。理得則無俟乎經。

理得則無俟乎經，與象山所謂「六經皆我注腳」，語若同而實不同，學者其細參之。其實讀通一切書，亦可無俟乎一切書。此已是讀書到了最後境界。學人當知有此境，卻不可憑空驟企此一境。

又曰：

看經書與看史書不同。史是皮外物事，沒緊要，可以劄記問人。若是經書有疑，這個是切己病痛。如人負痛在身，欲斯須忘去而不可得。豈可比之看史，遇有疑，則記之紙耶？

朱子戒人莫先看史，要旨在此。然此條當善看。如讀詩遇訓詁名物未曉，此亦是皮外，亦可劄記所疑於紙上，逢人好問。治史亦有究天人之際，明古今之變，並大段切己者，豈可劄記問人。近人治學，專重劄記工夫，全不感所謂痛癢在身，此是大病痛。讀書生疑，須有如負痛在身，欲斯須忘去而不可得，而又無法劄記問人者。宋儒治學，最高境界在此。清儒考據，則幾乎全部可以劄記問人。此是宋學精神崇高處，然已超出讀書方法範圍以外，此處不再詳論。

上引諸條，朱子教人讀書，已侵入治學另一範疇中去。當知讀書亦僅是治學範疇中一項目，非僅知如何讀書，便盡治學之能事也。⑦

⑦ 編者案：本文原名朱子讀書法，作於一九五五年十月，已收於先生先已版行之學籥一書中。後作此書，復取此篇稍加刪修，作為朱子論讀書法上中下三篇之中篇。

朱子論讀書法　下

余既編纂朱子文集、語類為朱子論讀書法上、中兩篇，上篇以書札為多，皆於友朋間因病發藥。中篇采語類，皆是告語門人來學者以讀書為學方法。鈔摘未盡，復足以斯篇。語類有曰：

讀書乃學者第二事。（一〇）

宋明理學家，上起濂溪二程，下迄明末，正式主張以讀書教人者惟朱子。然朱子乃集理學大成，為理學界大宗師，終是與他人言讀書不同。此條極須注意。

又曰：

讀書已是第二義。所以要讀書者，蓋聖人經歷見得許多，寫在冊上，而今讀書，只是要見得許

多道理。及理會得了，又皆是自家合下原有底，不是外面旋添得來。（一〇）

修德是本。為要修德，故去講學。（三四）

亦可云為要講學故去讀書。講學讀書是第二事，修德乃是第一事。

又曰：

聖賢之言，須常將來眼頭過，口頭轉，心頭運。（一〇）

開卷便有與聖賢不相似處，豈可不自鞭策。（一〇）

自家雖有這道理，須是經歷過方得。聖人說底，是他曾經歷過來。（一〇）

讀書緊要，是要看聖人教人做工夫處。（一〇）

將聖人書讀，見得他意思，如當面說話相似。（一〇）

切己下工。聖賢言語雖散在諸書，自有箇通貫道理，實有見處，自然休歇不得。（一一六）

此皆見朱子教人讀書以切己修德為重。若謂只要切己修德，不煩讀書，則非朱子意。

又曰：

讀書須求其要處。如人食肉，畢竟肉中有滋味，有人卻要於骨頭上咀嚼，縱得些肉，亦能得多少？古人所謂「味道之腴」，最有理。（七九）

讀書懂得味道腴，則第二義亦即是第一義。

又曰：

讀書不可只專就紙上求理義，須反來就自家身上推究。秦漢以後，無人說到此，亦只是一向去書冊上求，不就自家身上理會。自家見未到，聖人先說在那裏，自家只借他言語來就身上推究始得。（一一）

當時理學家不重讀書，認讀書只是向外，不切己。若讀書只向紙上求，不反向身上求，則誠不足重。當知紙上求道理僅是第二義，能反就身上求則是第一義也。

又曰：

凡看文字，且就地頭看，不可將大底便來壓了便休。如說喫棗，固是有大如瓜者。且就眼下說，只是常常底棗。如煎藥，合用棗子幾箇，自家須要說棗如瓜大，如何用得許多。（七九）

喫棗必喫大如瓜者，將無棗可喫。當時理學家便愛把修德來壓倒讀書。即論讀書，亦愛把一些大底來壓小底。如程門只以大學、西銘開示學者，若不善識其意，末流亦將變成無書可讀。

又曰：

讀書是格物一事。（一〇）

知讀書是格物一事，則可無揀擇，各就地頭看。

又曰：

講論一篇書，須是理會得透，把這一篇書與自家滾作一片方是。去了本子，都在心中，皆說得去，方好。（一〇）

山谷與李幾仲帖云：「學者喜博而常病不精。汎濫百書，不若精於一。有餘力，然後及諸書，則涉獵諸篇亦得其精。蓋以我觀書，則處處得益。以書博我，則釋卷而茫然。」先生深喜之，以為有補於學者。（一〇）

理學家中惟朱子，能汎濫百書。即山谷書帖，亦所稱賞。然畢竟精與博須是兩面夾入。博而愈見其精，乃始是以我讀書，非以書博我也。

又曰：

讀書理會一件，便要精這一件。看得不精，其他文字便亦都草草看了。一件看得精，其他亦易看。山谷帖說讀書法甚好。（一〇）

件件精，始是博。每件不精，汎濫茫然，則非博也。

又曰：

道理只是這一箇道理，但看之者，情僞變態，言語文章，自有千般萬樣。合說東、卻說西，合說這裏、自說那裏，都是將自家偏曲底心求古人意。（一二五）

以我讀書，非是以己見讀書。讀書精，是精透此書中道理。道理則只是一箇，精於此便易精於彼。故曰：「一件看得精，其他亦易看。」如此則愈博愈精。今日格一物，明日格一物，到後可豁然貫通。若只將自家偏曲底心來讀古人書，則情僞變態，言語文章，千般萬樣，說來說去，總說不著，又豈止支離之為病而已。

語類又曰：

經書中所言，只是這一箇道理，都重三疊四說在裏，只是許多頭面出來。如語孟所載，也只是這許多話。一箇聖賢出來說一番了，一箇聖賢又出來從頭說一番。如書中堯之所說，也只是這箇。舜之所說，也只是這箇。以至禹湯文武所說，也只是這箇。又如詩中周公所贊頌文武之盛德，亦只是這箇。便若桀紂之所以危亡，亦只是反了這箇。道理若使別撰得出來，古人須自撰了。惟其撰不得，所以只共這箇道理。讀書須是件件讀。理會了一件，方可換一件。這一件理會得通徹是當了，則終身更不用再理會。後來只須把出來溫尋涵泳便了。若不與逐件理會，則雖讀到老，依舊是生底，又卻如不曾讀一般，濟甚事。（一一八）

道理只是一箇，但讀書則須逐件讀。如天地萬物中道理，亦只是一箇，格物亦須逐件格也。後人疑朱子教人讀書為務博，為泛覽，此皆未明朱子之意，亦是未讀朱子之書，而輕以己見言之。

又曰：

書只是要讀，讀得熟時，道理自見，切忌先自布置立說。（八〇）

初看時，便先斷以己意，前聖之說皆不可入。此正當今學者之病，不可不知。（一一）

當時理學家長處，正在其能自立說，而其流弊亦在此。朱子亦能自立說，而更不見有自立說之痕迹，所以為集大成之巨儒。若讀者誤認此條，認朱子只教人讀書，不許人自立說，是則又非眞能讀朱子之書者。然先以己意布置自立說則大不可。

又曰：

看道理要得寬平廣博，平心去理會。若實見得，只說一兩段，亦見得許多道理，不要將一箇大底語言都來罩了。其間自有輕重，不去照管。說大底說得太大，說小底又說得都無巴鼻。（一一七）

不可恁地空說，將大綱來罩卻，籠統無界分。（一一七）

此皆見讀書看道理，正即是格物窮理中一事，故其方法亦無二致。

又曰：

親切貼身體驗出來，不須向外處求。（二〇）

誤會不須向外處求之語，卻看成不須讀書，則大誤。讀書貴能貼身體驗，即是不向外處求也。

又曰：

讀書推類反求，固不害為切己，但卻又添了一重事。不若且依文看，逐處各自見箇道理，久之自然貫通，不須如此費力也。（一一）

「逐處各自見箇道理，久之自然貫通」，此即朱子教人格物方法也。「推類反求」，如顏淵之聞一知十，子貢之聞一知二，此乃敏者事，非鈍者事。不可強求。逐一積久，自有會通，若費力，實不費力。朱子教人，以至鈍得至敏也。

又曰：

天下無書不是合讀底，無事不是合做底。大而天地陰陽，細而昆蟲草木，皆當理會。一物不理會，這裏便缺此一物之理。（一一七）

讀書格物是一事。物不可限而格，故書亦不可限而讀。

又曰：

為學須是先立大本。其初甚約，中間一節甚廣大，到末梢又約。近日學者多喜從約，而不於博求之。不知不求於博，何以考驗其約？如某人好約，今只做得一僧，了得一身。又有專於博上求之，而不反其約。今日考一制度，明日又考一制度，空於用處作工夫，其病又甚於約而不博者。要之均是無益。（一一）

此條一面針砭陸學，一面指斥浙學。先立大本，是切己修德。中間一節廣大，是格物。末梢由博返約，尊德性、道問學會歸合一，乃達學問上之顛峯狀態。

又曰：

讀書專留意小處，失其本領所在，最不可。（一六）

朱子教人讀書，分博約，辨大小。博而能大，始可反約。若專在小處求博，則必泛濫無歸。失其本領，即失其大本所在也。

又曰：

讀書只就一直道理看，剖析自分曉，不必去偏曲處看。易有箇陰陽，詩有箇邪正，書有箇治亂，皆是一直路徑可見，別無嶢崎。（一一）

每讀一書，亦必有其書大本所在，由此便有一直路看去。又曰：

且理會一處上義理教通透了，方可別看。如今理會一處未得，卻又牽一處來，無理會處。聖賢說話，各有旨歸，且與他就逐句逐字上理會去。（五六）

此皆朱子親切指點人如何由約及博、由博反約之方法。又曰：

聖人雖是生知，然也事事理會過。理會時，卻是逐件上理會去。凡事雖未理會得詳密，亦有箇大要處。縱詳密處未曉得，而大要處已被自家見了。今公只就一線上窺見天理，便說天理只恁地了，便要去通那萬事，不知如何得？萃百物，然後觀化工之神；聚衆材，然後知作室之用。

須撤開心胸去理會。（一一七）

先知理會大要，乃能博求。由一線上窺，而逐件大要處均未理會，如何得通。

又曰：

學問須是大進一番方始有益。若能於一處大處攻得破，見那許多零碎，只是這一箇道理，方是快活。然零碎底非是不當理會，但大處攻不破，縱零碎理會得些少，終不快活。（八）

為學須先立得箇大腔當了，卻旋去裏面修治壁落教綿密。今人多是未曾知得箇大規模，先去修治得一間半房，所以不濟事。（八）

但於大本上用力。凡讀書窮理，須要看得親切。某少年曾有一番專看親切處，其他器數都未暇考，此雖未為是，卻與今之學者泛然讀過者似亦不同。（一一四）

成己方能成物，成物在成己之中。聖賢千言萬語，教人且從近處做去。如灑掃大廳大廊，亦只是如灑掃小室模樣。掃得小處淨潔，大處亦然。若有大處開拓不去，即是於小處便不曾盡心。學者貪高慕遠，不肯從近處做去，如何理會得大頭項底。（八）

以上諸條，有言攻其大處，知箇大規模，立箇大腔當。有言盡心盡力於親切處小處。所從言之若相異，實則相通合一。朱子教人讀書為學，往往當從兩面夾入，始知其意。

又曰：

始終條理都要密。講貫而益講貫，修飭而益修飭。（一七）

又曰：

有始條理，有終條理。有首無尾，與有尾無首，則皆失之。

又曰：

大抵為學老少不同。年少精力有餘，須用無書不讀，無不究竟其義。若年齒向晚，卻須擇要用功。讀一書，便覺後來難得工夫再去理會，須沉潛玩索，究極至處可也。（一〇）

朱子有值老年時語，亦有教年老失學者語，後人誤為皆是朱子晚年自悔其早年為學務博之病，此大失之。

又曰：

中庸「尊德性」至「敦厚」，此上一截，便是渾淪處。「道問學」至「崇禮」，此下一截，便是詳密處。道體之大處，直是難守，細處又難窮究。若有上面一截而無下面一截，只管道是我渾淪，更不務致知，如此則茫然無覺。若有下面一截而無上面一截，只管要纖悉皆知，更不去行，如此則又空無所寄。（六四）

此又是朱子教人讀書為學從兩面夾入也。

又曰：

「大凡讀書，須要先識認本文分明，復看數過，自然會熟，見得分明。譬如與人乍相見，其初只識其面目，再見則可以知其姓字鄉貫，又再見則可以知其性行如何，只恁地識認，久後便一見理會得。今學者讀書，亦且未要便懸空去思他，空勞心。」又云：「切須記得『識認』二字。」（一六）

又曰：

讀書之法，須識得大義，得他滋味，沒要緊處縱理會得，也無益。某二十歲前後，已看得書大意如此，如今但較精密。日月易得，匆匆過了五十來年。（一〇四）

又曰：

如今讀一件書，須是眞箇理會得這一件了，方可讀第二件。讀這一段，須是理會得這一段了，方可讀第二段。少間漸漸節次看去，自解通透。只五年間，可以讀得經子諸書。迤邐去看史傳，無不貫通。韓退之所謂「沈潛乎訓義，反覆乎句讀」，須有沈潛反覆之功方得。如今人，不曾竭盡心力，只見得三兩分了便草草揭過。少間只是鶻突無理會，枉着日月，依舊似不曾讀相似。（一〇四）

又曰：

今之學者，看了也似不曾看，不曾看也似看了。（一一〇）

問：「讀書宜以何為法？」曰：「須少看。凡讀書，須子細研窮講究，不可放過。近日學者讀書，六經皆云通，及問之，往往失對，只是當初讀時綽過了。孟子曰『仁在乎熟』。大抵古人讀書與今人異。如孔門學者，纔問仁問知，終身事業已在此。今人讀書，仁義禮智總識，而卻無落泊處，此不熟之故。昔五峯於京師問龜山讀書法。龜山云：『先讀論語。』五峯問：『論語二十篇，以何為緊要？』龜山曰：『事事緊要。』看此可見。」（一一八）

近日南軒書來，不曾見說嘗讀某書，有何新得。今又與伯恭相聚，往往打入多中去也。（一〇三）

朱子要人讀書，一部接一部，不斷有新得，此乃所謂精進工夫。若久不說讀書新得，將會是學不進。打入多中去，則學不精。讀者循此反求，精進之道，不外乎此矣。

又曰：

今人之學，卻是敏底不如鈍底。鈍底循循而進，終有得處。敏底只是從頭呼揚將去，只務自家一時痛快，終不見實理。（一四）

問學者誦詩。曰：「須是讀熟了，文義都曉得了，涵泳讀取百來遍，方見得那好處，那好處方出，方見得精怪。如人下種子，既下得，須是討水去灌溉，討糞去培壅，與他耘耡，方是下工夫養他處。今卻下得箇種子了便休，都無耘治培養工夫。如人相見，纔見了便散去，都不曾交一談，如此何益？所以意思都不生，與自家都不相入，都恁地乾燥。這箇貪多不得，讀得這一篇，恨不得常熟讀此篇，如無那第二篇方好。而今只是貪多，讀第一篇了便要讀第二篇，讀第二篇了便要讀第三篇。恁地不成讀書，此便是大不敬。須是殺了那走作底心，方可讀書。」（八

〇）

又曰：學者觀書多走作者，亦恐是根本上功夫未齊整，只是以紛擾雜亂心去看，不曾以湛然凝定心去看。不若先涵養本原，且將已熟底義理玩味，待其浹洽，然後去看書，便自知只是如此。看得一兩段，卻且放心胸寬閑，不可貪多。（一一）

又曰：公看道理失之太寬。譬如小物，而用大籠罩，終有轉動。當如射者，專心致志，只看紅心。若看紅心，又覷四邊，必不能中。列子說一射者懸蝨於戶，視之三年，大如車輪。想當時用心專一，不知有他。雖實無這事，要當如此，所見方精。（一一四）

昔陳烈先生苦無記性，一日讀孟子「學問之道無他，求其放心而已矣」，忽悟曰：「我心不曾收得，如何記得書？」遂閉門靜坐，不讀書百餘日，以收放心，卻去讀書，遂一覽無遺。（一一一）

讀書須將心貼在書冊上，逐句逐字各有着落，方始好商量。（一一）

須是存心與讀書為一事，方得。（一一）

某近因病中兀坐存息，遂覺有進步處。大抵人心流濫四極，何有定止。一日十二時中，有幾時在軀殼內。與其四散閑走，無所歸着，何不收拾令在腔子中。（五九）

以上皆朱子指點人讀書之用心方法。

又曰：

讀書須迎前看，不得隨後看。所謂「考迹以觀其用，察言以求其心」。（二九）

又曰：

看文字須是退步看，方可見得。若一向近前迫看，反為所遮蔽，轉不見。（一一）

迎前與退步，又若兩面相反，其實語各有指，當分別，亦當會通。

又曰：

愈向前，愈看得不分曉。不若退步，卻看得審。大概病在執着，不肯放下。（一一）

到理會不得時，便當濯去舊見，以來新意。仍且只就本文看之。（一一）

大凡讀書，且要讀，不可只管思。口中讀則心中閑，而義理自出。某之始學，亦如是爾，更無別法。（一一）

不可終日思量文字，恐成硬將心去馳逐了。亦須空閑少頃，養精神，又來看。（一一）

讀書須從文義上尋，次則看注解。今人卻於文義外尋索。（一一）

朱子謂讀書不可只從紙上求，然亦不可捨卻書本文義只求自立說。

看文字不可相妨，須各自逐一着地頭看他指意。若牽窒着，則件件相礙矣。（一一）

大抵學者只在是白紙無字處莫看。有一箇字便與他看一箇。如此三年無長進處，則如趙州和尚道：「截取老僧頭去。」（一〇）

聖賢言語一重又一重，須入深去看。若只要皮膚，便有差錯，須深沉方有得。（一〇）

看文字，須要入在裏面猛滾一番，要透徹，方能脫離。（一〇）

學者從深入書本到脫離書本，其間煞有一段距離，不可不深切體認也。

又曰：

看文字當如高䑐大艑，順風張帆，一日千里方得。如今只纔離小港便着淺了，濟甚事？（一〇）

讀書不要貪多。向見州郡納稅，數萬鈔總作一結。忽錯其數，更無推尋處。其後有一某官乃立法，三二十鈔作一結。觀此則讀書之法可見。（一〇）

此條出以淺譬，然非讀書眞用工夫到，則不易識其意味之深長也。此條與上順風張帆條，又似語若相反，須從兩面夾入。

又曰：

近日眞箇讀書人少，也緣科舉時文之弊也。纔把書來讀，便先立箇意思，要討新奇，都不理會他本意着實。纔討得新奇，便準擬作時文使。下梢弄得熟，只是這箇將來使。雖是朝廷甚麼大典禮，也胡亂信手捻合出來使。不知一撞百碎。前輩也是讀書，某曾見大東萊呂居仁之兄，他於六經三傳皆通，親手點注，並用小圈點注。所不足者，並將疏楷書用朱點。無點畫草。某只見他禮記如此，他經皆如此。諸呂從來富貴，雖有官，多是不赴銓，亦得安樂讀書。他家這法

度，卻是到伯恭打破了。自後既弄時文，少有肯如此讀書者。（一〇）

伯恭乃朱子好友，並使其子從學，然謂其打破了呂氏讀書家法。所述呂氏讀書家法，大可想味。今雖無科舉時文，然其病亦有相類者，尤值警惕。

又曰：

聖人之意，儘有高遠處，轉窮究轉有深義。大抵看聖賢言語，須徐徐俟之，待其可疑而後疑之。如庖丁解牛，他只尋罅隙處游刃以往，而眾理自解，芒刃亦不鈍。今一看文字，便就上百端生事，謂之起疑。且解牛而用斧鑿，鑿開成痕，所以刃屢鈍。如此如何見得聖賢本意？且前輩講求非不熟，初學須是自處於無能，遵稟他前輩說話，漸見實處。今一看未見意趣，便爭手奪腳，近前爭說一分。以某觀之，今之作文者，但口不敢說耳，其意直是謂聖賢說有未至，他要說出聖賢一頭地。曾不知於自己本無所益。（二〇）

然朱子論讀書，實不僅此切己修德之一面，而有其更廣大之一面當注意者。語類云：

子思說尊德性，又卻說道問學。如今所說，卻偏在尊德性上，去揀那便宜多底占了。無道問學

底許多工夫，恐只是占便宜自了之學，出門動步便有礙，做一事不得。（一一七）

要道問學，要出門動步做事，便不是專要揀了便宜多底占了。其實道問學，亦即是所以尊德性，亦是切己修德，非是於兩者間有相妨也。

朱子論學雜掇

凡本書分別詳述朱子言義理，言工夫，及其衡評前人，指導讀書，莫非朱子之論學。然亦尚有朱子論學語未及分別錄入者，茲復掇為斯篇。

問：「先生云：『一箇字包不盡』，但大道茫茫，何處下手？」先生乃舉中庸「大哉聖人之道」至「敦厚以崇禮」一章，曰：「『尊德性，道問學，致廣大，盡精微，極高明，道中庸，溫故，知新，敦厚，崇禮』，只從此下工夫理會。『居處恭，執事敬』，『言忠信，行篤敬』之類，都是德性。至於問學，卻煞闊，條項甚多。事事物物皆是問學，無窮無盡。」問：「德性如何尊？問學如何道？」曰：「將這德性做一件重事，莫輕忽他，只此是尊。」因舉扇：「且如這一柄扇，自家不會做，去問人，既聽得了，去做，如此方是道問學。」又曰：「自尊德性而下，雖是五句，卻是一句揔四句。雖是十件，卻兩件統八件。『尊德性道問學』這一句為主，都揔得『致廣大盡精微，極高明道中庸，溫故知新，敦厚崇禮』這四句。致廣大、盡精微、極高明、道中庸這四件屬尊德性，溫故、知新、敦厚、崇禮這四件屬道問學。自家須要做聖賢事業，到聖賢地位，是『致廣大』。須是從洒掃應對進退間色色留意，方得，是『盡精微』。此身與天地並，是『極高明』。若只說，卻不踏實地，無漸進處，須是自家周旋委曲於規矩準繩之中，到俯仰無愧怍處，始得，是『道中庸』。如讀論語，今日讀這一段，明日再讀這一段，兩日之間，所讀同，所得不同，這是『溫故而知新』。若只是恁地敦厚，卻塊然無用，也須是見之運量酬酢施為注措之間，發揮出來始得。」先生又諷誦「大哉聖人之道，洋洋乎發育萬物，峻極於天，優優大哉！禮儀三百，威儀三千，待其人然後行，故曰：『苟不至德至道不凝焉』」等數語，而贊之曰：「這全在人。須先了得『禮儀三百、威儀三千』，然後到得『發育萬物、峻極於天』去處。一個『凝』字最緊。若不能凝，則更沒些子屬自家。所謂『至德』，便是『禮儀三百、威儀三千』。所謂『至道』，便是『發育萬物、峻極於天』。」請曰：「愚陋恐不能盡記，不知先生可以書為一說如何？」先生笑曰：「某不立文字，尋常只是講論，適來所說盡之矣。若吾友得之於心，推而行之，一向用工，儘有無限。若只在紙上尋討，又濟甚事？」

（一一八）

此條楊長孺記甲寅朱子年六十五以後所聞。特舉中庸一章以見為學之道。長孺所記，與中庸章句語有不同。章句尊德性所以存心，致廣大、極高明、溫故、敦厚屬之。道問學所以致知，盡精微、道中庸、知新、崇禮屬之。然或是朱子隨時異説，不必是長孺誤記。又章句謂「至德」指其人，「至道」指「發育萬物、峻極於天」及「禮儀三百、威儀三千」兩節，亦與本條所記不同。竊恐此皆朱子對此章自有異説也。

文集卷三十八答江元適有云：

熹竊嘗聞之，聖人之學所以異乎老釋之徒者，以其精粗隱顯，體用渾然，莫非大中至正之矩，而無偏倚過不及之差。是以君子智雖極乎高明，而見於言行者，未嘗不道乎中庸。非故使之然，高明中庸實無異體故也。故曰：「道之不行也，智者過之，愚者不及也。道之不明也，賢者過之，不肖者不及也。」又曰：「差之毫釐，繆以千里。」聖人丁寧之意，亦可見矣。

此又較早之説，以極高明屬智一邊，道中庸屬行一邊。今試會合而觀，上引語類一條以極高明屬德性，似較文集答江書為允。而章句以中庸本文四「而」字一「以」字分開兩面，又較語類楊長孺記一條為允。要之可見朱子讀書不苟，學與年進之一斑。然其答江書，謂聖人之學，精粗隱顯，體用渾然，則大綱所在，先後無異説。

章句又云：

此五句大小相資，首尾相應，聖賢所示入德之方，莫詳於此，學者宜盡心焉。

故朱子又時時引此章以教人為學之道。曰「某不立文字，只是講論」者，朱子常是引據前人文字加以講論，極少自立文字，自出意見也。文集卷八十五尊德性齋銘，因內弟程允夫以「道問學」名齋，告其當以「尊德性」易之，因為作銘。蓋如何尊德性，方是道問學。朱子告項平父曰：「某之學，道問學方面多了。」其實道問學皆所以為尊德性。則精粗隱顯，體用渾然，本無所謂多少也。

語類又曰：

聖人教人，只是說下面一截，少間到那田地，又挨上些子，不曾直說到上面。「子以四教，文行忠信。」又曰：「博學而篤志，切問而近思，仁在其中矣。」做得許多，仁自在其中。「志於道，據於德，依於仁」，又且「游於藝」，不成只一句便了。若只一句便了，何更用許多說話。（一一七）

朱子最不喜一句便了，一箇字便包盡之說，彼乃常從下面多處教人，不從上面一處教人也。故曰：

如做塔，且從那低處闊處做起，少間自到合尖處。若只要從頭上做起，卻無着工夫處。「下學

而上達」，下學方是實。（二七）

教小兒，若不匡不直，不輔不翼，便要振德，只是撮那尖利底教人，非教人之法。（四九）

諸人解義理，只知求向上去，不肯平實放下去求。義理本平易，卻被人求得深了。（六一）

聖人言語說得平正，必欲求奇，說令高遠。今人說文字，眼前淺近底，他自要說深。在外底，他要說向裏。本是說他事，又要引從身上來。本是說身上事，又要引從心裏來。皆不可。（二六）

學者都好高，說空，說悟。（二〇）

先不立得這箇至麄底根腳，則後面許多細密工夫更無安頓處，更無可得說。須是先立得這箇麄底根腳了，方可說上至細處去。（二六）

而今人好玄妙，剗地說得無形無影，卻不如只麄說較強。（二六）

學者且要儘從小處做起。正如起屋，未須理會架屋，且先立箇基址定，方得。（二三）

下學者事也，上達者理也。理只在事中。若眞能盡得下學之事，則上達之理便在此。（四四）

下學是低心下意做。到那做得超越，便是上達。（四四）

譬如寫字，初習時是下學。及寫得熟，一點一畫都合法度，是上達。（四四）

文集卷三十答汪尚書有云：

竊觀來意，似以為先有見處，乃能造夫平易，此則又似禪家之說。聖門之教，下學上達，自平易處講究討論，積慮潛心，優柔厭飫，久而漸有得焉，則日見其高深遠大而不可窮矣。

平易處講究討論，是下學。有見處即是上達。及其高深遠大而不可窮，實仍自平易處講究討論而來。

語類又曰：

未到上達，只有下學。（四四）

聖人只是理會下學，而自然上達。（四四）

下學是立腳，只在這裏上達。（四四）

問：「有一節之上達，有全體之上達。」曰：「不是全體。只是這一件理會得透，那一件又理會得透，積累多便會貫通。不是別有一箇大底上達。又不是下學中便有上達，須是下學方能上達。今之學者，於下學便要求玄妙，則不可。灑掃應對，從此可到形而上，未便是形而上。謝氏說過了。」或曰：「今之學者多說文章中有性天道，南軒亦如此說。」曰：「他太聰敏，便說過了。」（四四）

問：「聖人恐不自下學中來。」曰：「不要說高了聖人。」（四四）

聖人亦有下學，如「入太廟每事問」，「吾十有五而志於學」是。（四四）

方其下學，人事之卑，與衆人所共，又無奇特聳動人處。及其上達天理之妙，忽然上達去，人又捉摸不着。（四四）

學之至即能上達，但看着力不着力。（四四）

亦有下學而不能上達者，只緣下學得不是。（四四）

蔡季通不能琴，他只是思量得，不知彈出便不可行，這便是無下學工夫。吾人皆坐此病。古人朝夕習於此，故以之上達不難。蓋下學中上達之理皆具矣。如今說古人兵法戰陣，坐作進退，斬射擊刺，鼓行金止，如何曉得他底。莫說古人底曉不得，只今之陣法也曉不得，更說甚麽。（九二）

大抵人之為學，須是自低下做將去。才自高了，便不濟事。（四二）

所謂淺深者，是人就這明白道理中見得自有麄細，不可說這說是淺底，別求一箇深底。只是要人自就這箇麄說底道理中看得越向裏來教細耳，不是別求一樣深遠之說也。（三二）

問「萬物皆備於我」。曰：「未當如此。須從『孟子見梁惠王』看起，卻漸漸進步。如看論語，豈可只理會『吾道一以貫之』一句？須先自學而篇漸漸浸灌到純熟處，其間義理卻自然出。」（六〇）

今人止務上達，自要免得下學。如說道灑掃應對進退便有天道，都不去做那灑掃應對進退之事。到得灑掃則不安於灑掃，進退則不安於進退，應對則不安於應對。那裏面曲折去處都鶻突無理會了。這箇須是去做到得熟了，自然貫通，到這裏方是一貫。古人由之而不知，今人不由而但求知，不習而但求察。（二三）

以上說下學上達，此下說博文約禮。

問：「博文是求之於外，約禮是求之於內否？」曰：「何者為外？博文也是自內裏做出來，我本來有此道理，只是要去求。知須是致，物須是格。雖是說博，然求來求去，終歸於一理，乃所以約禮也。易所謂：『尺蠖之屈，以求伸也。龍蛇之蟄，以存身也。精義入神，以致用也。利用安身，以崇德也。』尺蠖蟲子，屈得一寸，便能伸得一寸來許。他之屈，乃所以為伸。龍蛇於冬若不蟄，則凍殺了；其蟄也，乃所以存身也。『精義入神』，乃所以致用。『利用安身』，乃所以崇德。『欲罷不能』，如人行步，左腳起了，不由得右腳不起。所謂『過此以往，未之或知也』。若是到那『窮神知化』，則須是『德之盛也』方能。顏子其初見得聖人之道尚未甚定，所以說彌高、彌堅，在前、在後。及博文約禮工夫既到，則見得『如有所立卓爾』。但到此卻用力不得了，只待他熟後，自到那田地。」（三六）

此條解釋論語「顏子喟然歎曰」章，博文猶如言下學，約禮則是上達也。上達後又有工夫，此項工夫則仍是下學，上達無止境，下學亦復無止境。故曰：

約禮工夫深，則博文工夫愈明。博文工夫至，則約禮工夫愈密。（三六）

博文約禮，聖門之要法。博文所以驗諸事，約禮所以體諸身。如此用功，則博者可以擇中而居之不偏，約者可以應物而動皆有則。如此則內外交相助，而博不至於汎濫無歸，約不至於流遁失中矣。（三三）

只是「博文約禮」四字。博文是多聞多見多讀。及收拾將來，全無一事，和「敬」字也沒安頓處。（三三）

程門以主敬教人，此條則曰「和敬字也無安頓處」。蓋敬字只指博文約禮工夫中一項心理境界或心理體段，非以敬為一種為學目標也。

又曰：

孔子之教人，亦「博學於文」，如何便約得。（三三）

於今為學之道，更無他法。但能熟讀精思，久久自有見處。尊所聞，行所知，則久久自有至

處。（一一五）

熟讀精思即是博文，尊聞行知即是約禮。是則朱子論學，實應更重在博文一邊。至其下久久、漸漸諸字，則倍見情味。此非深玩朱子論學全部，實未易領略其深趣。

又曰：

讀書且要理會要緊處，如某舊時專揀切身要緊處理會。若偏旁有窒礙處，只恁地，且放下。（三○）

又曰：

凡事便須理會教十分周足，無少闕漏處。（六○）

此指緊要處言。偏傍有窒礙處，則只恁地且放下。此兩條須合看。

又曰：

人我只是理一，分自不同。（三六）

只見得破，做得徹，都是全體。（四一）

許多道理，皆是人身自有，只是見得不完全，見得不的確，所以說窮理，便只要理會這些子。（九）

若論全體，是處可見。且如「其言也訒」，若於此理會得透徹，亦見得全體。須是知得那親切處。（四一）

全體到處便在，只貴知得親切，做得透徹。言若淺而涵義深，學者當細玩。

問「子路問成人」一章。曰：「有知而不能不欲，則無以守其知。能不欲而不能勇，則無以決其為。知、不欲且勇矣，而於藝不足，則於天下之事有不能者矣。有是四者，而又文之以禮樂，玆其所以為成人也。」又問：「若聖人之盡人道，則何以加此？」曰：「聖人天理渾全，不待如此逐項說矣。」（四四）

學者所以學為人，此條逐項從平實淺近處指點。非下學，非多學，何從得上達，得一貫。聖人之天理渾全，亦即在此下學多學處來。故又曰：

集衆善而為之，兼體用本末而言。（四四）

此可見為學之大體。

問：「夫子答顏淵『克己復禮為仁』之問，說得細密，若其他弟子問，多是大綱說。如語仲弓以『己所不欲，勿施於人』之類。」先生大不然之，曰：「以某觀之，夫子答羣弟子卻是細密，答顏子者卻是大綱。蓋顏子純粹，無許多病痛，所以以大綱告之。至於『請問其目』，答以四勿，亦是大綱說。使答其他弟子者如此，必無入頭處。如答司馬牛以『其言也訒』，是隨其病處使之做工夫。若能訒言，即牛之克己復禮也。至於答樊遲、答仲弓之類，由其言以行之，皆克己復禮之功也。」（四一）

學者愛言全體，愛求大綱，不知能各隨自己分量，從細密處入頭，皆是全體，皆是大綱。此意深微，不可忽。

又曰：

人之資質，千條萬別，自是有許多般。只要學問。學問進則見得理明，自是勝得他。若是不學問，只隨那資質去，便自是屈於慾，如何勝得他？（二八）

一般人資稟疏通明達，平日所做底工夫，都隨他這疏通底意思去。一般人稟得恁地馴善，自是隨這馴善去。恰似人喫藥，五臟和平底人喫這藥，自流注四肢八脈去。若是五臟中一處受病，受得深，喫這藥，都做那一邊去。這一邊自勝了，難作效。學者做工夫，正要專去偏處理會。（二八）

兩蘇既自無致道之才，又不曾遇人指示，故皆鶻突無是處。人豈可以一己所見只管鑽去，謂此是我自得，不是聽得人底。（一三〇）

憑恃一己才性，不知博學廣求，終是偏路，不見正道。

又曰：

子在陳，曰：「歸歟歸歟，吾黨之小子狂簡，斐然成章。」當時從行者，朝夕有商量，無可憂者。但留在魯國之人，惟其狂簡，故各自成章，有頭有尾，不知裁度。若異端邪說、釋老之學，莫不自成一家，此最害義。如坐井觀天，彼自以為所見之盡。蓋屈在井裏所見，自以為足，及到井上，又卻尋頭不着。寧可理會不得，卻自無病。（二九）

最怕是自成一家了，而實則幽屈在井裏，所見有限，尚不如理會不得，猶知尋求，轉可無病。有志於學者，其善體之。

李丈問：「前承教，只據見定道理受用。」曰：「昔李初平欲讀書，濂溪曰：『公老無及矣，只待某說與公。』二年方覺悟。他既讀不得書，濂溪說與他，何故必待二年之久覺悟？二年中說多少事，想見事事說與他。不解今日一說，明日便悟，頓成箇別一等人。無此理也。公雖年高，更着涵養工夫。如一粒菜子中間含許多生意，亦須是培壅澆灌，方得成。不成說只待他自然生根生苗去。若只見得道理如此，便要受用，則一日止如一日，一年止如一年，不會長進。正如菜子，無糞去培壅，無水去澆灌。也須是更將語孟中庸大學中道理來涵養。」（一二〇）

通老問孟子浩然之氣。曰：「公若留此數日，只消把孟子熟讀，逐句自解，卻好來商量。若驀地問後，待與說將去，也徒然。康節學於穆伯長，每有扣請，必曰：『願開其端，勿盡其意。』他要待自思量得。大凡事理，若是自去尋討得出來，直是別。」（一二〇）

朱子教人為學，如此兩條所言，可謂極親切平實之至。

又曰：

博文工夫雖頭項多，然於其中尋將去，自然有箇約處。聖人教人有序，未有不先於博者。孔門三千，顏子固不須說，只曾子、子貢得聞一貫之誨。其餘人不善學，夫子亦不叫來罵一頓，教便省悟。只得且待他事事理會得了，方可能上面欠闕處告語之。（三三）

此條言教法，亦即見學法。

因說克己，曰：「且從易見底克去，又卻理會難見底。如剝百合，須去了一重，方始去那第二重。中庸『君子謹其獨』，此是尋常工夫都做了，故又說出向上一層工夫，以見義理之無窮。不成『十目所視、十手所指』處不謹，便只去謹獨，無此理。」（四一）

此等指示，更見平實切近。然而本末終始精粗內外一以貫之之道，則亦盡在是矣。

文集卷五十四答路德章有云：

向見伯恭說：「少時性氣粗暴，嫌飲食不如意，便敢打破家事。後因久病，只將一冊論語早晚閑看，忽然覺得意思一時平了，遂終身無暴怒。」此可為變化氣質之法。不知平時曾與朋友說及此事否？德章從學之久，不應不聞，如何全不學得些子？是可謂不善學矣。

此舉善學一例。東萊因讀論語而氣質變化，時人乃以朱子教人讀書為病，則豈固朱子立教之病乎？

又文集卷三十五答劉子澄有云：

不求眾理之明，而徒恃片言之守，則雖早夜憂虞，僅能不為所奪，而吾之胸中，初未免於憒憒，則是亦何足道。願老兄專以聖賢之言反求諸身，一一體察，須使一一曉然無疑。積日既久，自當有見。但恐用意不精，或貪多務廣，或得少為足，則無由明爾。

為學重在明眾理，不在守片言。求明眾理，亦非貪多務廣之謂。必一一體察，積久而明。又非得少為足。

文別集卷三與孫季和有云：

學者專務持守者，見理多不明。專務講學者，又無地以為之本。能如賢者，兼集眾善，不倚於一偏者，或寡矣。更望虛心玩理，寬以居之，卒究遠大之業。幸甚。

此亦勉其持守講學兩面用力。

又文集卷五十三答胡季隨有云：

道理無形影，惟因事物言語，乃可見得是非。理會極子細，即道理極精微。古人所謂物格知至者，不過是就此下功夫。近日學者說得太高了，意思都不確實，不曾見理會得一書一事徹頭徹尾。東邊綽得幾句，西邊綽得幾句，都不曾貫穿浹洽。此是大病。有志之士，尤不可以不深戒也。

此書當與前引兩書合參。不曾理會得一書一事徹頭徹尾，則終不免於胸中之憒憒，東邊綽幾句，西邊綽幾句，亦非所謂求衆理明。故須能虛以玩之，寬以居之也。

又文集卷四十九答王子合有云：

窮理之學，誠不可以頓進，必窮之以漸。俟其積累之多，而廓然貫通，乃為識大體耳。今以窮理之學不可頓進，而欲先識夫大體，則未知所謂大體者，果何物耶？

此書與前引二書同申一意。朱子論學，主漸不主頓，主從下學，不主空言上達。識大體，乃從下學積漸中來，非可捨下學，無積漸，而遽企也。

文集卷四十八答呂子約有云：

> 示喻授學之意甚善。但更須小作課程，責其精熟，乃為有益。若只似日前大餐長啜，貪多務速，即不濟事耳。洒掃應對，乃小子之學，今既失之於前矣，然既壯長而專使用力於此，則恐亦無味而難入。要須有以使之內外本末兩進而不偏，乃為佳耳。向見說書，旁推曲說，蔓衍太多，此是大病。若是初學便遭如此纏繞，即展轉迷闇，無復超脫之期矣。要當且令看得大意正當精約，則其趣味自長，不在如此支離多說也。

此書言彌近而意愈切。內外本末兩進不偏，乃朱子論學最大要旨。且令看得大意，與前引書所謂識大體又不同。識大體乃會通以後事，看大意乃初學入門事。學者於此，所當微辨。

又一書云：

> 所喻「前論未契，今且當以涵養本原，勉強實履為事」，此又錯了也。此是見識大不分明，須痛下功夫鑽研勘覈，教透徹了，方是了當。自此以後，方有下手涵養踐履處。如今乃是大段差舛，卻不汲汲向此究竟，而去別處閑坐，道我涵養本原，勉強實履。又聞手寫六經，亦是無事

費日，都不是長進底道理。要須勇猛捐棄舊習，以求新功，不可一向如此悠悠閑過歲月也。

當時理學家多好言涵養本原，而朱子教人則兼要鑽研勘覈。若大段差舛，則更無所謂涵養。此亦內外本末兩進不偏之意。

文集卷五十三答劉公度有云：

示喻為學之意，終覺有好高欲速之弊。講學不厭其詳。凡天下事物之理，方冊聖賢之言，皆須子細反復究竟。至於持守，卻無許多事。若覺得未穩，只有默默加功，着力向前耳。今聞廢書不講，而反以持守之事為講說之資，是乃兩失其宜，下梢弄得無收殺，只成得杜撰捏合而已。

持守講說須兩途並進，而講說更當詳盡。若僅務持守，則空鍋煑飯，將連鍋壞了。

文集卷五十九答楊子順有云：

古人之學，雖不傳於天下，而道未嘗不在於人心。但世之業儒者，既大為利祿所決潰於其前，而文詞組麗之習，見聞掇拾之工，又日夜有以滲泄之於其後。使其心不復自知道之在是，是以雖慕其名而勉為之，然其所安，終在彼而不在此。及其求之而茫然，如捕風繫影之不可得，則曰：此亦口耳之習耳，吾將求其躬行力踐之實而為之。殊不知學雖以躬行力踐為極，然未有不由講學窮理而後至。今惡人言仁言恕、言西銘言太極者之紛紛，而吾乃不能一出其思慮以致察焉，是惡人說河而甘自渴死也，豈不誤哉！

又同卷答吳玭有云：

道之體用，雖極淵微，而聖賢之言則甚明白。學者誠能虛心靜慮而徐以求之日用躬行之實，則其規模之廣大，曲折之詳細，固當有以得之燕閒靜一之中。其味雖淡而實腴，其旨雖淺而實深矣。然其所以求之者，不難於求而難於養。故程夫子之言曰：「學莫先於致知，然未有能致知而不在敬者。」而邵康節之告章子厚曰：「以君之材，於吾之學，頃刻可盡。但須相從林下一二十年，使塵慮銷散，胸中豁豁無一事，乃可相授。」正為此也。今觀來喻，似於義理未有實見而強言之，所以談經則多出於新奇，立意則或流於偏宕。而辭氣之間，又覺其無溫厚和平歛退篤實之意。是固未論其說之是非，而此數端者，已可疑矣。豈於先賢指示入道之方猶有所未講耶？抑已講之而用力有未至耶？區區拙直，言不能文，恕其僭率，千萬之幸。

此書所論，若與前數書於輕重先後間微有分別，此乃因人而發，義各有當。其於內外本末兩進不偏之教，則固一意貫徹，無所違異也。

文集卷三十三答呂伯恭有云：

道間與季通講論，因悟向來涵養功夫全少，而講說又多彊探必取尋流逐末之弊。推類以求，衆病非一，而其源皆在此。怳然自失，似有頓進之功。若保此不懈，庶有望於將來。然非如近日諸賢所謂頓悟之機也。向來所聞誨諭諸說之未契者，今日細思，脗合無疑。大抵前日之病，皆是氣質躁妄之偏，不曾涵養克治，任意直前之弊耳。

此書乃朱子反省自疚語，正可與上引答吳玭書同參。然此書所自疚者，乃謂是氣質之病，非指論學塗轍。内外本末兩進不偏，因欠涵養而害其講説，非欲廢講説而一意涵養也。陽明晚年定論引此書，似指其論學有誤，則不可不辨。

文集卷三十五答劉子澄有云：

日前為學，緩於反己，追思凡百，多可悔者。所論著文字，亦坐此病，多無着實處。回首茫然，計非歲月功夫所能救治。以此愈不自快。前時猶得敬夫、伯恭時惠規益，得以警省。二友云亡，耳中絶不聞此等語，因循媮惰，安得不至於此。今乃深有望於吾子澄。自此惠書，痛加鐫誨，乃君子愛人之意也。

大賢之虛心進德，其境界有如此，此亦內外本末兩進不偏之一例。

又同卷別一書云：

大學近再看過，方見得下手用功處路陌徑直。日前看得誠是不切，亂道誤人也。

大賢之進德修業，虛心所到，誠非他人所能窺。若徑據此等語，謂朱子以前盡是亂道誤人，是將使謙德虛衷再不存於學者之內心，乃始可以為無失也。

同卷又一書云：

居官無修業之益，若以俗學言之，誠是如此。若論聖門所謂德業者，初不在日用之外。只押文字，便是進德修業地頭。不必編綴異聞，乃為修業也。近覺向來為學，實有向外浮泛之弊，不惟自誤，而誤人亦不少。方別尋得一頭緒，似差簡約端的。始知文字言語之外，眞別有用心處，恨未得面論也。

此書緊承前書，乃相距不遠所言。陽明以此書收入朱子晚年定論，前書則捨棄不錄。其實此書所謂方別尋得一頭緒者，正是前書所云「大學近再看過，方見得下手用功處路陌徑直」也。否則豈有前一書明言因看大學方見得下手用功處，而後一書又謂自別尋得一頭緒之理。所謂「文字言語之外眞別有用心處」，正在日用之間格物窮理，此非向外浮泛，然亦非摒絕文字之謂也。

又文別集卷三與彭子壽書有云：

閑中讀書卻有味，但目已偏盲，其未盲者亦日益昏，披閱頗艱耳。緣此閑坐，卻有恬養功夫。始知前此文字上用力太多，亦是一病。蓋欲應事，先須窮理。而欲窮理，又須養得心地本原虛靜明澈，方能察見幾微，剖析煩亂而無所差。若只如此終日馳騖，何緣見得事理分明。程夫子所謂「學莫先於致知，未有致知而不在敬者」，正為此也。

此書已在僞學禁起，得罪罷歸之後，誠可謂是朱子晚年定論之一。然居敬、窮理仍分兩翼，謂前此文字上用力太多亦是一病，語極分明，可不煩再為疏說。

又文集卷五十八答謝成之有云：

若論為學，治己治人，有多少事。至如天文地理、禮樂制度、軍旅刑法，皆是着實有用之事業，無非自己本分內事。古人六藝之教，所以游其心者正在於此。其與玩意於空言，以校工拙於篇牘之間者，其損益相萬萬矣。

此書與上引與彭子壽書同時相先後，亦朱子晚年語。乃戒成之枉費功夫作詩，不切自己事。然亦正告其當游心於古人六藝之教。凡着實有用事，皆自己分內事，非有只務閑坐恬養，不須窮理讀書之意。

文集卷四十四答江德功有云：

有禮則安，無禮則危，如云仁則榮，不榮則辱，初無身心本末之辨。蓋聖賢之言，各有所指，隨其淺深，而莫非至理之極也。今必以內外為精粗，而欲去彼取此，豈非有所陷溺其心而然耶？

此書尚遠在前，然正可說明朱子平日論學綱宗，內外本末兩進不偏，固非欲去其外而專務於內也。

同卷又一書云：

學者以玩索踐履為先，不當汲汲於著述，既妨日用切己工夫，而所說又未必是，徒費精力，此區區前日之病。今始自悔，故不願賢者之為之也。絕學捐書，是病倦後看文字不得，正緣前日費力過甚，心力俱衰，且爾休息耳。然亦覺意思安靜，無牽動之擾，有省察之功，非眞若莊生所謂也。

此書在辛丑，朱子年五十二。朱子所自病者，乃在汲汲著述，非自悔其玩索踐履之功。亦有捐書不看文字時，乃是借以休息，非謂可以絕學無憂。然即朱子之自病其汲汲於著述，亦見大賢之虛懷若谷，絕不自滿。亦所以箴德功，使其知所先後。若果眞以為病，則朱子五十二以後，著述何限，亦不聞從來學者皆必以著述為戒。

文集卷四十六答王子充有云：

大抵今日之弊，務講學者多闕於踐履，而專踐履者又遂以講學為無益。殊不知因踐履之實以致講學之功，使所知益明，則所守日固，與彼區區口耳之間者，固不可同日而語矣。不然，所存雖正，所發雖審，竊恐終未免於私意之累，徒為拘滯，而卒無所發明也。

此書因踐履之實以致講學之功，乃朱子所以勉子充之益進。至於因朱子之勤於講學，而遂疑其徒務外末，則固淺妄之見，不足深辨。

又文集卷四十八答呂子約有云：

此等處，恐皆是道理太多，隨語生解。要須滌除，令胸次虛明直截，然後眞箇道理方始流行。不至似此支蔓勞擾，徒為心害，有損無益。

此又言窮理之必本於涵養，乃以藥子約之病。

同卷又一書云：

日用功夫，不敢以老病而自懈。覺得此心操存舍亡，只在反掌之間。鄉來誠是太涉支離。蓋無本以自立，則事事皆病耳。

此書在丁未，朱子年五十八。在其五十二歲告江德功者，已以汲汲於著述為病。至是又謂「鄉來誠是太涉支離」。蓋大賢之學，涵養窮理，兩途並進，務求其不陷落於一偏。時時省察時時警戒則有之，若謂盡悔其所學，恐無是也。

此書末節又云：

又聞講授亦頗勤勞，此恐或有未便。今日正要清源正本，以察事變之幾微，豈可一向汩溺於故紙堆中，使精神昏弊，失後忘前，而可以謂之學乎？

此書亦收入晚年定論。其實此一定論，早歲即爾，不待晚年。

文續集卷一答黃直卿有云：

為學直是先要立本，文義卻可且與說出正意，令其寬心玩味。未可便令考校同異，研究纖密，恐其意思促迫，難得長進。將來見得大意，略舉一二節目，漸次理會，蓋未晚也。

同卷又一書云：

近日看得後生，且是教他依本子，認得訓詁文義分明為急。自此反復，不厭日久月深，自然心與理熟，有得力處。今人多是躐等妄作，誑誤後生，輾轉相欺，其實都曉不得。此風永嘉為甚。

此皆平正切實之言。必以門戶異同之見求之，則失其所指。

又文集卷四十三答陳明仲有云：

竊意老兄涵養之功雖至，而窮理之學未明。是以日用之間多所未察，雖言之過，而亦不自知也。區區管見，願老兄於格物致知之學稍留意焉。聖賢之言，則反求諸心，而加涵泳之功。日用之間，則精察其理，而審毫釐之辨。積日累月，存驗擴充，庶乎其眞有省，而孔孟之心殆可識矣。示喻讀書之目，恐亦太多。姑以應課程，可矣。欲其從容玩味，理與神會，則恐決不能也。程子之書，司馬、張、楊之說，不知其果皆出於一轍耶？抑有所不同也？此等處切須着眼，不可尋行數墨，備禮看過而已。既荷愛予，直以此道相期，不覺僭易，盡布所懷。

此書亦以涵養、窮理雙舉平列。既言其窮理之學未明，又嫌其讀書之目太多，乃欲其從容玩味，理與神會。蓋涵養窮理仍是一貫，非可分隔也。其曰：「聖賢之言則反求之心，而加涵泳之功。日用之間則精察其理，而審毫釐之辨。」分析指陳，最為明切。其實朱子早年，李延平所教即是如此。可參從遊延平篇。

文集卷六十一答林德久有云：

窮理亦無他法，只日間讀書應事處，每事理會便是。雖若無大頭段增益，然亦只是積累久後，不覺自浹洽貫通，正欲速不得也。

讀書亦僅涵養窮理中一事，朱子未嘗專以讀書教人為學。卻亦從未教人以不讀書為學。學者自蔽於門戶之見，遂幷此而失之。

問：「先識聖人氣象，如何？」曰：「也不要如此理會。今不理會聖賢做起處，卻只去想他氣象，則精神卻只在外，自家不曾做得着實工夫。須是『切問而近思』。」（二九）

又曰：

須是子細體認他工夫是如何，然後看他氣象是如何，方看他所到地位是如何。（三〇）

問「默識心融」。曰：「說箇融字最好，如消融相似。融，如雪在陽中。若不融，一句只是一句在肚裏，如何發得出來。如人喫物事，若不消，只生在肚裏，如何能滋益體膚。須是融化，渣滓便下去，精英便充於體膚，故能肥潤。」（二四）

問：「『莫我知也夫』與『予欲無言』二段，子貢皆不能復問，想是不曉聖人之意？」曰：「非是不曉聖人語意，只是無默契合處，不曾有默地省悟，觸動他那意思處。若有所默契，須發露出來，不但已也。」（四四）

問「莫我知也夫」。曰：「大抵那是退後底說話。於天無所怨，於人無所忤，下學而上達，自在這裏做，自理會得。如水無石，如木無風，貼貼地在這裏，人亦無緣知得。而今人所以知於人者，都是兩邊作得來張眉努眼，大驚小怪。『知我者其天乎』，便是人不及知，但有天知而已，以其與天相合也。」（四四）

又曰：

「我不得乎天，亦不怨天。不得乎人，亦不尤人。與世都不相干涉。方其下學，人事之卑，與衆人所共，又無奇特聳動人處。及其上達天理之妙，忽然上達去，人又捉摸不着，如何能知得我。知我者，畢竟只是天理與我默契耳。」久之又曰：「聖人直是如此瀟灑。正如久病得汗，引箭在手，忽然破的也。」（四四）

以上諸條，偏中俱到，本末終始兼盡。所分析指示人者，極深微，亦極平實。極精奧，亦極明白。學者能循此體玩，分別求之，又會合求之，朱子教人為學要旨，率具是矣。

語類又曰：

孟子是甚麼底資質、甚麼底力量，卻纖悉委曲都去理會，直是要這道理無些子虧欠。以此，知學問豈是執一箇小小底見識便了得，直是要無不周匝，方是道理。要須整頓精神，硬着脊骨與他做將去，始得。（五二）

此是說孟子以如此資質，如此力量，非一輩纖悉委曲都無理會者所能識也。

又曰：

窮理且隨自家規模大小做去。（一二〇）

須是兩頭盡，不只偏做一頭。如云內外，不只是盡其內而不用盡其外。如云本末，不只是致力於本而不務乎其末。（三〇）

大學是述說古人為學之大方。玩味此書，知得古人為學所嚮，讀語孟便易入，後面工夫雖多，而大體已立矣。（一三）

大學教人格物致知，最是為學大方。然讀語孟則更易入。朱子教人，可謂深切而著明矣。若不細心讀語孟，便專在格物致知名詞上憑虛鑽鑿，又如何得入處。

問：「四端不言信，如何？」曰：「公潑了椀中飯，卻去椀背拾。」（五三）

問：「瞽瞍之惡，彰彰於天下後世，舜何以謂之大孝？」曰：「公且自與他畫策。」（六一）

凡好為此等思辨以為學者，皆朱子所深斥。大學格物致知之教，後人亦多以類於此等思辨者求之，則何如且讀語孟使易入。然後面工夫尚多，此層亦不可不注意。只先讀語孟，大體已立，此下工夫，自知方向。朱子所以特提大學，則為使學者先知道一為學體段耳。會合朱子平生論學各方面深細求之，庶可瞭解朱子論學之深意。若只偏執其片言隻語，一節一段，則將終無是處。